Liw

taifan

刘海藩自选集
LIUHAIFAN ZIXUANJI

学习 理论文库

学习出版社

刘海藩

刘海藩，中共中央党校教授、博士生导师、学术委员。中国领导科学学会会长。毕业于中国人民大学经济系，长期在中央党校从事教学与研究工作，历任教研室主任、教育长、副校长，兼任学术委员会主任、学位委员会主席、研究生院院长等职，并曾担任全国哲学社会科学规划领导小组成员，第九届全国政协委员。主持多个国家课题，编著有《城市经济学》、《涉外经济学》、《国民经济管理学》、《中国金融问题》、《毛泽东思想综论》等十余部著作。

马克思主义在中国的传播和运用[*]
（代　序）

1998 年，是光辉的马克思主义文献《共产党宣言》发表 150 周年。150 年来，这部著作已经用多种文字出版 1000 次以上。世界上还没有哪一部社会主义文献传播如此之广和如此带有国际性。这本身就反映了这部著作的巨大历史影响和价值。我们是共产党人，对《共产党宣言》都有深厚的感情。在这里，我在"马克思主义在中国的传播和运用"这个题目下讲三个问题，作为对这部伟大著作的纪念。

一、马克思主义在中国的传播

《共产党宣言》是百科全书式的马克思主义经典之作。列宁说：这部著作以天才的透彻鲜明的笔调叙述了

---

[*] 本文发表于《邓小平理论研究》1998 年第 1 期。

新的世界观，即包括社会生活在内的彻底的唯物主义，最深刻的发展学说辩证法以及关于阶级斗争、关于共产主义新社会的创造者无产阶级所负的世界历史革命使命的理论。《共产党宣言》的问世，标志着马克思主义的诞生，由此开创了世界无产阶级用马克思主义来指导革命的新纪元。

中国革命是在马克思主义指导下取得胜利的。

当近代中国逐步沦为半殖民地半封建社会以后，一些资产阶级、小资产阶级先进分子为了救亡图存、振兴民族，在观察世界、向西方学习的同时，也接触到了马克思的学说。1903 年由赵必振翻译出版的《近世社会主义》一书，对《共产党宣言》作了介绍。1905 年 11 月，资产阶级革命民主派朱执信在《民报》上发表《德意志社会革命家小传》一文，介绍了马克思、恩格斯的生平及其学说，重点介绍了《共产党宣言》和《资本论》的基本内容。1908 年的《天义报》刊登了《共产党宣言》的部分章节。辛亥革命前后出版的《夏声》、《新世界》等刊物也介绍了《共产党宣言》等马克思主义著作。当然，上述译者、著者，本人并不信仰马克思主义，只是把马克思主义当成"西学"中的一种新的学说加以介绍而已。

十月革命一声炮响，给我们送来了马克思列宁主义。很多先进分子在欢呼十月社会主义革命时，很快接受了马克思主义。首先是当时北京大学的李大钊、陈独秀主编的《每周评论》，就是一个宣传马克思主义的阵地。五四运动中，李大钊在他主编的《新青年》杂志"马克思主义研究专号"上发表了《我的马克思主义观》，全文长达两万字，比较系统介绍了马克思主义基本原理，其中第五、六部分中介绍了《共产党宣言》，并摘译《共产党宣言》中有关唯物史观等重要论述。这是我国第一篇较系统、全面地介绍马克思主义的文章，为马克思主义在中国的传播作出了重要贡献。

《共产党宣言》在中国的翻译出版，促进了马克思主义的传播。随着马克思主义的传播，寻求革命真理的广大革命青年，学习和接受了马克思主义，走上了革命道路。毛泽东说过：1920 年"有三本书特别深刻地铭刻在我的心中，建立了我对马克思的信仰"。这三书第一本就是《共产党宣言》。1919 年，周恩来在日本留学时已经接触了马克思主义，了解了《共产党宣言》一书。回国后，1920 年，因参加学生爱国运动被捕入狱，他在狱中向难友系统讲解马克思的生平和学说，其中也介绍了《共产党宣言》。1920 年夏，刘少奇、任弼时等人在马克思主义的鼓舞下，从湖南到上海加入工读互助团，研究和思考着中国革命问题。1922 年，朱德在德国，由周恩来介绍加入中国共产党，党支部经常组织党员学习马克思主义，研究和讨论《共产党宣言》和共产主义的入门书，从此开始走上了新的革命旅程。1922 年，邓小平在法国勤工俭学时学习了《共产党宣言》，并接受了马克思主义，同年参加旅欧中国少年共产党。他在 1992 年南方谈话中还讲到："我的入门老师是《共产党宣言》和《共产主义 ABC》。"我们的重要领袖人物是如此，大批的革命家、千千万万的革命战士，也都是在马克思主义思想的指导下，走向革命、坚持革命的。

马克思说，理论在一个国家实现的程度，总是决定于理论满足这个国家的需要的程度。马克思主义在中国的传播，说明了它是中国革命需要的科学真理。中国第一代无产阶级革命家都是通过学习马克思主义确定自己的信仰和奋斗目标的，中国共产党的诞生就是马克思主义同中国工人运动相结合的产物。我们党一开始就是举的马克思主义的旗帜，由于有马克思主义的指导，经过无数次实践考验，我们党终于趋向成熟。在以马克思主义为指导的中国共产党的领导下，经过 70 多年波澜壮阔的人民革命和社会主义建设，在中国这块土地上实现了翻天覆地的变化。

二、马克思主义同中国实际相结合的历史性飞跃

马克思主义是工人阶级的科学思想体系。中国人民找到了马克思主义，中国革命的面貌便焕然一新。中国革命的胜利和社会主义事业的发展是在马克思主义指导

下取得的，是通过把马克思主义普遍真理同中国的实际相结合实现的。

马克思主义必须同各国的具体实际相结合，对于中国共产党人来说，就是要把马克思主义理论应用于中国的具体实践，按照中国的实际去运用它。当我们还没有学会这样做的时候，中国革命曾经遭受挫折而陷入困境。只是在经过长期革命和建设实践，总结了历史经验以后，我们才逐步成功地实现了这种结合。在中国共产党的历史上，党领导中国人民进行了两次伟大革命，实现了马克思主义同中国实际相结合的两次历史性飞跃，形成了两大理论成果——毛泽东思想和邓小平理论。

第一次伟大革命，把一个半殖民地半封建的旧中国变成了社会主义的新中国。在一个半殖民地半封建的东方大国，要领导革命取得胜利，必然遇到许多特殊的复杂问题。靠背诵马克思列宁主义一般原理和照搬外国经验，不可能解决问题。毛泽东领导我们党克服了党内曾经盛行的马克思主义教条化，把共产国际决议和苏联经验神圣化的错误倾向。以他为代表的中国共产党人，经过反复探索，找到了中国自己的革命道路。在这一过程中，根据马克思列宁主义的基本原理，把中国长期革命实践中的一系列独创性经验作了理论概括，形成了适合中国情况的科学的指导思想，这就是马克思列宁主义普遍原理和中国革命具体实践相结合的毛泽东思想。它指导中国革命取得了历史性的胜利，在我国建立了社会主义制度。毛泽东思想是马克思列宁主义在中国的运用和发展，是被实践证明了的关于中国革命和建设的正确的理论原则和经验总结，是第一次历史性飞跃的理论成果。

第二次伟大革命，是在改革开放中实现社会主义现代化的革命，其目的是要把中国从一个不发达的社会主义国家变成一个富强民主文明的社会主义现代化国家。我国在社会主义制度建立以后，又面临探索一条在经济文化落后的条件下建设社会主义道路的历史任务。这个新的探索经过了一个十分艰难曲折的过程。党的十一届三中全会以后，以邓小平为代表的中国共产党人在总结建国以来正反两方面经验的基础上，在研究国际经验和世界形势的基础上，在改革开放的崭新实践中，找到了中国自己的建设道路，创立了邓小平理论，指引我国改革开放和社会主义现代化建设不断胜利前进。邓小平理论，科学地把握了社会主义的本质，第一次比较系统地初步回答了在中国这样一个经济文化比较落后的国家如何建设社会主义、如何巩固和发展社会主义的一系列基本问题。它是第二次历史性飞跃的理论成果，是当代中国的马克思主义，是马克思主义在中国发展的新阶段。

回顾马克思主义在中国的实践和运用，我们可以得出两点结论：第一，《共产党宣言》所阐述的马克思主义的基本原理整个说来是正确的。这是被中国革命和建设的实践所证明了的。我们中国共产党人的世界观，中国共产党人最基本的立场、观点、方法和奋斗目标，是根源于马克思主义，而且在当前和今后都必须坚持。第二，马克思主义必须同新的实际相结合，必须随着实践的发展而发展。这是马克思主义本身所要求的科学态度。马克思主义理论从来不是教条，而是行动的指南。它要求人们根据它的基本原则和基本方法，不断结合变化着的实际，探索解决新问题的答案，从而也发展马克思主义理论本身。如果一切从本本出发，无视国情，无视变化了的客观实际，就阉割了马克思主义最本质的东西。中国共产党人正是按照本国的实际，创造性地运用马克思列宁主义，才找到了中国革命和建设的道路，也才创立了毛泽东思想和邓小平理论。毛泽东思想、邓小平理论同马克思列宁主义是一脉相承的科学体系。这个科学体系的丰富和发展，也标志着马克思主义在实践中的胜利。

三、不断推进马克思主义的伟大事业

今天，我们正处在世纪之交的重要历史时刻。人类即将进入新的世纪，迎接又一个千年的新的曙光。中华人民共和国即将迎来它的第一个50年诞辰，开始走上下一个50年的辉煌历程。我们必须把注意力集中在社会主义现代化建设的事业上，为实现《共产党宣言》提出的全人类解放的目标而努力奋斗。

　　只有社会主义才能救中国，只有建设有中国特色社会主义才能发展中国，这是一个世纪以来中国社会历史发展得出的结论。展望下一个世纪，我们的奋斗目标是：到新中国成立 100 年的时候，基本实现现代化，把祖国建设成富强、民主、文明的社会主义国家。到那时，中国将进入世界中等发达国家行列，中国人民将在现代化基础上达到共同富裕，中华民族将实现伟大的复兴，社会主义将体现出更多的优越性。这是向最终实现共产主义前进道路上的必经历程和重要步骤。纵观历经沧桑的过去，展望充满希望的未来，我们广大的马克思主义者豪情满怀而又深感责任重大。

　　党的十五大站在跨世纪的高度，向全党提出了高举邓小平理论伟大旗帜，把建设有中国特色社会主义事业全面推向 21 世纪的历史性任务。建设有中国特色社会主义是改天换地、亘古未有的创造性事业。伟大事业需要有伟大理论的指导。要把建设有中国特色社会主义事业全面推向 21 世纪，必须认真学习马克思主义、毛泽东思想，特别是邓小平理论。

　　学习马克思主义理论，贵在理论联系实际，学以致用。要把马克思主义理论同国际国内的实际结合起来，分析新情况，解决新问题，得出新结论。放眼当代世界，科学技术日新月异，经济、科技全球化趋势更加明显，国际格局正在朝多极化方向发展。实际生活变动的剧烈和深刻，近100多年来达到了前人难以想象的程度。尤其是科学技术的发展深刻地改变了并将继续改变当代经济社会生活和世界面貌。非马克思主义、反马克思主义的势力，特别是西方反社会主义的敌对势力，采取了新的活动方式和手法，需要我们研究和采取新的对策。从国内的情况看，改革和建设，随着深化和发展，我们面对着一系列前人从未遇到过的历史性课题。恩格斯曾经指出，我们只能在我们时代的条件下进行认识，而且这些条件达到什么程度，我们便认识到什么程度。从生产资料所有制的社会主义改造基本完成到实现四个现代化，社会主义初级阶段将是一个很长的历史时期，我们对其发展规律的认识还只能说是初步的。建设有中国特色社会主义是不断发展的事业，新情况、新问题是层出不穷的。这就需要我们高举邓小平理论的旗帜，既要坚持马克思主义的基本立场、观点和方法，又要继续解放思想，实事求是，在实践中不断探索，不断开拓，总结新的经验，形成新的认识。随着实践的成功，使马克思主义有新的丰富，新的发展。

坚持运用马列主义、毛泽东思想、邓小平理论，不断研究和回答改革开放和现代化建设中遇到的新情况、新问题，是把建设有中国特色社会主义事业不断推向前进的需要，也是我们广大马克思主义理论工作者的历史责任。江泽民在十五大报告中指出："马克思列宁主义、毛泽东思想一定不能丢，丢了就丧失根本。同时一定要以我国改革开放和现代化建设的实际问题，以我们正在做的事情为中心，着眼于马克思主义理论的运用，着眼于对实际问题的理论思考，着眼于新的实践和新的发展。"按照江泽民同志提出的上述要求去做，我们的理论工作者是可以大有作为的，也一定能够大有作为。这应该是我们广大马克思主义理论工作者对《共产党宣言》的最好纪念。

目　录

马克思主义政治经济学是社会主义
革命和建设的指导思想

马克思主义政治经济学是时代的产物 …………………（ 3 ）

马克思对资本主义生产方式的剖析 …………………（ 15 ）

马克思对社会主义经济理论的研究 …………………（ 36 ）

马克思主义政治经济学在社会主义实践中
　丰富和发展 …………………………………………（ 53 ）

中国共产党对社会主义经济理论的重大贡献 …………（ 59 ）

毛泽东思想是马克思主义在中国的运用和发展 ………（ 79 ）

刘少奇经济思想具有现实指导意义 ………………（86）

用中国特色社会主义
理论指导经济建设

中国社会主义建设的伟大指南
　　——学习邓小平关于"什么是社会主义、
　　怎样建设社会主义"的有关论述 ……………（97）

用邓小平理论指导社会主义经济建设 ……………（106）

从拨乱反正到党的基本路线 …………………………（124）

要使"硬道理"过得硬 ………………………………（142）

要深入研究有中国特色社会主义理论 ……………（150）

坚持社会主义初级阶段的基本经济制度 …………（168）

"一国两制"是一个实事求是的科学构想 …………（180）

三种舆论倾向值得注意 ……………………………（190）

在中国特色社会主义建设中研究劳动价值论 ……（194）

建立与完善社会主义市场经济体制

谈驾驭社会主义市场经济 …………………………（217）

在社会主义经济中,计划调节必须充分发挥
　市场的作用 ………………………………（238）

正确把握改革的理论和方法………………………（252）

明确市场经济改革目标,坚持中国特色社会
　主义发展道路 …………………………（262）

勇于创新　坚持务实
　——关于经济体制改革的两点思考 …………（280）

热话题与冷思考
　——关于新时期资本和劳动的若干问题 ………（287）

加快改革　推进再就业工程………………………（300）

收入分配问题必须认真研究解决好 ……………（309）

建立合理的分配制度 ……………………………（315）

要不断深入研究农村与农业问题 ………………（321）

加强对“三农”问题的研究 ……………………（334）

家庭法人代表制是一个伟大的创举 ……………（339）

加强财税理论研究　深化税制改革 ……………（345）

研究国际经济关系　提高对外开放水平 ………（349）

加入世贸组织与政府改革 ………………………（357）

政府形象是经济社会发展的支持力量 …………………（362）

机构改革要立足创新 …………………………………（367）

加速政府职能转换 ……………………………………（377）

经济体制改革要由"利益调整"变为"互利双赢"………（384）

国有企业改革
必须坚持社会主义方向

深化国有企业改革要坚持社会主义方向 ………………（389）

国有企业改革的几点思考 ……………………………（400）

破除思想障碍　进一步深化改革 ……………………（404）

改革与发展互动 ………………………………………（408）

深化国有企业改革不可忽视的几个问题 ……………（412）

国有企业改革关键在人 ………………………………（420）

市场是检验企业家的唯一标准…………………………（426）

制度是根本　人是关键
　　——谈对国企经营管理者的激励与监督 …………（430）

切实加强企业科技人才队伍建设………………………（439）

战略研究是企业发展的灵魂……………………………（445）

积极开发、有效利用经济资源

开发人力资源是经济社会发展的根本条件 ……………（451）

合理开发物质资源　保持经济持续发展 ……………（467）

积极生财　合理聚财　有效用财 ……………………（483）

发展科学技术是四个现代化的关键 …………………（500）

积极促进西部大开发 …………………………………（518）

探索西部大开发的新思路 ……………………………（525）

后　记 …………………………………………………（540）

马克思主义政治经济学是社会主义革命和建设的指导思想

MAKESIZHUYI ZHENGZHI JINGJIXUE

SHI SHEHUIZHUYI GEMING HE

JIANSHE DE ZHIDAO SIXIANG

马克思主义政治经济学
是时代的产物[*]

政治经济学是研究人类社会各个历史阶段的生产方式以及和生产方式相适应的生产关系和交换关系的科学，是马克思主义思想宝库的一个重要组成部分。马克思和恩格斯将研究和创建无产阶级的政治经济学作为自己的重要使命，并通过他们的大量著述，建立起了一个完整的政治经济学理论体系。

时代呼唤革命理论

马克思和恩格斯开始参加社会活动，是 19 世纪 40 年代。这一时期，资本主义生产方式已经在西欧的一些主要国家居于统治地位，特别是英国和法国，资本主义已发展到很高的水平。随着资本主义的发展，资本主义生产方式

---

[*] 本文选自《马克思主义思想宝库》经济编的绪论部分，海南出版社 1990 年版。

所固有的基本矛盾，即生产的社会化与生产资料私人占有的矛盾也就充分暴露出来，并且日趋尖锐；周期性经济危机连续发生，给经济造成巨大的破坏；随着资产阶级对无产阶级剥削和压迫的加深，阶级矛盾日趋尖锐。无产阶级已经作为一个自觉的阶级出现在政治舞台上，进行了有目的、有组织的斗争，开始从根本上动摇资本主义统治的基础。这样的历史条件，这样的社会物质生活发展状况本身就提出了一个新的问题、新的任务：从根本上说，资本主义的不治之症在哪里？无产阶级斗争的出路何在？

在理论思想领域，当17世纪资本主义处于上升时期，由英国的配第和法国的布阿吉尔贝尔创立了古典经济学，18世纪以后，由亚当·斯密和大卫·李嘉图等加以发展。因当时无产阶级与资产阶级的阶级斗争尚未明显地表现出来，古典经济学对资本主义生产关系的实质进行了一定的分析，初步奠定了劳动价值论的基础，说明了剩余价值的一些具体形式，也指出了资本主义制度下资产阶级、地主阶级和无产阶级三个阶级的矛盾。但由于他们的阶级局限性，而不能正确阐明资本主义的运动规律，认为资本主义是永恒的，在理论上存在许多庸俗成分。以致随着资本主义的发展，无产阶级与资产阶级阶级斗争的激化，18世纪末、19世纪初，产生了庸俗经济学，到了19世纪30年代，庸俗经济学完全取代了古典经济学。以法国的萨伊、英国的马尔萨斯、西尼尔等庸俗经济学家为代表人物，完全从资产阶级的偏见出发，歪曲或否定古典经济学的科学成分，继承并发展古典经济学的庸俗部分，极力为资本主义制度辩护。于是，在理论上系统批判庸俗经济学，从根本上揭示资本主义的社会经济规律，统一无产阶级的思想认识，给工人运动提供正确的理论指导，乃是历史提出的迫切任务。正是这个由无产阶级革命运动所震撼的历史时代，造就了马克思和恩格斯，培育了马克思主义，包括马克思主义的经济思想。

马克思、恩格斯经济思想的形成

马克思 1843 年移居巴黎，即集中研究经济问题。他结合当时资本主义生产方式的实际情况，系统地研究了著名的古典经济学家亚当·斯密和大卫·李嘉图的著作，在批判了他们的根本理论错误——认为生产资料私人占有是一切社会制度的基础，资本主义生产方式是永恒的生产方式——的同时，也吸收了他们的劳动价值论方面的合理内容。经过深入研究，写了大量经济学方面的手稿。1844年 2 月，马克思在《德法年鉴》上发表了他的《论犹太人问题》、《黑格尔法哲学批判导言》两篇著作。这是马克思在政治、哲学和经济学观点方面向唯物主义转变的重要标志。在《论犹太人问题》中，论述了生产资料归谁占有，是规定和产生一切社会现象的根源；指出了资本主义生产方式的基础就是生产资料私有制，而私有制就是"使每个人不是把别人看做自己自由的实现，而是看做自己自由的限制。"① "实际需要，利己主义就是市民社会的原则；只要政治国家从市民社会内部彻底产生出来，这个原则就赤裸裸地显现出来。实际需要和自私自利的神就是钱。"② 于是，就产生利益冲突和对抗。因此，马克思还提出了要根本改造资本主义社会，必须进行政治革命的思想。《黑格尔法哲学批判导言》，可以说是《论犹太人问题》的姊妹篇。《论犹太人问题》提出了要根本改造资本主义社会，就必须进行政治革命；那么，这个革命由谁来实现，革命以后又应当建立一种什么样的新制度呢？《黑格尔法哲学批判导言》回答了这一问题："……德国解放的实际可能性到底在哪里呢？答：就在于形成一个被彻底的锁链束缚着的阶级……一个表明一切等级解体的等级……就是无产阶级"。③ "无产阶级宣告现存世界制度的解体，只不过是揭示自己本身存在的秘密，因为它就是这个世界制度的实际解体。无产阶级要求否定私有财产，只不过是把……无产阶级身上的东西提升为社会的原则"。④

　　《1844年经济学哲学手稿》，是马克思打算写作《政治和政治经济学批判》一书的草稿。这部手稿的内容很广泛，论及了工资、资本和利润、地租、异化劳动、私有财产的关系、共产主义、需要、生产和分工、货币等诸多方面，对资产阶级政治经济学把资本主义私有制看成是人

---

① 《马克思恩格斯全集》第1卷，人民出版社1956年版，第138页。
② 同上书，第448页。
③ 同上书，第466页。
④ 同上书，第466—467页。

类社会的永恒制度和一般规律等荒谬论点，进行了尖锐的批判。这部手稿已经鲜明地表现了马克思经济思想的无产阶级性质，可以说是马克思运用辩证唯物主义比较全面地研究政治经济学的第一个重要成果，或者说，作为马克思主义的经济思想，至此已经开始形成。

　　马克思的战友恩格斯，早年就形成了革命民主主义观点，从 1842 年春天起，即不断给《莱茵报》撰稿，1842 年冬初次与马克思见面，随即去英国到工厂工作，他有机会接触工人，并正式参加了工人运动，革命实践使恩格斯了解了无产阶级的状况和使命。他注重对政治经济学的研究，并陆续将他的著作在《莱茵报》等报刊上发表。1844 年初，恩格斯的《政治经济学批判大纲》在《德法年鉴》上发表。这部著作比较系统地批判了资产阶级政治经济学的根本错误方面，揭露了资本主义生产方式的各种矛盾，并论述了生产资料的资本主义私有制是一切矛盾的根源，提出了要"全面改革社会关系，使对立的利益融合起来以及消灭私有制"①的观点。这部著作中关于生产资料私有制是资本主义生产方式的基础的原理、资本主义的竞争和垄断的原理、关于资本主义经济危机的理论等，对于创立马克思主义政治经济学都具有十分重要的意义。因此，这部著作一发表，就得到了马克思的认同和赞许，说这是"德国人在这门科学方面内容丰富而有独创

---

①　《马克思恩格斯全集》第 1 卷，人民出版社 1956 年版，第 623 页。

性的著作"① 之一。从这时起，马克思和恩格斯即建立了通信联系，成了亲密战友。这时，他们二人的成果表明，作为马克思主义的经济思想已经基本形成，或者说，已经在某种程度上确立了马克思主义政治经济学的基本观点。

马克思主义政治经济学在马克思与恩格斯的密切合作中建立

19 世纪 40 年代以后，欧洲国家的工人运动进入了高潮，客观上亟须有正确的理论指导，所以，在政治思想领域也发生了巨大的深刻的革命，许许多多的进步分子都在探索真理，研究新的世界观，寻找革命的理论武器。如法国的普通工人狄慈根都经过努力研究，得出了辩证唯物主义的结论。马克思与恩格斯，各自在不同的地方进行研究，却得出了相同的结论，正是当时那种政治思想领域的革命形势所产生的结果。马克思与恩格斯一经正式建立联系，进行合作，就使他们进一步扩大了视野，与整个工人运动及整个思想领域革命的进程结合得更加紧密，也就有了更好的条件，使他们的理论体系臻于完善了。

1845 年春，马克思和恩格斯合著的《神圣家族》出版了。这部著作的主要目的虽然是批判资产阶级的唯心主义哲学，但从经济学的角度来看，书中关于历史唯物主义和科学社会主义的原理实际上也是无产阶级政治经济学的

---

① 《马克思恩格斯全集》第 42 卷，人民出版社 1979 年版，第 46 页。

方法论基础，同时，书中对资产阶级政治经济学也进行了尖锐的批判。

1845 年 5 月，恩格斯所著《英国工人阶级状况》问世。恩格斯说，他这本书从头至尾都是对英国资产阶级的公诉状。这部著作特别对在资本主义条件下无产阶级贫困化的问题，作了精辟的论述。实际上，马克思后来在《资本论》中所阐述的关于无产阶级贫困化的一些根本原理，可以说是源于恩格斯的这部著作。恩格斯还在书中第一次提出了无产阶级不仅是一个受压迫受剥削最深的阶级，而且是一个革命的阶级。这部著作已经表明了恩格斯的经济思想具有无产阶级的性质。

1845—1846 年，马克思和恩格斯合著了《德意志意识形态》。这部著作，由于当时警察署的阻挠，在马克思和恩格斯生前，未能出版全书，只是在 1847 年秋，在一个刊物上发表了第二卷的第四章。后来出版时，书稿已残缺不全。这部著作涉及了马克思主义理论体系的各个方面。从经济学的角度来说，除了具有方法论的意义以外，主要确立了生产方式是社会发展的决定因素的原理，论证了生产力和生产关系的矛盾使社会生产方式向另一个更高的生产方式发展的必然性，指出了阶级斗争和革命是历史发展的动力，为后来全面分析人类社会各种生产关系奠定了基础。

1847 年 7 月，马克思所著《哲学的贫困》出版。这部著作在一些根本原理方面完成了对资产阶级政治经济学（以及空想社会主义）的批判，对价值理论、货币理论、分工理论、资本主义的竞争和垄断、地租理论等都进行了论述，特别是在价值理论方面，虽然尚未完成劳动价值学说，但是劳动价值论的基本思想已经形成，并且初步分析了剩余价值学说的一些根本原理。得出了"被压迫阶级的解放必然意味着新社会的建立。要使被压迫阶级能够解放自己，就必须使既得的生产力和现存的社会关系不再继续存在"，"工人阶级在发展进程中将创造一个消除阶级和阶级对立的联合体来代替旧的资产阶级社会"① 的科学结论。

如果说，《哲学的贫困》还比较侧重于一般原理的叙述，那么，马克思继而在布鲁塞尔德意志工人协会所作的一系列演讲，则对这些一般原理作了具体的阐述。马克思的这些演讲，后来编辑为《雇佣劳动与资本》一书正式出版。马克思说，这本书的任务是"更切近地考察一下资产阶级的生存及其阶级统治和工人的奴役地位所依为基础的经济关系本身"。② 这部著作分为三大部分进行论述："（1）雇佣劳动对资本的关系，工人的奴役地位，资本家的统治；（2）中等资产阶级和农民等级在现存制度下必然发生的灭亡过程；（3）欧洲各国资产者阶级在商业上受世界市场霸主英国奴役和剥削的情形。"③ 将《哲学的贫困》中所揭示的原理，进行了具体阐发、补充和完善。

---

① 《马克思恩格斯全集》第 4 卷，人民出版社 1958 年版，第 197 页。
② 《马克思恩格斯全集》第 6 卷，人民出版社 1961 年版，第 474 页。
③ 同上书，第 474 页。

1848 年，全面阐述马克思主义基本原则的《共产党宣言》问世。这个共产主义的纲领性文件，从经济学的角度来看，表明了在马克思主义的科学社会主义学说中，密切地融合着无产阶级政治经济学的重要原理，也表明了马克思和恩格斯根本改造政治经济学的目标已经实现。

《资本论》这部伟大著作的完成，标志着马克思主义政治经济学科学体系的最终建立。19 世纪 40 年代末，马克思和恩格斯积极参加了当时席卷整个欧洲的革命运动，使他们经受了锻炼，总结了经验，丰富了思想。50 年代初又继续了经济理论的研究，到 1859 年，发表了《政治经济学批判》。在这部著作中，系统而详细地阐述了商品价值理论，批判了资产阶级和小资产阶级的错误经济理论，为后来在《资本论》中详尽具体地论证剩余价值学说奠定了基础。所以马克思说，《资本论》是《政治经济学批判》的续篇。马克思计划创作的《资本论》拟分为 4卷。1867 年《资本论》第一卷问世，其余 3 卷是马克思逝世以后才出版的。其中第 2、3 卷由恩格斯整理分别于 1885、1894 年出版，第 4 卷由考茨基整理以《剩余价值学说史》为书名，于 1904 至 1910 年出版。《资本论》通过对资本主义生产方式以及和它相适应的生产关系和交换关系的研究，最终揭示了资本主义社会的经济规律。恩格斯将《资本论》称做"工人阶级的圣经"，他说："自地球上有资本家和工人以来，没有一本书像我们面前这本书那样，对于工人具有如此重要的意义。资本和劳动的关系，是我们现代全部社会体系所依以旋转的轴心，这种关

系在这里第一次作了科学的说明"。① 因此，《资本论》的
问世，标志着无产阶级政治经济学作为一个完整的、严密
的理论体系，已经正式建立，从而，敲响了资本主义的丧
钟，指明了无产阶级革命的方向和道路。

马克思主义政治经济学在
斗争实践中丰富和发展

《资本论》的问世，既标志着无产阶级政治经济学科
学体系的建立，也开辟了政治经济学不断丰富和发展的正
确道路。

随着资本主义矛盾的加深和无产阶级的觉醒，出现了
1871 年的巴黎公社革命，这是无产阶级用暴力夺取政权
的第一次尝试。巴黎公社失败以后，工人运动一度低落。
但这时的资本主义已开始进入垄断阶段，经济危机频频发
生。因此，工人运动很快又出现了新的高潮，这又促进了
马克思主义的传播，同时，无产阶级政党也纷纷成立，给
资产阶级造成了灭顶的威胁。于是，资产阶级也采取了新
的斗争策略：一方面用虚伪的"民主"掩盖资产阶级专
政的实质，欺骗工人阶级和劳动人民；另一方面，在工人
运动内部收买"工人贵族"，寻找代言人。这些形形色色
的资产阶级代言人，附和资产阶级的宣传，散播机会主义
谬论。在这种形势下，马克思和恩格斯结合革命斗争，继

---

① 《马克思恩格斯全集》第 23 卷，人民出版社 1971 年版，第 36 页。

续深入进行理论研究，批判机会主义。马克思在 1875 年
四五月间，写了《哥达纲领批判》，彻底批判了拉萨尔主
义，其中在政治经济学方面，有许多重要内容体现为马克
思主义的新成果，如第一次提出了从资本主义到共产主义
的过渡时期的理论，提出了共产主义分为低级阶段（即
社会主义阶段）和高级阶段（即共产主义阶段）的理论，
科学地论证了按劳分配的原则，阐明了共产主义将要实行
的“各尽所能，按需分配”的原则等。恩格斯在 1877—
1878 年发表了《反杜林论》。这部著作，是针对当时反马
克思主义的伪科学盛行而作的。正如恩格斯在本书《序
言》中所说：“三年前，当杜林先生作为社会主义的行
家，同时兼社会主义的改革家，突然向当代挑战的时
候……最后，杜林先生及其小宗派利用了一切广告和阴谋
的手段，迫使《人民国家报》对于抱着这样巨大野心的
新学说采取明确的态度。”“另一方面，‘创造体系’的杜
林先生，在当代德国并不是个别的现象……最蹩脚的哲学
博士，甚至大学生，不动则已，一动至少就要创造一个完
整的‘体系’”。① 在全面地深刻地批判了杜林之流的谬论
以后，恩格斯说：“我们分析了杜林的政治经济学的‘自
造的体系’，最终得到些什么结果呢？只有这样一个事
实：在一切豪言壮语和更加伟大的诺言之后，我们也像在
‘哲学’上一样受了骗。”② 恩格斯结合这种批判，系统地

---

① 《马克思恩格斯全集》第 20 卷，人民出版社 1971 年版，第 1—2 页。
② 同上书，第 279 页。

阐发了政治经济学的一些重要理论，如对政治经济学的对象进行深刻的论述，首次提出了广义政治经济学和狭义政治经济学的区分，科学地分析了资本主义的私人占有与生产社会化这一资本主义社会的基本矛盾，提出并分析了推翻资本主义，建立社会主义和共产主义社会的基本特征是实行生产资料公有制、消除产品对生产者的统治、社会生产进行计划调节、社会产品进行直接分配、生产劳动为每个人提供表现才能和全面发展才能的机会等。这两部著作，在很多方面丰富和发展了马克思主义政治经济学。1883 年马克思逝世以后，恩格斯集中主要精力整理未出版的《资本论》2、3 卷手稿，《资本论》第 2 卷于 1885 年出版，第 3 卷于 1894 年出版，并结合进行了大量研究工作，写了《〈资本论〉第三卷增补》及对《资本论》作了若干说明，对当时已经出现的垄断资本主义进行了一些重要的考察和分析。

马克思对资本主义生产方式的剖析[*]

马克思在《资本论》的初版序言中明确指出："我要在本书研究的是资本主义生产方式及与其相应的生产关系和交换关系。"马克思和恩格斯所处的时代，正当资本主义在西欧已经走过了它的鼎盛时期，以致有不少资产阶级经济学家将资本主义生产方式说成是"永恒的法则"。马克思和恩格斯站在无产阶级的立场，创立并运用唯物主义辩证法，透视了资本主义最深层的经济关系，发现并把握了资本主义生产方式的本质特征及内部规律，彻底批判了资产阶级经济学的错误观点。他们围绕资本主义的生产、分配、交换、消费及其相互关系的运动，深入地研究了资本主义生产方式赖以存在和发展的前提——资本和劳动的关系，从而发现了资本主义的基本经济规律：剩余价值规律，建立起了剖析资本主义生产方式的理论基石。在这个

***

* 本文选自《马克思主义思想宝库》经济编的绪论部分，海南出版社 1990 年版。

基础上，系统地、科学地揭示了资本主义产生、发展和必然灭亡的自然历史过程，阐明了无产阶级的社会地位和历史使命。

资本主义生产的直接目的是生产剩余价值

（一）从研究商品的价值入手

马克思剖析资本主义的生产方式，是先从研究商品开始的。《资本论》开卷的第一句话就是"资本主义生产方式支配着的社会的财富，表现为'一个惊人庞大的商品堆积'，一个一个的商品表现为它的元素形态。所以，我们的研究，要从商品的分析开始。"①

所谓商品，是用来进行交换的、能满足人的某种需要的劳动产品。这个劳动产品，首先是一个物，物的有用性，使它具有使用价值，这是商品的自然属性。但生产商品，并非为了自己使用，而是要进行交换的。交换就要有量的关系，这就是交换价值。这个量是指凝结在商品中的劳动的量，它构成价值量。可见，商品交换，实际上就是劳动的交换。在商品生产时，不同商品所消耗的是各种不同的具体劳动（如耕种劳动、纺织劳动、制造劳动等等），在商品交换时，只要求等量劳动相交换。在这里，劳动成为一种抽象。表现为在社会范围内发生了以抽象劳动相交换的关系。由此说明，具体劳动生产商品的使用价

① 《资本论》第1卷，人民出版社1953年版，第5页。

值，表现为商品的自然属性；抽象劳动生产商品的交换价值（即价值），表现为商品的社会属性。

进一步看，每个劳动者的劳动条件、劳动力强弱、熟练程度是有诸多差别的，不同劳动者生产同一种产品会付出不同的劳动量（时间）。但在交换中，同一种商品不能按个别劳动的时间不同而确定不同的价值量。在同一市场上出现的同一种商品，社会只承认它有同样的价值。这个价值的量由社会必要劳动时间来确定。马克思说："社会必要劳动时间是在现有的社会正常的生产条件下，在社会平均的劳动熟练程度和劳动强度下制造某种使用价值所需要的劳动时间。"① 社会必要劳动时间，对商品生产者意义极大。他生产商品所耗费的个别劳动时间，能否符合社会必要劳动时间，直接关系到他的个别劳动能否被社会承认，决定着他在竞争中的成败。在这里，私人劳动和社会劳动的矛盾就表现出来了。这也是简单商品生产的基本矛盾。

社会必要劳动时间决定商品的价值，而这价值以什么形式表现出来呢？我们现在看到的是货币形式。货币的出现，是商品的内在矛盾长期发展的结果，经历了简单价值形式、扩大的价值形式、一般价值形式，最后才由货币充当一般等价物。当然，原来意义上的货币，并非现在所通行的纸币，而是贵金属——金和银，贵金属作为货币，它本身也是有价值的。尽管货币是商品经济内在矛盾的产

----

① 《马克思恩格斯全集》第23卷，人民出版社1972年版，第52页。

物，但货币的出现，并没有解决商品经济的矛盾，反而使矛盾进一步展开了：它使得商品世界分为两极，一极是各种不同的商品，呈现为使用价值，另一极是货币，呈现为价值。二者相互对立：一切具体劳动都要由货币来还原为抽象劳动，一切私人劳动都要靠货币来承认为社会劳动，所有的商品，都必须换到货币才能实现它的价值。最后，商品价值的货币表现或货币名称又是价格。由于商品与货币的两极对立，价格与商品价值成正比，与货币价值则成反比，价格还要受市场供求关系的影响，因此，资产阶级总是利用市场、价格加强掠夺，特别是在垄断资本主义阶段，资产阶级更是利用价格攫取高额垄断利润。

通过以上的分析，我们可以看出，商品具有使用价值和价值的二重性质，生产商品的劳动有具体劳动和抽象劳动二重性质，商品价值的实体是抽象劳动，商品的价值是由社会必要劳动时间决定，一切交换按等量价值进行，价值在交换中的表现形式是货币。于是，商品生产的一种内在的基本的规律性就表现出来了：商品的价值由社会必要劳动时间决定，商品交换以价值为基础，价格又可以在价值周围波动。在这里，一方面是资本主义商品经济的矛盾层层展开，另一方面，是商品生产者之间的生产关系被商品、货币这种价值关系的物所掩盖。

（二）剩余价值的生产

作为一个资本家走向社会，他应当有必要数量的货币作为资本，购买商品，进行生产或经营。他的直接目的就是追求利润。那么，流通公式就是：货币→商品→更多的货币（G—W—G）。这个货币的增量，就是剩余价值。

　　我们在前面已经说明，商品交换是按等量价值进行的，价格虽然可以波动，也只能是围绕价值波动，从总体上讲，不论从商品到货币，从货币到商品，反复地交换多少次，也不可能增加价值量。马克思说："无论我们怎样拐弯抹角，结果还是一样。如果是等价物互相交换，那不会有剩余价值发生；如果是不等价物互相交换，也不会有剩余价值发生。流通或商品交换是不会创造价值的。"①那么，是什么因素造成了这个货币增量呢？是资本家在市场上买到了一种特殊商品，即劳动力。马克思说："要把货币转化为资本，货币所有者必须在商品市场上遇到自由的劳动者。这是二重意义上的自由。当做自由的人，他要能把本人的劳动力，当做本人所有的商品来处置。另一方面，又要他没有别种商品可以出卖，没有实现劳动力所必要的一切东西，对于这些东西，自由到一无所有的地步。"②

　　劳动力这种特殊商品，何以能生产剩余价值呢？

　　和任何其他商品一样，劳动力商品也有价值和使用价值的二重属性。劳动力商品的价值，也是由生产这种商品所耗费的社会必要劳动时间来决定，即由维持和再生产劳动力所必需的生活资料的价值来决定。首先是维持劳动者本人生存的物质资料，其次是为保证劳动力商品的不断补

---

① 《资本论》第 1 卷，人民出版社 1953 年版，第 153 页。

② 《马克思恩格斯全集》第 23 卷，人民出版社 1972 年版，第 159 页。

充而要维持劳动者下代的生活资料，还有为适应资本主义技术发展而提供的对工人进行技术培训的物质需要。所以，马克思说："劳动力的价值，是由生产、发展、维持和延续劳动力所必须的生活资料的价值来决定的。"① 劳动力的使用价值，是劳动能力的实际情况。它与别的商品不同，别的商品，在使用过程中，其使用价值逐步消失，其价值也随之逐步消失或转移到新商品中去。劳动力这种特殊商品，在使用过程即劳动过程中，却能创造出一个新的比它自身的价值更大的价值。马克思指出："具有决定意义的，是这个商品独特的使用价值，即它是价值的源泉，并且是大于它自身的价值的源泉。"② 正是劳动力商品的使用价值是价值的源泉，在使用过程中能创造一个大于它自身价值的新价值，这个"大于"的部分，就是资本家所获得的剩余价值（m），即被资本家无偿占有的价值。然而，在资本主义社会，这个剩余价值的实质，却被工资这种形式所掩盖。形式上资本家是按劳动时间支付工资的，似乎全部劳动时间都支付了工资，使人误认为工资是劳动的价值或价格。这便将剥削关系完全掩盖了。所以必须了解工资是劳动力的价值，工资所支付的，只是劳动过程中所创造的那个新价值的一部分。

资本家要进行生产经营，他持一定量的货币资本首先要在市场购买两类商品，一是生产资料（如机器、原材

---

① 《马克思恩格斯全集》第16卷，人民出版社1964年版，第146页。

② 《马克思恩格斯全集》第23卷，人民出版社1972年版，第219页。

料），二是劳动力。通过生产过程，生产资料这一部分资本的价值，只是转换它的物质形态（如由棉花转换成棉布的形态），转移它的价值，而不会增殖，不发生量的变化，马克思称它为"不变资本（c）"；劳动力在生产过程中的使用，则不是转移它的价值，而是创造出一个新的价值，这个新的价值，既包括劳动力价值的等价，还包括一个剩余价值。由于它发生价值量的变化，马克思称它为"可变资本（v）"。马克思关于不变资本（c）和可变资本（v）的划分，就说明了剩余价值全部是剥削雇佣工人得来的，雇佣工人的剩余劳动是资本家致富的源泉。由此，也就可以了解资本家剥削工人的程度。只要将剩余价值（m）与可变资本（v）相比，即得出剩余价值率（m´），其公式是 $m' = \dfrac{m}{v}$。

　　资本家榨取剩余价值，主要采取两种方法：一是延长劳动时间和提高劳动强度榨取剩余价值，马克思称之为"绝对剩余价值"；二是靠改进生产技术，改善组织管理，提高劳动生产率，缩短必要劳动时间，相应地延长剩余劳动时间，来榨取更多的剩余价值，马克思称之为"相对剩余价值"。现代科学技术的发展，资本主义生产的自动化，给资本家阶级带来了更多的相对剩余价值。

　　以上分析说明，资本主义生产的目的，就是为了追求剩余价值。剩余价值规律乃是资本主义的基本经济规律。

　　（三）资本积累就是剩余价值资本化

　　社会的生产过程，从其不断继起的意义来看，同时也是再生产过程。任何社会的再生产过程，都是物质资料的再生产与生产关系的再生产两个方面的统一。毫无例外，资本主义的再生产，不仅生产商品、生产剩余价值，而且生产和再生产资本主义生产关系本身。

如果从简单再生产来考察，资本家所获取的剩余价值，是全部用于生活享受的。事实上，资本主义再生产的特征，总是扩大再生产。资本家为了获取更多的剩余价值，总是要将已经获得的剩余价值分为两个部分：一部分用于生活享受，另一部分用来追加更多的生产资料和劳动力，即将更多的资本投入生产过程，不断扩大生产规模，从而不断增加剩余价值。这样随着再生产过程的不断反复，生产规模不断扩大，剩余价值不断增加，又有越来越多的剩余价值转化为追加的资本，这种运动螺旋式地上升，就表现为资本的积累。可见，剩余价值是资本积累的唯一源泉，资本积累，也就是剩余价值的资本化。

剩余价值转化为资本还说明，资本家用来购买劳动力的资本，即支付给工人的工资，也是工人创造的剩余价值的一部分。从这个意义来说，资本家完全无偿地占有了工人的劳动力；而且不断加深对工人的剥削，不断增加剩余价值的生产，从而不断再生产出资本主义的生产关系。马克思说："规模扩大的再生产或积累再生产出规模扩大的资本关系：一极是更多的或更大的资本家，另一极是更多的雇佣工人。"①

---

① 《马克思恩格斯全集》第 23 卷，人民出版社 1972 年版，第 673—674 页。

　　剩余价值资本化加速了资本的积聚，又由于资本主义竞争的日趋激烈而引起了资本的集中，这就使资本的规模不断扩大。资本的规模愈大，愈是受竞争的驱使提高劳动生产率，也具备了更多的提高劳动生产率的条件，于是就要改进装备水平，采用新技术。因此，资本的有机构成就不断提高，即在全部资本中，不变资本的相对量日益增加，可变资本的相对量日益减少。这也是资本主义发展的一种必然趋势。其结果是：一方面，资本对劳动力的需求，日益相对地减少，在某些部门或企业，有时可能绝对地减少；另一方面，是劳动力对资本的供给（由于在竞争中大量小资本家、小业主、手工业者及个体农民的破产而涌向劳动市场，工人工资太低而迫使一些工人的妻子儿女谋求职业等原因）却大量地增加。因此，造成大批失业者，即资本主义制度所特有的相对过剩人口。这个相对过剩人口，既是资本主义社会的必然产物，又是资本主义生产方式存在和发展的一个重要条件。因为资本主义经济总是危机与高涨更迭出现的，对劳动力的需求也会更迭地增减，一个相对过剩的失业人口，正好适应了这种需要，所以，马克思将相对过剩人口称做产业后备军。产业后备军的存在，又更加有利于资产阶级对在业工人的剥削和压迫。

（四）剥夺者被剥夺

　　资本以剩余价值为源泉，靠剩余价值的转化积累资本，用不断加强对无产阶级剥削的过程来不断增加剩余价值。资本主义生产方式就是建立在这样一个阶级对抗的基础之上，在最大限度地追求剩余价值的过程中使阶级矛盾日益激化，其结果必然是这种生产方式的崩溃。所以，马克思科学地论断资本主义的产生、发展和必然灭亡，是一个自然历史的过程。

资本主义的产生和发展，是从资本主义生产方式确立以前的原始积累出发的。资本的原始积累，依靠强制的手段进行剥夺，使千千万万的小生产者丧失生产资料而成为一无所有的自由劳动者，将生产资料集中在少数人手里而转化为资本，对"自由劳动者"进行残酷的剥削。因此，马克思说："资本来到世间，就是从头到脚每个毛孔都滴着血和肮脏的东西。"①

资本主义生产方式确立以后，加速了资本的积聚与集中，资本的规模不断扩大，生产技术不断进步，资本主义生产在广度和深度方面都进一步社会化，但生产资料又是资本主义的私人占有，成为生产力进一步发展的桎梏。这就使得资本主义的基本矛盾日趋激化，为资本主义的灭亡准备了物质条件。马克思指出："生产资料的集中和劳动的社会化，达到了同他们的资本主义外壳不能相容的地步。这个外壳就要炸毁了。"②

随着资本主义的发展，社会财富越来越集中在少数人手里，而创造这些社会财富的无产阶级，却日益贫困化，他们在经济上受剥削政治上受压迫的程度日益加深，失业

① 《马克思恩格斯全集》第23卷，人民出版社1972年版，第839页。
② 同上书，第831页。

人口增加，生活水平相对下降。即使在今天，资本主义世界有了不少新的变化，资产阶级采用新的统治方法，但无产阶级的政治经济地位低下，受剥削的程度加深，仍然是基本的事实。另一方面，无产阶级在长期受压迫受剥削的过程中，提高了觉悟，磨炼了意志，又在集体劳动中，锻炼了组织纪律，提高了斗争本领。这时的无产阶级，就成了资本主义的掘墓人。正如马克思所指出的："资本主义私有制的丧钟就要敲响了，剥夺者就要被剥夺了。"这是历史发展的必然趋势。

资本运行过程——剩余价值的实现

前面研究了资本的生产过程，即研究了剩余价值的生产。但是，资本必须从生产过程到流通过程循环往复地运动，才能实现价值增殖。所以，需要将资本的生产过程与流通过程当做一个统一的运动过程来进行考察，以了解资本在其运动的各个阶段上所采取的具体形态及其相互关系，同时也能进一步了解资本主义社会的阶级关系。

（一）资本的循环

我们在前面已经讲到，作为资本家，他首先要用货币在市场购买两类商品：劳动力和生产资料。资本的循环就是从这里开始的。以 A 代表劳动力，以 P_m 代表生产资料，公式是：

$$G - W \begin{cases} A \\ P_m \end{cases}$$

　　这是资本循环的第一阶段。这个阶段，由货币资本转化为生产资本。G——A 体现资本家与雇佣工人的关系，G——P_m 体现资本家之间分配生产资料的关系。而 G——A 是最重要的。马克思强调：G——A 在货币资本到生产资本的转化上，是特征的要素，因为这是本质的条件。有了它，那在货币形态上垫支的价值，方才现实地转化为资本，转化为生产剩余价值的价值。

　　在货币资本转化为生产资本以后，资本循环便转入第二阶段：生产阶段，即资本从流通领域转入生产领域。通过生产过程，即生产资本发挥职能的结果，生产出一个包含了剩余价值在内的商品（W'）。用 P 代表生产过程，公式是：

$$W \begin{cases} A \\ P_m \end{cases} \cdots P \cdots W'$$

　　生产阶段的职能，是增殖价值，即生产价值和剩余价值的阶段，因此，对整个资本运行具有决定意义。

　　当第二阶段结束以后，资本家必须将包含剩余价值在内的商品卖出，于是，资本循环进入第三阶段。在这一阶段，资本家要将商品资本转化为货币资本，要实现他的价值和剩余价值，公式是：

　　W'——G'

　　在这里，W'——G 不是一般的商品流通过程，而是作为商品资本的价值和剩余价值的实现过程，因此，是资本运行的一个特定阶段。这个阶段，使资本重新回到它最初的货币形态，但却是一个更大的货币。

以上就是对产业资本运行的三个阶段的分析。总的公式是：

$$G——W\cdots P\cdots W'——G'$$

其中第一、第三阶段是流通阶段，第二阶段是生产阶段。三个阶段紧密联系在一起，构成一个完整的过程。就整个资本循环来看，是连续不断地运行的，其过程是不能中断的。每一个阶段，既可以是出发点，也可以是中间阶段和终点。因此，资本循环就有了三种形态：

（1）货币资本的循环：$G——W\cdots P\cdots W'——G'$

（2）生产资本的循环：$P\cdots W'——G'——W\cdots P$

（3）商品资本的循环：$W'——G'——W'\cdots P\cdots W'$

三种形态在一个公式上的关系是：

$$\underbrace{G—W\cdots \overbrace{P\cdots W'——G'}^{(2)}G—W\cdots P\cdots W'}_{(1)\qquad(3)}——G等等$$

以上说明，货币资本循环表明了资本循环的目的是增殖价值；生产资本循环表明资本循环是一个再生产过程；商品资本循环，表明商品的消费是实现增殖了的资本价值的根本条件。并说明资本循环是三个循环过程的统一，三种资本形态同时并存，并且相互转化，三种循环过程相互继起并互为前提，这是资本运行的客观要求。任何环节受到阻碍，都会使整个循环受到破坏。在资本主义社会，由于资本主义生产方式所固有的矛盾，引起周期性经济危机，每每破坏这种循环。

（二）资本的周转

资本循环所经历的时间和循环速度，对于资本投入的量和剩余价值量都有重大影响。因此，我们应当从资本周转的过程来进一步研究资本的性质。

马克思说："资本的循环，不是当做孤立的行为，而是当做周期性的过程时，叫做资本的周转。"① 从预付一定量的资本，经过生产时间和流通时间，再收回一个增加了剩余价值量的资本，就是资本周转一次的时间。资本周转一次的时间越短，即周转的速度越快，资本的效益就越高。

生产资本依其周转的特点，又分为两大类：一类是用于购置厂房、机器、设备等劳动资料的固定资本，另一类是购买劳动力及原料、燃料、辅助材料的流动资本。固定资本全部属于不变资本，它在生产过程中全部使用，但在每次产品生产过程，只部分地转移价值到新产品生产中去，要经过若干生产过程，逐步损耗完毕，才算完成它的周转周期。流动资本则又分两个部分，其购买原料、燃料、辅助材料等劳动对象的部分属于不变资本，它只要在一次生产过程中使用，就全部消耗而将全部价值转移到新产品中去；其购买劳动力的部分属于可变资本，它虽然不转移价值，却会由劳动者在一次生产过程中再生产出来，售出商品时重新回到资本家手中。可见，从时间上说，固定资本周转要慢，而流动资本周转要快。因此，固定资本

---

① 《马克思恩格斯全集》第24卷，人民出版社1972年版，第174页。

的比重越大，总资本的周转就慢，流动资本的比重越大，总资本的周转就快。由于预付资本总周转，是以不同组成部分的平均周转计算的，不同部分资本的周转速度，直接影响预付总资本的周转速度，所以，要求每个部分的资本都要加速周转。

资本周转的速度，对剩余价值生产有直接的影响。周转速度快，就可以减少资本预付量，增加获利次数。特别流动资本中的可变资本部分周转快，便可以多次带来更多的剩余价值，从而提高年剩余价值率。所以，资本家总是尽力加速资本周转，主要是靠改进技术，提高劳动生产率，同时也采取延长工作日以及增加劳动强度等办法来缩短资本周转时间。

（三）社会总资本的再生产

在前面，我们是将资本的运行作为个别资本，作为社会资本一个独立部分的运行来考察的，"但是，各个单个资本的循环是互相交错的，是互为前提互为条件的，而且正是在这种交错中形成社会总资本的运动。"① 在资本主义社会，个别资本要在再生产过程中不断增殖，必须与别的个别资本互为条件，交错进行，若干个别资本互相转化存在形态，才能实现再生产。所以，必须对社会总资本的再生产进行研究。

社会总资本，同单个资本一样，其价值形态也分为三个部分：不变资本价值（c）、可变资本价值（v）、剩余

---

① 《马克思恩格斯全集》第 24 卷，人民出版社 1972 年版，第 392 页。

价值（m）。其中 c 是旧价值的转移，用于补偿已消耗的不变资本，v＋m 是工人所创造的价值，v 用来补偿已消耗的可变资本，m 归资本家无偿占有，用于自己消费或积累。

体现这个总资本的实物形态——社会总产品，分为生产资料和消费资料（生活资料）。马克思根据社会产品的实物形态，将社会生产分成两大部类，即第一部类（Ⅰ——生产资料的生产）和第二部类（Ⅱ——消费资料的生产）。

简单再生产，即在原有规模上重复的再生产，剩余价值则由资本家全部消费掉。社会总资本简单再生产的实现条件是：第一部类可变资本 v 加剩余价值 m 应该等于第二部类的不变资本 c。这个条件的公式是：

$$Ⅰ(v+m) = Ⅱc$$

由此可以引申出：

$$Ⅰ(c+v+m) = Ic + Ⅱc$$

$$Ⅱ(c+v+m) = Ⅰ(v+m) + Ⅱ(v+m)$$

但是，资本主义再生产总是扩大再生产，即它的剩余价值 m 不会全部由资本家消费掉，而是要有一部分用于追加生产资料 c 和劳动力 v。我们只需列出以下公式：

$$Ⅰ(v+m) > Ⅱc \text{ 或}$$

$$Ⅰ(c+v+m) > Ic + Ⅱc$$

简单地说，第Ⅰ部类所生产的生产资料，要多于两大部类在同一生产过程中所消耗的生产资料之和，以便下一个生产过程能追加生产资料来扩大生产规模，从而榨取更多的剩余价值。当然，在扩大再生产的条件下，还应该有多余的消费资料，我们这里就不详细论述了。

根据以上的分析，两大部类以及各个部门的生产必须保持合理的比例，社会再生产才能顺利地实现。但是，在资本主义社会，由于生产社会化与生产资料私人占有的矛盾，整个社会资本的比例是不可能自觉保持的，而是通过危机的破坏，强制调整这种比例的。

剩余价值由剥削阶级集团共同分割

现在我们着重研究剩余价值的分配过程，分析产业资本家、商业资本家、借贷资本家和土地所有者怎样共同瓜分工人在生产中创造的剩余价值，从总体上进一步提示资本主义剥削关系及其矛盾。

（一）利润和平均利润

如前所述，剩余价值来源于工人的剩余劳动，是可变资本增殖的结果。但在资本家看来，剩余价值不仅仅是可变资本产生的，而是它的全部预付资本产生的。剩余价值在观念上当做全部预付资本的产物，就转化为利润。利润是剩余价值的转化形态，它掩盖了剩余价值的真正来源。剩余价值所以会转化为利润，表现为全部资本的产物，不能仅仅归结为人们的错误认识，它是由资本主义生产方式所决定的。

随着剩余价值转化为利润，剩余价值率也转化为利润率。利润率是剩余价值和预付总资本的比率，它反映着预付总资本的增殖程度，也掩盖了资本家对工人的剥削程度。决定和影响利润率的因素是多种多样的，但主要的有剩余价值率的高低，资本有机构成的高低，资本周转速度的快慢，以及不变资本的节省状况等，各生产部门资本有机构成不同，必然形成了这些生产部门利润率高低不同。而资本家为争夺较高的利润率，必然进行以资本转移为特征的部门之间的竞争。正是这种部门之间的竞争，使利润趋于平均，形成平均利润率。资本家按照平均利润率所获得的利润，就是平均利润。利润转化为平均利润，进一步掩盖了利润的来源和资本主义的剥削关系。随着利润转化为平均利润，商品的价值同时也就转化为生产价格。生产价格是由商品的成本价格加平均利润构成的，它是价值的转化形态。商品市场价格围绕生产价格波动。个别生产价格低于社会生产价格的差额形成超额利润。超额利润是超额剩余价值的转化形式。

马克思的平均利润理论有着重大的革命意义。这个理论表明，工人不仅受本部门的资本家剥削，而且受全体资本家的剥削。在资本主义社会，不仅是个别工人同个别资本家的对立，而且是整个工人阶级同整个资产阶级的对立。因此，无产阶级要改变被剥削和被压迫的地位，就必须整个阶级团结起来，用革命的手段推翻整个资产阶级的统治，消灭资本主义剥削制度。

（二）商业利润、利息和地租

商业资本，是专门从事商品买卖以攫取利润为目的的资本。它的职能，是从事商品的购销，实现剩余价值。因此，商业资本是从产业资本分离出来的独立发挥作用的商品资本，是商品资本职能的转化形式。而商业利润不是在流通过程中产生的，它是产业资本家转让给商业资本家的，是产业工人创造的剩余价值的一部分。这种转让，是通过商品的价格差额来实现的，是商业资本参加利润平均化的过程。商业资本家是通过占有商业职工在剩余劳动时间实现的剩余价值而获得商业利润。

借贷资本，是货币资本所有者为了取得利息而暂时贷给职能资本家使用的货币资本，它来源于资本周转过程中暂时闲置的货币资本。在货币资本的借贷关系中，资本所有权和资本使用权发生了分离。银行是经营货币资本，充当贷款人和借款人中介的资本主义企业。而利息，是职能资本家为取得货币资本的使用权而付给借贷资本家的一部分平均利润，是剩余价值的转化形态。利息量的大小，取决于利息率。利息率是利息同借贷资本的比率，它的最高界限不能超过平均利润率，而最低界限则不能等于零，它是依借贷资本的供求关系而在界限之内上下波动。

地租，是土地所有者凭借土地所有权获得的剥削收入。资本主义地租是农业资本家交给土地所有者的超过平均利润的那部分剩余价值，它反映土地所有者和农业资本家共同剥削农业工人的关系。资本主义地租的基本形式是级差地租和绝对地租。级差地租，是农产品个别生产价格与社会生产价格的差额而形成的超额利润。土地好坏差别，是产生级差地租的自然基础。而对土地的资本主义经营垄断，是产生级差地租的根本原因。与土地的肥沃程度和位置优劣不同相联系而产生的地租，是级差地租第一形态；与同一块土地追加投资不同的生产率相联系而产生的地租，是级差地租第二形态。绝对地租，是农产品价值超过生产价格的差额。它与土地的好坏差别无关，是由于土地私有权的存在以致不论租种地好坏都必须缴纳的地租。土地不是劳动产品，因而土地价格不是价值的表现形式，而是获取地租收入权利的购置价格。土地价格等于资本化的地租，它与地租大小成正比，与利息率高低成反比。

（三）资本主义社会的阶级结构和阶级矛盾

马克思对资本主义生产方式的批判，分析资本主义经济关系，是要揭示资本主义社会的阶级结构和阶级矛盾，论证资本主义的灭亡和社会主义的胜利是历史的必然趋势和客观规律。恩格斯说过："经济学所研究的不是物，而是人和人之间的关系，归根到底是阶级和阶级的关系。"[①]在马克思《资本论》第 1 卷出版后，他指出，"自地球上有资本家和工人以来，没有一本书像我们面前这本书这样，对于工人具有如此重要的意义。资本和劳动的关系，是我们现代全部社会体系所依以旋转的轴心，这种关系在这里第一次作了科学的说明。"[②]

一定的生产关系和分配关系，以及人们在社会生产中所处的地位，是一定社会的阶级划分的基础。在资本主义社会，资本家占有生产资料，而工人却一无所有，不得不把自己的劳动力出卖给资本家，变成雇佣劳动者。而资本

---

① 《马克思恩格斯全集》第 13 卷，人民出版社 1962 年版，第 533 页。
② 《马克思恩格斯全集》第 16 卷，人民出版社 1964 年版，第 263 页。

家，凭借他们所占有的资本，无偿地占有工人所创造的剩余价值。这样，社会就分裂为两个直接对立的阶级，资产阶级和无产阶级。此外，还有大土地所有者，即资本主义社会的地主阶级。他们把土地出租给资本家，以地租形式从资本家那里瓜分一部分剩余价值，他们是通过另一种形式来剥削劳动者的。因此，马克思在《资本论》第 3 卷最后一章《阶级》中指出："雇佣工人、资本家和土地所有者，形成建立在资本主义生产方式基础上的现代社会的三大阶级。"① 然而，在世界上没有纯粹的资本主义社会，阶级结构也没有纯粹的形式。在资本主义社会里，除了上述三个阶级外，还存在着个体农民和城市小资产阶级。

资本主义社会的阶级状况，决定资本主义社会存在着错综复杂的阶级关系和阶级矛盾。可是，不管怎么说，无产阶级和资产阶级是资本主义社会的两大对抗阶级；他们之间的矛盾，是资本主义社会的基本的阶级矛盾。随着资本主义经济的发展和资本主义基本矛盾的加深，无产阶级和资产阶级之间的矛盾必然日益尖锐，无产阶级的革命斗争也必然日益发展。无产阶级必须和农民结成巩固的联盟，进行暴力革命，才能推翻资产阶级的统治，消灭资本主义制度，建立无产阶级专政和社会主义制度。不管斗争多么复杂、曲折和艰难，无产阶级战胜资产阶级，社会主义代替资本主义，是人类社会发展的必然趋势和客观规律。

---

① 《马克思恩格斯全集》第 25 卷，人民出版社 1974 年版，第 1000 页。

马克思对社会主义经济理论的研究 *

马克思主义深刻揭示了资本主义必然为社会主义所代替的历史发展规律，从而，对社会主义经济也作出了科学的预见和比较深入的分析。

社会主义经济思想的先声

应当说，在马克思主义的社会主义经济理论产生之前，社会主义经济思想就早已徘徊于乌托邦的幻想荒野之中。1516 年，英国的托马斯·莫尔用游记对话的文学体裁写了一本名叫《关于最完美的国家制度和乌托邦新岛的既有益又有趣的金书》，因书名很长，以后该书被简称为《乌托邦》。莫尔在这本书里，设想了一个废除私有制而代之以公有制的乌托邦社会，以家庭为基本的经济单位，人人必须参加劳动，没有阶级剥削和压迫，共同分配

---

* 本文选自《马克思主义思想宝库》经济编的绪论部分，海南出版社 1990 年版。

劳动产品，并实行民主的政治制度等等。此后，到1623年，意大利的托马斯·康帕内拉又用同样的体裁写了一本名叫《太阳城》的书，描绘了一个与乌托邦类似的未来理想社会。莫尔和康帕内拉的著作，可看作最早的社会主义经济思想的微光。

到了18世纪，法国的启蒙运动和资产阶级革命，产生了法国的空想社会主义学说，其代表人物梅叶、摩莱里、马布利、巴贝夫等继承和发展了莫尔开创的空想社会主义思想，通过自己的著作反映了资本主义工场手工业时期工人劳动群众的经济政治要求和社会理想。与莫尔和康帕内拉不同，梅叶等人不再用文学形式来描绘未来社会，而企图从理论上论证社会主义。这一变化，正如恩格斯所说，使这一阶段的空想社会主义学说"已经有直接的共产主义理论"①色彩。不过，梅叶等人所倡导的只是一种粗陋的平均主义和普遍的禁欲主义。

马克思主义以前的空想社会主义学说，在19世纪初叶，由法国的圣西门、傅立叶和英国的欧文这三位空想社会主义大师发展到高峰。他们猛烈地批判了资本主义的经济政治制度，并把批判的锋芒直接指向资本主义的经济基础私有制，认为私有制是万恶之源，淋漓尽致地揭露和抨击了资本主义的利己主义和道德败坏行为。在批判的基础上，对未来社会提出了自己的设想，其中不乏积极的主张和富有创见的猜测。他们较为明确而具体地制定了未来社

---

① 《马克思恩格斯选集》第3卷，人民出版社1972年版，第406页。

会的经济生活的组织原则和方案，把未来社会制度设想为
"和谐制度"或"公社制度"，实行共同劳动，有计划地
组织整个社会的生产，消灭阶级剥削、失业、懒惰和各种
寄生现象，按个人贡献大小向社会领取福利，并逐步过渡
到"按需分配"。不仅如此，三位空想社会主义大师还提
出关于妇女解放的程度是衡量普遍解放的天然尺度，关于
在未来社会管理中充分实行民主，关于消灭城乡之间、工
农之间、脑力劳动和体力劳动之间存在的三大差别直至消
灭阶级等等思想，都闪烁着社会主义思想的光辉。由于这
一阶段的空想社会主义学说在性质上已属于批判的空想社
会主义和共产主义，并使空想社会主义形成为一种独立的
学说和理论体系，因而它成为马克思恩格斯所创立的科学
社会主义的直接的思想来源。

　　毫无疑问，19世纪三大空想社会主义者的学说中包
含有许多有价值的东西，有一定的科学成分，在社会主义
思想发展史上占有重要的地位。恩格斯说："德国的理论
上的社会主义永远不会忘记，它是依靠圣西门、傅立叶和
欧文这三位思想家而确立起来的。虽然这三位思想家的学
说含有十分虚幻和空想的性质，但他们终究是属于一切时
代最伟大的智士之列的，他们天才地预示了我们现在已经
科学地证明了其正确性的无数真理。"[①] 但是，与一切空
想社会主义理论一样，三大空想社会主义者的学说也未能
脱出空想和虚构未来理想社会的窠臼。恩格斯指出："不

──────────

　　① 《马克思恩格斯选集》第2卷，人民出版社1972年版，第300—301页。

成熟的理论，是和不成熟的资本主义生产状况、不成熟的
阶级状况相适应的。解决社会问题的办法还隐藏在不发达
的经济关系中，所以只有从头脑中产生出来。……于是就
需要发明一套新的更完善的社会制度，并且通过宣传，可
能时通过典型示范，把它从外面强加于社会。这种新的社
会制度是一开始就注定要成为空想的，它愈是制定得详尽
周密，就愈是要陷入纯粹的幻想。"① 而且，由于历史条
件、阶级地位和唯心史观的限制，空想社会主义学说中还
存在着一系列的根本缺陷，他们认识不到资本主义必然灭
亡、社会主义必然胜利的客观规律，认识不到无产阶级的
历史地位和所担负的历史使命，认识不到无产阶级的革命
斗争是推翻资本主义、实现社会主义的正确途径。虽然如
此，我们在研究马克思主义的社会主义经济理论时，仍不
能忽视历史留给我们的这份珍贵遗产。这不仅可以使我们
了解马克思主义的思想来源，弄清空想社会主义经济思想
与科学的社会主义经济理论的区别和联系，而且可以借鉴
空想社会主义学说中许多有价值的设想来推动我们理论和
实践的发展，避免重犯他们已经犯过的错误。正如马克思
所说："既然我们不应该否弃这些社会主义的鼻祖，正如
现代化学家不能否弃他们的祖先炼金术士一样，那我们就
应该努力无论如何不再重犯他们的错误，因为我们犯这些
错误是不可饶恕的。"②

---

① 《马克思恩格斯选集》第 3 卷，人民出版社 1972 年版，第 409 页。
② 《马克思恩格斯全集》第 18 卷，人民出版社 1964 年版，第 336 页。

从发展规律认识未来

　　马克思和恩格斯运用辩证唯物主义和历史唯物主义方法，从研究资本主义现实及其发展规律中认识未来，而不是像空想社会主义者那样凭主观臆想去设想未来社会。他们主张对未来的社会主义社会和共产主义社会提出一个大致的轮廓，而反对在细节上作更多的描绘和规定具体方案。马克思说："在将来某个特定的时刻应该做些什么，应该马上做些什么，这当然取决于人们将不得不在其中活动的那个特定的历史环境。但是，现在提出这个问题是虚无缥缈的，因而实际上是一个幻想的问题，对这个问题的唯一的答复应当是对问题本身的批判。"① 恩格斯也说："无论如何应当声明，我所在的党没有提出任何一劳永逸的现成方案。我们对未来的共产主义社会区别于现代社会的特征的看法，是从历史事实和发展过程中得出的确切结论；脱离这些事实和过程，就没有任何理论价值和实际价值。"② 马克思主义创始人的态度告诉我们，对当代社会主义各种具体问题的认识，我们不应当过高地期望于在马克思主义创始人著作中寻找现成的答案，而应该把马克思主义原理同当代社会主义实际结合起来，从而得出科学的认识。

---

① 《马克思恩格斯全集》第35卷，人民出版社1971年版，第154页。
② 《马克思恩格斯全集》第36卷，人民出版社1974年版，第419—420页。

　　由于客观历史进程所限，马克思和恩格斯对未来社会的经济特征只是进行了本质的、大概的论述。我们可以将这些论述大致归于以下几个方面：

（一）消灭私有制，实现生产资料公有

　　在《共产党宣言》中，马克思和恩格斯庄严宣告："共产党人可以用一句话把自己的理论概括起来：消灭私有制。"① 指出无产阶级在夺取政权后，"将利用自己的政治统治，一步一步地夺取资产阶级的全部资本，把一切生产工具集中在国家即组织成为统治阶级的无产阶级手里，并且尽可能快地增加生产力的总量。"②

　　自人类进入文明时代后，一切社会形态的更替都只是以一种形式的私有制代替另一种形式的私有制。比如说，以封建社会的私有制代替奴隶社会的私有制，以资本主义私有制代替封建社会私有制。而社会主义经济制度与过去一切社会经济制度有着根本区别的地方就在于它以生产资料公有制代替私有制。对此，恩格斯明确指出，社会主义社会"同现存制度的具有决定意义的差别当然在于在实行全部生产资料公有制（先是单个国家实行）的基础上组织生产"。③ 至于社会主义公有制采取什么形式，马克思主义创始人并没有将其固定化和公式化，在他们的论述中，既有国家所有制，"无产阶级将取得国家政权，并且

---

① 《马克思恩格斯选集》第 1 卷，人民出版社 1972 年版，第 265 页。

② 同上书，第 272 页。

③ 《马克思恩格斯全集》第 37 卷，人民出版社 1971 年版，第 443 页。

首先把生产资料变为国家的财产。"① 也有自由人联合体所有制，"生产资料的全国性集中将成为由自由平等的生产者的联合体所构成的社会的全国性基础，这些生产者将按照共同的合理的计划自觉地从事社会劳动。"② 这里，马克思恩格斯把国家所有制只是作为一种过渡形式，而自由人联合体所有制，则是比过渡性的国家所有制发展程度更高的公有制形式。还提出社会所有制，"在这里第一次提出了世界各国工人政党都一致用以概述自己的经济改造要求的公式，即：生产资料归社会占有"。③ 此后，在总结巴黎公社革命经验和反对巴枯宁主义的斗争中，马克思还提出集体所有制的概念，他指出，无产阶级掌握国家政权后，"一开始就应当促进土地私有制向集体所有制的过渡，让农民自己通过经济的道路来实现这种过渡"。④ 可见，马克思主义创始人也没有把社会主义公有制实现形式固定为某一种模式。

（二）消灭了剥削制度，社会主义社会的生产目的是为了满足全体社会成员的需要

社会主义公有制建立之后，铲除了剥削制度赖以产生的资本主义私有制基础，自然也就消灭了剥削制度。资本主义生产的目的是贪婪地无止境地追逐剩余价值，剩余价值的生产是剥削制度在资本主义生产方式中的体现。而社

---

① 《马克思恩格斯选集》第 3 卷，人民出版社 1972 年版，第 320 页。
② 《马克思恩格斯选集》第 2 卷，人民出版社 1972 年版，第 454 页。
③ 《马克思恩格斯全集》第 22 卷，人民出版社 1965 年版，第 593 页。
④ 《马克思恩格斯选集》第 2 卷，人民出版社 1972 年版，第 635 页。

会主义社会生产的目的却是保证一切社会成员有富足的、一天比一天充裕的物质生活，保证他们的体力和智力获得充分的自由的发展和运用。正如马克思恩格斯所说："在资产阶级社会里，活的劳动只是增殖已经积累起来的劳动的一种手段。在共产主义社会里，已经积累起来的劳动只是扩大、丰富和提高工人的生活的一种手段。"① 为满足全体社会成员不断增长的物质和文化的需要而生产，这是社会主义经济的一个极为重要的特征。

（三）社会主义生产是有计划进行、有计划发展的

在资本主义社会，当资本主义发展到一定阶段，资本主义的基本矛盾就以冲突的形式表现出来。这种冲突首先表现为个别企业内部有组织、有计划的生产与整个社会生产无政府状态之间的矛盾。社会主义公有制的建立，使社会生产可以按照统一的计划去组织。恩格斯说，未来的社会制度"首先将根本剥夺相互竞争的个人对工业和一切生产部门的管理权。一切生产部门将由整个社会来管理，也就是说，为了公共的利益按照总的计划和在社会全体成员的参加下来经营"。② 可见，马克思主义创始人是把社会生产的计划性看作社会主义经济的一个重要特征的。社会主义经济实行计划调节的目的，就是使国民经济有计划按比例地协调发展，使社会生产资源能够得到合理的配置，从而使社会主义生产摆脱盲目的无政府发展状态和陷

---

① 《马克思恩格斯选集》第 1 卷，人民出版社 1972 年版，第 266 页。
② 同上书，第 217 页。

于经济危机的威胁，使社会生产力及其社会财富的增长更好地保证社会成员的一切合理的需要日益得到满足。

（四）在个人消费品分配方面，实行"各尽所能，按劳分配"的原则

分配关系是生产关系的一个方面，它是由生产资料所有制，由劳动者同生产资料相结合的性质和形式所决定的。马克思说："消费资料的任何一种分配，都不过是生产条件本身分配的结果。而生产条件的分配，则表现生产方式本身的性质。"① 马克思在这里所说的"生产条件"，就是指生产资料归谁所有，即生产资料所有制问题。

在个人消费品上实行按劳分配是社会主义经济制度的一个重要特征。它区别于资本主义社会，因为在资本主义社会，资本家可以凭借占有的生产资料来攫取产品，不劳而获。同时，它也区别于共产主义社会，因为在共产主义社会，随着旧的社会分工消失，脑力劳动和体力劳动的对立消失，随着生产力的全面发展和物质财富的一切源泉充分涌流，个人消费品将遵循"按需分配"的原则进行分配。在社会主义制度下，每个社会成员都有平等的劳动权利和为社会劳动的义务，并按照他向社会提供劳动的数量和质量来参与个人消费品的分配，多劳多得，少劳少得，不劳动者不得食。

按劳分配制度是人类历史上分配关系的一次巨大进步和飞跃，是对盘踞几千年的建立在私有制基础上剥削制度

---

① 《马克思恩格斯选集》第3卷，人民出版社1972年版，第13页。

的否定。同时，它又是同社会主义的社会生产条件相适应的。在社会主义时期，实行按劳分配，可以使国家、集体和个人利益得以协调，充分发挥劳动者的生产积极性和主动性，促进社会主义经济的发展。因此，坚持按劳分配的主导地位，是坚持社会主义经济制度的不可动摇的原则。

（五）　对在社会主义经济制度下的商品生产的论述

马克思主义创始人认为，商品生产产生和存在的前提条件是社会分工和私有制的存在，由于社会主义消灭了资本主义私有制，建立了公有制，所以，商品生产和商品交换也将要消亡。在著名的《哥达纲领批判》一书中，马克思指出："在一个集体的、以共同占有生产资料为基础的社会里，生产者并不交换自己的产品；耗费在产品生产上的劳动，在这里也不表现为这些产品的价值，不表现为它们所具有的某种物的属性，因为这时和资本主义社会相反，个人的劳动不再经过迂回曲折的道路，而是直接地作为总劳动的构成部分存在着。"[①] 恩格斯也在《反杜林论》中说："社会一旦占有生产资料并且以直接社会化的形式把它们应用于生产，每一个人的劳动，无论其特殊用途是如何的不同，从一开始就成为直接的社会劳动。那时，一件产品中所包含的社会劳动量，可以不必首先采用迂回的途径加以确定；日常的经验就直接显示出这件产品平均需要多少数量的社会劳动。……人们可以非常简单地处理这

---

① 《马克思恩格斯选集》第3卷，人民出版社1972年版，第10页。

一切，而不需要著名的'价值'插手其间。"① 所以，恩格斯认为，"一旦社会占有了生产资料，商品生产就将被消除，而产品对生产者的统治也将随之消除。社会生产内部的无政府状态将为有计划的自觉的组织所代替。"②

　　需要指出的是，马克思恩格斯当时认为社会主义只有在西欧发达的资本主义国家才能率先实现，这些国家的社会化生产已达到很高的程度，建立社会主义制度后，社会有可能在占有全部生产资料的基础上组织生产，可以不再需要发展商品生产。但是，后来的社会主义实践却是首先在相对落后的国家取得了胜利，在这种情况下，商品生产不仅不能马上消亡，而且还要有一个发展的过程。因为商品经济的充分发展，是社会经济顺序发展中一个不可逾越的阶段。所以，马克思恩格斯把商品消亡作为社会主义的经济特征，所揭示的是社会经济发展过程中产品经济代替商品经济的客观必然性，它的实现要以商品经济的充分发展和生产资料的全社会占有为条件。我们不能由此而得出社会主义与商品经济相互对立、互不兼容的结论。历史证明，一个国家社会形态的演进可以出现跨越性的变迁，但社会经济的发展，却仍然要依其发展顺序进行。社会主义不能跨越商品经济直接进入产品经济，恰恰相反，相对落后的国家建成社会主义后，要通过充分发展商品经济而达到最终消除商品经济。

---

① 《马克思恩格斯选集》第 3 卷，人民出版社 1972 年版，第 348 页。

② 同上书，第 323 页。

社会主义的不同发展阶段和
过渡时期的经济

人类社会生产力是不断发展的，依据社会生产力发展水平的不同，一种社会形态常常分为许多发展阶段。从资本主义社会过渡到共产主义社会，标志着旧制度的死亡和新制度的建立，但这并不意味着新制度一下就成熟起来，随着生产力的不断发展，共产主义社会也要经历不同的发展阶段而逐渐走向成熟。

马克思和恩格斯最先注意到共产主义社会的不同发展阶段问题，并依据社会生产力发展的不同水平，将未来社会划分为共产主义的第一阶段和高级阶段。马克思主义创始人所说的第一阶段，就是我们今天的社会主义阶段。

划分的标志是什么呢？显然，不是以所有制的不同划分的，也不是以有无阶级和有无商品生产划分的。因为马克思主义创始人设想的未来社会，是以社会共同占有生产资料为基础，消灭了阶级和剥削，而且商品生产消亡了的社会，这是共产主义社会第一阶段和高级阶段的共同点。然而，这两个阶段显然又是有区别的，否则就没有区分的必要。根本的区别在哪儿呢？马克思恩格斯认为，区别就在于由于生产力发展水平的不同所决定的不同的分配方式上。"各尽所能、按劳分配"是共产主义第一阶段即社会主义阶段的基本标志，而"各尽所能、按需分配"则是共产主义高级阶段的基本标志。

　　马克思主义创始人认为，共产主义第一阶段是不成熟的共产主义社会。马克思说："我们这里所说的是这样的共产主义社会，它不是在它自身基础上已经发展了的，恰好相反，是刚刚从资本主义社会中产生出来的，因此它在各方面，在经济、道德和精神方面都还带着它脱胎出来的那个旧社会的痕迹。"① 正因为如此，在共产主义第一阶段，社会仍要以劳动量作为尺度来分配个人消费品，这就意味着承认个人体力和智力上的差别，承认不同等的个人天赋。虽然这对于每个生产者来说是一种平等的权利，但这个平等的权利仍然是资产阶级的法权。而且，这种权利的存在是无法避免的，正如马克思所指出的："但是这些弊病，在共产主义社会第一阶段，在它经过长久的阵痛刚刚从资本主义社会里产生出来的形态中，是不可避免的。权利永远不能超出社会的经济结构以及由经济结构所制约的社会的文化发展。"②

　　顺便指出，马克思主义所提出的按劳分配原则，是根本不同于平均主义的分配方式的。按劳分配承认人们不同等的工作能力是一种天然特权，多劳多得，少劳少得，不劳动者不得食。而平均主义分配则抹杀了个人劳动能力的差别，要求大家领取同样的报酬，获取同样的和同等数量的消费品。平均主义只能导致人的懒惰和工作积极性的湮灭，与社会主义毫无共通之处。即使到了共产主义社会，

---

① 《马克思恩格斯选集》第 3 卷，人民出版社 1972 年版，第 10 页。
② 同上书，第 12 页。

也不会实行平均主义的分配方式，由于每个人的需要不同，人们在劳动条件和从社会领取的消费品方面也还会有某些非本质的差别。所以，平均主义，吃"大锅饭"的分配方式，正好是对马克思主义的按劳分配原则的背离。

与共产主义的第一阶段不同，在共产主义的高级阶段，由于物质财富极大丰裕，人们觉悟极大提高，资产阶级的法权就再无存在的必要，社会在个人消费品分配方面，将实行"各尽所能，按需分配"。对此，马克思曾作过原则的描述，他说："在共产主义社会高级阶段上，在迫使人们奴隶般地服从分工的情形已经消失，从而脑力劳动和体力劳动的对立也随之消失之后；在劳动已经不仅仅是谋生的手段，而且本身成了生活的第一需要之后；在随着个人的全面发展生产力也增长起来，而集体财富的一切源泉都充分涌流之后，——只有在那个时候，才能完全超出资产阶级法权的狭隘眼界，社会才能在自己的旗帜上写上：各尽所能，按需分配！"①

除了分配方式这个基本标志之外，马克思恩格斯还将人的全面发展程度视作划分共产主义社会两个阶段的重要标志。在共产主义的第一阶段，由于旧式分工还没有最后消失，还存在着体力劳动和脑力劳动的差别，劳动在某种意义上讲还只是谋生的手段，人们还不能够完全挣脱分工的束缚而自由全面地发展，所以，这个阶段人的发展仍然带有局限性和片面性。而到了共产主义高级阶段，随着旧

---

① 《马克思恩格斯选集》第3卷，人民出版社1972年版，第12页。

式分工和脑体劳动对立的消失，随着社会生产力的极大发展和社会物质产品的极大丰富，人的全面发展就成为可能。马克思恩格斯指出："在共产主义社会里，任何人都没有特定的活动范围，每个人都可以在任何部门内发展，社会调节着整个生产，因而有可能随我自己的心愿今天干这事，明天干那事，上午打猎，下午捕鱼，傍晚从事畜牧，晚饭后从事批判，但并不因此就使我成为一个猎人、渔夫、牧人或批判者。"[①] 这并不意味着人们在共产主义高级阶段可以随心所欲地愿意干什么就干什么，而是说根据共产主义原则组织起来的社会能够使其成员全面地发挥各方面的才能。随着人的全面发展，人与生产劳动的关系就产生了一种深刻的变化，劳动不再仅仅是谋生的手段，而成为人的本质的自我实现，成为人生的第一需要。正如恩格斯所说："一方面，任何个人都不能把自己在生产劳动这个人类生存的自然条件中所应参加的部分推到别人身上；另一方面，生产劳动给每一个人提供全面发展和表现自己全部的即体力的和脑力的能力的机会，这样，生产劳动就不再是奴役人的手段，而成了解放人的手段，因此，生产劳动就从一种负担变成一种快乐。"[②]

　　马克思恩格斯不仅根据生产力发展的不同水平将共产主义社会区分为第一阶段和高级阶段，而且提出从资本主义到共产主义之间存在着一个过渡时期的思想。从时间上

---

① 《马克思恩格斯全集》第3卷，人民出版社1960年版，第37页。
② 《马克思恩格斯选集》第3卷，人民出版社1972年版，第333页。

看，提出过渡时期的思想还早于将共产主义社会区分为两个不同的阶段。早在 1850 年时，马克思就明确提出"过渡阶段"的概念，他说："这种社会主义就是宣布不断革命，就是无产阶级的阶级专政，这种专政是达到消灭一切阶级差别，达到消灭这些差别所有产生的一切生产关系，达到消灭和这些生产关系相适应的一切社会关系，达到改变由这些社会关系产生出来的一切观念的必然的过渡阶段。"① 后来，在《哥达纲领批判》中，马克思又强调指出："在资本主义社会和共产主义社会之间，有一个从前者变为后者的革命转变时期。同这个时期相适应的也有一个政治上的过渡时期，这个时期的国家只能是无产阶级的革命专政。"② 马克思主义创始人不仅提出了过渡时期的思想，而且还提出了无产阶级在过渡时期的政治经济任务。在政治上，就是实行无产阶级的革命专政；在经济上，则"利用自己的政治统治，一步一步地夺取资产阶级的全部资本，把一切生产工具集中在国家即组织成为统治阶级的无产阶级手里，并且尽可能快地增加生产力的总量"。③

需要注意的是，马克思主义创始人所提出的过渡时期，是指从资本主义到共产主义第一阶段即社会主义确立这样一段时间。理论界有一种观点认为，所谓过渡时期就

① 《马克思恩格斯选集》第 1 卷，人民出版社 1972 年版，第 479—480 页。
② 《马克思恩格斯选集》第 3 卷，人民出版社 1972 年版，第 21 页。
③ 《马克思恩格斯选集》第 1 卷，人民出版社 1972 年版，第 272 页。

是共产主义的第一阶段，显然是不符合马克思恩格斯的原意的。马克思实际上是把无产阶级夺取政权后的社会发展划分为以下三个阶段：（1）过渡时期；（2）共产主义第一阶段；（3）共产主义高级阶段。

马克思主义政治经济学在社会主义实践中丰富和发展*

马克思恩格斯所创立的政治经济学，是依据当时欧洲发达的资本主义国家的发展情况和发展趋势建立的科学体系得出的科学结论。但是后来随着形势的发展和变化，社会主义并没有先在西欧资本主义发达国家取得胜利，而是在相对落后的资本主义俄国获得了成功。马克思主义的继承者列宁、毛泽东等则在社会主义的实践中，使马克思主义的设想成为现实，并通过实践进一步丰富和发展了马克思主义。

列宁所处的时代，是帝国主义和无产阶级革命的时代。他结合革命实践，深入地研究了帝国主义的经济特征，揭示了帝国主义的本质，将马克思主义推进到一个新的阶段，即列宁主义阶段。列宁从1888年（时年18岁）起即参加了马克思主义小组，1895年便在彼得堡成为马

* 本文选自《马克思主义思想宝库》经济编的绪论部分，海南出版社1990年版。

克思主义者公认的领导者，从此就领导着俄国的社会主义革命胜利前进，并有大量的指导革命斗争的理论著述。列宁在政治经济学方面对马克思主义的发展，大致可以分为三个阶段。初期阶段，列宁主要是以马克思主义为指导，结合俄国的实际情况，侧重研究了俄国资本主义的发展和土地问题。农民问题，论证了无产阶级在资产阶级民主革命中取得领导权和建立工农联盟的必要性与可能性。第二阶段，到20世纪初期，列宁对国际帝国主义进行了系统的研究，从1915年到1917年，连续发表了《第二国际的破产》、《社会主义与战争》、《论欧洲联邦口号》、《帝国主义和社会主义运动中的分裂》等重要著作，特别是《帝国主义是资本主义的最高阶段》这部经典巨著，继承并发展了《资本论》中的重要原理，科学地分析了帝国主义时代的经济特征和阶级关系，揭示了资本主义发展到帝国主义阶段，其政治经济发展不平衡的规律，从而得出了社会主义革命可以在一国或数国——帝国主义的薄弱环节首先胜利的科学论断。这是对马克思主义政治经济学最伟大的贡献。第三阶段，是十月革命以后，列宁注意对社会主义经济建设的研究，提出了过渡时期理论、社会主义改造理论、新经济政策、社会主义计划经济理论、建设社会主义物质技术基础的理论、培养与使用社会主义经济建设人才的理论以及经济管理理论。建立了一个社会主义经济建设的理论体系，极大地丰富了马克思主义的政治经济学。

　　1924年列宁逝世以后，斯大林一直领导着苏联的社会主义建设。他坚持马克思列宁主义，在政治经济学方面也有不少重要的著述。1952 年斯大林的《苏联社会主义经济问题》出版。这部著作从理论上总结了苏联社会主义建设的经验。其中有些观点，如提出社会主义条件下经济规律的客观性的论断、关于社会主义基本经济规律的论述、社会主义制度下商品生产的必然性的论述等，都是对马克思主义政治经济学的贡献。

以毛泽东为首，集中了中国共产党全党的集体智慧而形成的毛泽东思想，是马克思主义列宁主义发展的一个新阶段。毛泽东思想对马克思主义政治经济学的发展，是与中国革命与建设的进程紧密地联系在一起的。首先，从经济关系进行分析，论证了旧中国的半封建半殖民地的性质，从而抓住了社会的主要矛盾。在《中国社会各阶级的分析》（1926 年）、《中国革命和中国共产党》（1939 年）、《新民主主义论》（1940 年）等著作中，分析了旧中国的经济成分是帝国主义、封建主义、官僚资本主义、民族资本主义、个体农业和手工业经济；社会的主要矛盾是人民大众与帝国主义、封建主义、官僚资本主义的矛盾。通过这些分析，提出了中国的民主革命要分为旧民主主义革命与新民主主义革命两个阶段，革命的道路是农村包围城市的科学论断。其次，从具体的条件与实际情况出发，进行经济建设，是毛泽东经济思想的又一个重要方面。在苏区根据地时期，通过《我们的经济政策》（1934 年）、《关心群众生活，注意工作方法》（1934 年）等著作，提出了当时的国民经济由国营经济、合作经济与私人经济组成，发展经济的目的是保证战争需要，保障人民生活；在抗日时期，由于日本帝国主义的进攻及国民党政府的包围和封锁，需要大力发展生产，《经济问题与财政问题》（1942年）、《开展根据地的减租、生产和拥政爱民运动》（1943年）、《组织起来》（1943年）等著作，提出了当时解放区组织生产、发展经济的基本纲领；当人民解放战争转入全面进攻的时候，毛泽东又发表了《目前的形势和我们的任务》（1947年）等著作，明确提出了新民主主义革命的三大经济纲领，即通过启发农民的自觉斗争没收地主阶级的土地归农民，没收官僚资本归国家所有，保护民族工商业经济；当革命即将在全国胜利的前夕即1949年春，毛泽东主持召开了党的七届二中全会，及时提出了党的工作重点由农村转向城市，并提出了新民主主义经济形态包括5种主要经济成分，即国营经济、合作社经济、个体经济、私人资本主义经济、国家资本主义经济，还明确了国营经济的领导地位及其他各种经济的发展方针。第三，从新民主主义向社会主义过渡的理论，是毛泽东对马克思列宁主义关于由资本主义向社会主义过渡理论的创造性运用和发展。毛泽东精辟地阐述了新民主主义革命和社会主义革命的区别与联系，指出二者之间有一个相当长的过渡时期，而这个过渡时期的总任务就是，要在一个相当长的时期内，基本上实现国家工业化和对农业、手工业、资本主义工商业的社会主义改造，实质上就是要解决社会主义的物质基础和生产资料所有制的问题。第四，毛泽东思想体系中关于社会主义建设的理论，也极大地丰富了马克思列宁主义的思想宝库。在生产资料所有制的社会主义改造取得决定性胜利以后，毛泽东相继发表了《论十大关系》（1956年）、《关于正确处理人民内部矛盾的问题》（1957年）、《工作方法六十条（草案）》（1958年）以及一系列重要讲话，论述了社会主义建设的许多重大问题。如《论十大关系》，围绕调动一切积极因素为社会主义事业服务的方针，就发展农业、轻工业和重工业的相互关系方面，就兼顾国家、生产单位和生产者个人权益方面，就各个地区、部门经济发展的关系方面，就在巩固中央统一领导的前提下更好地发挥地方的积极性方面，以及在建设中要注意发挥本国特长，同时注意借鉴外国的先进技术与管理经验方面，都进行了系统的论述。《工作方法六十条》，明确提出了把技术革命作为工作重点，并阐明了思想政治工作是为经济基础服务的，是经济工作和技术工作的保证。在1958—1964年的一系列讲话中，提出了在我国的具体条件下进行社会主义建设要坚持"两条腿走路"的方针；按客观经济规律办事，搞好综合平衡，处理好经济建设中的比例与速度的关系的思想；明确指出，在生产建设安排上要以农业、轻工业、重工业为序，进而提出了以农业为基础，以工业为主导发展国民经济的总方针；阐明了社会主义条件下商品生产和商品交换必须大力发展，并指出价值规律是一个伟大的学校；还提出了全面实现农业、工业、国防和科学技术现代化的构想。所有这些，都是结合中国社会主义革命和建设的实践，对马克思主义的新贡献，体现了马克思主义政治经济学发展的新阶段。

　　必须强调的是，毛泽东思想是中国共产党集体智慧的结晶。在政治经济学方面，刘少奇、周恩来、邓小平、陈云等对毛泽东思想的贡献尤为突出。毛泽东逝世以后，陈云关于建设规模与国力的关系，人民生活与国家建设的关系等方面的论述，邓小平关于建设有中国特色的社会主义的理论、关于社会主义的根本任务是发展生产力的论述、关于一个中心两个基本点的论述等，又不断地丰富和完善了毛泽东思想，也是给马克思主义思想宝库注入了新的内容。

中国共产党对社会主义
经济理论的重大贡献[*]

当我们年轻的共和国刚刚从硝烟中崛起时，怎样建设社会主义，是一个横亘在全党和全国人民面前的重大问题。已经有过 30 多年社会主义建设历史的苏联，为我们提供了一些有益的经验，但同时也过多地束缚了我们自己的思想，我国的经济体制乃至经济发展战略的选择，无不带有模仿苏联社会主义模式的痕迹。高度集中的经济体制，重工业前倾的发展道路，追求一大二公三纯的单一所有制，随着社会主义经济的发展，越来越显示出它们不适合我国的国情，是造成我们的体制缺乏活力，我们的建设大起大落的重要原因。在历史的反思中，我们必然地走上了改革的道路，党的十一届三中全会完成了这个伟大的历史转折，我们党在把马克思主义同中国社会主义建设实践

---

* 本文选自《马克思主义思想宝库》经济编的绪论部分，海南出版社 1990 年版。

相结合的过程中，终于找到了一条具有中国特色的建设道路，这就是建设有中国特色的社会主义。明确了我国社会主义初级阶段的定位。

从国情出发,确定符合当前
发展阶段的经济体制

建设有中国特色的社会主义，首先要对我国的国情有一个深刻的分析和正确的认识。

马克思主义创始人曾认为，社会主义将首先在发达资本主义国家取得胜利，而后由社会占有生产资料，即实行单一的全民所有制，并在此基础上实行完全的计划经济，取消商品经济。但是，社会主义历史发展的进程起了变化，社会主义革命不是在发达的资本主义国家取得胜利，而是在相对落后的国家取得了胜利。我国原来是一个半殖民地半封建的大国，生产力水平远远落后于发达的资本主义国家，经济非常落后，由于特殊的国内外历史条件，使她比西方发达的资本主义国家更早地取得了人民民主革命和社会主义革命的胜利，建立了社会主义制度。但是，马克思主义认为，任何国家的生产力状况，都是以往生产发展的产物，是人类过去劳动的积累，有着历史的承继性。由于各国经济发展程度不同，造成它们的物质技术基础也不一样，社会主义经济制度虽然为经济的迅速发展创造了前提，但并不能马上使原来经济落后的面貌得到根本的改变，从而在很短的时间内赶上或超过发达的资本主义国家的水平。这需要一个较长的过程。我国自建立起社会主义制度后，经过30多年来的发展，国家经济实力得到很大增长，建立了独立完整的国民经济体系，社会化大生产体系也已初具规模。但总的来说，生产力发展水平仍然落后于发达国家，人均国民生产总值还居于世界后列，而且具有多层次和发展不平衡的特点，这突出地表现在现代化的大生产与传统的小生产并存；商品经济与自然经济并存；经济相对发达的地区与很不发达的地区并存。生产社会化程度还很低，由于长期以来排斥商品经济，造成商品经济很不发达。这就决定了我们现在还处于社会主义初级阶段。

提出社会主义初级阶段的理论，是我党在把马克思主义同中国社会主义具体实践相结合过程中，对马克思主义理论在新形势下的丰富和发展。我国的社会主义初级阶段，不是泛指任何国家进入社会主义都会经历的起始阶段，而是特指我国在生产力落后、商品经济不发达条件下建设社会主义必然要经历的特定阶段。我国处于社会主义初级阶段这个基本的特点，决定了我们必须适应现阶段生产力发展的多层次和不平衡性，允许以社会主义经济成分为主的多种经济成分的并存和发展，并建立与完善与之相适应的生产关系。它要求我们必须坚持社会主义有计划商品经济体制；坚持以公有制为主体的多种经济成分和多种所有制形式，即使在公有制内部，也要实行多种经营方式；坚持以按劳分配为主的多种分配方式。

实行有计划的商品经济，是社会主义初级阶段经济发展的内在必然性要求。一方面，我们必须通过大力发展商品经济来发展社会主义经济；这是由我国现阶段生产力发展水平所决定的。历史证明，在经济相对落后的国家建成社会主义后，是不能人为地改变社会经济发展顺序而跨越商品经济发展阶段的，任何企图跨越这个阶段的设想和做法，都注定要失败。这主要是因为在社会主义初级阶段还存在着多种经济成分和不同形式的所有制经济，各经济组织有着相对独立的不同的经济利益，我们必须承认这种利益差别的存在，人为地抹杀它只会导致社会主义发展活力的窒息。这就必然要求各部门、各行业和各种不同形式的所有制经济组织之间不能采取无偿调拨产品而必须采用商品交换的形式。在社会主义初级阶段，社会主义商品交换关系不仅存在于公有制经济和非公有制经济之间，而且存在于公有制经济内部，即存在于国家所有制和集体所有制之间，存在于集体所有制各经济组织之间和国家所有制经济内部。另一方面，我们又不能像资本主义那样盲目地发展商品经济，而必须将其置于社会主义国家的宏观计划和指导之下。社会主义经济是建立在社会化大生产基础上的经济，虽然生产的社会化程度还比不上发达国家，但已初具社会化大生产体系的规模，生产的社会化必然要求国民经济有计划按比例的发展，同时，社会主义公有制的建立，又使社会生产的计划性成为可能。经济体制改革之前，我们长期实行的高度集中的计划经济体制，就近似于纯粹的计划经济，它在社会主义经济发展中暴露出很多弊端。改革开放 10 多年来，有计划商品经济体制使社会主义经济呈现出勃勃生机，人民也在经济的不断发展中得到实惠。历史经验证明，中国现在不具备实行纯粹计划经济的条件，我们不会再退回到过去的体制中去，倒退是没有出路的。但是，这并不表明我们要实行纯粹的市场经济。纯粹的市场经济是什么含义呢？它是指以私有制为基础、社会经济完全依靠市场自发调节、绝对地排斥计划机制作用的这样一种经济体制。由于社会主义经济是建立在公有制基础上的经济，是不可能建立起以私有制为基础的纯粹的市场经济的。正如江泽民同志在《庆祝中华人民共和国成立四十周年大会上的讲话》中所指出的："如果一味削弱乃至全盘否定计划经济，企图完全实行市场经济，在中国是行不通的，必将导致经济生活和整个社会生活的混乱。"

社会主义有计划商品经济的体制，是计划与市场内在统一的体制，而不是把计划和市场割裂开来，计划管一块，市场管一块。在有计划商品经济体制下，计划和市场的作用都是覆盖全社会的。社会主义的经济运行机制，是计划经济与市场调节的有机结合。

社会主义初级阶段存在多种经济成分，是由现阶段的生产力发展状况所决定的。由于社会生产力总水平较低和发展的不平衡性，而且这种状况不可能在短期内得到根本的改变，这就决定了我国不能实行单一的公有制经济，必须要有多种所有制经济形式与之相适应。不仅要有与工业中社会化大生产相适应的国家所有制经济形式，也要有与农村和城镇中半机械化生产相适应的集体所有制经济形式，还要在农业、工业、商业中一些以手工劳动为主的部门发展个体经济和私营经济，同时，在实行对外开放中，为引进外资和国外先进技术，还要允许中外合资、中外合营和外商独资企业存在。社会主义初级阶段存在多种经济成分，是社会主义历史发展进程中的一种必然现象。只有坚持发展多种经济成分和多种经营方式，调动一切积极因素，在国家政策和计划指导下，实行国家、集体、个人一起上，才能充分利用生产资源，迅速发展各项生产建设事业，较快地实现国家繁荣富强和人民富裕幸福。陈云同志一向主张在全民所有制经济占主导地位的前提下，多种经济形式长期并存。早在1956年，他就提出："我们社会主义经济的情况将是这样：在工商业经营方面，国家经营和集体经营是工商业的主体，但是附有一定数量的个体经营。这种个体经营是国家经营和集体经营的补充。"① 实践证明，个体经济、私营经济和国家资本主义等有一定程度的发展，有利于促进生产、活跃市场、扩大就业，是公有制经济必要的和有益的补充。

但是，在发展多种经济成分的同时，必须始终坚持社会主义公有制的主体地位，这一点是不能动摇的。抛弃了公有制或放弃公有制的主导地位，就是抛开社会主义。马克思曾指出："在一切社会形式中都有一种一定的生产决定其它一切生产的地位和影响，因而它的关系也决定其它一切关系的地位和影响。这是一种普照的光，它掩盖了一

---

① 《陈云文选》（1956—1985年），人民出版社1986年版，第13页。

切其它色彩，改变着它们的特点。"[①] 在社会主义经济中，社会主义公有制就是这样一种普照的光，它决定了社会主义经济的发展方向，并使其他经济形式在社会主义条件下具有新的特点。近年来，中国不仅有人鼓吹市场经济，也有人提出各种旨在削弱乃至取消公有制主体地位的所谓"私有化"理论。他们抓住社会主义公有制经济管理体制上的某些缺陷，把社会主义发展中遇到的困难和问题，统统归咎于公有制经济，主张对社会主义公有制经济进行根本性改革，实行经济私有化和市场经济。这种观点，必须坚决予以反对。社会主义公有制是有不完善之处，所以我们要继续深化改革，但是这绝不是改公有制经济为私有制经济，而是通过改革使社会主义公有制经济得到进一步的完善，使它更好地发挥在国民经济中的主导地位作用。正如江泽民同志在《庆祝中华人民共和国成立四十周年大会上的讲话》中所说的："在我国经济发展中，我们要继续坚持以公有制为主体，发展多种经济成分的方针，发挥个体经济、私营经济以及中外合资、合作企业和外资企业对社会主义经济的有益的、必要的补充作用。坚持这个方针，是为了更好地发挥社会主义经济的优越性，促进我国经济的更快发展，绝不是要削弱或取消公有制经济的主体地位，更不是要实行经济'私有化'。"

　　与发展以公有制为主体的多种经济成分相适应，社会主义初级阶段必然要求在分配体制上实行以按劳分配为主

---

① 《马克思恩格斯全集》第46卷（上），人民出版社1979年版，第44页。

体的多种分配形式。按劳分配是社会主义公有制经济的内在必然要求。马克思说："消费资料的任何一种分配，都不过是生产条件本身分配的结果。而生产条件的分配，则表现生产方式本身的性质。"① 在社会主义公有制经济条件下，生产资料归劳动者共同所有，任何人都不再能够凭借生产资料占有消费品，而只能凭自己向社会付出的劳动来获得消费品，所以，生产资料公有制是个人消费品实行按劳分配的基本前提。同时，由于多种经济成分的存在，与非公有制经济相适应，必然存在非按劳分配方式，比如说，按劳动力价值分配，按资分配，按经营性收入分配等等。不过，在社会主义公有制经济占主体的条件下，必须坚持按劳分配的主体地位。这一方面要求我们克服平均主义的分配现象，另一方面又要注意克服因收入过分悬殊而出现的新的社会分配不公，以更好地调动广大劳动者建设社会主义的积极性。

社会主义的根本任务是解放生产力

马克思主义认为，生产力的发展，是人类社会历史变革和进步的最根本最强大的决定因素。人类要生存和发展，必须要有相应的物质资料，一切物质资料都是靠人们生产而获得的。只有生产力发展了，人们才能获得更多的物质资料，使人们在维持生存的同时，还有条件从事物质

---

① 《马克思恩格斯选集》第3卷，人民出版社1972年版，第13页。

生产以外的活动。

俄国十月革命胜利后，列宁根据当时俄国经济落后的状况，提出大力发展生产力，建立巩固的社会主义物质基础的任务。他说："无产阶级取得国家政权之后，它的最主要最根本的利益就是增加产品数量，大大提高社会生产力。"① 对于目前还处于社会主义初级阶段的我国来说，为尽快摆脱贫穷落后面貌，赶上或超过发达的资本主义国家，必须集中力量进行现代化建议，把发展生产力作为全部工作的中心。邓小平说："马克思主义最注重发展生产力。我们讲共产主义，共产主义的含意是什么？就是各尽所能，按需分配。这就要求社会生产力高度发展，社会物质财富极大丰富。所以，社会主义阶段的最根本任务就是发展生产力。"

但是，过去很长一个时期，我们却没有能够及时地把工作重点转移到以大力发展生产力为中心的经济建设轨道上来。邓小平指出："近三十年来，经过几次波折，始终没有把我们的工作着重点转到社会主义建设这方面来，所以，社会主义优越性发挥得太少，社会生产力的发展不快、不稳、不协调。人民的生活没有得到多大的改善。"② 党的十一届三中全会之后，党按照马克思主义实事求是的思想路线，对社会主义进行了深刻的再认识，在总结社会主义建设中正反两个方面的经验的基础上，确立了以经济

---

① 《列宁选集》第4卷，人民出版社1960年版，第586页
② 《邓小平文选》(1975—1982年)，人民出版社1983年版，第213页。

建设为中心的社会主义现代化建设路线，这是我党历史上又一次伟大的转折，揭开了党领导人民建设高度民主、高度文明的社会主义现代化强国的新篇章。

建设社会主义，发展社会生产力，需要制定符合实际的经济发展战略。党的十一届三中全会以来，我们党依据我国的具体国情，考虑到国际形势的发展，提出了自1980年至下个世纪中叶的"三步走"经济发展战略。即，第一步，用大约十年时间，实现国民生产总值比1980年翻一番，解决人民的温饱问题。现在，这个目标已经提前实现了；第二步，到本世纪末，使国民生产总值再增长一倍，人民生活达到小康水平；第三步，到下个世纪中叶，人均国民生产总值达到中等发达国家水平，人民生活比较富裕，基本实现现代化。目前，我们正处在实现第二步目标的关键时期，只要实现了第二步目标，下面的路就比较好走了。"三步走"的经济发展战略是切合我国实际的，经过努力是一定可以实现的。当然，它也是我们在较长时期的奋斗目标，不可能一蹴而就，需要我们踏踏实实地做好每一项工作，长期不懈地坚持奋斗，不断地促进社会主义经济的增长和发展。

社会主义经济建设和发展，是一项极为复杂和艰巨的事业，要处理好各个方面的关系。1956年，毛泽东曾写了著名的《论十大关系》，正确阐述了社会主义革命及其建设中的若干重要问题，其中很多思想，对我们今天的现代化建设和改革开放事业，仍有着重要的指导意义。

促进社会主义经济增长和发展的投资源泉是国民收入

中的积累。社会主义的国民收入，是由积累和消费两大部分构成的。积累和消费的关系，集中体现了人民生活和经济建设的关系。在社会主义经济制度下，满足人民生活需要同进行经济建设之间的关系，是统一的、不可割裂的关系。一方面，社会主义经济的增长和发展，国民收入水平的提高，是提高人民生活水平的物质基础，没有社会生产的发展和增长，就什么都谈不上。另一方面，人民的生活需要只有不断得到满足，才能使他们的劳动积极性不断提高，成为推动社会主义经济增长与发展的动力。所以，我们既不能只顾生活而忽视经济建设，也不能只顾经济建设而忽视人民生活。我们的原则是在安排好人民生活的基础上搞好经济建设，在发展生产的基础上逐步改善人民生活。所谓在安排好人民生活的基础上搞好建设，就是说国民收入中的消费部分不能过小，每年消费基金所占的比例，应首先保证使人民生活水平高于或不低于上年水平，在这个前提下安排经济建设的规模。所谓在发展生产的基础上改善人民生活，包含两层含义：一是说人民生活水平不能超越当时的生产发展水平；二是说人民生活水平的增长幅度不能超过生产增长的幅度。正如邓小平所说："我们只能在发展生产的基础上逐步改善生活。发展生产，而不改善生活，是不对的；同样，不发展生产，要改善生活，也是不对的，而且是不可能的。"[①] 有一个时期，曾出现一种提倡高消费的观点，这是不切合我国实际的。我

---

① 《邓小平文选》（1975—1982 年），人民出版社 1983 年版，第 222 页。

们与西方资本主义国家有很大不同，在西方，由于剩余价值规律的作用，广大劳动群众的有支付能力的购买力相对缩小，不刺激消费就难以使生产的产品实现。而我国由于目前生产力水平还不高，又拥有11亿人口，因而还呈现出供给相对短缺的格局，在这种情况下，提倡高消费和超前消费，只会加剧供给与需求之间的不平衡，并最终影响到社会主义经济建设健康的、正常的发展。

社会主义经济建设应保持长期持续协调稳定发展的格局，要坚持以不断提高经济效益为中心，避免盲目地追求高速度。从历史上看，我国社会主义经济建设经历了几次大起大落，其产生的根源就是经济发展速度超越国力的可能，产生冒进。因而，建设规模与国力相适应，是我们在进行社会主义经济建设过程中始终要坚持的原则。陈云同志在1957年就提出："建设规模的大小必须和国家的财力物力相适应。适应还是不适应，这是经济稳定或不稳定的界限。像我们这样一个有六亿人口的大国，经济稳定极为重要。建设的规模超过国家财力物力的可能，就是冒了，就会出现经济混乱；两者合适，经济就稳定。"①

保持经济建设规模与国力相适应，以保证经济长期持续稳定协调地发展，最重要的就是要保持国民经济中社会总供给与总需求的平衡。这一方面要积极增加供给，另一方面要适当控制需求的增长。在现实的经济生活中，社会总供给与总需求之间的平衡，是通过国民经济的综合平衡

---

① 《陈云文选》（1956—1985年），人民出版社1986年版，第44页。

来实现的。综合平衡是整个国民经济的平衡，不是个别部门和个别方面的平衡，也不是单项平衡的简单汇总。它是在各部门、各方面平衡的基础上，遵循社会主义经济的基本规律，对整个国民经济的主要比例关系所组织的平衡活动。它要求从我国的国情出发，根据社会现有的人力、物力和财力来确定社会主义建设规模和发展速度，统筹兼顾，适当安排，正确处理局部利益和整体利益、眼前利益和长远利益之间的矛盾，协调好整个国民经济的比例关系。由于人力、物力和财力是社会主义经济增长和发展最基本的要素，因此，国民经济的综合平衡是通过人、财、物这三个要素的平衡而实现的。在组织国民经济综合平衡活动中，这三个基本要素的平衡具体表现为财政平衡、信贷平衡、物资平衡、市场平衡、外汇平衡和劳动力平衡。组织好国民经济的综合平衡，就能够从总体上安排国民经济各方面的关系，更加合理地使用人力、物力和财力，以提高整个宏观经济的效益；同时协调国家、企业和个人之间的利益，调动各个方面的积极性，使社会主义经济建设稳定而协调地发展。

　　要保证社会主义经济长期持续协调稳定的发展，除搞好经济的总量平衡外，还要搞好国民经济各部门之间的比例关系，确定合理的产业结构，从而使资源得到合理有效的配置，这是从宏观方面提高经济效益的重要保证。

　　从我国目前产业结构的现状来看，当前乃至今后一个时期产业结构调整的重点应放在以下几个方面：第一，真正树立"以农业为基础"的观点，集中力量办好农业，进一步发展农村经济，提高农业生产水平，确保粮棉等主要农产品稳定增长，促进农林牧副渔全面发展。第二，加强基础产业建设，努力保持能源和重要原材料生产的稳定增长，提高运输能力和效率，发展通信事业，以消除国民经济发展中的"瓶颈"制约。第三，大力调整加工工业，克服盲目发展现象，坚决压缩长线，使长、短线产业的发展相协调。关于调整产业结构的问题，江泽民同志在《庆祝中华人民共和国成立四十周年大会上的讲话》中指出："为了保证国民经济的持续、稳定、协调发展，必须从我国现代化建设的长远战略着眼，从当前产业结构严重不合理的实际情况出发，加强基础产业，调整产业结构，努力增强我国经济和社会发展的后劲，克服追求表面繁荣的短期行为。要大力加强农业，加强能源、交通、通信、重要原材料等基础工业和基础设施，确保科学技术和教育的发展，严格控制加工工业和非生产性建设的规模和速度。为此，一定要继续压缩固定资产投资规模，严格控制消费基金增长速度，大力开展增产节约运动，逐步实现财政、信贷、外汇、主要物资的平衡。要集中财力、物力用于农业等基础产业的建设，提高整个社会的生产能力。"这指明了我国当前和今后产业结构调整的方向和重点。

社会总供给与总需求的总量平衡与结构性平衡是相互联系的两个方面，如果搞不好结构性平衡，就很难有真正的总量平衡，就很难有真正的经济效益。所以，要使社会主义经济能够长期持续稳定协调地发展，不仅要搞好经济的总量平衡，也要搞好结构性平衡。这里需要指出的是，在我国经济建设中，是不能像西方一些国家那样，采用通货膨胀的方法刺激经济发展的，因为这不符合我国的国情，靠通货膨胀来发展生产，不仅会导致经济总量的严重失衡，而且将导致经济结构的失衡。它可能产生短暂的高速度，但却要付出极大的代价，不仅会破坏国民经济长期持续稳定协调发展的格局，使国民经济不可避免地产生波动，而且有可能导致经济的停滞和崩溃。所以，社会主义经济只有在稳定协调的基础上，才可能促进社会主义经济的长期持续的发展和繁荣。

社会主义在改革发展中走向胜利

社会主义经济建设并非是孤立地、封闭式地进行的，它与社会主义的社会政治环境和国际经济的发展和变化有着密不可分的联系，而且，社会主义社会"不是一成不变的东西，而应当和任何其他社会制度一样，把它看成是经常变化和改革的社会"。① 因此，社会主义也不能停滞不前，而要在不断改革中发展。

党的十一届三中全会以后，在总结历史经验的基础上，在把马克思主义与中国社会主义现代化建设的实践相结合的过程中，确立了党的"一个中心、两个基本点"的基本路线，这就是"领导和团结全国各族人民，以经济建设为中心，坚持四项基本原则，坚持改革开放，自力

---

① 《马克思恩格斯全集》第37卷，人民出版社1971年版，第443页。

更生，艰苦创业，为把我国建设成为富强、民主、文明的社会主义现代化国家而奋斗。"① 党的这条基本路线，集中体现了社会主义初级阶段经济与政治、改革与发展、国内建设与对外开放之间的关系。以社会主义现代化经济建设为中心，必须坚持四项基本原则，坚持改革开放。只有这样，才能从根本上保证社会生产力的发展，保证四个现代化建设的顺利进行。

四项基本原则是立国之本。只有坚持四项基本原则，即坚持社会主义道路，坚持人民民主专政，坚持共产党的领导，坚持马列主义、毛泽东思想，才能保证四个现代化建设的顺利进行。邓小平说："我们要在中国实现四个现代化，必须在思想政治上坚持四项基本原则。这是实现四个现代化的根本前提。"② 四项基本原则是一个整体，缺一不可。具体地说，（1）社会主义道路是加速中国经济建设、实现四个现代化的方向。只有社会主义能够救中国，这是中国人民自上个世纪中叶以来经过 100 多年的英勇斗争得出的一个基本结论。在漫长的封建统治行将结束时，资本主义制度在英、法、德等西欧诸国普遍建立，并获得了极大的成功。但是，这个在西方成功的制度在我们这个古老的东方大国却未能找到适宜它成长的土壤，在 100 多年的各派政治力量的反复较量中，经过旧民主主义革命的多次失败和新民主主义革命的最终胜利，证明中国

① 《中国共产党第十三次全国代表大会文件汇编》，第 15 页。
② 《邓小平文选》（1975—1982 年），人民出版社 1983 年版，第 150 页。

走不通资本主义道路。离开了社会主义，中国只能退回半殖民地半封建的状态中去。尽管在新中国成立后四十年的建设过程中，我们有过不少挫折和失误，仍然在经济、技术、文化、教育等各个方面取得了巨大的成就，这是值得中国人民骄傲的事实。当然，与发达的资本主义国家相比，我们的生产力水平还有不小的差距。但是这种差距并不是社会主义制度造成的，恰恰相反，正是因为有了社会主义制度，我们才能够缩小同它们的差距。我们进行四个现代化的建设，就是为了使中国经济强大起来，使人民富裕起来，从而赶上和超过资本主义国家，最终战胜资本主义。（2）人民民主专政是发展社会主义经济的重要保证。在这个制度下，广大工人、农民、知识分子享有最广泛的民主，而只对极少数反对和破坏社会主义制度的敌对分子实行专政。社会主义民主是动员全国各族人民进行现代化建设的强大动力。邓小平说："没有民主就没有社会主义，就没有社会主义的现代化。"① 在加强社会主义民主的同时，我们也不能放弃专政。虽然阶级斗争已不是我国的主要矛盾，但国内还存在各种反社会主义分子，国际上帝国主义还积极推行"和平演变"政策，因此，只有坚持人民民主专政，才能维护安定团结的政治局面，保障社会主义现代化建设顺利地、不受干扰地进行。（3）中国共产党是领导社会主义经济建设的核心力量。中国共产党的领导核心作用，是在长期的革命斗争中形成的，没有共

---

① 《邓小平文选》（1975—1982年），人民出版社1983年版，第154页。

产党就没有新中国，这是妇孺皆知的道理，是每一个正直的中国人都不会否认的事实。中国共产党能够团结和领导全国人民建成一个新中国，也同样能够团结和领导全国人民完成建设社会主义这一宏伟而壮丽的事业。取消了共产党的领导，就葬送了社会主义事业。（4）马列主义、毛泽东思想是社会历史发展规律的科学概括，是科学的世界观和方法论，也是指导社会主义经济建设的强大思想武器。在中国人民进行社会主义现代化建设的实践中，只有坚持把马列主义同具体实践相结合，才能不断取得胜利。党在十一届三中全会后提出的建设有中国特色的社会主义，就是马列主义与当代中国的社会主义实践相结合的体现。脱离了马列主义、毛泽东思想的指导，人们就可能失去共产主义的理想和信念，就会迷失方向，社会主义现代化建设就无从谈起。总之，坚持四项基本原则，关系到我国社会主义事业的成败，关系到中国社会主义的命运和前途，正如邓小平所指出的："如果动摇了这四项基本原则中的任何一项，那就动摇了整个社会主义事业，整个现代化建设事业。"①

改革是社会主义社会发展的重要动力。列宁说过，决不能把"社会主义看成是一种僵死的、凝固的、一成不变的东西。"② 社会主义之所以要改革，是因为在社会主义制度下，生产力和生产关系的矛盾，经济基础和上层建

---

① 《邓小平文选》（1975—1982 年），人民出版社 1983 年版，第 159 页。
② 《列宁全集》第 31 卷，人民出版社 1972 年版，第 95 页。

筑的矛盾，仍然是社会基本矛盾。毛泽东说："在社会主义社会中，基本的矛盾仍然是生产关系和生产力之间的矛盾，上层建筑和经济基础之间的矛盾。不过社会主义社会的这些矛盾，同旧社会的生产关系和生产力的矛盾、上层建筑和经济基础的矛盾，具有根本不同的性质和情况罢了。"[1] 改革，就是调整这个矛盾的基本途径和方法。改革，是社会主义制度的自我完善。改革的目的是为亿万人民群众为之奋斗的社会主义事业注入新的生机和活力，加快生产力的发展，创造比资本主义更高的劳动生产率，使社会主义制度在与资本主义的大较量中取得最后的胜利。

在正确处理国内建设和对外开放的关系问题上，我们一方面要坚持独立自主、自力更生的原则。邓小平在1982年会见利比里亚国家元首多伊时说："中国的经验第一条就是自力更生为主。"[2] 另一方面，我们要始终不渝地贯彻对外开放的原则。当今世界，社会化大生产的发展，已经把各国的经济技术联系起来，任何一国的经济，已经不可能完全置身于世界经济联系之外而孤立存在。邓小平说："中国长期处于停止和落后状态的一个重要因素是闭关自守。经验证明，关起门来搞建设是不能成功的，中国的发展离不开世界。"[3] 所以，实行对外开放，把中国经济同世界经济联系起来，利用世界市场和国际分工的

---

[1] 《毛泽东著作选读》（下册），人民出版社1986年版，第767页。

[2] 《邓小平文选》（1975—1982年），人民出版社1983年版，第361页。

[3] 《建设有中国特色的社会主义》（增订本），第67页。

有利条件，为社会主义现代化建设服务，是符合社会化大生产和商品经济发展的客观要求的，是促进社会主义现代化建设的一条有效途径。自 1978 年我国实行改革开放以来所取得的举世瞩目的巨大成就，充分证明了这一点。

　　社会主义在不断改革发展中将走向最终胜利。早在 150 多年前，马克思恩格斯就预言资本主义必然灭亡，社会主义必然要胜利。尽管当今世界出现了某些新的情况，但是历史发展的趋势，仍然没有超出马克思主义创始人的科学结论。资本主义并不能消除社会化大生产与资本主义私有制这一资本主义社会的基本矛盾，并且挽救不了最终灭亡的命运。而社会主义是亿万人民群众的朝气蓬勃的事业，它的出现和发展，既适应了社会化大生产的发展要求，又代表了最广大人民群众的根本利益。虽然在发展过程中也可能遇到一些波折或反复，但它终将要取得最终胜利，并将引导全世界走向共产主义。

毛泽东思想是马克思主义
在中国的运用和发展[*]

　　十月革命的炮声将马克思列宁主义传送到中国大地，正在探寻民族和国家解放复兴之路的中国工人阶级和进步知识分子，眼前为之一亮，兴奋地意识到这是一个强大的思想理论武器。中国共产党人运用这个武器来指导革命实践，经过艰难曲折的探索，逐步将马克思列宁主义的基本原理与中国的具体实践紧密结合起来，形成了一个创新性的理论成果——毛泽东思想。有了毛泽东思想，中国的解放复兴事业，便迎来了一个全新的局面。

　　以毛泽东为代表的中国共产党人，清楚地认识到，摆在中国人民面前的历史任务是民族独立和国家富强。在战略上，民族独立是国家富强的前提和保证，必须先开辟民族独立的正确道路，才能实现国家富强的目标；在策略上，只有正确判断中国社会的半封建半殖民地性质，切实

---

　　* 本文选自《毛泽东思想综论》的序言，中央文献出版社 2006 年版。

依靠已经登上了政治舞台的中国工人阶级，占人口绝大多数的又在封建主义压迫下挣扎的农民阶级，以及与工人农民同样盼望摆脱旧社会压迫的小资产阶级，团结民族资产阶级和各界进步人士，形成一个广泛而强大的民族统一战线，彻底推翻压在中国人民头上的"三座大山"，才能有中华民族的真正独立。在取得民族独立的基础上，再依靠获得解放的全国人民的自强精神来建设一个富强的社会主义新中国。

在毛泽东思想的指导下，中国共产党领导全国人民经过艰苦卓绝的斗争，取得了中国近代史上第一次反抗最野蛮最残暴的日本法西斯主义侵略战争的伟大胜利，推翻了帝国主义、封建主义、官僚资本主义的统治，完成了民族独立的伟大任务，建立起了一个自主的新中国，使中华民族摆脱了百年屈辱的历史，"中国人民从此站起来了"。中华人民共和国成立之初，尚处于国际敌对势力的重重包围之中，以毛泽东为首的中国共产党人却毫不迟疑地着手谋划和推动国家富强的伟大事业，由于全国人民在新中国的灿烂阳光下所迸发出的那种无比激情与奉献精神，只用了短短三年时间，在坚定地击退帝国主义武装挑衅的同时，将一个经受了长期反侵略战争和解放战争而完全崩溃了的国民经济体系，恢复到正常而健康运转的状态，紧接着就开始了宏伟的社会主义建设。适应全面建设社会主义的要求，毛泽东发表的《论十大关系》、《关于正确处理人民内部矛盾的问题》等重要著述，党的"八大"制定的路线和决议，以及党中央发布的一系列重要文件，对社会主义现代化建设的道路、方针、目标、政策，进行了创造性的探索和系统的科学论述，并对社会主义建设时期党的建设、思想理论建设、科学文化建设以及国防建设等都提出了明确的指导方针。同时，在国际关系方面坚定不移地维护国家主权，反对一切霸权主义和侵略扩张势力，实行独立自主与"和平共处五项原则"的和平外交路线，既表明了中国社会主义现代化建设的和平发展宗旨，又对维护和推动世界和平做出了重要贡献。

由于有了毛泽东思想指导社会主义建设，在短短十多年的时间里，使我国社会经济面貌发生了翻天覆地的变化，一个比较完整的工业体系和国民经济体系在几乎是一片废墟的基础上建立起来了，科学技术更是取得了"两弹一星"研制成功的突出成就。特别是这些经济与科技成就，是在克服了严重的外部困难与国内严重的自然灾害情况下取得的，就具有更加重要的意义。由于有了毛泽东思想指导国家的对外关系，坚持实行独立自主的和平外交政策，坚持反对霸权主义的方针，从而极大地提升了我国的民族尊严和国际地位。正如《中国共产党章程》所客观地肯定的，"毛泽东思想是马克思列宁主义在中国的运用和发展，是被实践证明了的关于中国革命和建设的正确的理论原则和经验总结"。

我们中国共产党人和全中国人民对毛泽东、对毛泽东思想，有着特殊的感情和坚定的信仰。原因何在？这就是邓小平所说的：毛泽东是"中国共产党、中华人民共和国的主要缔造者"，"他多次从危机中把党和国家挽救出来。没有毛主席，至少我们中国人民还要在黑暗中摸索更长的时间。"他还说："我们党在延安时期，把毛主席各方面的思想概括为毛泽东思想，把它作为我们党的指导思想。正是因为我们遵循毛泽东思想，才取得了革命的伟大胜利。""他创造性地把马列主义运用到中国革命的各个方面，包括哲学、政治、军事、文艺和其他领域，都有创造性的见解。"在毛泽东去世以后，他领导中国共产党和中国人民开创的这些伟大业绩和思想，不是随着岁月的远逝而湮没，而是显得更加辉煌。正如《人民日报》在纪念毛泽东诞辰110周年的社论《伟大的毛泽东》中所说的那样："毛泽东同志之所以伟大，是因为无论在他的生前还是故后，他的非凡伟绩、光辉思想和巨大魅力，总是超越时代、泽被后世，深深地影响和教育着一代又一代的人们。"因而，广大干部、党员和人民群众，广大海外华人和侨胞，总是常常以各种方式表达他们对毛泽东深切的怀念和无限的敬仰之情。凡此等等，都明白无误地说明，在中国人民的心目中，在中国革命和社会主义发展史上，毛泽东、毛泽东思想的地位和作用，是重要而独特的。

毛泽东、毛泽东思想在世界上也享有崇高的威望和影响。不仅世界人民及各国著名的政治家、军事家和学者对毛泽东的丰功伟绩、对毛泽东的思想、智慧和人格，表示无限的钦佩和敬仰，即使一些不赞成甚至反对马克思主义、反对社会主义的人，他们也不能不承认"在毛泽东的一生中，更为突出的是他的丰功伟绩"。这也说明，坚持毛泽东领导中国共产党和中国人民开创的社会主义道路，高举毛泽东思想的旗帜，无疑应当成为全党和全国人民不可动摇的意志和历史的责任。

毫不动摇地坚持毛泽东思想，这不仅是因为它过去指导中国革命和建设取得了伟大的历史性胜利，而且是因为它是一个科学的思想理论体系，它确立的基本立场和原则，在现在，在将来，都是我们治党治国治军必须坚持的行动指南，都是我们党领导全国各族人民建设中国特色社会主义的强大思想武器。毛泽东关于使中国稳步地由农业国转变为工业国，把中国建设成一个伟大的社会主义国家，在不太长的时间内全面实现工业、农业、国防和科学技术现代化的思想；关于坚持独立自主、艰苦奋斗的建国方针，积极探索适合中国国情的社会主义建设道路的思想；关于建设人民民主的国家政权，发展社会主义民主，正确处理人民内部矛盾，依靠人民管理国家，建设社会主义民主政治的思想；关于与各民主党派实行长期共存，互相监督，共同建设社会主义的思想；关于坚持人民战争理论，建设人民军队，实现国防现代化，保障国家主权、独立和统一的思想；关于坚持独立自主的和平外交方针，团结世界上一切可以团结的力量，特别是广大第三世界国家和人民，反对一切霸权主义和侵略扩张势力，维护世界和平和发展的思想；关于坚持文艺为人民服务、为社会主义服务，文学艺术工作实行"百花齐放、百家争鸣"的方针，建设民族的、科学的、大众的社会主义新文化的思想；关于坚持民族平等、民族团结和共同发展繁荣的方针，实行民族区域自治化政策，尊重和保护宗教信仰自由，大力培养少数民族干部队伍，尊重少数民族语言文字和风俗习惯，积极团结、教育民族上层爱国人士的思想；关于坚持全心全意为人民服务的宗旨，反对党和国家机关工作中的主观主义、官僚主义和宗派主义，拒腐防变，永远保持党同人民群众的血肉联系的思想；关于坚持德才兼备的干部标准和搞"五湖四海"、"任人唯贤"的干部路线，培养千百万社会主义事业接班人的思想；关于坚持马克思主义的世界观，即实事求是、独立自主、群众路线的思想路线和领导方式的思想，等等。毛泽东倡导和坚持的这些思想和原则，对我国社会主义制度的建立和社会主义建设的发展，都起了积极的倡导和推动作用，现在和将来，仍然是我们党在领导全国各族人民推动和促进社会主义现代化建设事业中不可动摇的指导方针和基本准则。

诚然，毛泽东在领导建设社会主义的实践中也犯过严重的错误，但这毕竟是一个伟大的革命家在探索建设社会主义道路上发生的一些失误。恩格斯说过："伟大的阶级，正如伟大的民族一样，无论从哪方面学习都不如从自己所犯错误的后果中学习来得快。"正是总结这些教训，十一届三中全会以来，我们党在领导全国人民改革开放的20多年的实践中形成了邓小平理论、"三个代表"重要思想和科学发展观。这些当代中国的马克思主义，也就是毛泽东思想在新的历史条件下的新发展，是对建设中国特色社会主义的新认识、新概括，因而有力地推动了我国社会主义建设的新实践，使我国的社会主义现代化事业在各个领域里不断取得伟大的新成就。

　　2006 年，是毛泽东同志逝世 30 周年，我们课题组将《毛泽东思想综论》作为学习毛泽东思想的一个成果，诚挚地敬献给广大读者和全国人民，以表达我们对毛泽东思想的无比忠诚和对伟大的毛泽东同志的深深怀念。

刘少奇经济思想
具有现实指导意义 [*]

改革开放 20 年来，我国的经济建设取得了举世瞩目的成就。在品味这种成就的同时，我们不会忘记改革开放的总设计师邓小平同志，我们会更推崇他的理论。而众所周知，邓小平的理论是在毛泽东思想的基础上诞生的，毛泽东思想的形成又离不开刘少奇思想的补充。所以，在刘少奇诞生 100 周年的今天，让我们学习刘少奇的经济思想，仍然有着现实的指导意义。

以 经 济 建 设 为 中 心

刘少奇同志作为无产阶级革命家和马克思主义理论家，他的思想是和革命实际紧密地联系在一起的。中国共

---

    * 本文系《中国市场经济报》记者刘春香对作者的采访，发表于该报 1998 年 12 月 25 日。

产党在领导人民夺取政权、建立共和国以后，主要任务和中心工作是什么？这是全党必须首先明确回答的最重要的问题。还在全国解放前夕，刘少奇同志就明确提出，今后的中心问题，是如何恢复与发展中国的经济。1950 年，他进一步提出，中国共产党和人民政府力求实现的最基本任务，就是提高劳动人民的生活水平，使他们过上富裕和有文化的生活。这就需要进行大规模的经济建设，使中国工业化。他指出，战争结束后，"国家的军政费用就可以大量缩减，大量增加经济建设的投资也就成为可能，我们的国家就将完全转入经济建设的轨道上去"。随后不久他又指出："经济建设现已成为我们国家和人民的中心任务。"

刘少奇同志在建国之初就提出："大的运动不可能再有了，主要是集中精力搞经济建设。"他强调："只要第三次世界大战不爆发，经济建设的任务就不变。"

正是在这一正确思想的指导之下，全党和全国人民取得了"三年经济恢复"和顺利展开第一个 5 年计划的伟大成就，中国发生了天翻地覆的变化，并取得了社会主义改造和社会主义建设的初步成功。1956 年，具有历史意义的党的八大召开了。刘少奇同志在八大政治报告中总结了建国以后社会主义改造和建设的经验，分析了当时的形势，提出了全党的奋斗目标："要依靠已经获得解放和已经组织起来的几亿劳动人民，团结国内外一切可以团结的力量，充分利用一切对我们有利的条件，尽可能迅速地把我国建设成为一个伟大的社会主义国家。"我们可以看出，在夺取政权后，以经济建设为中心，是刘少奇同志的一贯思想。党的八大所通过的政治报告，已经把全党全国人民的思想统一到以经济建设为中心的总任务上来。

历史常常不是笔直前进的。从 1956 年到 1978 年，大大小小的政治运动从未间断，社会主义生产关系的变革被人为地大大加快，"反右"、"大跃进"、"反右倾"、"四清"，直到"文化大革命"，以阶级斗争为纲取代了以经济建设为中心，我国的经济建设出现了几次重大失误和徘徊。特别是"十年浩劫"，极大地破坏了我国的社会生产力，刘少奇同志也被"四人帮"迫害致死。直到党的十一届三中全会，以邓小平同志为核心的第二代领导集体拨乱反正，旗帜鲜明地提出以经济建设为中心，坚持改革开放，全党全国人民的思想统一到"一个中心、两个基本点"上来，我们的国家才又胜利进入一个社会主义建设的新时期。

解放和发展生产力

早在建国初期，刘少奇就运用马克思主义的观点，联系中国革命和建设的实际，深入浅出地阐述了解放生产力和发展生产力的观点。他说，我们必须做好两件最基本的事情。第一件事情，就是必须推翻外国帝国主义和中国封建地主、官僚、买办阶级的统治，从而在城市和农村中解放已有的生产力。但这还不是生产力的直接提高，还不是生产力本身的发展。第二件事情，就是使中国逐步地走向工业化和民主化，使中国人民逐步地提高生活水平。做好第一件事的目的就是为了要做好第二件事情，也就是说，革命是为了解放生产力，解放生产力是为了发展生产力。他进一步指出，如果我们不能把发展生产力的事情做好，"对我们的革命就没有什么大的意义了，我们的革命就不能说是已经胜利了，相反，我们还要遭受可耻的失败"。这就进一步阐明了革命成败，不仅在于是否夺取了政权，而且在于是否能把经济建设搞上去。

　　生产关系必须同生产力发展的一定水平相适应，这是马克思主义政治经济学的一个重要观点。在我国建设的不同阶段，刘少奇同志十分重视调整生产关系，以适应、保护和促进生产力的发展。1956年，他在八大政治报告中指出，"现在，革命的暴风雨时期已经过去了，新的生产关系已经建立起来，斗争的任务已经变为保护社会生产力的顺利发展"。1957年，刘少奇在《如何正确处理人民内部矛盾》的讲话中进一步指出，"生产关系必须适应生产力发展的水平。我们现在是社会主义制度的国家，分配的原则是按劳取酬，公平合理。如果不按劳取酬，不公平合理，就会阻碍生产力的发展。如果按劳取酬贯彻得比较好，分配得公平合理，大家满意，就会促进生产力的发展"。关于人民公社，刘少奇指出，有的同志认为办早了，我看不办也许可能好一点，迟几年办是可以的。因为它违背了生产关系必须适合生产力发展的客观规律。由于在公社化运动中，混淆了集体所有制和全民所有制的界限，导致了"共产风"，"一平二调"以及平均主义等错误的发生和发展，给生产力带来了严重的破坏。

重温刘少奇同志的这些论述，对我们更好地理解邓小平理论很有裨益。邓小平同志历来主张正确的政治领导的成果，归根到底要表现在社会生产力的发展上、人民物质文化生活的改善上。1992 年在南方谈话中，邓小平同志进一步作了概括性的总结，提出"三个有利于"的标准。

以公有制为主体，多种经济成分共同发展

在共产党领导下的中国，应该怎样和采取什么路线来发展经济呢？刘少奇在《关于新中国的经济建设方针》中分析了新中国的国民经济主要由以下五种经济成分所构成：（1）国营经济；（2）合作社经济；（3）国家资本主义经济；（4）私人资本主义经济；（5）小商品经济和半自然经济。刘少奇指出，这五种经济成分，都应加以鼓励，使其发展。"在这种发展中，必须以发展国营经济为主体。普遍建立合作经济，并使合作经济与国营经济密切地结合起来。扶助独立的小生产者并使之逐渐地向合作社方向发展。组织国家资本主义经济，在有利于新民主主义的国计民生的范围以内，允许私人资本主义经济的发展，而对于带有垄断性质的经济，则逐步地收归国家经营，或在国家监督之下采取国家资本主义的方式经营。这就是说，在可能的条件下，逐步地增加国民经济中的社会主义成分，加强国民经济的计划性，以便逐步地稳当地过渡到社会主义。"

在建国以后的 17 年中，刘少奇不断地阐述了为什么在政策上还允许资本主义的经济存在，允许小资产阶级和农民阶级的经济存在，不仅允许他们存在，而且还要使他们得到发展。他不唯书，勇于探索，提出，"教科书认为所有制是社会主义的，就是社会主义性质的国家。这和列宁的讲话不同。十月革命的第二天，所有制未变，苏俄就成了社会主义国家了。所以国家性质的主要标志，是看国家政权掌握在什么人手里，主要标志还不是所有制。"

刘少奇同志关于以公有制为主体，多种经济成分共同发展的这些论述无疑是十分正确的，因为它既考虑了中国革命的前途必然是走向社会主义；又考虑了中国是一个小农经济占绝对优势，生产力欠发达，现代工业很少，发展又不平衡的基本国情。说到底，还是生产关系的变革必须适合生产力发展水平。

现在看，如果在逐步向社会主义过渡中允许多种经济成分的共同发展，我国社会生产力的发展会更快一些。可惜由于种种原因，在 50 年代后半期至 70 年代末，生产关系的变革过急过快，不仅在短时间内就完成了对资本主义工商业的社会主义改造，而且在人民公社化运动中，混淆了全民所有制和集体所有制关系，在"文化大革命"中进一步割资本主义的"尾巴"，连农民很少的自留地也被取消了。这就大大地破坏了社会生产力的发展，甚至使国民经济走到了崩溃的边缘。历史的教训，我们永远不能忘记。

发挥市场作用和搞活经济

刘少奇同志善于理论联系实际，进行独立思考。对于如何进行经济建设的问题，他考虑得很深很远。早在50年代，他针对当时体制下的一些弊端，对社会主义计划经济与市场经济进行了深入的思考和比较，提出了两者相结合的思想。

刘少奇认为，"自由市场对于我们社会主义经济制度来说，提出了这么一个问题：社会主义经济的特点是有计划性，是计划经济，但是实际社会经济活动包括各个行业、各个方面，有几千种、几万种、几十万种，国家计划不可能计划那么多，结果就把社会经济生活搞简单了、呆板了。因此，如何使社会主义经济既有计划性，又有多样性和灵活性，这就要利用自由市场"。

1956年，刘少奇在人大政治报告中指出：鉴于私营商业的社会主义改造已经基本上完成，统一的社会主义的市场已经形成，社会主义商业在整个国民经济中起着极其重要的作用。"我们应该改进现行的市场管理办法，取消过严过死的限制；并且应当在统一的社会主义市场的一定范围内，允许国家领导下的自由市场的存在和一定程度的发展，作为国家市场的补充。"1957年，他在听取广东省委汇报时深刻指出，自由市场可以暴露我们的缺点，补充国营商业的不足，方便人民。凡我们计划不到的，自由市场就可以"钻空子"。1962年他又指出："现在有些地方的市场跟全国的统一市场是矛盾的，画地为牢，别的地方的东西不许来，这是不允许的。资本主义国家都有统一的国内市场，没有统一的国内市场资本主义就不能发展，社会主义国家怎么能够没有统一的国内市场呢？"

刘少奇同志还主张，保留一定竞争好，他提出要利用价值规律来组织生产，如有些东西我们没有规定价格，是自由市场的价值法则指挥着它生产，指挥着农民进城。我们不能用计划指挥生产的东西，就让价值法则来指挥生产。这时，刘少奇同志已明确认识到计划和市场都是配置资源的手段。

对于计划经济本身，刘少奇反复强调要放权，要有灵活性。他有一次对中央党校的领导同志说："如果我们的经济还不如资本主义灵活多样，只有呆板的计划性，那还有什么社会主义优越性呢？"他认为，地方、企业以及个人必须有一定范围的经济活动的自由，没有这个自由，社会主义经济就不可能有多样性和灵活性，也就失去了活力。

为了搞活经济，刘少奇同志还提出了调整政府职能和给企业适当自主权的一些思想。他说，上级国家机关往往对于企业管得过多、过死，妨碍了企业应有的主动性和机动性，使工作受到不应有的损失。应当保证企业在国家的统一领导和统一计划下，在计划管理、财务管理、干部管理、职工调配、福利设施等方面，有适当的自治权力。他要求我们的经济部门的领导机关必须认真把该管的事管好，而不要再管那些可以不管或不该管的事。

　　尽管由于历史的局限，刘少奇同志不可能在几十年前就更深入地揭示社会主义计划经济与市场的关系，但今天重温他关于计划与市场以及搞活经济的这些论述，使我们感悟到一位伟大马克思主义者对真理的不断追求与探索，不能不产生由衷的敬佩。

用中国特色社会主义理论指导经济建设

YONG ZHONGGUO TESE SHEHUIZHUYI

LILUN ZHIDAO JINGJI JIANSHE

中国社会主义建设的伟大指南[*]
——学习邓小平关于"什么是社会主义、怎样建设社会主义"的有关论述

在中国社会主义实践出现失误、世界社会主义运动遭遇挫折的关键时刻,邓小平以马克思主义者的远见卓识和大无畏的气概,深刻总结国内外社会主义建设的经验教训,准确把握时代特征,抓住"什么是社会主义、怎样建设社会主义"这一根本问题,深刻地揭示了社会主义的本质,把对社会主义的认识提高到新的科学水平,形成了中国特色社会主义的理论体系。这一理论开拓了马克思主义的新境界,为我们科学认识和准确把握社会主义建设的规律开辟了广阔道路。在邓小平诞辰 100 周年的日子里,重温这些论述,对于我们继续走好改革开放之路、建设好中国特色社会主义、胜利完成全面建设小康社会和实

---

* 本文发表于《求是》2004 年第 15 期。

现民族伟大复兴的宏伟目标，具有重要的理论价值和实践指导意义。

一、形成建设中国特色社会主义理论的科学
体系,开拓了马克思主义新境界

　　邓小平同志作为伟大的马克思主义者，对社会主义怀有坚定的信念。他明确指出："只有社会主义才能发展中国"，"我们建立的社会主义制度是个好制度，必须坚持"。在南方谈话中，他将社会主义的本质概括为"解放生产力，发展生产力，消灭剥削，消除两极分化，最终达到共同富裕。"这既从理论上深化了对社会主义的认识，又为社会主义的实践指明了方向。把解放和发展生产力放在社会主义本质要求的首位，既符合马克思主义关于生产力是推动人类历史发展的决定力量的原理，又符合我国社会主义实践的迫切要求。邓小平说："讲社会主义，首先就要使生产力发展，这是主要的。只有这样，才能表明社会主义的优越性。"在生产力发展的基础上，消灭剥削，消除两极分化，这是社会主义制度与资本主义制度的一个本质区别。消灭剥削，消除两极分化，不仅是从道义上体现社会公平，更重要的是从经济关系上实现人的平等。这里的剥削与分化，是阶级剥削和阶级分化。他指出："我们不会容许产生新的资产阶级。""只要我国经济中公有制占主体地位，就可以避免两极分化"。有了生产力的高度发展，又避免了两极分化，其结果必然是"最终实现

共同富裕"。发展生产力是共同富裕的物质前提；消除两极分化，既是推动生产力更大发展的动力，又是实现共同富裕的社会制度条件。当然，社会主义本质规定性的全面实现，要有一个相当长的历史发展阶段。目前我国还处在社会主义初级阶段，搞清楚什么是社会主义，首先要搞清楚什么是初级阶段的社会主义，即"在相当长的历史时期内，还要在以公有制为主体的前提下，发展多种经济成分，在共同富裕目标的鼓励下，一部分人先富起来"。这个阶段的进程要以生产力的发展水平为基本条件，再也不能脱离生产力的发展水平来搞平均主义，搞穷过渡。

邓小平对怎样建设社会主义问题的回答，是从准确把握我国现阶段社会的主要矛盾和中心任务开始的。他说：我们的生产力发展水平很低，远远不能满足人民和国家的需要，这就是我们目前时期的主要矛盾，解决这个主要矛盾就是我们的中心任务。由此，确立了党在社会主义初级阶段的基本路线："领导和团结全国各族人民，以经济建设为中心，坚持四项基本原则，坚持改革开放，自力更生，艰苦创业，为把我国建设成为富强、民主、文明的社会主义现代化国家而奋斗。"以经济建设为中心，一是基于"文化大革命"忽视生产力发展的深刻教训，二是基于西方发达国家和新兴发展中国家的快速发展带来的压力，三是他敏锐地意识到了新的科技革命带来的发展机遇。他指出要把先进的科学技术作为我们发展的有利条件。当然，他也充分认识到，在社会主义初级阶段，阶级矛盾和阶级斗争还将在一定范围内长期存在；在深化改革和加快发展的过程中，社会结构内部也会出现各种矛盾。但是在他看来，抓住主要矛盾，加快发展，满足人民不断增长的物质和文化需要，始终是第一位的。生产力发展了，综合国力增强了，人民生活水平提高了，是从根本上解决其他矛盾的基础。邓小平特别强调基本路线是一个整体，经济建设是中心，"其他一切任务都要服从这个中心，围绕这个中心，决不能干扰它，冲击它"。在"必须实行改革开放"的同时，"必须坚持四项基本原则"，"这两个基本点是相互依存的"，"是实现四个现代化的根本前提"。对于搞好社会主义初级阶段的现代化建设，邓小平提出了"三步走"的战略部署，既汲取了以往急于求成、欲速不达的教训，又充分估计到了改革发展过程中的各种积极因素，起到了凝聚人心、指引方向的灯塔作用。实践已经充分证明了基本路线和"三步走"战略部署的科学性。邓小平对社会主义经济、政治、文化、国防等方面进行了全面论述，系统地初步回答了社会主义建设的发展道路、发展阶段、根本任务、发展动力、外部条件、政治保证、战略步骤、党的领导和依靠力量，以及祖国统一等一系列基本问题，形成了建设中国特色社会主义理论的科学体系。

二、勇敢应对世界形势变化，准确把握时代特征

邓小平同志坚持用马克思主义的宽广眼界观察世界，对当今世界的总体形势和时代特征，对世界上其他社会主

义国家的成败，发展中国家谋求发展的得失，发达国家发展的态势和矛盾，进行正确分析，作出了新的科学判断。世界变化很大，任何国家的马克思主义者都不能不认真对待。正是根据这种形势，他以我国正在进行的改革开放和现代化建设的实际问题为中心，着眼于新的实践和新的发展，确定我们党的路线和国际战略，与时俱进地将社会主义的理论和实践不断推向前进。

把握"和平与发展"这一时代主题，在严重挑战面前冷静思考，沉着应对，推进中国特色社会主义事业的发展。20世纪80年代末，国际局势发生了重大变化，首先是东欧剧变，接着是在国际大气候、国内小气候的影响下，国内发生严重的政治风波，再接着是苏联解体，世界社会主义运动出现严重挫折，使得二战以后形成的两极对立的世界冷战格局不复存在，一强独霸的局面开始形成，对社会主义中国的威胁、渗透、分化、封锁、制裁接踵而至。"和平与发展"这一时代主题遇到严重挑战，中国特色社会主义事业面临严峻考验。已是耄耋之年的邓小平"冷静观察，沉着应对"，一方面旗帜鲜明地呼吁世界和平，反对霸权主义；另一方面强调要"抓住时机，发展自己，关键是发展经济"。在当时复杂的国际形势下，他明确指出，和平与发展仍是时代的主题，要排除各种外部干扰，把不断深化改革，推进社会主义现代化建设放在首位。坚信"和平的力量、正义的力量、进步的力量，终究是不可战胜的"。他说："我坚信，世界上赞成马克思主义的人会多起来，因为马克思主义是科学……社会主义经历一个长过程发展后必然代替资本主义。这是社会历史发展不可逆转的总趋势，但道路是曲折的。"

积极应对经济全球化浪潮，寻求发展机遇。经济全球化从一开始就是资本的国际性扩张。特别是从 80 年代中期兴起的第三轮经济全球化，是在现代资本主义国家的科技与经济快速发展，世界社会主义运动出现挫折的时候，以贸易与金融国际化为先导，以跨国公司的全球性活动为特征而迅速发展起来的。这次经济全球化的实质，是资本主义在新的历史条件下的一种强势扩张。它们主导国际经济政治运行秩序，不仅对发展中国家进行比以往更为巧妙的经济掠夺，同时肆无忌惮地推行霸权主义与强权政治，并伴随着资产阶级价值观念与意识形态的扩张。当代资本主义可谓气势汹汹。面对严峻挑战，邓小平提出"不要信邪，不要怕鬼"，"不要惊慌失措"，正确地判断经济全球化是风险与机遇并存，果断地决策扩大开放，积极参与全球化的过程，利用两种资源、两个市场来推进我国的社会主义现代化。事实上，资本主义扩张过程总是与社会主义的发展过程相联系的。出现于 18—19 世纪的、由蒸汽机的使用而带来资本主义生产力大发展所形成的第一轮经济全球化，使资本主义经济、社会矛盾不断激化和深化，引发了人类思想认识的伟大革命而产生了马克思主义。19 世纪末 20 世纪初，由电气化推动资本主义生产力新发展所形成的第二轮经济全球化，使资本帝国主义在瓜分和重新瓜分世界的过程中矛盾进一步激化，并导致相继发生了两次世界大战。随着这个过程的发展，产生了列宁主义和毛泽东思想，并诞生了苏联、中国等数十个无产阶级政党及十多个由无产阶级政党领导的社会主义国家，世界各地的民族解放运动也蓬勃发展。这次由高新技术全面发展所推动的第三轮经济全球化，虽然来势空前迅猛，但仍然是资本主义矛盾发展的必然结果。从现实情况看，最强大最专横的资本主义国家也不能驾驭世界格局的发展。发展中国家虽然总体上处于弱势，但也有少数国家和地区出现了经济高速发展的奇迹。特别是社会主义国家，要从挫折中走出来，就必须认真总结经验教训，探求符合实际的社会主义发展新路子。正是在这样的历史时刻，中国诞生了邓小平理论，找到了中国特色社会主义道路并在实践中证明了它的强大的生命力。

三、与时俱进的理论品格，为不断推进中国特色社会主义的理论创新开辟了广阔前景

与时俱进是邓小平理论的一贯品格和鲜明特色。社会主义只有在创新中才能不断发展和完善。纵观邓小平同志的一生，尤其是改革开放之后，一直致力于坚定不移地巩固和加强马克思主义的指导地位，又紧密结合形势的变化和实践的发展，发扬实事求是、勇于创新的科学精神，丰富和发展马克思主义。他的这种作风和与时俱进的理论品格，为我们党树立了典范。以江泽民同志为核心的第三代

中央领导集体，一直坚持以马列主义、毛泽东思想、邓小平理论为指导，解放思想，实事求是，与时俱进，继续推进中国特色社会主义事业向前发展。在十四大以后的 5 年间，领导全党建立和完善社会主义市场经济体制，并对社会主义经济建设、精神文明建设和党的建设进行全面探索，进一步深化了对社会主义建设规律和党的执政规律的认识。党的十五大第一次提出了建设有中国特色社会主义的经济、政治、文化的基本目标和基本政策有机统一的基本纲领；提出了"公有制为主体、多种所有制经济共同发展"的社会主义初级阶段的基本经济制度，特别是提出了公有制实现形式的多样化，非公有制经济是社会主义市场经济的重要组成部分，全面阐述了社会主义初级阶段的内涵及其历史进程。这是我们党对社会主义认识的又一次深化。党的十六大站在时代和历史的新高度，提出全面建设小康社会的目标，全面系统地阐明了贯彻"三个代表"重要思想的根本要求，进一步丰富了中国特色社会主义的理论与实践。

党的十六大把"三个代表"重要思想同马列主义、毛泽东思想、邓小平理论一道确立为我们党必须长期坚持的指导思想。十六大以来，以胡锦涛同志为总书记的党中央，围绕全面建设小康社会这个当前的重大主题，提出"坚持以人为本，树立全面、协调、可持续的发展观，促进经济社会和人的全面发展"的科学发展观，并具体提出了"五个统筹"，回答了在坚持发展是硬道理的过程中，应当发展什么、为什么发展和怎样发展的问题。这是在分析了世界各国发展历史，特别是总结了我国社会主义建设基本经验的基础上，对社会主义发展规律认识的升华，也是对社会主义本质认识的进一步深化。

用邓小平理论指导社会主义经济建设[*]

　　全国人民在党的领导下，积极地进行社会主义经济建设，经历了一个曲折的过程，已经取得了巨大的成就，这是举世公认的。但是，与人民所付出的代价相比较，这种成就还是不够理想的，或者说，我们未能取得本来应该取得的更大的成就。在粉碎"四人帮"以后，能不能更加顺利地进行社会主义经济建设，使国民经济持续地、高速度地向前发展呢？这是全国人民极为关注的问题。《邓小平文选》就是在这种新的历史条件下产生的。它是毛泽东思想的继承和发展，是建设中国式的社会主义的建国大纲，也是建设具有中国特色的社会主义经济的蓝图。"把马克思主义的普遍真理同我国的具体实际结合起来，走自己的道路，建设有中国特色的社会主义，这就是我们总结

---

　　* 本文选自《建设有中国特色社会主义的指南》，中央党校出版社1993年版。

长期历史经验得出的基本结论。"① 邓小平同志的这一科学论断，是我们制定社会主义经济建设的路线、方针、政策的理论基础和指导思想。遵照这种指导思想进行经济建设，就能够走出一条具有中国特色的社会主义经济建设的新路子。为此，在实际工作中，必须具体分析中国国情，总结历史经验，在这个基础上，来认真研究今后社会主义经济建设的发展方针和具体形式。

一、正确地认识中国国情

我国是社会主义大国，幅员辽阔、资源丰富，气候适宜；有优越的社会主义制度，有中国共产党这样的领导核心，有勤劳勇敢的人民，有社会主义经济的初步基础，并积累了一定的社会主义建设的经验。这些都是建设社会主义经济的有利条件。但是，也还有另外一些情况，如人口多，耕地少，底子薄，科学技术比较落后，资源尚未勘探清楚等。对这些不利条件，尤其不能忽视，而必须进行具体分析。

人口多。邓小平同志指出："人多有好的一面，也有不利的一面。"② 人口多，劳动力资源丰富，这是好的一面；但是，人不仅是生产者，同时是消费者，人口多了，"在生产还不够发展的条件下，吃饭、教育和就业就都成

---

① 《邓小平文选》（1975—1982 年），人民出版社 1983 年版，第 372 页。

② 同上书，第 150 页。

为严重的问题。"① 特别是我国的人口，不仅在总量上增长过快，超过了生产发展所能承受的水平，而且，"其中百分之八十是农民"，这就出现了耕地紧张，劳动者的积极性不能充分发挥，生活资料的增长也比较困难的情况。目前，我国人均耕地还不到两亩。而且，随着人口的不断增加，加上基本建设将占用一些土地，耕地不够的矛盾将日益尖锐。这种情况，对经济建设将产生十分不利的影响。

底子薄。邓小平同志还指出："由于底子太薄，现在中国仍然是世界上很贫穷的国家之一。"② 国家贫穷，虽然有利于激发人民的变革精神，有利于从头建设现代化经济。但另一方面，国家贫穷，底子薄，就意味着缺乏足够的财力和物力，经济建设的规模和速度都要受到限制。

文化科学落后。由于教育发展较慢，人民的文化水平，科学技术知识水平与现代化生产的要求很不适应。邓小平同志说："中国的科学技术力量很不足，科学技术水平从总体上看要比世界先进国家落后二三十年。"③ "远不能适应现代化建设的需要。"④ 科学技术的落后，不仅在一定程度上制约着现代化生产的发展，而且会影响生产组织与经营管理水平的提高，从而影响整个经济建设事业的发展。

---

① 《邓小平文选》（1975—1982 年），人民出版社 1983 年版，第 150 页。
② 同上书，第 149 页。
③ 同上书，第 149—150 页。
④ 同上书，第 87 页。

资源不足。从总体上看，可以说资源丰富，例如矿产种类比较齐全，储量规模也是可观的。但是，由于我国人口数量大，按人口平均的资源拥有量就比较低了。如煤矿资源，我国的总产量居世界第 3 位，而按人口平均，则在世界主要产煤国家中，排到了第 20 位以后。另外，有些资源，则更加显得储量水平低，与经济建设的要求远远不相适应，如森林面积的人均拥有量，仅为世界平均水平的 1/8，草原面积还不到世界平均水平的 1/3。还有某些矿物资源也比较贫乏。而且有很多资源还没有勘探清楚，没有开采和使用，所以还不是现实的生产资料。要探明资源，并进行开采和使用，使之成为现实的生产资料，不仅需要有科学技术的发展，而且要积累一定的资金，这都是需要时间，并须经过艰苦奋斗才能做到的。

此外，我们的劳动生产率低，各种专业人才缺乏，管理社会化大生产的知识和经验不足，也都是一时难以改变的不利条件。

以上说明，我们既是一个社会主义大国，又是一个比较贫穷落后的国家。在我们面前还有很多困难。我们必须正视这些情况，利用有利条件，去克服不利条件。正如邓小平同志所指出的那样：“认识落后，才能去改变落后。”① “对于我们无产阶级革命者来说，实事求是地说明情况，认真地去分析造成这种情况的历史的和现实的原因，才能够正确制订我们的战略规划，部署我们的力量；

---

① 《邓小平文选》(1975—1982 年)，人民出版社 1983 年版，第 88 页。

才能够更加激励我们奋发图强，尽快改变这种情况"①。

二、认真总结历史经验

回顾我国经济建设的情况，有比较顺利的时期，也有遭受重大挫折的时期。其基本经验，集中到一点，就在于能不能从中国的实际情况出发，能不能把马列主义的普遍真理同中国革命的实践结合起来，也就是说，能不能坚持实事求是的原则。由此，我们可以得出以下基本经验：

要从理论上弄清社会主义经济的基本概念，而不能囿于某种固定的"模式"。我们知道，马克思和恩格斯创立了科学社会主义的伟大理论，并据此对社会主义经济的一些基本特征作出了科学的预见和设想，但是，他们从来没有试图规定一个社会主义经济的固定模式。正如列宁所说的："一切民族都将走到社会主义，这是不可避免的。但是一切民族的走法却不完全一样……每个民族都会有自己的特点。"② 邓小平同志在十二大开幕词中，对列宁的这一思想进行了具体的阐述："我们的现代化建设，必须从中国的实际出发。……照抄照搬别国经验、别国模式，从来不能得到成功。这方面我们有过不少教训。"③ 历史经验正是这样，由于列宁和斯大林领导的苏联是第一个建设

---

① 《邓小平文选》（1975—1982 年），人民出版社 1983 年版，第 87—88 页。
② 《列宁全集》第 23 卷，人民出版社 1972 年版，第 64—65 页。
③ 《邓小平文选》（1975—1982 年），人民出版社 1983 年版，第 371—372 页。

社会主义的国家，其他的一些国家包括我国在内，在进行社会主义经济建设时，都简单地套用苏联的"模式"，结果都不成功。后来，一些国家在实践中探索自己的道路，于是又出现了各种各样的"模式"。事实上，在社会主义建设中，任何固定的"模式"都是不存在的，因为任何一国的经济建设形式都不可能完全适用于另一个国家；而且，即使本国经济建设的具体形式，也会随着形势的发展、条件的变化而不断发展变化。正如邓小平同志所指出的那样："在全国范围内有计划地建设社会主义经济，这和解放区的经济工作很不同。现在的经济工作，问题比五十年代又复杂得多。条件不同，面临的任务也不同。"①因此，不仅要在研究社会主义经济的一般特点的同时，认真研究它在本国的具体实现形式，而且要研究这种实现形式在不同发展阶段的具体特色。

　　要把发挥社会主义经济制度的优越性建立在发展本国经济文化的基础之上。由于在社会主义条件下，实行了生产资料公有制，劳动者成了生产资料的主人，劳动者与生产资料进行直接结合；整个国家又可以按比例地分配社会劳动，经济建设可以有计划地进行，结果必然造成比资本主义要高得多的劳动生产率，这是社会主义经济制度客观地存在着的优越性。但是，这种优越性的发挥程度，要受到经济文化条件的影响。从我国的情况来看，在建设社会主义经济的过程中，我们应当而且可能发挥社会主义制度

① 《邓小平文选》(1975—1982年)，人民出版社1983年版，第234页。

的优越性，创造出比旧中国甚至比某些资本主义国家要高得多的劳动生产率，更快更好地发展社会主义经济。但同时应当看到，我们是在半封建半殖民地基础上建立的社会主义制度，经济不发达，文化科学落后，生产力水平低，因此，我们的社会主义经济制度还是很不完善的，还有一定的"旧社会的痕迹"。由此也就决定了生产关系的特殊形式，从而对社会主义经济的发展产生制约作用。我们在进行经济建设的过程中，既要充分肯定社会主义的优越性，又要考虑在我国现有经济文化的基础上，这种优越性能发挥到何种程度，以便实事求是地确定经济建设的方针和发展目标。总结我们的历史经验，几次比较大的失误，重要原因之一，就在于离开我国经济文化等实际条件，认为只要实现了生产资料公有制，凭借社会主义的优越性，就可腾空飞跃，在短期内"赶上和超过发达资本主义国家"的物质资料发展水平，不切实际地追求经济建设的高指标、高速度，并为此而不断地变革生产关系。其结果反而破坏了生产力的发展。于是，社会主义的优越性，也就在这种不符合我国国情的实践中被抵消了。由此说明，从根本上说，只有切实加强社会主义的经济和文化基础，发展生产力，才能更好地发挥社会主义的优越性。

人的革命干劲必须与物质技术条件相结合。建设社会主义经济，必须依靠全体劳动者的积极性，发挥他们的革命干劲，这是毫无疑义的。因为社会主义劳动者是摆脱了资本的桎梏，掌握了自己命运的主人，在他们那里，蕴藏着一种建设新社会的伟大创造能力。但是，如何引导和组织这种创造能力的发挥，则要从一个国家的实际情况出发，考虑各种相关因素，如劳动者的素质，包括教育水平和技术熟练程度；可供与劳动者结合的生产资料的数量和质量以及各种资源条件等。

　　从我国的实际情况来看，不仅劳动力资源丰富，而且中华民族素以勤劳勇敢著称，在推翻了三座大山以后，亿万劳动者都充满着高昂的革命干劲，这是加速社会主义经济建设的一个重要前提。但是应当看到：第一，劳动者文化水平低，缺乏现代科学技术知识，而且由于工业不发达，现代化工业的劳动者队伍人数很少，技术熟练程度差。可见，我国的劳动者队伍，在技术业务素质方面是与现代化生产不相适应的。第二，社会生产力是由生产资料和劳动力两个因素构成的。其中劳动的人固然是首要的决定因素，但是，在现代化生产的条件下赤手空拳的人是无济于事的，人必须与生产资料结合才有现实的意义。同时，要构成先进的生产力，必须有现代化的生产资料。而我国由于经济技术基础薄弱，生产资料在数量和质量方面都与客观要求不相适应。这种情况，反过来又会制约人的创造能力的发挥。基于上述情况，不能片面夸大人的革命干劲。只有积极发展教育与科学事业，提高劳动者的技术业务素质，不断提高生产的技术装备水平，才能真正把人的革命干劲有效地发挥出来。

　　认真总结经验教训，是从实际出发的一个重要方面，是一种前进的方法。正如邓小平同志说的："我们付了学费，也吃了一些亏，但是重要的是，我们正在积累本领，而且已经开始取得效果。"①

三、提出切合实际的发展方针

邓小平同志指出："我们在发展经济方面，正在寻求一条合乎中国实际的，能够快一点、省一点的道路"。要保证沿着这样的道路前进，就要提出相应的切合实际的经济建设的发展方针。这些方针主要是：

长期艰苦奋斗的方针。社会主义经济，是建立在先进的强大的物质技术基础之上的。而从我国的实际情况来看，要建设起强大的社会主义经济，必须经过长期的艰苦奋斗。因为我国原有的生产力发展水平相当低，要使生产力高度发展起来，是要有个过程的；而在科学技术比较落后的情况下，这个发展过程将更为复杂。再加上人口多，消费量大，而劳动生产率又低，国民收入中用于积累的部分增长不可能很快。因此，正如邓小平同志所指出的："要老老实实地艰苦创业。我们穷，底子薄，教育、科学、文化都落后，这就决定了我们还要有一个艰苦奋斗的过程。"② 我们以往的经验，就在于没有充分认识这种长期奋斗的必要性，因而在一些时期，在经济建设上表现出急于求成，结果是欲速不达。邓小平同志说："我们拥有各种有利条件，一定能够赶上世界上的先进国家；但是也

① 《邓小平文选》（1975—1982 年），人民出版社 1983 年版，第 211 页。
② 同上书，第 221 页。

要认识到，为了缩短和消除两三个世纪至少一个多世纪所造成的差距，必须下长期奋斗的决心。"①

　　在扩大对外开放中仍坚持自力更生为主的方针。社会主义经济是建立在社会化大生产的基础之上的。现代科学技术的发展早已冲破了国家界限，使国际间的交流成了科学发展与整个经济发展的客观要求。而我国经济技术比较落后，建设资金短缺，实行对外开放政策，扩大对外经济技术交流是必要的，是有利于加速我国的社会主义经济建设的。党的十一届三中全会以来，纠正了"四人帮"所推行的闭关锁国政策，逐步扩大了对外经济技术交流，如发展对外贸易，引进先进技术，利用外资以及发展各种形式的国际经济技术合作，对我国的经济建设起了一定的作用。正如邓小平同志说的："我国实行经济开放政策，争取利用国际上的资金和先进技术，来帮助我们发展经济。这一政策已开始有些效果。"但是，这种经济开放必须建立在独立自主、自力更生的基础之上。因为，第一，我们国家大，需要的建设资金多，而可供利用的外资，总是有条件的；第二，我国的技术基础有自己的特殊条件，不可能全部简单地引进和袭用国外的先进技术；第三，更重要的是，"从发达国家取得资金和先进技术不是容易的事情。有那么一些人还是老殖民主义者的头脑，他们企图卡住我们穷国的脖子，不愿意我们得到发展。"因此，邓小平同志说："我们一方面实行开放政策，另一方面仍坚持

---

①　《邓小平文选》（1975—1982 年），人民出版社 1983 年版，第 224 页。

建国以来毛泽东主席一贯倡导的自力更生为主的方针。"[1]

以提高经济效益为中心的方针。高速度地发展经济，是社会主义经济规律的客观要求，也是社会主义优越性的具体体现。只有高速度地发展社会主义经济，才能更快摆脱我们的贫穷落后的面貌，才能更多地改善人民的生活。正如邓小平同志所说的："我们是社会主义国家，社会主义制度优越性的根本表现，就是能够允许社会生产力以旧社会所没有的速度迅速发展，使人民不断增长的物质文化生活需要能够逐步得到满足。"[2] 但是，在这里速度固然是重要的，而更加重要的是经济效益。我们在历史上有几次高速度的发展，结果，都没有使国家和人民得到更多的好处，甚至还使国民经济遭受了一定的损失，主要原因就是忽略了经济效益。在我国经济建设中，单纯追求高速度是不现实的。只有全面提高经济效益，才能使我们的经济发展速度扎扎实实，稳步增长。只有这种以经济效益为中心的扎扎实实的发展速度，才能既保持社会主义经济的持续稳定增长，又使人民得到更多的实惠。如邓小平同志所要求的："使人民的物质生活好一些，使人民的文化生活、精种面貌好一些。"[3]

① 《邓小平文选》（1975—1982 年），人民出版社 1983 年版，第 361 页。

② 同上书，第 123 页。

③ 同上书，第 123 页。

四、确立中国社会主义经济的具体形式

我们所说的建设有中国特色的社会主义经济，首先在性质上是社会主义的，是以马克思所揭示的关于社会主义经济的原理原则为依据的；同时又是中国式的，充分考虑中国的自然条件和社会条件，历史和现状，国际环境和国内环境等因素，来有效地建设社会主义经济，即马克思主义的原理原则在中国条件下的具体实现形式。

（一）中国式的社会主义生产力结构

一个社会主义国家，当然要建立一个以现代科学技术为基础的、结构合理而又全面发展的、完整统一的国民经济体系。这是创造远远高于资本主义的社会生产力、高速度地发展社会主义经济的物质前提。我国作为一个社会主义大国，当然要逐步建立起这样一个经济体系。为此，在实践中必须：

第一，当前应建立以农、轻、重为序的产业结构。我国有10亿人口，8亿在农村，农村稳定了，就稳住了大头。我国目前轻工业原料近70%来自农业，农村又是工业产品的主要市场，工业人口和整个城市人口的粮食都要靠农业提供，国家建设的资金来源也离不开农业。因此，农业经济对整个国民经济的发展具有决定性的意义。

当然，工业的发展也是很重要的，因为工业，特别是重工业，是为实现四化提供物质技术装备的部门。但为了保证人民生活的提高，也要重视发展以生产消费品为主的轻工业。就整个工业与农业的关系来说，正如邓小平同志所指出的：工业要"确立以农业为基础，为农业服务的思想。工业支援农业，促进农业现代化，是工业的重大任务。"① 工业特别是重工业的发展，不能脱离农业的实际承受能力。一方面，农业的进一步发展必须依靠工业的支援；同时，工业又可以在支援农业的过程中使自身获得发展。可见，必须建立农轻重的合理结构，整个国民经济才能协调发展。

第二，建立适合我国情况的多层次的技术结构。建设现代化的社会主义经济，当然要发展新兴工业部门，采用先进技术。我国也已经建设并正在继续建设一批这样的现代化企业。这是我国社会主义经济的骨干。但是，由于我国技术基础薄弱，资金短缺，劳动力资源丰富而科学文化水平低，因而不能过分强调发展先进技术，而要贯彻"先进技术和中等技术相结合"的原则，有的领域还要保持手工劳动。即建立一种自动化和半自动化、机械化和半机械化并举，同时存在一定的手工操作的生产技术结构。与此相适应，在企业规模上则要采取大、中、小并举的方针。"我们国家大、人口多，没有一点大的骨干工业是不行的"，但是，"搞工业，规模也不要太大，可搞些中、小项目"。在保证重点项目的前提下，大力发展中、小型企业。在这些企业的技术要求上，应当是技术密集型和劳动密集型相结合。只有这样统筹兼顾，才能建立适合于我

① 《邓小平文选》（1975—1982 年），人民出版社 1983 年版，第 28 页。

国国情的合理的技术结构。

第三，研究合理的地区生产力结构。经过三十多年的建设，我国已经建立起了一个比较完整的工业体系和国民经济体系，今后必须继续加强这个体系。但同时要研究我国幅员辽阔，各地区的自然、社会条件差异大，经济、技术发展不平衡等具体情况，在建设社会主义经济时，必须在统观全局的前提下，充分发挥地区经济优势，以达到地区间生产力的合理配置。

（二）中国式的社会主义所有制形式

社会主义的经济是以公有制为基础的，它体现劳动者由生产资料的奴隶变成了生产资料的主人，从而可以共同使用这些生产资料来建设自己的美好生活。这是社会主义经济制度的根本标志。然而，这种社会主义公有制在我国的具体条件下又存在着多层次的不同形式。这是因为，我们的社会主义是在半封建半殖民地的基础上建立起来的。我们所否定的，是一种生产力发展水平低，生产社会化程度也不高的私有经济，因此，我们也就不可能一下子建立一种全社会的公有制经济。既然我国的生产力结构是多层次的，我们的所有制结构也应当是多层次的。只有这样，才能使生产关系适应生产力的要求，并促进生产力的发展。

我国现阶段的所有制结构是全民所有制占主导地位，多种经济形式并存。即以全民所有制为主导，城乡劳动者的集体所有制经济、个体经济及适当的外资企业与中外合营经济长期并存。这种多层次的所有制结构，并不是永恒的，它体现了我国的社会主义经济现阶段还处在一个比较低的发展阶段，它将要不断向高级阶段发展。但这种发展的前提是提高生产力水平，正如邓小平同志在分析农业经济时所指出的那样："可以肯定，只要生产发展了，农村的社会分工和商品经济发展了，低水平的集体化就会发展到高水平的集体化，集体经济不巩固的也会巩固起来。关键是发展生产力，要在这方面为集体化的进一步发展创造条件。"①

（三）中国社会主义经济的经营管理形式

社会主义经济，作为一个完整的体系，必须统筹兼顾，全面安排，进行统一的组织管理。但由于我国存在多层次的生产力结构和多种形式的所有制结构，在经营管理形式方面，必须改变过去那种管理体制过分集中、劳动制度"大锅饭"、经营形式"一刀切"的局面，而采用适合我国具体情况的灵活多样的经营管理形式。

第一，按照计划经济为主、市场调节为辅的原则改革经济管理体制。邓小平同志在1978年年底即已明确指出："现在我国的经济管理体制权力过于集中，应该有计划地大胆下放，否则不利于充分发挥国家、地方、企业和劳动者个人四个方面的积极性，也不利于实行现代化的经济管理和提高劳动生产率。"② 几年来，我们遵照中央和邓小平同志的指示，对经济管理体制进行了一些改革，然而，

---

① 《邓小平文选》（1975—1982年），人民出版社1983年版，第275页。
② 同上书，第135页。

由于认识上有反复，实践中有徘徊，这种改革有待继续深入。我们知道，计划经济是社会主义经济的本质特征，这一点是不能动摇的。对我国国民经济，从总体上必须实行计划管理，对于关系国计民生的经济活动，必须由中央统一计划，综合平衡，只有这样，才能控制国民经济的全局，集中必要的财力物力进行合理安排，保证社会主义经济的健康发展。但是另一方面，我国现阶段又还要发展商品生产和商品交换，计划管理还是以商品为对象，这就要适应市场供需变化，要反映价值规律的要求，这说明计划管理的深度还有局限性；从计划管理的广度来说，有一些不影响国民经济全局的小商品，它们的生产和流通，都毋须进行计划，而只能由市场进行调节，这是对计划经济的一种补充。以上说明，我国的经济管理体制，可以充分发挥各级的、各方面的积极性。

第二，实行责、权、利相结合的经营管理方式。以往我们离开了我国经济基础和上层建筑的实际情况，经营管理简单地采用了"一统二包"的方式，国家包企业，企业包个人，最后是一切国家包，不分贡献大小，一律"机会均等"，都吃大锅饭，结果是各方面的积极性未能发挥，经济失去活力。改革这种方式的核心，就是将经济责任、经济权力和经济利益结合起来。在党的十一届三中全会精神的鼓舞下，农业经营管理方式进行了积极的改革，特别是推行比较普遍的联产承包责任制，冲破了劳动组织上的涣散性、生产领导上的"瞎指挥"、分配上的"平均主义"，将责、权、利有效地结合起来了，调动了劳动者的积极性，促进了农业经济的发展。在农业改革的推动下，工业、商业等部门也已经或正在进行改革，建立和推行各种形式的经济责任制。这种改革，关键在于要做到责、权、利相结合，解决"大锅饭"的问题，克服企业之间及劳动者个人之间的"平均主义"，并在此前提下，正确处理国家、企业、个人三者利益的关系。即在发展生产、增加收入的基础上，保证国家得大头，企业得中头，个人得小头。各种经济责任制的完善和发展，必然给我国社会主义经济带来新的活力。

从实际情况出发，建设有中国特色的社会主义经济，并不是要创造一种固定的模式，而是一个探索的过程，一种革命的实践。在这个实践过程中，"必然会出现许多我们不熟悉的、预想不到的新情况和新问题"。① 研究这些新情况，解决这些新问题，才能更好地掌握现代化建设的客观规律，胜利地建设有中国特色的社会主义经济。邓小平同志在党的十二大开幕词中，提出了我们在今后一个长时期必须抓紧的四件工作，即进行机构改革和经济体制改革，建设社会主义精种文明，打击经济领域和其他领域内破坏社会主义的犯罪活动，整顿党的作风和组织，并且指出："这是我们坚持社会主义道路，集中力量进行现代化建设的最重要的保证。"② 这四项"最重要的保证"，是党中央和邓小平同志为探索建设具有中国特色的社会主义而

① 《邓小平文选》（1975—1982 年），人民出版社 1983 年版，第 142 页。
② 同上书，第 372 页。

研究新情况、解决新问题所得出的结论，也是指导今后工作的行动纲领。全党全国人民按照党中央和邓小平同志所提出的方向，同心同德地做好这四件大事，取得更多的经验，就可以更有信心，更有把握地把我国建设成为现代化的、高度文明、高度民主的社会主义国家。

从拨乱反正到党的基本路线*

一、以史为鉴，开拓进取

当我们从十年"文化大革命"的朦胧中走出，环顾周边一些国家和地区的经济腾飞，检视自身的得失成败，顿感良机错过，亟须转舵直追。

十载朦胧——其实远不止十载——错在哪里？最根本的是抓错了主要矛盾。本来，当我们的社会主义革命在推翻了反动统治、建立了人民政权以后，主要任务应当是进行社会主义建设。因为社会主义革命是资本主义基本矛盾发展的结果，即在资本主义条件下，生产社会化与生产资料私人占有这一矛盾最终将不可调和，资本主义生产关系不能容纳社会生产力的充分发展，于是，"剥夺者被剥夺"，无产阶级通过革命形式推翻资产阶级的统治，建立

---

* 本文选自《长期坚持党的基本路线》，中央党校出版社1994年版。

一种新型的、适应生产力发展的生产关系。在这个过程中，在"剥夺者被剥夺"的阶段，社会的主要矛盾是无产阶级与资产阶级的阶级矛盾，在无产阶级建立了自己的政权，"剥夺者被剥夺"的任务完成以后，社会的主要矛盾则是无产阶级和劳动人民日益增长的物质和文化需要与生产力发展不易满足这种日益增长的需要之间的矛盾。马克思和恩格斯在《共产党宣言》中就已经指出：无产阶级取得政权并把一切生产工具集中在无产阶级国家手中以后，就应当尽可能快地增加生产力的总量。列宁在《工会在新经济政策条件下的作用和任务》中指出："无产阶级取得国家政权以后，它的最主要最根本的利益就是增加产品数量，大大提高社会生产力。"特别是像中国的社会主义革命，是在经济文化极其落后的半封建半殖民地的旧中国进行的，建立人民政权以后，发展生产、发展经济的任务就更加紧迫、更加艰巨。当然，并不是说，这时就完全不存在阶级斗争，就可以忽视阶级矛盾；应当说，阶级斗争在一定范围内还会长期存在，不仅国内被推翻的阶级还可能伺机反扑，还有国际上的资产阶级反动势力时刻在进行渗透和颠覆活动，对此，绝对不能忽视，不能掉以轻心。但是，总的说来，这已经不是社会主要矛盾，不能估计过头，不应当像"文化大革命"那样"以阶级斗争为纲"，采取大规模的群众斗争的方法把矛盾扩大化。十载朦胧，就是错误地"以阶级斗争为纲"，没有认识、抓住并着力解决真正的社会主要矛盾：人们日益增长的物质文化需要与生产力落后的矛盾。由于这种错误，不仅在十年中即给国家造成了数千亿元的直接经济损失，影响了人民生活水平的提高；而且更加重要的是，错过了经济发展的有利时机，远远地拉大了与发达国家和地区的经济差距，影响了社会主义的光辉形象。

化失误为财富，以史为鉴，开拓未来，这正是中国共产党的伟大之处，是中国人民的伟大之处。本来，我们党对于历史、对于社会的发展，并不乏其洞察力，毛泽东同志很早就提出来了，"中国一切政党的政策及其实践在中国人民中所表现的作用的好坏、大小，归根到底，看它对于中国人民的生产力的发展是否有帮助及其帮助之大小"。[①] 新中国成立以后，我们党立即领导全国人民作出极大努力进行恢复经济的工作，紧接着，即开始制订并执行国民经济发展的五年计划。到 1956 年，党的第八次全国代表大会决议则明确指出："我们国内的主要矛盾，已经是人民对于建立先进的工业国的要求同落后的农业国的现实之间的矛盾，已经是人民对经济文化迅速发展的需要同当前经济文化不能满足人民需要的状况之间的矛盾。这一矛盾的实质，在我国社会主义制度已经建立的情况下，也就是先进的社会主义制度同落后的社会生产力之间的矛盾。党和全国人民当前的主要任务，就是要集中力量来解决这个主要矛盾，把我国尽快地从落后的农业国变为先进的工业国。"这段文字尽管在个别地方有不甚准确之处，但它从根本上指出了"人民对经济文化迅速发展的需要

---

① 《毛泽东选集》第 3 卷，人民出版社 1953 年版，第 1079 页。

与当前经济文化不能满足人民需要"这一主要矛盾，并提出了主要任务是发展生产力，发展经济，建设先进的工业国。1960年年底，党中央又号召全党和全国人民要努力奋斗，逐步把我国建设成为一个具有现代工业、现代农业、现代国防和现代科学技术的社会主义强国。在此期间，毛泽东同志还有过不少关于发展经济的论述。后来由于种种原因，把阶级矛盾当成了主要矛盾，提出了"以阶级斗争为纲"，挤压了发展生产力、进行经济建设的任务，使生产力遭受了极大的破坏，整个国民经济几乎达到了崩溃的边缘。在经过十年动乱，经过挫折的教育以后，我们党又冷静地回顾了历史，总结了历史经验，包括国内和国际的经验，重新明确并抓住了当前的主要矛盾。早在1975年，正当"四人帮"大批"唯生产力论"的时候，邓小平即明确提出了实现四个现代化是建设社会主义强国的大局，"全党和全国都要为实现这个伟大目标而奋斗"，不久，便遭到"四人帮"的打击。粉碎"四人帮"以后，他又及时提出了把全党工作的重心从"以阶级斗争为纲"转移到实现四个现代化上来。他指出："我们的生产力发展水平很低，远远不能满足人民和国家的需要，这就是我们目前时期的主要矛盾，解决这个主要矛盾就是我们的中心任务。"① 紧接着，我们党召开了十一届三中全会，正式确定把全党的工作重心转移到社会主义现代化建设上来。并且从思想理论上、政治上、组织上进行了一次全面

---

① 《邓小平文选》第2卷，人民出版社1994年版，第182页。

的拨乱反正，实现了一次历史性的伟大转折。

　　实现了这个伟大转折，我们就可以胜利地开拓未来。这个转折，就是使我们真正抓住了当前的主要矛盾，明确了发展生产力，进行经济建设这个中心任务。明确了这个中心任务，就可以大量增加社会财富，增强综合国力，从而可以满足人民群众经常增长的物质和文化的需要，不断提高物质和文化生活的水平；可以真正体现社会主义制度的优越性，使社会主义事业得以巩固和发展；生产力的高度发展，逐步使物质财富极大丰富，还可以为将来向共产主义准备物质条件；从国际环境来说，当代的国际竞争，是综合国力的竞争，首先是经济实力的竞争，资本主义反动势力，总是要依仗它们在经济和军事上的实力，推行霸权主义和强权政治，并进行无孔不入的渗透和颠覆，妄图消灭社会主义。我们大力发展生产力，增强经济实力，也就提高了抵御外侮，巩固国防，保卫社会主义的能力；同时，也是对第三世界反对霸权主义和强权政治的有力支持。正如邓小平所说："国民经济的发展，国民收入的增加，人民生活的逐步提高，国防相应地得到巩固和加强，都要靠搞四个现代化。……搞四个现代化，最主要的是搞经济建设，发展国民经济，发展社会生产力……"①

---

① 《邓小平文选》第2卷，人民出版社1994年版，第276页。

二、党的基本路线,是社会主义前进的康庄大道

以经济建设为中心，坚持四项基本原则，坚持改革开放，自力更生，艰苦创业，为把我国建设成为富强、民主、文明的社会主义现代化国家而奋斗。这就是在邓小平领导下制定的我国社会主义初级阶段的基本路线，简单地概括为"一个中心、两个基本点"。十多年的实践已经证明，这是一条正确的路线，是社会主义事业向前发展的康庄大道。

正确的路线，总是用很高的代价换来的。我们党一成立，就明确提出了反帝反封建的民主革命的任务。但是，路线怎么确定，这是一个十分尖锐的问题，一个在当时来说是没有经验的党，是无法解决这一问题的，于是就出现了陈独秀的右倾机会主义路线和王明的"左"倾机会主义路线等严重错误，使我们党和中国革命遭受了严重损失，几乎断送了党、断送了革命。在血的教训面前，我们党才得以总结历史经验，分析中国国情，学会把马克思主义的普遍原理和中国革命的具体实际结合起来，在毛泽东等无产阶级革命家的领导下，经过艰苦的探索，提出了新民主主义革命的理论，毛泽东的《新民主主义论》的发表，集中体现了我们党这一时期探索与斗争的成果。根据这个理论，我们党制定了新民主主义革命时期的正确路线，从而把中国革命引向胜利。这就实现了马克思主义与中国实际相结合的第一次历史性飞跃。新中国成立以后，

由于我们党依据七届二中全会决议精神，进一步认真总结了新民主主义革命的经验教训，所以，比较成功地完成了土地改革和城市经济恢复工作；到 1952 年制定了过渡时期总路线；1956 年党的第八次全国代表大会，明确提出了，生产资料所有制的社会主义改造基本完成以后，阶级斗争已经不是我国社会的主要矛盾，国内的主要矛盾是人民对于经济文化迅速发展的需要同当前经济文化不能满足人民需要的状况之间的矛盾。可见我们党是能够在总结经验教训以后找到正确方向的。当然，也不可避免地要付出代价，但应当尽可能减少这种代价。这一点，毛泽东在 1957 年 2 月发表的《关于正确处理人民内部矛盾的问题》一文中已经清楚地提出："对于革命我们开始也没有经验，翻过斤斗，然后才有全国的胜利。我们要求在取得经济建设方面的经验，比较取得革命经验的时间要缩短一些，同时不要花费那么高的代价。"可是，事与愿违，在 1957—1958 年反右派斗争以后，党内"左"的思想又滋长起来，至 1962 年提出了"以阶级斗争为纲"的口号，由于各种复杂原因，特别是林彪、江青反革命集团的阴谋活动，终于导致了"文化大革命"这样长期的严重的内乱，正如《关于建国以来党的若干历史问题的决议》指出的，"'文化大革命'是一场由领导者错误发动，被反革命集团利用，给党、国家和各族人民带来严重灾难的内乱"。物极必反，我们党终于粉碎了"四人帮"，在沉痛的教训中进行了全面的拨乱反正，及时地召开了党的十一届三中全会，制定了解放思想、实事求是的思想路线，确定了全党工作重心转移到经济建设上来。在这个基础上，经过实践和探索，到党的十三大，正式概括出"一个中心、两个基本点"作为党在社会主义初级阶段的基本路线。这条路线，是经过了三十多年的曲折探索，付出了十分高昂的代价才得以形成的。这条路线的理论基础是邓小平建设有中国特色的社会主义理论。在此，我们又实现了把马克思主义与中国实际相结合的第二次历史性飞跃。正如邓小平在党的十二大开幕词中所指出的："把马克思主义的普遍真理同我国的具体实际结合起来，走自己的道路，建设有中国特色的社会主义，这就是我们总结长期历史经验得出的基本结论。"[①]

"一个中心"，即以经济建设为中心，是基本路线一开头就提出的。为什么要以经济建设为中心？首先，是由社会主义的本质决定的。邓小平在 1992 年南方谈话中，将社会主义的本质概括为"解放生产力，发展生产力，消灭剥削，消除两极分化，最终达到共同富裕"。[②] 在这里，解放和发展生产力是基础和前提；消灭剥削，消除两极分化是从生产关系的意义提出了社会主义的公平原则，也是共同富裕的条件；共同富裕，则是建设社会主义的目的。讲公平，当然是富裕的公平，如果是穷公平，大家都穷，如同原始社会，公平有何意义？"贫穷不是社会主义"，社会主义就是要共同富裕。富裕表现为物质资料的

---

① 《邓小平文选》第 3 卷，人民出版社 1993 年版，第 3 页。

② 同上书，第 373 页。

丰富，科学和文化事业的高度发达，这当然要靠解放生产力，发展生产力，所以，必须以经济建设为中心。第二，从历史的和现实的经验来看，必须以经济建设为中心。邓小平在 1985 年 4 月接见坦桑尼亚客人时指出，我们在新中国成立的头 8 年做得很好，从 1957 年以后，偏离了方向，没有很好抓经济建设，生产力发展很慢。从 1958 年至 1978 年，整整 20 年，劳动人民收入增加很少，生活水平很低，国民经济发展水平远远落在周边一些国家和地区的后面。再看看我们十一届三中全会以后坚持了以经济建设为中心的 15 年，经济发展可以说是突飞猛进，人民生活迅速提高，在经济、文化、科学技术等方面，都取得了举世瞩目的成就。第三，从国内条件和国际环境来说，也给我们提供了加快经济建设的有利时机。从国内来说，经过十年动乱，人心思定，人心思变，党的十一届三中全会确定工作重心转移，全国人民一致拥护，长期被压抑的社会主义积极性，顿时激发出来，满腔热情地投入经济建设。从国际环境来说，世界和平力量的发展已经超过战争力量，有可能争取一个较长时期的国际和平环境；就经济方面来说，世界范围的产业调整尚在进行，中国经济发展的广大市场对发达国家具有很强的吸引力，"经济起飞"国家和地区已积累了不少可资借鉴的经验，所有这些，给我们的经济发展造成一个很好的时机。因此，邓小平在 1979 年就提出，要抓住机遇发展经济，1980 年 1 月在《目前的形势和任务》的讲话中又一次强调，确立以经济建设为中心的方针，条件已经具备，时机已经成熟。第四，作为整个社会主义初级阶段的基本路线，确定以经济建设为中心，说明我们这个方针是从人口多、底子薄这个中国国情的实际出发的，即明确了经济建设任务的长期性。为了扎扎实实地坚持实现这个长期任务，邓小平同志提出了分三步走的战略目标和步骤，即第一步，经过10年建设，使人均国民生产总值翻一番，解决人民的温饱问题；第二步，到本世纪末，实现人均国民生产总值1000美元，达到小康水平；第三步，到21世纪中叶，达到中等发达国家的水平，人民生活比较富裕，基本上实现现代化。由于这些年的迅速发展，第一步战略目标可望提前实现。这说明我们记取了50年代末和60年代初急于求成而欲速不达的经验教训，目标的制订是客观的、留有余地的。

"坚持四项基本原则，坚持改革开放"，是党的基本路线的两个基本点。

在社会主义条件下进行经济建设，应当遵循什么原则，人们并不是很清楚的，在一段时间里，右的思想已经有所抬头。邓小平在1979年3月的理论工作务虚会上，针对当时出现的右倾思潮，作了《坚持四项基本原则》的报告。他指出，在中国进行现代化建设的根本前提，是必须在思想政治上坚持四项基本原则：第一，必须坚持社会主义道路；第二，必须坚持无产阶级专政；第三，必须坚持共产党的领导；第四，必须坚持马列主义、毛泽东思想。他还强调，要是动摇了这四项基本原则中的任何一项，就是动摇了整个现代化建设，也动摇了整个社会主义事业。他在1980年1月《目前的形势和任务》中特别指出，坚持四项基本原则，核心是坚持共产党的领导。在1986年12月他又重申，没有中国共产党的领导，不搞社会主义，是没有前途的。他还多次指出，坚持四项基本原则就必须反对资产阶级自由化，反对在思想战线上搞精神污染，反对制造动乱。在1987年3月，他在接见外宾时又说，四个现代化，我们要50年至70年，在这50年至70年内，都存在一个反对资产阶级自由化的问题。邓小平的一系列论述说明，进行社会主义现代化建设，是离不开坚持四项基本原则，反对资产阶级自由化的，因为它是前者的政治保证和根本前提。

坚持改革开放，是党的基本路线的又一个基本点。要加快经济建设的步伐，实现四个现代化，因循守旧、闭关锁国是不行的。江泽民1992年6月在中央党校讲话时指出：邓小平通过深刻总结历史的经验教训，提出了改革开放政策。改革包括对经济体制、政治体制和其他体制的改革，开放就是对所有的国家和地区都开放。改革开放同建国初期的革命一样，其目的是清除发展生产力的障碍，从这个意义上说也可以叫革命性的变革，或者说是第二次革命。改革开放的政策必须长期坚持不变，如果要变，我们就什么也搞不成，就会遭到人民的普遍反对。总之，改革开放要贯穿中国的整个发展过程。江泽民这个讲话，简明地概括了邓小平关于改革开放的思想。具体地说，第一，要认识改革开放的必要性与迫切性。邓小平在1978年12月的中央工作会议上提出，要进行改革，如果现在再不进行改革，我们的现代化建设和社会主义事业就会被葬送。在1980年12月的中央工作会议上指出，任何一个国家要发展，孤立起来闭关自守是不可能的。要实现我们的战略目标，不开放不行，不加强国际交往不行，不引进发达国家的先进经验、先进科学技术和资金不行。1993年，中央关于学习《邓小平文选》的通知，再一次强调了要认识改革的必要性。第二，改革是全面的改革，开放是全方位的开放。邓小平在多次讲话中都提出改革是全面的改革，他特别指出"政治体制改革同经济体制改革应该相互依赖，相互配合"。邓小平在谈到开放时，指出要对世界所有国家开放，对各种不同类型的国家都要开放，并指出对国内各方面的工作也要实行开放。第三，要认识改革是一场革命。邓小平早在1978年10月就指出，实现社会主义现代化，是一场伟大的革命。根据邓小平的论断，十一届三中全会公报指出：实现四个现代化，要求大幅度地提高生产力，也就必然要求多方面地改变同生产力发展不相适应的生产关系和上层建筑，改变一切不适应的管理方式、活动方式和思想方式，因而是一场广泛深刻的革命。1985年3月和1986年4月，邓小平又两次提出了"改革是中国的第二次革命"。第四，改革既是一场革命，就要有革命的胆略和气魄，要敢闯、敢试验。正如邓小平在1992年南方谈话中指出的，改革开放胆子要大一些，敢于试验，不能像小脚女人一样。看准了的，就大胆地试，大胆地闯。

　　党的基本路线"一个中心、两个基本点"是一个互为依存、相互结合的完整体系。一个政党的政策是否正确，主要看它是否有利于生产力的发展。我们要使社会主义制度能够巩固和不断发展，就必须发展生产力，为加速经济建设来打好物质基础，所以必须以经济建设作为中心任务。邓小平说，离开了经济建设这个中心，就有丧失物质基础的危险。那么，依靠什么，立足于什么来保证经济建设这个中心任务的顺利实现呢？就是"两个基本点"。坚持"四项基本原则"，是我们的立国之本。只有坚持四项基本原则，才能保持安定团结的政治局面，从政治上保证经济建设、保证改革开放的顺利进行；坚持改革开放，是我们的总方针、总政策，是十一届三中全会以来党的路线的新发展。只有实行改革开放，才能避免社会主义事业的停滞和僵化，保持经济发展的生机和活力，才能在实践中真正有效地坚持四项基本原则。由此说明，"一个中心"，离不开"两个基本点"，要靠"两个基本点"来保证，"两个基本点"又互为条件，共同围绕"一个中心"并一致保证"一个中心"的实现，所以，整个基本路线是一个相辅相成、相互渗透的统一体，在实践中必须全面把握、全面贯彻。

三、长期坚持党的基本路线不动摇

"一个中心、两个基本点"，是我们党在社会主义初级阶段的基本路线。我国的社会主义初级阶段，将是一个很长的历史阶段，所以，首先必须充分认识长期坚持党的基本路线的必要性。社会主义的新中国已经有了40多年的历史，人民民主专政的政治制度和以生产资料公有制为基础的社会主义经济制度已经显示出了强大的生命力。特别是党的十一届三中全会以来，在经济建设和科学文化教育事业等方面都取得了举世瞩目的成就，综合国力大大加强，社会主义的优越性已逐步体现出来。但是，由于新中国是在半殖民地半封建的人口大国的基础上建立起来的，经济文化十分落后，现在虽然有了很大的发展，但总的情况仍然是人口多、耕地少、底子薄，仍属于发展中国家，基本的状况是，11亿多人口，绝大部分在农村，主要依靠手工工具生产必要的食物；有一部分现代化工业，同时又存在大量落后的、装备水平很差的工业；有少量具有世界先进水平的科学技术，但总体科学技术水平低，甚至还有占人口1/5的文盲和半文盲；东部沿海部分地区经济比较发达，但中、西部广大地区经济发展水平很低，甚至还有不少地区没有摆脱贫困状况；在经济体制方面，正在建立社会主义市场经济，但还没有真正建构和完善起来；在上层建筑方面，建设高度社会主义民主政治所必需的经济文化条件尚不充分。所有这些都说明，我们正在建设社会主义，但发展水平还很低，还处在社会主义的初级阶段，我们的路程还很长，任务还十分艰巨。完成这个任务的标志，就是从根本上摆脱贫困落后，建设起一个全面实现现代化的、繁荣富强的社会主义新中国。完成这样的任务，必须有几代人付出自己的聪明才智和辛勤劳动；有几代人在一条正确路线的指引下进行艰苦创业和共同奋斗，这条路线就是"一个中心、两个基本点"。正如邓小平所指出的：关键是坚持"一个中心、两个基本点"。说过来说过去，就是一句话，坚持这个路线方针政策不变。基本路线要管一百年，动摇不得。

要真正坚持基本路线不动摇，必须全面地创造性地贯彻这条路线。坚持基本路线不动摇，关键是坚持抓住经济建设这个中心不动摇，抓住了"中心"，就有了可靠的物质基础，同时将"中心"与"两个基本点"有机地结合起来，使改革开放真正成为经济建设的强大动力，使四项基本原则真正成为经济建设与改革开放的可靠保证，彼此互为条件，相互促进。当然，基本路线的内涵是很丰富，也很明确的，但作为路线，它又只是一种高度概括的指导思想和原则，在具体地贯彻执行中，既要不折不扣，又要发挥创造性。首先，要在全面理解的基础上，结合当时当地的实际情况，具体贯彻落实。邓小平多次强调：实事求是，是马克思主义的精髓，要提倡这个，不要提倡本本。他又说：过去我们搞革命取得的一切胜利，是靠实事求是；现在我们实现四个现代化，同样要靠实事求是。根据邓小平的指示精神，我们也不能简单地将党的基本路线当成本本，而应当结合各个不同地区和部门的实际情况，将基本路线的精神具体化，有针对性地制定出自己的贯彻实施方案，提出具体要求，将路线变为各级干部和广大群众的具体的有效的行动。第二，贯彻基本路线，要解放思想。邓小平指出：解放思想，就是使思想和实际相符合，使主观和客观相符合。这就要求敢于到实践中去检验自己的思想、提高自己的思想水平。建设有中国特色的社会主义是前无古人的伟大事业，必须在基本路线的指导下，敢闯、敢试验、敢探索，在实践中不断总结经验教训，不断提高认识，提高执行基本路线的自觉性。正如邓小平讲的，"每年领导层都要总结经验，对的就坚持，不对的赶快改，新问题出来抓紧解决"，① 逐步走出一条符合实际的新路来。第三，坚持"两手都要硬"，防止"左"的和右的干扰。党的基本路线本身已明确地表述了"两手都要硬"的内容。社会主义现代化建设的目标，主要包括三个方面，一是以四个现代化为中心的物质文明建设，二是以马克思主义为指导的精神文明建设，三是以社会主义民主法制为标志的政权建设。邓小平把这三项目标相结合形象地概括为"两手抓"，也就是既要抓物质文明建设，又要抓精神文明建设。并且都要抓好，都要"硬"。我们的实际情况是，强调以经济建设为中心，有些同志就忽视精神文明建设，这一手就"软"下来。从长远看，不抓精神文明建设，是对经济建设釜底抽薪，是一种严重的战略性的错误。

　　要坚持好党的基本路线，关键在人。毛泽东早就说过，政治路线确定以后，干部就是决定的因素。邓小平在南方谈话中说："正确的政治路线要靠正确的组织路线来保证。中国的事情能不能办好，社会主义和改革开放能不能坚持，经济能不能快一点发展起来，国家能不能长治久

---

① 《邓小平文选》第3卷，人民出版社1993年版，第372页。

安，从一定意义上说，关键在人。"① 对此，最近召开的党的十四届四中全会又作了重要决定，强调了人，特别是领导干部的培养和选拔的重要性。指出"坚持党的基本理论和基本路线不动摇，保持国家的长治久安，不断把改革开放和现代化建设事业推向前进，关键在于我们党，首先在于县以上党政领导干部"。社会主义现代化事业，是要依靠全国人民遵循党的基本路线来共同奋斗的，但关键要靠党的领导，而党的领导，除了制定正确的路线方针政策以外，具体要靠广大干部去执行，所以，干部的状况如何，是关系到全局的重大问题。首先，要把好干部的选拔关，要有严格的选拔标准，健全的选拔体制，真正把德才兼备的人才选拔到领导岗位上来。第二，教育培养，对培养教育的内容、方法、要求，都要制度化、规范化。教育培养的对象，既包括老的，也包括新的，党的十四届四中全会决定指出："一是必须全面提高现有领导干部的素质，把各级领导班子建设成为坚决贯彻党的基本路线、全心全意为人民服务、具有领导现代化建设能力的坚强领导集体；二是必须抓紧培养和选拔优秀年轻干部，努力造就大批能够跨世纪担当重任的领导人才。"② 第三，要有严格的管理考核制度。人是社会的人，领导干部也在社会中生活，在改革开放的大潮中，能锻炼人、陶冶人、催人奋进、激人创新，能使我们的广大干部在带领人民群众进行

① 《邓小平文选》第3卷，人民出版社1993年版，第380页。
② 《中共中央关于加强党的建设几个重大问题的决定》，第22页。

现代化建设的过程中建功立业；但改革开放也是对人的考验，对人也会有负面的影响，这就要求我们爱护干部，进行经常的约束、管理、考核，使他们慑于党纪国法，自觉地抵制消极影响，防止腐败，永远保持全心全意为人民服务的品格。第四，要赏罚严明。既要重视论功行赏，更不要姑息错误和违法行为。当前要特别注意后者，严肃党纪国法。有两种错误倾向是必须尽快纠正的：一是"法不责众"，认为犯错误的人多了，不易处理；二是护短、护错、护罪，迁就和说情的风气盛行。必须坚决纠正这两种倾向，才能更好地纯洁我们的干部队伍，进一步提高我们党的威信和凝聚力，也才能全党团结一心，坚定不移地贯彻执行好党的基本路线。

要使"硬道理"过得硬[*]

在这次会上，有多位专家围绕"发展才是硬道理"的论断作了精彩的发言，对邓小平同志关于加快经济发展的思想，进行了充分的阐释。加速发展，尽快把经济建设搞上去，可以说，成了本次会议的主旋律。这说明这次会议开得很好，抓住了主题。同时，对我国近两年快速发展的认识，也有明显的分歧，我认为关键是要使发展也过得硬。

一、加快经济发展是社会主义的本质 要求,但必须是过得硬的发展

马克思主义十分注重生产力的发展。马克思和恩格斯在《共产党宣言》中就提出："无产阶级将利用自己的政

---

* 本文是1993年12月作者在中国市场经济研究会"经济发展理论研讨会"上的发言材料，后编入《邓小平市场经济理论与实践》，黑龙江教育出版社1995年版。

治统治……把一切生产工具集中在国家即组织成为统治阶级的无产阶级手里，并且尽可能快地增加生产力的总量。"列宁也指出："无产阶级取得国家政权以后，它的最主要最根本的需要就是增加产品数量，大大提高社会生产力。"① 毛泽东同志也明确指出："社会主义革命的目的是为了解放生产力。"有的革命领袖把发展生产力定义为社会主义的基本经济规律："用在高度技术基础上使社会主义生产不断增长和不断完善，以最大限度地满足整个社会经常增长的物质和文化的需要。"邓小平同志于1984年在《建设有中国特色的社会主义》一文中即指出："社会主义阶段的最根本任务就是发展生产力，社会主义的优越性归根到底要体现在它的生产力比资本主义发展得更快一些、更高一些。"② 十多年来，邓小平同志反复强调要加快生产力的发展。他在论及社会主义的本质时，首先指出"解放生产力，发展生产力"。他还强调"能发展就不要阻挡，有条件的地方要尽可能搞快点"，"我国的经济发展，总要力争隔几年上一个台阶"。③ 特别提出"发展才是硬道理"。

　　历史和现实都证明，只有加快生产和经济的发展，才能立于不败之地。一些社会主义国家，之所以被颠覆，原因固然很复杂，但生产和经济发展慢，人民的需要得不到

---

① 《列宁全集》第42卷，人民出版社1987年版，第369页。
② 《邓小平文选》第3卷，人民出版社1993年版，第63页。
③ 同上书，第375页。

满足，不能不说是一个极重要的原因。而社会主义中国能够在整个社会主义运动遇到挫折的不利环境中巍然屹立，根本原因之一，乃在于执行了"一个中心、两个基本点"这条正确的基本路线，发展了生产，繁荣了经济，人民安居乐业，保持了社会政治的稳定。列宁早在《国家与革命》中就提出了一个著名的论断：要么是死亡，要么是（在发展经济方面）赶上和超过先进的资本主义国家，别的道路是没有的。现在，几乎所有的社会主义国家都认识到了发展经济的重要性，都在积极调整和完善自己的路线，实行内部改革和对外开放的政策，集中力量加速自身的发展，这可以说是社会主义运动的一个新的可喜的转折，是世界社会主义事业巩固和发展的新起点。中国作为占世界人口将近1/4的社会主义大国，中国加速经济的发展，则具有特别重要的意义。

但是，我们讲发展，不仅要讲发展速度，更要讲效益，要提高整个经济素质。也就是说，不能单纯地追求产量、产值的增加，而是要发展适销对路的产品，要以尽可能少的投入获得尽可能多的产出，只有这样，才是真正没有水分的高效益的发展。发展社会主义经济，最终是为了满足人民的需要，提高人民的生活水平，"达到共同富裕"，如果仅有产值增长的高速度，而没有高质量和高效益，则不仅会失去发展的意义，而且会造成社会财富的巨大浪费。这方面，我们有过沉痛的教训。因此，正如邓小平同志讲的："不是鼓励不切实际的高速度，还是要扎扎实实，讲求效益，稳步协调地发展"①，"一定要首先抓好管理和质量，讲求经济效益和总的社会效益，这样的速度才过得硬"。②

二、解放思想，实事求是，才会有过得硬的发展速度

要实现快速发展，首先要解放思想，充分认识到发展的意义及其有利条件。意义不用多讲，简单地说，发展经济关系到 12 亿人民的切身利益，关系到提高抵御西方反动势力对我进行渗透与颠覆的能力，关系到社会主义的前途与命运。一句话，不发展便没有出路，"发展才是硬道理"。而当前又存在发展的机遇，具备加速发展的条件。机遇表现在：有一个相对和平的国际环境，可以集中精力搞建设；发达国家和地区在新技术革命的推动下，正在调整产业结构和产品结构，有利于我国引进适用技术来发展自己的优势产品满足国内需要并占领国际市场；西方发达国家经济不景气，要寻找新的投资场所，有利于我引进资金来发挥我国劳动力资源丰富的优势；周边国家特别是东亚、东南亚地区经济的持续高速发展，使我国有诸多进行经济技术交流与合作的伙伴。从国内条件说，党的"一个中心、两个基本点"的基本路线已深入人心，各项工

---

① 《邓小平文选》第 3 卷，人民出版社 1993 年版，第 375 页。
② 同上书，第 143 页。

作已经走上了以经济建设为中心的轨道；经过十多年的改革开放，内部体制正在逐步理顺，引进外资和技术的环境和条件也在不断改善；自党的十一届三中全会以来，我国经济基本上是持续高速发展，人民生活明显改善，已经有了一个比较雄厚的物质基础；经过正反两方面的经验总结，特别是看到了东欧剧变、苏联解体以后的现实经验，全党和全国人民对齐心协力搞社会主义经济建设的凝聚力大大加强。因此，邓小平同志说："要抓住机会，现在就是好机会"①，"要善于把握时机来解决我们的发展问题"。②

解放思想与实事求是是紧密相连的。只有解放思想，才能勇于抓住机遇，充分认识有利条件；另一方面，只有实事求是，才能客观地对待机遇，正确而有效地利用有利条件。我们可以把经济发展速度分为非高速（或低速）、高速、"超高速"三种情况。任何范围的经济发展，都是由其所依据的条件决定的。不能充分利用全部条件的作用，经济发展只会是非高速（或低速）；充分而有效地利用了全部条件的作用，经济发展则可达高速；如果超越其所依据条件的可能去拔高经济发展指标，可以叫"超高速"。从上述意义上讲，我们不妨将非高速视为不积极的速度，将高速视为最佳的或适当的速度（也可叫适度）；将"超高速"视为不切实际的速度。可见，我们所追求

---

① 《邓小平文选》第3卷，人民出版社1993年版，第375页。
② 同上书，第365页。

的发展速度是最佳的高速度，是以其可能利用的条件为依据的。当然，为了加速经济的发展，有些条件暂时不具备，也可以积极地创造条件；但是，创造条件也是有条件的。以最佳的高速度发展，经济生活就不会出现大的波折，而会保持协调、稳定的势头，最终实现经济起飞。例如日本，在20世纪50年代至70年代，曾实现过约20年的持续高速增长。中央提出"持续、快速、健康发展"的方针，就是要以客观条件为依据，达到最佳的高速度，保持健康的素质和持续的发展，顺利地实现预定的目标。中央提出"持续、快速、健康发展"方针，所遵循的原则就是实事求是。从历史经验看，遵循实事求是，有过"一五"时期的持续高速发展；离开实事求是，有过1958年的"大跃进"和"文化大革命"的十年破坏。党的十一届三中全会以后，恢复了实事求是的思想路线，经济上又实现了持续高速发展的新局面。然而，在改革不断深化、体制正在转轨的过程中，必须实事求是地分析各种条件，使经济发展保持最佳的高速度，才能避免大起大落，实现持续、健康地发展。从最近的发展情况看，连续2年猛升至13％的发展速度，1992年比较顺利，没有出现突出问题，这可以归因于前三年的治理整顿，发展速度已明显下滑，1992年的高速度有一定恢复性质。1993年情况就不一样了，经济运行出现了突出问题，上半年即发生了严重的金融混乱，中央进行了有效的宏观调控以后，还是出现了严重的通货膨胀，并且给1993年的经济发展带来一些消极后果。必须实事求是地采取有效措施，才能避免或减轻通货膨胀的进一步恶化，保持今年和今后经济的健康发展。

三、必须系统地理解和把握发展

发展，这个概念本身就是一个系统。首先，我们讲发展的内容，想到的往往就是经济发展，这无疑是正确的，也是很重要的。但是，我们的社会主义事业，既包括经济的发展，还包括社会的发展，科学文化的发展，人的发展，即整个社会的全面发展。我们推进这种发展的具体内容，是既要进行物质文明建设，又要进行精神文明建设，即"两手都要硬"，才有社会主义的全面发展。邓小平同志在南方谈话中，用了很长的篇幅阐述经济建设和改革开放的重要性；同时，他也用了分量很重的语言讲了精神文明建设、党的建设，他强调要坚持两手抓，两个文明建设都搞上去，才是有中国特色的社会主义。如果不坚持精神文明建设，"垮起来可是一夜之间啊"，"垮起来容易，建设就很难。"[①] 其次，发展的过程也是一个系统。发展必须是循序渐进，一步一个脚印，扎扎实实地逐步达到彼岸。经济发展分三步走的战略步骤，第一步解决温饱，第二步达到小康，第三步达到中等发达国家的水平。这就是第一步为第二步打基础，第二步为第三步做准备。总是前一步为后一步创造条件，步步前进，最后实现总的战略目

---

① 《邓小平文选》第3卷，人民出版社1993年版，第379页。

标。那么，我们的发展在每一个五年计划、每一年、每一个阶段也应当是本着这样的系统原则来思考问题、安排工作，不能只为今天迈步，不为明天铺路；更不应寅吃卯粮，损坏后劲。再次，在分析经济发展的条件时，也要用系统的方法，既要看到有利条件，充分而有效地利用有利条件，也要清醒地看到制约条件，设法逐步减少和消除制约条件。例如我国的农业基础薄弱，人均耕地面积很少；交通运输等基础设施落后，且已超负荷运载；能源短缺；劳动力素质低。这些制约条件，短期很难有根本性的改变，在一定时期内必将严重地影响经济的发展，所以，在考虑经济发展速度时，必须实事求是地正视这些约束条件，并积极采取解决办法。此外，还要系统地处理好发展与改革、稳定的关系。发展、改革、稳定，三者是既矛盾又统一的，如片面强调一个方面，必将影响全局，只有用系统的方法，将三者有机地结合起来，才能使之互为条件，相互促进，在深化改革的过程中，在社会政治长期稳定的条件下，实现社会主义事业高速健康地发展。

要深入研究有中国特色
社会主义理论[*]

邓小平建设有中国特色社会主义理论是全党的指导思想，是党的路线、方针和政策的理论依据，是全党和全国各族人民进行改革和建设的行动指南。研究这个理论，用这个理论更好地指导实践，应该说是我们党的一项十分重要的系统工程，我们党校在这个系统工程中担负着重要的任务。

中央政治局常委、中央书记处书记、中央党校校长胡锦涛同志出席了会议，并作了重要报告。他的报告对全党的理论学习和研究工作进行了全面的、系统的阐述。他的报告首先要求我们，要抓住有利时机，把建设有中国特色社会主义理论的学习和研究，深入、持久和富有成效地坚持下去。他指出，要用邓小平建设有中国特色社会主义理

---

　　* 本文是 1994 年 9 月在"建设有中国特色社会主义理论研讨会"上的发言材料，后编入《建设有中国特色社会主义理论研究》，中央党校出版社 1995 年版。

论武装全党，这是党的十四大所做出的具有深远意义的重大战略决策。因为伟大的实践需要伟大的理论来指导，学习和掌握建设有中国特色社会主义理论，并用这个理论指导实践，应该说是我们的事业能够取得成功的一个重要前提和根本保证。胡锦涛同志还从历史上阐述了在各个重要时刻，在中央做出重大决策的时候，都是首先在党校提出任务，向全党提出要求。那么，当前我国的改革开放和社会主义现代化建设正在蓬勃发展，又遇到了许多新的情况、新的问题，全党学习、研究这个理论就显得特别重要。我们这次会议取得了圆满成功，在理论讨论方面，有所深化，有所前进，提出了很多需要进一步讨论的问题，为今后的进一步深入研究打下了基础。

一、会议就一些重大理论问题进行了认真研讨

这次会议讨论比较集中的有以下 10 个方面的问题：即关于邓小平将马克思主义与中国具体实际相结合的方法论问题；关于有中国特色社会主义的理论体系；关于对社会主义的重大突破和发展；关于改革和发展的理论；关于社会主义市场经济和企业改革的理论；关于科学技术思想的伟大创新；关于农业改革和发展的理论；关于民主和法制建设的理论；关于民族团结和祖国统一的理论；关于共产党的领导和党的建设的理论。对受到普遍关注的一些问题进行了热烈讨论和争论，在此，我谈一些个人认识，请批评指正。

（一）关于邓小平理论与马列主义、毛泽东思想的关系问题。关于这个问题，同志们写了很多好文章，进行了认真讨论。这个问题在理论界也讨论多年了，是坚持，还是发展？还是创新？是继承，还是并列？在这里，我想联系这次讨论谈些个人看法。要弄清这个问题，需研究这样几个方面：

第一，是邓小平同志本人对这个问题的态度。首先，邓小平同志本人是一个真正的马克思主义者。他对马克思主义、列宁主义、毛泽东思想，既重视坚持，又重视发展，邓小平同志从中国的实际出发（在《邓小平文选》第3卷中我们可以找到很多有关论述），认为坚持马克思主义十分重要，尤其是在中国坚持马克思主义十分重要。他在对改革开放进行总结的时候指出，"我们搞改革开放，把工作重心放在经济建设上，没有丢马克思，没有丢列宁，也没有丢毛泽东。老祖宗不能丢啊！"① 他说："毛泽东思想过去是中国革命的旗帜，今后将永远是中国社会主义事业和反霸权主义事业的旗帜，我们将永远高举毛泽东思想的旗帜前进。"② 并且针对向马克思主义提出挑战的一些观点，他正式号召大家："马克思主义者应当站出来讲话"③，这就说明邓小平同志非常重视坚持马克思主义。同时他也认为马克思主义需要发展，根据中国的实

① 《邓小平文选》第3卷，人民出版社1993年版，第369页。
② 《邓小平文选》第2卷，人民出版社1994年版，第172页。
③ 《邓小平文选》第3卷，人民出版社1993年版，第46页。

际，根据形势的发展，马克思主义本身也需要发展。他说，不用新的思想，新的观点去继承、发展马克思主义，不是真正的马克思主义者。因为在中国建设社会主义这件事情上，现成的答案在马克思的本本上找不出来，在列宁的本本上也找不出来。所以他说，我们绝对不能要求马克思去解决他去世以后上百年所产生的新问题，不可能要求他提前几百年提供现成的答案。可见邓小平同志认为马克思主义是需要发展的。要解决新的问题，必须发展马克思主义。

　　其次，邓小平同志是一个真正的唯物主义者。他有务实的精神，他注意从实践的经验教训中去探求真理。他在我们党内是老一辈的领导人。在第一代他参加领导工作；在第二代，他是领导核心。1956—1966年他担任中共中央的总书记，"文化大革命"中他两次出来工作，两次被打倒。他很注意这些年代的经验教训，很注意研究这些年代的实际问题。应该说在这段时期内，教训比较多。在十一届三中全会以后，我们由于执行了正确路线，取得了很大成功，有很多经验。邓小平同志又很注意总结我们在工作中的成功经验。所以他多次谈过，"文化大革命"那件事，促使人们思考，促使人们认识我们工作的弊端在哪里，为什么我们能够在70年代末、80年代初提出现行的一系列政策，就是因为总结了"文化大革命"的经验教训。20年的经验，尤其是"文化大革命"的教训告诉我们，不改革不行，不制定新的经济的、政治的、社会的政策不行。他说，十一届三中全会制订了这样一系列的方针政策，使我们走上了新的道路，可见邓小平同志是一个真正的唯物主义者，他完全是从实践的经验教训中，从现实生活中来总结经验，研究问题，寻找答案，提出自己的理论。

第二，是中央对这个问题所做的结论。中央充分肯定了邓小平同志对马克思主义的发展，这集中地体现在十四大的文件中。十四大文件指出，邓小平同志建设有中国特色社会主义理论第一次比较系统地、初步地回答了中国这样一个经济文化比较落后的国家如何建设社会主义，如何巩固和发展社会主义的一系列基本问题，用新的思想、观点继承和发展了马克思主义；他是马克思主义、列宁主义基本原理与当代中国实际和时代特征相结合的产物，是毛泽东思想的继承和发展，是当代中国的马克思主义。这就是中央对邓小平理论所做的结论。我以为，中央的这一结论完全是用辩证唯物主义和历史唯物主义做出来的，是符合事实的。这就说明中央肯定邓小平同志理论是对马列主义、毛泽东思想的继承和发展，而不是将二者割裂开来。

第三，是关于邓小平同志对马列主义、毛泽东思想进行发展的内容。内容很多，最主要的可以从三个方面来看：首先，在路线上。邓小平同志恢复了实事求是的思想路线，并且把解放思想和实事求是结合起来，统一起来。这在政治路线方面最根本的是他否定了过去的"以阶级斗争为纲"，制定了以经济建设为中心的基本路线，这就是我们通常所说的"一个中心、两个基本点"。在组织路线方面他提出了干部"四化"，废除了干部终身制。干部"四化"有很丰富的内容，尤其是干部的知识化、专业化在过去我们一直认为是一个禁区。其次，在社会主义建设问题上。他提出了很多新的观点，比如说"生产力论"，特别是"科学技术是第一生产力"，强调了科学技术在生产力发展中的重要作用；提出了社会主义初级阶段论，这在全世界范围内都是一个难题，也是我们过去一直感到困惑的一个问题；提出了"社会主义市场经济论"，与此相联系，在经济体制方面，提出了"社会主义市场经济"和"社会主义本质"论，这是一个很大的发展，一个很大的突破。这就完全抓住了我国现阶段的实际情况，为当前的顺利发展确定了明确的指导思想，也对发展的最后目的作出了肯定的回答："最终达到共同富裕"。① 第三，在祖国统一问题上。我们长期以来存在着一个祖国领土不统一的现实状况，关于这一问题，邓小平同志提出了"一国两制"的思想，这是一个很大的突破。这个问题本来是针对台湾提出来的，这个政策出台后首先在香港、澳门问题上开始付诸实施。在香港这样一个地方，如果没有"一国两制"这一重要决策，香港回归后搞社会主义，维持香港的繁荣稳定是很难做到的。台湾问题也是如此。

第四，邓小平同志对毛泽东思想的发展并不是对后者的否定和贬低，并不否定继承，而是肯定继承；并不贬低后者，而是丰富后者。我们党的七大把毛泽东思想写在党的旗帜上，经历了一个很长的曲折的过程。但是当毛泽东思想一经确定下来，就表明我们的理论发展到了一个新的

---

① 《邓小平文选》第 3 卷，人民出版社 1993 年版，第 373 页。

阶段，这一点也没有抛弃和贬低马克思主义，而正是强调了马克思主义必须同中国革命实践相结合，正是说明了有了马克思主义的普遍真理为指导，才使中国产生了自己的革命理论，产生了毛泽东思想。同样，十四大又把邓小平建设有中国特色社会主义理论写在自己的旗帜上，一点也不意味着抛弃和贬低毛泽东思想，而是强调了毛泽东思想在当代又有了新的重大发展，表明了中国的社会主义建设已经形成了自己的新的理论，符合自己的实际的新的理论。正如有的同志在讨论中所说的，我们在一面旗帜上写着马克思主义、列宁主义，也写着毛泽东思想，也写着建设有中国特色社会主义理论，这面旗帜一经举起，就是举起了引导中国改革开放和社会主义建设这场新的革命走向胜利的伟大旗帜。

（二）关于邓小平理论的体系问题。有中国特色社会主义，是不是已经形成一个完整的理论体系，关于这个问题，是否应该研究下面几点：

第一，所谓有中国特色社会主义理论体系，主要是要系统地回答中国社会主义发展的一系列基本问题。回答了一系列基本问题的理论，应该说就是一个理论体系。邓小平理论提出了观察分析和解决这些基本问题的一系列基本观点，同时这些观点之间又存在着内在的联系，有着内在的逻辑关系。这些观点构成了一个体系，或者说构成了一个系统。那么从这个意义上来说，就是一个体系。根据这两点，邓小平的理论尽管每一篇文章很短，一些理论分散在许多讲话、文章之中论述，但综合起来看，全面系统地回答了中国的改革和发展中的一系列基本问题，提出了分析、观察这些基本问题的基本观点，而且这些观点间有着严密的逻辑关系。正是在这个意义上来说，邓小平理论是一个理论体系。

第二，邓小平理论内容十分丰富，涵盖了经济、政治和社会各个领域；改革和发展各个方面；国内建设和国际环境各项政策等所必须遵循的指导思想。有的同志提出邓小平理论可以概括为："一个主题，四大支柱，九个部分，二十个要点，一幅蓝图。"我认为这样的概括是有道理的。这样去分析邓小平理论，可见它是一个很完整的理论体系。

第三，邓小平理论虽然是一个完整的体系，它所回答、解决的问题，正如中央和邓小平同志本人所指出的，还是初步的、有待深化的。因此，邓小平理论体系应是开放的，而不应是封闭的，它是留下了很大发展余地的。所谓发展的余地，就是我们今后的改革和发展的实践；实践不断前进，邓小平理论也会不断丰富、不断完善。因此，摆在我们全党面前的任务是，用有中国特色社会主义理论为指导，开拓进取，创造性地进行社会主义现代化建设，在建设中不断总结经验，在实践中不断丰富和发展这个理论。

（三）关于社会主义本质问题。社会主义本质，正如小平同志所指出的："解放生产力，发展生产力，消灭剥削，消除两极分化，最终达到共同富裕。"① 对于这五句

---

① 《邓小平文选》第3卷，人民出版社1993年版，第373页。

话之间的关系，总的讲来，邓小平同志提出的社会主义本质论，是中国特色社会主义理论的重要基础。这种本质也是对中国特色社会主义理论基础的重要概括。

第一，邓小平对社会主义本质的概括，可以分做三个部分去理解：前两句话："解放生产力"和"发展生产力"是基础，"最终达到共同富裕"是目的，"消灭剥削，消除两极分化"应该是条件。首先应当强调基础，即"解放生产力，发展生产力"是基础，没有它，就没有后面的文章可做，这样的基础是为着实现目的，即"最终达到共同富裕"；没有这个目的，就不能保证社会主义的方向。要达到这样的目的，必须有条件，即"消灭剥削，消除两极分化"；没有这个条件，目的是达不到的。在这里，我想顺便指出，理论界在研究社会主义本质时，发表了很多关于"条件"的文章，其中不乏真知灼见，但也有某些把"条件"孤立起来的观点。例如，把生产资料所有制作为条件看待，提出公有制只是条件，既然只是条件，那么，结论就是：可以用这样的条件，也可用那样的条件；公有制为主体也就可以不坚持了。殊不知，这种观点，实际上存在两种误解：一是把条件和目的割裂开来了，忽视了条件是要服务于服从于"共同富裕"这个目的的。只有消除两极分化，才能实现共同富裕。二是忽视了"共同富裕"应当包括生活资料和生产资料的共同富有，"共同富裕"不可能以生产资料两极悬殊为条件。

第二，讨论中谈到，五句话中没有谈到所有制问题和按劳分配问题。过去大家知道讲社会主义的基本特征就是三条：公有制、按劳分配、计划经济，小平同志在这里没讲前两个内容。事实上小平同志并未否定公有制和按劳分配。只不过公有制和按劳分配只是社会主义的特征，是另一层次的问题，本质高于特征，故小平同志在论述本质时，未提属于特征的问题，这当然有一定的道理。如果我们很好地理解这五句话，中间作为条件的两句话（"消灭剥削，消除两极分化"）包含了所有制和分配方式的内容，因此从这个意义讲，邓小平同志关于社会主义本质问题的论述，是包括了坚持公有制为主体和按劳分配为主的。按照中央精神和目前我国的现实情况，还是要坚持公有制为主体，多种所有制形式并存；分配也是以按劳分配为主体，多种分配形式并存。按劳分配原则是一个很重要的问题，需要专门研究。我以为多年来我们并未真正贯彻按劳分配原则。不是这个原则不好，而是我们做得不好。

第三，目的的实现是一个过程。首先，如果把解放和发展生产力、消灭剥削与共同富裕，即把基础、条件与目的，在时间上、空间上、要求并存，同时实现，这是不符合我们当前实际情况的。社会主义的目的的实现需要有一个过程。解放生产力、发展生产力，也需要一个过程。从解放生产力、发展生产力到达到共同富裕更要有一个过程。就是说在时间上、空间上都是有距离的，只能循序渐进。我们讲贫穷不是社会主义，如果我们在生产力没有真正解放、没有真正发展之前，搞平均主义，只能是搞贫穷的"社会主义"。既然共同富裕要有一个过程，就要允许有一部分人通过诚实劳动和合法经营先富，一部分地区先富，才能先富带后富。如果没有先富，就没有带动后富的基础和条件。当然，在实践中，我们既要承认这种差别，承认这种在时间上、空间上的距离，同时也不能人为地扩大这种差别，拉大这种距离。在实际工作中，关键是要完善体制，健全法制，保证真正的公平，减少非正常的"效益"和投机性、剥夺性的收益，使收入分配真正符合社会主义市场经济要求，有利于调动劳动者的积极性。现在我们说的分配不公、贫富差距，其中有很多情况并不属于分配本身所造成的，而是一些非正常的甚至是横暴的收入造成的。

（四）国有企业的改革问题也是我们这次讨论的重点。我认为需要深入研究以下几点：

第一，国有企业的改革必须综合配套。企业内部改革主要是要使企业真正成为市场主体，即做到自主经营、自负盈亏、自我约束、自我发展。企业要有这样的机制，必须有一个相应的外部环境。简单地说，企业改革的外部环境包括三个方面：一是要有完备的市场体系；二是政府职能要转变，适应企业成为市场主体的要求；三是社会保障制度要健全。这些都是大家所熟悉的。难点在于，企业自身的改革与外部环境的改革如何有机结合，综合配套。如果单科独进，改革是难以成功的。

第二，要使国营企业进入市场，在对企业进行具体分析的基础上，实行"推""扶"并举。有些企业，要推向市场。将好的企业推向市场，可以使它自己充分发挥活力，多生产适销产品，既可繁荣市场，又可使国家财政增收税利。将一些差的企业推向市场，或干脆让它在竞争中被淘汰。企业被淘汰，当然对于某个企业来说不是好事，但对国家宏观利益来说，淘汰长期亏损的企业，减轻国家财政的压力，优化经济结构，则是一件好事。有些企业则要扶持，不能全靠推的办法。有些是"扶"进市场，有些是进了市场，仍给予必要扶持，目的都是使企业具备条件，逐步成熟为市场的主体，提高效益，更好地为社会为国家做贡献。

第三，如何搞活企业。我以为，最根本的问题还是企业制度改革，把企业本身机制搞活。至于具体怎么搞，理论界纷纷提出"拍卖"、改变所有制等各种观点。从理论上讲，"拍卖"并不是简单地把企业资产化公为私，而是按等价交换原则，把企业资产的实物形态变为货币形态，国家把这些货币投入到重点项目的建设中去，这样既有利于解决国家的"瓶颈"问题，加强基础建设，有利于产业调整，同时又有利于企业自身的发展。这一思路在理论上是成立的，但在现行体制和现有社会思想道德状况的条件下，操作上确有困难，比如资产怎样合理评估，价格怎么定？卖给谁？国有资产的流失，在很多情况下就是发生在评定资产的时候。价格怎么定，卖给谁，职工利益如何保障，都会影响到企业的前途。买主的选择，也是一大问题。另外还有，卖掉一部分，未必能救活另外一部分。操作中存在着许多实际问题，需要进一步研究。

第四，在企业改革中，党政分开如何理解。党政分开不等于否定党的核心领导作用。执政党执什么政？当前最大的政就是社会主义现代化建设，共产党不管建设还管什么？因此我认为在企业中实行党政分开，不是排斥党的领导，更不是要把共产党的组织、党的工作排斥在企业的大门之外，而是要在坚持企业是市场主体的前提下加强企业的基层党组织建设，更好地加强和改进党对企业的领导方法。

（五）关于发展市场经济与坚持党性原则问题。必须研究以下几点：

第一，发展社会主义市场经济，应当是现阶段党性原则的必然要求。党的中心任务就是建设社会主义现代化，我们党当前的中心工作就是建立社会主义市场经济体制，发展社会主义经济，每个党员都要根据党的要求实现党的任务。因此党性原则强不强，就是要看他在社会主义市场经济的构建和发展当中采取什么态度。

第二，我们还要看到，发展社会主义市场经济，对于我们的党性原则也提出了一些新的课题，需要我们每一位党员去学习、研究，来把握自己。比如，市场经济是竞争经济，竞争经济中自然就存在差别，那么这种竞争怎么确定，这种差别的度怎么掌握，都需要每位党员在自己的岗位上、在自己所处的位置上来给自己定位，这是一个新的问题。再如，我们经常说社会主义市场经济要遵循价值规律，强调等价交换。等价交换有两面性，既有积极的一方面，又有消极的一方面。积极的一方面就是催人奋进，消极的一方面就可能是斤斤计较与无私奉献的矛盾。怎样处理这个问题，每位党员都需要考虑。还有，市场经济强调的是利益机制，而我们共产党人则强调共产主义理想，那么，这种利益机制与共产党人的人格党性关系如何处理？每位党员都需要在国家民族利益、群众利益与个人利益关系上定位，要记住自己是共产党员，确定自己的行为规范。

第三，坚持党性原则在现阶段就是要推进社会主义市场经济的健康发展。首先就是要坚定共产主义信念，把最终目标和现阶段的任务统一起来，这是一个方面。另一方面要认真执行党的基本路线，推进现阶段的经济发展。

此外还有不少问题，大家进行了热烈的讨论，有各种不同意见的争论。有不同意见是好事，这是我们今后深入讨论的条件和基础。

二、要将建设有中国特色社会主义理论的研究不断引向深入

（一）要进一步认识邓小平理论的重要性。邓小平理论是团结全党和全国人民振奋民族精神、振兴中华，富国强民的一个精神支柱，是夺取改革开放新胜利的强大思想武器。这个理论经过十多年改革开放的实践，经过十多年的社会主义建设的实践，也已经证明了是正确的，是有强大生命力的。

任何一个民族都要有一个指导思想，都必须有一个精神支柱，都必须有一面旗帜。如果一个民族没有一面旗帜，这个民族就很难凝聚，很难团结，很难前进。因此我

认为，要切实按照中央要求，用邓小平理论来武装全党，武装全国人民，要把学习、宣传这个理论作为一个长期的任务坚持下去。我们看到，我们的周围的一些国家、地区发展较快，它们都有精神支柱。

（二）理论工作者要有使命感。用邓小平理论武装全党、全国人民，靠我们理论工作者来研究，靠我们来宣传，靠我们来起媒介作用，这是时代赋予我们理论工作者的使命。尤其是我们党校的理论工作者，负有特殊重要的使命。一方面从胡锦涛同志讲话来看，给我们党校的理论工作者提出了很高、很严格的要求；另一方面中央决定建立五个邓小平理论研究中心，第一个就是中央党校的研究中心。中央对我们党校，对党校的理论工作寄予厚望。我们党校怎么办？我认为党校应有使命感，应有紧迫感，积极地、更好地研究邓小平理论。

（三）研究有中国特色的社会主义理论要有正确的方法。首先，研究这个理论要解放思想，真正认识到这个理论是一个开放的体系。因此我们要解放思想，实事求是，一方面要对这个理论提出的问题加深理解，一方面要很好研究，不断丰富这个理论，要敢于提出自己的见解，要敢于丰富这个理论，敢于为这个理论体系做贡献。

其次，研究这个理论要从理论体系、基本框架、大体思路来进行研究。不要限于引章摘句，搞文字游戏。特别是要学习运用这个理论的立场、观点、方法来说明现实问题，解决现实问题，而不是采取经院式的研究。

第三，总的来说要坚持理论联系实际的原则。浅而言之，一是抓现实，抓重大实际问题进行研究。二是理论工作者要到实际生活中去，不要只坐在书斋里，抠字眼，要深入实际，了解实际，深入到实际生活中去。三是理论工作者要与实际部门和实际工作者相结合，因为实际工作者最了解实际，他们的生活最丰富，经验都在他们那里。中央部门要与基层实际部门相结合，这些年来，中央党校搞了许多科研基地，联合地方力量研究一些重大理论问题，效果就比较好。四是研究的结果要探求解决实际问题的答案，不是从概念到概念，搞出一套概念体系，而是要解答现实难题。

第四，研究的内容，要集中力量，研究重大现实问题。只有这样，才能使我们的科研工作为改革发展和稳定服务（科研工作三个服务：为教学服务、为社会服务、为党委决策服务）。只有真正抓住现实问题，才能做到这三个服务。当前的重大现实问题，根据胡锦涛同志讲话和中央精神，主要有三个方面：通货膨胀问题，农业问题，企业问题。还有党的建设问题，精神文明建设问题，都是我们当前的重大问题。党的建设问题，当前具有特别的重要性，党中央要开会专门研究并作出决定。精神文明问题，也很重要。一个国家、一个民族，没有自己的精神文明，没有自己的文化，它就是没有希望的民族，经济建设也不会有很大后劲。所有这些重大问题都值得我们认真研究。理论工作者要研究重大现实问题，要学以致用，要为现实服务。当然，必要的基础理论研究也是非常重要的，但同时，基础理论研究也要与现实问题相结合，基础理论研究的目的是为了深化现实问题的研究；没有对基础理论的研究，现实问题研究是不可能深化的。

第五，要贯彻"双百方针"，实行百花齐放、百家争鸣。一方面是只有通过争鸣，理论才能深化。二是要贯彻双百方针，就必须有一个宽松的学术环境，要有浓厚的学术空气，要鼓励各种意见都能发表，要有说话的场合，说话的气氛。三是要欢迎、鼓励学术争论、学术批评；既要允许争论，又要允许批评；既要允许批评，又要允许反批评。批评也是争论。当然，批评要以理服人，要讲理。理论问题，要采取论理的方法，要用说理去解决。四是贯彻双百方针必须以马克思主义为指导，因为争鸣的目的在于对理论加深理解，在于丰富和发展这个理论，所以必须以马克思主义为指导。研究邓小平理论，目的是丰富和加深它，而不是离开它，走到另外一个地方去。

（四）理论研究工作要全面坚持党的基本路线。"一个中心、两个基本点"，是一个完整的体系，整个内容，不可或缺，不可分割，不可混淆。"一个中心"，就不能搞两个中心；"两个基本点"，不能只讲一个基本点。理论工作必须把握好一个正确的方向，只有这样，才能避免误导。正确方向的把握，是一个与学风有关的问题。理论工作者和理论研究要注意不刮风，不趋风向，不赶风头，坚持正确态度和正确方法，潜心研究马克思主义，研究中国特色的社会主义理论；要敢于坚持自己的正确观点，当然如果认识到了错误，就应立即改正。理论研究必须紧紧把握党的基本路线。第一，邓小平建设有中国特色社会主义理论是我们党的基本路线的理论基础，而基本路线也就是这个理论的具体实施。第二，理论工作者要通过对中国特色社会主义理论的研究，加深对党的基本路线的研究。只要用邓小平理论来指导自己的研究工作，这个方向把握正了，就会加深对基本路线的理解。第三，我们的科研成果是要同人民见面的，是要宣传的。因此，成果一经产生，就要使人民群众通过接受我们的宣传，提高对基本路线的理解，提高执行基本路线的自觉性。

总的说来，我们这次会议取得了圆满成功。希望大家在当前的大好形势下，认清形势，认清大局，明确使命，从严治学，团结协作，多出成果，努力开创我们党校系统科研工作的新局面。

坚持社会主义初级阶段的
基本经济制度[*]

江泽民同志在党的十五大报告中提出："公有制为主体、多种所有制经济共同发展，是我国社会主义初级阶段的一项基本经济制度。"这是从我国社会主义现阶段生产力发展的实际出发做出的科学决策。坚持并不断完善这项基本经济制度，必将推动我国社会主义事业全面、健康地发展。

一、基本经济制度的客观依据

社会经济制度，是社会制度的基础，即该社会的经济基础。社会的政治、法律、文化等方面的制度，都由该社会的经济基础决定，并为这个经济基础服务。所以，我们在研究社会主义的基本经济制度时，必须联系社会主义这

＊ 本文发表于 1997 年 12 月 22 日《光明日报》。

个总题目。

什么是社会主义？怎样建设社会主义？要寻找现实正确答案，首先要通过实践经验来分析。自马克思和恩格斯在19世纪40年代创立科学社会主义以来，世界无产阶级和劳动人民为争取社会主义的胜利进行了英勇斗争。到1917年以后，人类社会终于有了社会主义的实践。然而，由于没有将马克思主义的基本原理与具体实践很好地结合起来，尽管成就是辉煌的，但道路十分曲折，教训极为沉痛。中国的社会主义实践，使一个极为贫穷落后的旧中国变成了一个世人瞩目的新中国，但道路也是蜿蜒崎岖。只有到了党的十一届三中全会以后，邓小平同志集中全党的智慧，才真正把握了什么是社会主义、怎样建设社会主义的真谛。70年代末，邓小平同志就指出：我们建立的社会主义制度是个好制度，必须坚持，但问题是什么是社会主义，如何建设社会主义。后来他多次有针对性地强调，贫穷不是社会主义，落后不是社会主义，并对社会主义的内涵作了许多阐述。到1992年，邓小平同志对社会主义的本质，作出了一个完整的概括，即："解放生产力，发展生产力，消灭剥削，消除两极分化，最终达到共同富裕"。[①] 这就使人们对社会主义有了一个科学的理解，是对马克思主义科学社会主义在当代中国的继承和发展。

对社会主义本质的正确认识，是我们确立基本经济制度的理论依据。"社会主义本质论"，是对社会主义内在

---

① 《邓小平文选》第3卷，人民出版社1993年版，第373页。

规律的全面表述。它是一个完整的体系，可以从三个部分来理解：其一，"解放生产力，发展生产力"，这是出发点和前提，是社会主义发展必备的物质前提；其二，"最终实现共同富裕"，这是目的，是无产阶级和全体人民进行革命、建设社会主义的根本目的；其三，"消灭剥削，消除两极分化"，这是制度保证，是实现目的的保证条件。这三个部分是一个有机结合的统一的体系。据此，我们也可以这样来认识"社会主义本质论"："解放生产力，发展生产力"，使社会生产力逐步赶上和超过发达的资本主义，这是社会主义发展的本质；"消灭剥削，消除两极分化"，是制度的本质，是社会主义制度区别于剥削制度的社会形态的特点；"最终实现共同富裕"，是目的的本质，说明社会主义不是只有少数人富裕，而最终是要使全体人民共同富裕。因此，"社会主义本质论"，"既包括社会主义社会的生产力问题，又包括社会主义生产关系问题，体现了社会主义社会生产力和生产关系的统一、社会主义根本任务和根本目的的统一、社会主义的物质基础和社会关系的统一、社会主义发展过程和最终目的的统一。"①

我们在比较研究了"社会主义本质论"以后，就不难理解十五大提出的基本经济制度的科学依据。但是，在坚持和完善这个基本经济制度时，仍然要不断加深对"社会主义本质论"的理解和运用。在邓小平同志提出

---

① 《邓小平经济理论学习纲要》，人民出版社1997年版，第25页。

"社会主义本质论"以后，曾经有些论者认为，"社会主义本质论"并未讲生产资料所有制问题，因此，所有制不是问题的本质。其实这是一种误解。生产资料所有制形式，作为一定社会形态、一定社会发展阶段的经济基础，自然是该社会形态、一定社会发展阶段内在规律的一个重要方面。社会主义的所有制关系及由它所构成的基本经济制度，自然也是"社会主义本质论"题中应有之义。如果否定或忽视生产资料所有制关系的重要性，在理论上就容易模糊不同社会形态或不同社会发展阶段的界限，在实践中则不能提出正确的方针和政策指导改革，最终也就不能实现共同富裕的根本目的。

　　社会主义初级阶段的基本国情，是我们确立基本经济制度的现实依据。我国正处于社会主义初级阶段。它的基本涵义是两条：第一，是社会主义，这是根本制度；第二，还比较落后，这是发展水平。从根本制度看，社会主义这个制度，是我们党领导全国人民经过艰苦卓绝的斗争换来的，是一个为人民所拥护的很好的制度。"只有社会主义才能救中国，只有社会主义才能发展中国"。因此，我们必须坚持社会主义而不能否定社会主义，我们的改革和发展一定要沿着社会主义道路向前推进。从发展水平看，我们这个初级阶段的基本状况是：一方面，经过几十年的社会主义建设，取得了伟大的成就，特别是改革开放以来，在经济上的巨大变化是举世公认的。另一方面，我们的总体经济水平还比较落后，并且发展很不平衡，具体地说，可以作如下两个层次的分析。第一层次是，我们已经建成了一个比较完整的工业体系；有了一批具有一定规模的大型企业和企业集团；一些主要工农业产品的总产量已居于世界前列；有一些科学技术领域已达到或接近世界先进水平；地区间的经济联系已经比较普遍，国际经济关系也有较大的发展。以上说明，生产社会化在某种范围内已达到一定的水平。第二层次是，总的生产力发展水平还很低，人均国民生产总值处于世界低位；人口多，底子薄，自然资源相对贫乏；普遍的科技水平不高，数亿农业劳动者主要从事手工劳动，工业的大部分远远落后于现代化的水平，整个工农业的劳动生产率相当低下；地区之间和行业之间差距很大，发展的不平衡性比较突出。以上说明，经济发展的落后性与不平衡性是明显的。根据马克思主义关于生产关系适应生产力要求的原理，基于第一层次的实际，应当在可能和必要的范围实行生产资料公有制，因为生产社会化的条件，适宜于集中生产、统一经营，而不适宜于私人占有。用社会主义公有制的形式，在国家的宏观调控和指导下，不仅会将它内在的能量充分释放出来，而且会对周围小规模的、分散的、落后的生产领域，起到积极的推动和催化作用。基于第二层次的实际，则必须允许多种所有制经济共同发展，因为落后的生产力和不平衡的发展状况，只有采取灵活多样的形式，才能调动各方面的积极性。不论是合伙生产、个体经营、私营，都是当前社会经济发展和社会稳定的需要。正是我国社会主义初级阶段的这种情况，决定了以公有制为主体、多种所有制经济共同发展的基本经济制度。

二、基本经济制度的主要内涵

公有制为主体，多种所有制经济共同发展，作为我国社会主义初级阶段一项基本经济制度，是我们党坚持以邓小平理论为指导，将马克思主义的基本原理与中国改革发展的实践相结合的产物，是将我国社会主义现代化建设事业推向前进的重要制度保证。

"公有制为主体"，是我国社会主义初级阶段基本经济制度的基础和核心；"多种所有制经济共同发展"，是在坚持"主体"的前提下，公有制经济及其各种实现形式与非公有制经济及其各种具体形式，共同沿着社会主义的道路、遵循"三个有利于"的原则为社会主义现代化服务。

当前，坚持公有制为主体，有两个相关的观念必须突破：一是追求公有制数量比例最大化的观念，二是现有的公有经济特别是国有经济不能触动的观念。总体上是认为数量越大，主体地位越牢固；认为触动了现有的公有经济，就是损害了主体。这种观念在认识上是片面的，在改革的实践中是有害的。公有经济作为主体，当然要有一定的数量优势。但是，在市场经济体制下，数量的优势不是绝对的，因为各种所有制的经济单位都是进行平等竞争的市场主体，它们都要靠低投入、高产出、质量优、服务好这种全面的经济质量来保存和发展自己。公有制经济也不例外。没有高的经济质量，再大的数量，也会在竞争中萎缩；有了高的经济质量，就能在竞争中发展壮大。从实践看，公有经济特别是国有经济如果战线过长，铺得过宽，必然是债务重、包袱大，设备陈旧，产品老化，效益低下，缺乏市场竞争力。要是在数量上减少一些，缩短战线以加强重点，反而能提高整体经济质量。所以，在深化改革的过程中，要真正从实际出发，通过调整国有经济的战略布局，实行资产重组和优化配置，全面提高公有经济的质量，增强其竞争能力，在优化中发展壮大。

公有的主体地位应当如何把握？根据党的十五大报告的精神，可以从以下几个方面研究：一是公有资产在社会总资产中占优势。占优势和占多数是两个不同的概念，占优势包括数量与质量两个方面，或者说更强调质量。有了经济质量，才能恃优而胜，在竞争中发展，在整个国民经济中左右全局。二是公有经济的发展要能够保障国家的经济安全。对外要不断提高参与国际竞争、扩大世界市场份额的能力，并能切实保持国家独立自主的经济地位；对内能抵御经济风险，保持经济和社会稳定。三是国有经济要控制国民经济命脉。讲经济命脉，并不是像以前那样，把理发洗澡都办成国营，而是要将关系国民经济命脉的重要部门和关键领域置于国有经济的支配范围之内。支配也不等于全部包办，关键是控制力，要能够绝对控制。即在正常发展时期，国有经济能对整个国民经济的健康运行起主导作用；在需要对国民经济进行全局性调整的时候，在需要维护国家经济安全的时候，国有经济有足够的应变实力保证实现国家的经济目标。

　　坚持公有制为主体，还有一个考虑地区、行业的具体情况的问题。十五大报告指出，公有制为主体，国有经济起主导作用，是就全国而言的，有的地方、有的产业可以有所差别。这是马克思辩证唯物主义的观点。中国特色社会主义，一个重要的特色，就是总体从中国的实际出发，具体从不同地区和不同产业的实际出发，异彩纷呈。我们讲主体和主导，就全国来说，是不能打折扣的。但具体来说，不能从一个省到一个乡、一个村，都一样要主体和主导，而应当从地区和行业的实际情况出发，来确定自己的战略。当然，也不能从另一个方面简单地理解甚至曲解原意，认为主体和主导，是就全国而言的，我这个省、市、县，我这个行业可以不讲主体和主导。假如这种简单化的观念普及化，那么，公有制为主体和国有经济为主导，就成了抽象肯定、具体否定，就会走上邪路。

　　在公有制为主体的前提下，非公有制经济的发展具有很重要的意义。改革开放以来，非公有制经济作为社会主义市场经济的一个组成部分，对改革和发展发挥了很大的作用。各种非公有制经济形式，在利用分散的生产条件、利用社会闲散资金、利用当地的资源，生产适应一定范围和地区需要的产品，组织流通，提供服务，活跃地区经济，提高人民生活等方面，作出了重要的贡献。近几年来，我国非公有经济有了很快的发展。据统计，公有经济与非公有经济在国民经济中所占的比重，由1991年的91∶9，发展到1996年的71∶29，1997年又有新的变化。从增加经济总量来说，鼓励非公有经济有更大的发展，对整个国民经济发展是有利的，应当在思想上重视、在政策和管理上鼓励和支持它的发展。同时，对非公有制经济要正确引导，包括从产业方向与产品质量、经营思想与经营作风等方面进行全面引导，帮助他们提高经营水平，提高经济质量，从而更好地为社会主义现代化建设服务。

三、基本经济制度的实现条件

要有效地坚持社会主义初级阶段的基本经济制度，全面提高经济效益，胜利地实现经济目标，关键是解放思想，深化改革；特别是要全面推进国有企业的改革，建构灵活多样的公有制经济的有效实现形式。

我国的公有制经济特别是国有企业，大多是在计划经济体制下建设起来的，由于历史的沉淀、政策的调整以及环境的变化，显得问题和困难比较多。随着整个体制改革的深化，经济发展已经开始进入结构优化升级、企业面临在竞争中优胜劣汰的新阶段，国有企业长期积累起来的深层次问题，逐步地比较充分地暴露出来。这些问题如不通过深化改革尽快解决，势必严重影响国有经济的发展。在实践中当然会遇到改革、发展、稳定的关系问题，即处理改革的力度、发展的速度和社会承受度的问题。在这里，首先要重视改革力度的主导作用。在观念上，人们往往最先考虑社会的承受程度，这当然是最现实的问题：机器要运转，产品要出售，冗员要工作，下岗人员要吃饭。改革和发展离开这个现实，超越它的实际承受能力，会欲速不达，反而阻碍改革和发展的进程。但是，如果消极地看待社会承受程度，过低地估计承受能力，夸大困难，驻足不前，则会丧失时机，给改革和发展造成重大损失。因此，必须在客观分析形势的基础上，遵循中央提出的方针，大胆推进改革。通过改革和发展来调整关系，解决矛盾，增强经济实力，提高社会承受能力。

　　改革的指导思想是，所有制结构要适应生产力发展的要求，公有制经济可以有多种形式，对具体企业取舍所有制形式的标准是"三个有利于"。优化所有制结构必须结合战略性改组，按照"抓大放小"的战略导向，根据经营性质、经营条件、效益水平、前景预测等因素进行综合考虑。一是要以大中型企业为重点，以资本为纽带，遵循市场原则，组建一批跨地区、跨行业、跨所有制和跨国经营的大型企业集团。但是，组建企业集团，应当从全国大局出发，切忌一哄而起。假如从局部利益出发，用行政手段"捏合"企业集团，则势必影响全国的结构优化。二是对国有小企业真正放开，这是结构调整的一个重要方面。通过改制，放开小企业的经营方式，采取改组、联合、兼并、租赁、承包经营、股份合作制等形式，以实现资产重组；有一部分也可以破产、出售，以真正放开搞活小企业。三是要真正把非公有制经济看成社会主义市场经济的重要组成部分。过去有一种观念，认为出售国有企业就是国有资产流失，就是私有化，这不完全符合实际。国有企业出售，如由私人购买，无疑是变成了私有。但是，只要资产评估规范，作价合理，国家让渡了资产的实物形态，收回了一个等量的价值形态，并不存在国有资产流失的问题。当然，出售国有企业，必须从实际出发，对企业进行具体分析以后，逐个论证，再行拍卖。而且出售国有企业回收的资金，应当严格管理，防止流失。在改制过程中，如果不加分析地大刮拍卖风，不注意规范操作，不惜流失国有资产，甚至一般地提出"靓女先嫁"，也是不利的。靓女并非都不能嫁，但如果简单地把"靓女"都嫁掉，留下一群丑女，又何谈公有经济的地位。

关于公有制实现形式的理解，历来认为只有国家所有制和集体所有制两种。这是计划经济体制下形成的传统观念，也是反映计划经济体制内在要求的。而在市场经济体制下，市场在资源配置中起基础性作用。资本按价值规律的要求在各种不同的所有制之间择优流动，用各种形式来实现它的性质。它既可以用国有制和集体所有制表现，也可用混合所有制表现。如已经出现的合作制、股份合作制、家庭联产承包经营责任制、社会基金制等，均应属于公有制的范畴。确定公有制具体实现形式最重要的依据就是要能够极大地促进生产力的发展。江泽民同志在十五大报告中指出："公有制实现形式可以而且应当多样化。一切反映社会化生产规律的经营方式和组织形式都可以大胆利用"，并且明确肯定了股份制是现代企业的一种资本组织形式，资本主义可以用，社会主义也可以用；肯定了股份合作制是改革中的新事物，要支持和引导；特别强调"劳动者的劳动联合和劳动者的资本联合为主的集体经济，尤其要提倡和鼓励"。党的十五大报告是对社会主义理论的重大突破，也澄清了理论和实践中的一些片面认识。当然，在积极推进改革的过程中，应当从实际出发，因企制宜，不要一哄而起，不要认为一"股"就灵。改革中可以大胆试验探索，允许多种组织形式，但不要不切实际地附会"集体经济"、"股份合作"等称号。

总之，我们要认真贯彻落实党的十五大精神，进一步解放思想，在改革中大胆探索公有制的多种实现形式和有效的企业财产组织形式，以真正从国民经济的全局理顺体制、搞活机制，从而调动各方面的积极性，促进社会生产力的发展。

"一国两制"是一个
实事求是的科学构想[*]

中华民族是一个伟大的民族。实现祖国统一，是全中国人民包括台湾同胞、港澳同胞和海外侨胞在内的所有炎黄子孙的共同心愿。邓小平同志提出的用"一国两制"来解决香港问题、澳门问题和台湾问题，实现国家的完全统一，是一个体现高度政治智慧的科学构想。香港的顺利回归，是实现祖国统一的第一篇章，它将极大地振奋民族精神，更加有力地推进社会主义改革开放和现代化建设的历史进程；它还将对澳门、台湾问题的最终解决起到示范作用，并将把祖国的统一大业大大地向前推进。

---

* 本文发表于《中国党政干部论坛》1997 年第 8 期。

一、"一国两制"是一个实事求是的科学构想，是马克思主义国家学说的新发展

中华民族自古以来就是一个统一的多民族国家。只是到了近代，由于清政府的日益腐败，积贫积弱，才被列强宰割，造成山河破碎，同胞分离。新中国成立后，中国人民终于站了起来，为了实现祖国完全统一，以毛泽东为核心的中共第一代领导集体进行了不懈的努力，提出了解决祖国统一问题的大原则、总方针和具体策略，只是由于国际国内条件的限制，这一理想未能实现。党的十一届三中全会以后，随着我国综合国力的加强和国际地位的日益提高，全国人民越来越强烈地要求尽快结束这种国土分割、同胞分离的不正常局面。正是在这种历史条件下，作为中共第二代领导集体核心的邓小平同志，根据他判断的和平与发展的时代特点，创造性地提出了"一国两制"的伟大构想，即在一个中国的前提下，国家的主体坚持社会主义制度，香港、澳门、台湾是中华人民共和国不可分离的一部分，它们作为特别行政区保持原有的资本主义制度长期不变。

"一国两制"这个构想的提出本来是从台湾问题开始的，却首先运用于解决香港问题。正如邓小平同志所说："中国面临的实际问题就是用什么方式才能解决香港问题，用什么方式才能解决台湾问题。只能有两种方式，一种是和平方式，一种是非和平方式。而采用和平方式解决

香港问题，就必须既考虑到香港的实际情况，也考虑到中国的实际情况和英国的实际情况，就是说，我们解决问题的办法要使三方面都能接受。"① 实行"一国两制"，依靠港人治港，采取高度自治，在中国的主体坚定不移地实行社会主义的前提下，在小范围内容许资本主义存在，局势可以长期稳定，有利于我们一心一意进行现代化建设，也有利于继续保持香港的稳定和繁荣。香港，自从被英国以武力占领以来，已经历百年沧桑。这是一个因地域优越而形成的国际金融中心和贸易中心，其经济发展、社会结构、文化氛围、意识形态、生活方式等各个方面，都具有很大的特殊性；它与祖国大陆既有宽广的文化渊源和深厚的民族情感，又有长期与祖国分离造成的差异，这是考虑香港问题的客观基础。"一国两制"的科学构想，是邓小平同志坚持实事求是的创造，是在新的历史条件下，依靠无产阶级占领导地位的国家政权，从总体上建立一个坚强的独立自主、民主文明的社会主义初级阶段的国家体制，同时把两个不同社会制度和不同意识形态的地区，统一在一个国家体内，互利互补，共同繁荣和发展，振兴中华民族。这是对马克思主义国家学说的创造性发展。

"一国两制"，首先是"一国"，即中华人民共和国，香港是中国领土不可分割的一部分。在这里，核心问题是国家主权。早在 1982 年 9 月，邓小平同志在与英国首相会谈时，就非常明确地指出：中国在主权问题上没有回旋

---

① 《邓小平文选》第 3 卷，人民出版社 1993 年版，第 101 页。

余地，主权问题是不能讨论的。现在时机已经成熟了，1997年中国收回香港，包括新界、九龙和香港岛，要谈判的只是解决问题的方式和办法，并断然拒绝了英方提出的"以主权换治权"的要求。在香港回归的前提下，才可以谈实行两种制度。"两制"是中国以社会主义制度为主体，可以允许香港这块地方实行资本主义。"一国两制"的关键内容是"港人治港"、"高度自治"。"高度自治"是指香港特别行政区除国防、外交属中央人民政府管理外，享有高度自治权，包括行政管理权、立法权、独立司法权和终审权；财政独立，可自行制定经济、贸易、文化教育等各方面的政策。也就是邓小平讲的"五个不变"，即社会经济制度不变，法律基本不变，生活方式不变，自由港的地位和国际金融、贸易中心地位不变。"港人治港"是指香港特别行政区政府由当地爱国人士组成，中央不派人去管理。爱国者的标准是尊重自己民族，诚心诚意拥护祖国恢复对香港行使主权，不损害香港的繁荣和稳定。这里，十分重要的一点，就是要严格按照基本法的规定办事。香港回归祖国后，要在"一国两制"的方针下，真正保持稳定和繁荣，使更多的人看到中国政府执行"一国两制"的方针是认真的、成功的。

二、要长期坚持"一国两制"的方针

邓小平在谈到对香港实行"一国两制"时，强调"要真正做到五十年不变，五十年以后也不变"，我们还把建立香港特别行政区，作为在中国之内保留资本主义制度并享有高度自治权的一个地方行政区写进了宪法，并据此制定了香港特别行政区基本法。说明了"一国两制"是要长期坚持的。

从客观需要看，社会主义的中国与一个资本主义的特别行政区，可以相得益彰。新中国成立以后，十分重视香港的重要性，中国政府对香港采取"长期打算，充分利用"的政策，在尊重现实、尊重历史的基础上，照顾有关各方利益，从政治上稳定香港、经济上支持香港，使香港一直是内地进出口货物的主要转口港，是引进资金、技术和人才的窗口，是参与世界经济贸易的纽带，是对外政治、经济、文化交流的桥梁，使香港对内地建设发挥了重要作用。近年来，随着改革开放的深入，香港这种特殊地位和作用得到进一步的发挥。"香港因素"使祖国内地发展有了一个可以利用的良好条件。香港和内地经济各具优势，可以取长补短，互惠互利，是我国现代化建设一个得天独厚的重要条件。另一方面，中国的改革开放，对香港的产业结构调整、人才培养、市场拓展、生活保障等方面，提供了十分有利的条件。"中国因素"实际上是香港经济发展的重要腹地和动力。可以说，社会主义的祖国需要一个资本主义的香港作开放桥梁，资本主义的香港同样需要社会主义的中国作强大后盾。反过来说，如果香港失去了繁荣稳定，经济萧条，社会混乱，势必对中国产生消极的影响，会使港澳台同胞信心动摇，会给西方敌对势力以可乘之机，会损害社会主义中国的形象，影响改革开放，影响现代化建设的进程。对香港来说，如果离开了社会主义祖国这个强大后盾，国际上各种恃强利己的势力，就会采取新的形式玩殖民主义的老伎俩。

从主观条件看，中国共产党和中国政府坚持改革开放，建设中国特色社会主义道路不会改变，这是"一国两制"政策不变的保证。中国实行社会主义制度，坚持四项基本原则，是写在宪法上的，对香港实行长期稳定的政策，也是在国家主体坚持四项基本原则基础上制订的。我们坚持党的基本路线一百年不动摇，就是要长期坚持改革开放。这既是对香港长期稳定的路线保证、政治保证，也是社会和经济保证。显然，当前国际社会主义正处于低潮，某些西方政界人物甚至提出了最终消灭社会主义的时间表。用一句老话说，我们又处在强大的资本主义包围之中，我们还能坚持改革开放吗？但是，中国共产党人基于对社会发展规律的科学判断，对社会主义的前途充满信心，从而有着通过长期坚持深化改革、扩大开放来巩固和发展壮大社会主义的政治胆略。

邓小平说，"要保持香港五十年繁荣和稳定，五十年以后也繁荣和稳定"，"要真正能做到五十年不变，五十年以后也不变，就要大陆这个社会主义制度不变。"[1] 对这种"不变"的理解，当然应当是积极的，核心是保持香港的繁荣和稳定不能变。第一，"一国两制"是中国特色社会主义的内涵之一。我们的社会主义还处于初级阶

---

[1] 《邓小平文选》第3卷，人民出版社1993年版，第218页。

段，这个初级阶段是一个很长的历史过程，中央对香港的基本政策也将是长期稳定的。第二，也不能对"不变"作形而上学的理解，绝对不变的事物是没有的。港人治港，高度自治，同过去的英国统治相比，也是一种大变；回归以后，香港内部管理也会随形势发展而有所变化。问题在于变的宗旨是要使香港更加繁荣。

三、对港人治港，要充满信心

港人治港，最重要的是港人自己要有治港、建港和发展香港的信心。因为中央政府关于"一国两制"的政策是极其严肃的、真诚的，对"港人治港"是完全信赖的。特别是中央的这种政策是得到香港居民普遍拥护的，香港居民必然对港人组织的特区政府充分支持。加上中国的传统文化和道德伦理在香港这块领土上的基础十分深厚，由香港的优秀分子来治理香港必然会得心应手。当然，在发达资本主义国家的政界人物中，历来有一种优越感，当列强侵入中国以后，很自然地产生了对中华民族的轻视心理。这种影响还十分深远。因此，在中英谈判的时候，英国政府及其舆论不断散布"要保持香港的繁荣稳定，只能由英国继续管治"的言论。邓小平针锋相对地表达了中国人有能力管好香港的决心和信心，他对撒切尔夫人讲："保持香港的繁荣，我们希望取得英国的合作，但这不是说，香港继续保持繁荣必须在英国的管辖之下才能实现。香港继续保持繁荣，根本上取决于中国收回香港后，在中国的管辖之下，实行适合于香港的政策。""至于说一旦中国宣布一九九七年要收回香港，香港就可能发生波动"，邓小平义正词严地说："如果说宣布要收回香港就会像夫人说的'带来灾难性的影响'，那我们要勇敢地面对这个灾难，做出决策"。① 他告诫和鼓励香港同胞，"要相信香港的中国人能治理好香港。不相信中国人有能力管好香港，这是老殖民主义遗留下来的思想状态。"② 应当说，邓小平真正表达了中国人民的心声。

　　他在谈话中，还回顾了鸦片战争以来一百多年的历史：长期以来，"外国人看不起中国人，侮辱中国人。中华人民共和国建立后，改变了中国的形象。中国今天的形象，不是晚清政府、不是北洋军阀、也不是蒋氏父子创造出来的。是中华人民共和国改变了中国的形象。凡是中华儿女，不管穿什么服装，不管是什么立场，起码都有中华民族的自豪感。香港人也是有这种民族自豪感的。香港人是能治理好香港的，要有这个自信心。香港过去的繁荣，主要是以中国人为主体的香港人干出来的。中国人的智力不比外国人差，中国人不是低能的，不要总以为只有外国人才干得好"。③ 邓小平在这里指出，香港过去繁荣，主要是以中国人为主体的香港人干出来的，指出这一点，非常重要，也非常符合实际。特别要强调的是，过去在香港

---

① 《邓小平文选》第3卷，人民出版社1993年版，第13—14页。
② 同上书，第60页。
③ 同上书，第60页。

的华人，是受到很多压抑的。他们在英国洋人面前，并没有平等的地位，许多人的才能和智慧没有施展的条件和机会。那么，在回归祖国以后，作为中国公民，他们的腰杆才真正硬起来了，他们的聪明才智就很好地发挥了。所以，依靠港人治理香港，建设香港，是大有希望的。

当然，"港人治港"，是要由爱国的港人来治港。这个标准，就是热爱自己的祖国，尊重自己的民族，诚心诚意拥护祖国恢复对香港行使主权，热心为香港的繁荣稳定作出自己的贡献。从总体上说，绝大多数的港人都是有这样的认识，符合这样的标准。至于在一些具体问题上，可以求大同，存小异，不必苛求于每一个人。中国的传统文化是"和为贵"，互谅互助。如这次特区行政长官的推选，完全不像西方选举那样，竞选人互揭隐私，攻讦谩骂，而是竞选人各自实事求是地陈述自己的见解，并客观地称赞对手的优点和长处，体现了中国式的民主和中国人的美德。有了这种文化基础，在爱国爱港这个大前提下，香港的人心就会稳定，就会团结，就会齐心协力，把香港建设得更加繁荣。

作为中央政府，当然要充分信赖特区政府。事实上，从特区政府筹建到现在，运行很好，效率很高，已经表现出了以董建华先生为首的各级官员的治港才华。中央政府在今后要进一步了解和考虑香港的特殊情况和特殊地位，充分理解香港同胞的心理和要求，充分考虑香港同胞的利益，充分尊重香港同胞的愿望，积极地支持和鼓励治理香港和建设香港，从指导思想上和政策上把"港人治港"落到实处。如此，香港这颗东方明珠，就会更加光彩照人。

三种舆论倾向值得注意 *

当前社会科学研究领域出现了企图否定马克思劳动价值学说、不要社会主义和公有制、忽视工人阶级作用三种错误倾向，值得注意。

第一种倾向是党的十五大提出按生产要素分配，有的学者就似是而非地宣传价值是由生产要素创造的，不是由劳动创造的，由此否定马克思的劳动价值学说。这种说法关系到对马克思主义基本原理是否正确理解，需引起注意。

劳动创造价值是马克思在批判庸俗经济学的基础上创立的。庸俗经济学认为既然分配表现为工资、利润和地租，那么自然是劳动、资本和土地创造价值。马克思认为只有劳动创造价值，而在资本主义社会，利润和地租只是对活劳动所创造的剩余价值的分割。

现代生产要素包含劳动、资本、土地、技术、信息、

---

* 本文发表于 1999 年 3 月 11 日《中国市场经济报》。

管理等方面。其中，信息、技术和管理也是一种劳动。获取信息、加工信息是一种劳动；技术是一种复杂劳动的积累；管理则是一种组织劳动。因此我们所讲的生产要素中有四种属于不同性质的劳动：体力（通常的说法）劳动、管理劳动、技术劳动和信息劳动。至于按资本分配，这是一种政策，是融资的需要。何况民间资本一般也是劳动所得，而不是剥削所获。而土地参与分配，因为土地本身属于国家或使用权属于集体，土地参与分配实质是国家或集体的利益参与分配。这并不能否定马克思关于"劳动创造价值"的观点。

第二种倾向，是有人认为邓小平南方谈话"解决了或者回答了不要争论姓资姓社的问题"，"十五大解决了不要争论姓公姓私的问题"，因而有一种倾向，认为现在不要再讲社会主义，不要再讲公有制了，在理论界造成一些混乱。

邓小平南方谈话强调的是把精力集中到加速经济和社会的发展上，而不是坐而论道，进行无谓的争论。因为，在当时的历史条件下，我们应该抓住机遇，积极地推进改革，积极探索、试验，不能因争论丧失时机。十五大主要讲公有制有多种实现形式，是针对过去理解的公有制就只有国家所有和集体所有两种而言。这并非说不要公有制，恰恰相反，这句话是在坚持公有制这个前提下谈的。有些人偷换了概念，这是理论研究中偏颇的表现。

第三种值得注意的倾向是，有的同志在国企改革问题上，只注意经营管理者的作用，而忽视了工人阶级的作用，对工人阶级参与的积极性没有引起足够的重视。我们的改革当然要领导重视，特别是具有开拓创新精神的企业领导者的重视与行动，但同时必须调动广大职工的积极性，上下结合，齐心协力，方能成功。当前遇到一些问题，产生一些失误，其原因之一就是只强调能人经济，没有充分调动工人阶级的积极性。要保护工人阶级的利益。减员增效、下岗分流都是改革所需，但减员必须与增效相联系，下岗理应与分流相结合。

　　社会科学的研究对国家的经济社会发展至关重要，如果理论界不能担当此任，并澄清模糊认识，就难以完成推进社会主义市场经济发展的使命。对于当前不少人提出的社会科学不被重视的问题，从现实看，改革发展面临许多新的问题及各种难点、热点，需要加强理论与实践相结合的研究。历史经验也表明，经济社会发展，国家制定的政策得当，多得益于社会科学的研究成果；失误也往往表现为社会科学研究的滞后，没有认识和把握社会发展规律。借鉴外国经验，同样证明社会科学研究的重要性，如美国经济几十年相对较为平稳，主要得益于"一战"后加强了对社会科学的研究，在调整资本主义内部矛盾上取得了一定的成功。

　　中央对于社会科学的研究一直是比较重视的，尤其是从1978年关于真理标准的大讨论开始，到1997年党的十五大召开，党在改革理论、经济和社会发展理论上有很多突破，这是全党和全国人民实践的成果、智慧的结晶，其中包括社会科学研究的成果。换句话说，社会科学的研究成果在中央制定的政策中得到了充分的反映和体现，这都说明社会科学研究是受到重视的。

在中国特色社会主义建设中
研究劳动价值论

几年来，广大理论工作者对马克思主义的劳动价值理论展开了热烈的讨论和深入的研究，总体上加深了对这个理论的认识。同时，也出现了各种不同的理解和不同的观点，有些观点的确未能全面把握马克思的原意，或者甚至以"创新"的名义背离了马克思主义。这说明对马克思主义的劳动价值论有必要进一步深入探讨。马庆泉博士结合新的实际对劳动价值论进行了比较系统的研究，并且以一种别开生面的形式展开论述，形成了《新资本论纲要》，这是十分有益的。马庆泉博士命我为该书作序，我愿意以手头拙作一篇权作参加这一问题的讨论。

我们要深化对马克思主义劳动价值论的研究，有两条首先要明确：第一，马克思当年创立劳动价值论，是要回

---

* 本文发表于《中国政协》2001 年第 9 期，经修改后编入《新资本论纲要》，中国人民大学出版社 2004 年版。

答什么问题；第二，我们今天来研究劳动价值论和深化对这个理论的认识，又是要讨论什么问题。

关于第一条，大家是熟悉的。马克思的劳动价值论是马克思主义政治经济学的基础，或者说是剩余价值理论的基础。马克思说，他的《资本论》是写给工人阶级读的，并强调"本书的最终目的就是揭示现实社会的经济运行规律"，包括资本积累的一般规律，社会生产无政府状态规律，人口相对过剩规律等，最基本的规律是剩余价值规律。马克思的剩余价值理论是要向工人阶级回答这样的问题：资本主义的基本矛盾及这个矛盾的发展趋势，决定了资本主义制度是一个历史过程，而不是资产阶级辩护士所说的永恒完美的天堂；工人阶级要了解自己的历史地位和历史使命：就是要用一种合理的新制度来取代资本主义制度。

关于第二条，是我们特别要明确的。今天来研究马克思的劳动价值论，究竟是为了什么目的，要回答什么问题？我想最主要的是要回答两个方面的问题：一是马克思劳动价值理论基本原理是否过时了。如果我们的回答是否定的，即尽管100多年来，资本主义的具体情况已经发生了很大变化，但资本主义制度的基本矛盾仍然存在，而且随着资本主义的全球化扩张，它的基本矛盾也具有了全球性的特点，那我们就要研究如何以创新性的方法来坚持这个理论。而如果我们的回答是肯定的，即这个理论已经过时，那我们就没有必要再来深化认识。二是怎样通过深化对劳动价值论的研究和认识，来指导我们的社会主义改革和发展。首先要科学界定现在的劳动，以最充分地调动劳动者的积极性；其次要正确认识和分析各种生产要素的作用，以及这些要素在生产过程中的作用和相互关系，包括它们的结合关系与分配关系，以促进各种要素的自由流动和充分竞争，从总体上提高各种要素的综合效益；再次是如何以坚持与创新相结合的马克思主义为指导，实事求是地结合新的实际，坚持中国特色社会主义改革和发展的基本方向。

从当前的研究情况来看，除了对马克思劳动价值论有从总体上肯定和总体上否定两种对立的观点之外，具体的研究，都是从对一些最基本的概念的不同理解和不同分析展开的。如有一种意见认为，马克思论述的只有生产劳动才是创造价值的劳动是不全面的，从整个社会发展过程来分析，一切社会劳动都是有效劳动，包括第三产业的劳动、一切生产精神产品的劳动和一切公共劳动都是创造价值的劳动。还有一种意见认为，在知识和信息的作用日益突出、金融对经济活动的影响越来越大的条件下，马克思讲的那个劳动虽然也还存在，但它已经不是价值的主要源泉，而是各种生产要素共同创造价值，甚至非劳动的要素更为重要。比如，资本、信息在价值创造过程中的贡献更大。这种意见可以称之为"生产要素创造价值说"。多数论者则认为，总体上必须坚持马克思的劳动价值学说，但要根据新的实践，深化认识，丰富发展，并主张将价值创造与价值分配分别进行研究。因此，我们还是有必要从一些基本概念进行探讨。

一、生产商品的劳动

马克思劳动价值论中讲的劳动是生产商品的劳动，是创造商品价值的劳动，是能够为资本家带来剩余价值的劳动。同样一种劳动，在与资本结合的场合就生产商品，在另一种场合则不然。如木工、缝纫工人、厨师，在工厂和酒店工作，就是生产商品的劳动，而在雇主家做家具、缝衣、做菜，就不是生产商品的劳动。还有的劳动很重要，但不能说是生产性劳动，如教师、诗人、律师、记者、医生、公务人员等，他们的劳动都不是经济学意义上的那种创造价值的生产劳动。马克思说："劳动是一切价值的创造者。只有劳动才赋予已发现的自然产物以一种经济学意义上的价值。"这种劳动是具体劳动与抽象劳动的统一。具体劳动在各种特殊的、有用的形式上生产使用价值；抽象劳动则是通过一般体力与脑力劳动的消耗生产价值（包括转移生产资料的价值和创造一个新价值）。如果没有这种劳动，没有这个劳动过程，新的有用物亦即价值量更大的新商品，就不可能产生。马克思在《资本论》中特别指出，正确认识"商品中包含的劳动的这种二重性，是理解政治经济学的枢纽"。马克思根据当时的情况，重点研究物质生产部门，依据不同的方面，将劳动范畴进行了若干区分，而且都是围绕创造商品的价值这个命题展开的。如区分具体劳动与抽象劳动，指出前者创造使用价值，后者创造价值；区分物化劳动与活劳动，指出前者转移价值，后者创造价值；区分简单劳动与复杂劳动，指出后者是前者的倍加或倍乘；区分生产劳动与非生产劳动，指出非生产领域的劳动，虽为社会所必需，但只有生产领域的劳动，即生产性的活劳动，才创造商品的价值。这里要特别注意的是，马克思并不是一般地论述劳动，而是把生产劳动看做生产关系的范畴，因为"资本主义生产不仅是商品生产，实质上是剩余价值的生产"。

还应当指出，马克思所论述的劳动，并不是有的人所讲的，"只是论述了体力劳动"，其实，马克思同时也研究了脑力劳动。指出"资本主义生产方式的特点，恰恰在于它把各种不同的劳动，因而又把体力劳动和脑力劳动，或者说，把以脑力劳动为主或者以体力劳动为主的各种劳动分离开来"，"有的人用手工作，有的人用脑工作，有的人当经理、工程师、工艺师等等"。可见，马克思根本没有忽视脑力劳动，而是作为一种研究的抽象，只从简单的规定性来说明问题，没有全面展开对脑力劳动的具体论述。

有的论者说，在当代，科学技术高度发达而成为第一生产力，已经不能谈一般意义上的脑力劳动，而是一种科学劳动。那么，我们又如何来认识马克思所论述的那种一般劳动和劳动的作用？应当说，马克思并没有忽视科学技术的进步。他在《工资、价格和利润》中曾明确指出，除劳动者的技能以外，劳动生产力的提高主要取决于两个方面：一是劳动的自然条件；二是劳动的社会力的改进。他讲的劳动的社会力，包括劳动组织的改良、资本的积聚和科学技术的发展，并特别论述了科学技术的作用。马克思说："随着大工业的发展，现实财富（请注意，马克思在这里讲的是财富，而不是价值！）的创造较少地取决于劳动时间和已耗费的劳动量，较多地取决于在劳动时间内所运用的动因的力量，而这种动因自身——它们的巨大效率——又和生产它们所花费的直接劳动时间不成比例，相反的却取决于一般的科学水平和技术进步，或者说取决于科学在生产上的应用。"[①] 同时，马克思强调，科学仍然是为劳动服务，而劳动始终是主体，"科学就是靠这些发明来驱使自然力为劳动服务"。马克思虽然没有看到今天的机器人，这些机器人似乎已经代替了劳动者的劳动。但是，我们看到，机器人仍然是听命于人的，在机器人工作的场合，终究有活的劳动者在调控、检修机器人的程序。实质上，这些机器人仍然是人制造的一种生产工具，即使是智能机器人，也还是由人驱使在"为劳动服务"的。同样，在管理劳动中，已经出现了"智能化管理"，即管理的全自动化，被认为是代替了人的脑力劳动。但事实上，所谓"智能化管理"的工作质量和效率是由它的逻辑模型和计算方法的科学性决定的，归根结底还是由活的管理者的分析理论、分析方法、分析经验综合运用所形成的智能化工具，仍要由活的管理劳动者来操纵。所以，不论机器人生产，还是智能化管理，都是人的劳动的一种延伸。

---

① 《马克思恩格斯全集》第46卷（下），人民出版社1979年版，第217页。

今天，学习马克思关于劳动的理论，当然有很多问题必须根据情况的变化作深入研究。

其一，对经典著作的原创含义要全面理解。马克思曾论述过，所有为社会提供的商品，都要经过从开发设计、组织安排、生产、检验到运送市场等劳动过程。在技术水平低的条件下，这些活动，并不需要由许多人分别担当。科学越发达，技术水平越高，社会化程度越高，分工也就越细，生产链条也越长，从事科学研究、开发设计、组织管理等复杂劳动的作用也就越大。但是，当前与马克思所处的时代相比，情况已经发生了很大变化。马克思根据当时的生产和消费情况，将生产劳动界定在生产至储存和运到市场为止。而今天随着高科技产品的发展和消费状况的变化，基础科学的研究和应用科学研究以及产品开发设计具有十分重要的作用，产品的营销及售后服务，在实现商品价值方面也极为重要。显然，商品生产的链条或生产过程就大大地扩展了。所以，从科学研究到售后服务都应视为生产劳动。同时，正是这种生产和消费状况的变化，产业结构已发生了重大变化，即第一产业和第二产业在其自身的纵深发展中，比例相对下降，而第三产业却迅速扩大，三类产业在相互推动中也相互转化、相互延伸，第三产业的不少方面也直接或间接地从事物质生产活动，所以第三产业的部分劳动者的劳动，也应属于生产劳动的范畴。另外，随着科学的发展，脑力劳动与复杂劳动的比重加大，重要性更加明显了。

其二，关于"必要劳动"。马克思论述的必要劳动部分是指以生产剩余价值为前提的劳动力的价值。在今天的社会主义条件下，必要劳动和剩余价值的根本对立已经消除，必要劳动则既要包括《哥达纲领批判》中论述的各种"社会扣除"，即劳动者对社会主义政权维护的贡献、对社会公共服务及社会积累的必要贡献，又要包括劳动者本人全面发展的需要及其所抚养的家庭成员生活与发展的需要。认识这一点，对劳动者来说，就是要更好地发挥劳动的积极性与创造性，加倍地提高劳动效率，因为推动社会主义事业的发展，保证自身及家庭成员的全面发展，需要日益丰富的物质财富和精神财富。从分配领域来说，就要使劳动者的利益得到相应的满足。

其三，关于广义的管理劳动的内涵。在社会主义条件下与资本主义条件下，除了相同的方面以外，也有不同的方面。相同的方面是，资本主义的企业与社会主义的企业领导人都要管理企业的生产经营过程；不同的方面是，前者具有二重性，既是生产组织活动，又是资本功能的延伸，后者是属于生产过程的管理，属于生产劳动。至于维护资产阶级统治的社会管理与维护社会主义及全体人民利益的社会管理，则更是性质完全不同的公务劳动。

二、商 品 的 价 值

商品价值的本质是一种社会生产关系，即不同的所有者或不同的生产者处在一个社会分工的体系之中，要将各自的产品转化为商品，将各自的具体劳动转换为一般抽象劳动作为同一尺度的价值，然后在市场进行交换。这种被物的关系所掩盖的人与人的关系，就表现为商品的价值关系。恩格斯在《反杜林论》中说："经济学所知道的唯一的价值就是商品的价值。""价值只是无差别的人类劳动的凝结"，商品具有价值，因为它是社会劳动的结晶。这个价值被认可，因为它体现在一个对他人有用的使用价值上面。这就是商品的使用价值和价值的统一。而且，商品的价值量也是由劳动的量决定的。马克思在《工资、价格和利润》中说："一个商品的价值是由耗费于或结晶于这个商品中的劳动量决定的，就是指在一定的社会形态中，在一定的社会平均生产条件下，在所用劳动的一定的社会平均强度和平均熟练程度下，生产这个商品所必需的劳动量。"劳动者和生产资料结合的劳动过程，就是商品价值的增殖过程。生产资料的价值，由劳动者通过生产过程转移到新的商品当中，它的价值量不会发生变化，马克思将购买生产资料的资本称为不变资本。劳动力的价值则完全是另一种性质。"劳动力的价值，是由生产、发展、维持和延续劳动力的生活必需的价值决定的"。劳动者在生产过程中创造的价值，则要大于劳动力的价值，即生产一个价值增量，也就是剩余价值。马克思将购买劳动力的资本称之为可变资本。很显然，剩余价值就是资产阶级无偿占有工人的剩余劳动。

有的文章引证"劳动不是一切财富的唯一源泉"，提出生产资料和其他非劳动要素也创造价值。同时提出，随着资本主义经济的发展，资产阶级管理的作用越来越重要，甚至管理水平的高低，是决定企业成败的关键。因此，资产阶级的管理不仅创造价值，而且会创造比一般劳动者所创造的更大的价值。这里提出的是两个问题：一个是关于财富的源泉，另一个是关于资本家的经营管理。关于第一个问题，关键是应当区分两个不同的"财富"概念，即使用价值财富与价值财富。马克思从分析商品二重性，指出了生产资料在形成使用价值财富方面的重要作用。他说，劳动不是一切财富的唯一源泉，土地和自然条件也是财富的源泉。因为商品生产是劳动过程和价值增殖过程的统一，必须要有劳动对象和劳动资料，劳动过程才得以进行，它们是生产的必要条件。但是马克思同时指出，劳动对象和劳动资料，只是作为重要条件，在生产过程中由劳动者改变它们的形态或提高它们的品质而将价值转移到新的商品中去。而作为价值增殖过程，则是劳动者耗费了一个大于他的劳动力价值的劳动，生产出了一个附着在新的财富上面的增量的价值。他还科学地论证了劳动是价值财富的唯一源泉。关于第二个问题，即资本家的管理活动。从严格意义来说，资本家的管理活动是资本功能的扩大和延伸。我们知道，马克思在《资本论》中，把资产阶级的管理论述为"监督"和"指挥"。首先，我们不妨分析一下资本家的一般发家过程。当他起初开个小作坊还称不上真正的资本家或者只是一个小资本家的时候，他甚至是一边参加体力劳动，一边进行管理。当把企业做大了，成了真正的资本家后，他就会把监督劳动交给他雇佣的监工去做。而当成了大资本家，他就会雇佣经理来代替他进行全面的经营管理。经理是参与价值创造的，马克思说，"工人、经理、工程师都是属于生产劳动者的范围"，而资本家就成了单纯的食利者。所以，在发达的资本主义社会，经营管理已经不是资本家的事。资本家唯一要动的脑筋，就是监控他所雇佣的经理人员的忠诚。或者说，他根本不会去关心企业的经营管理，而只用心让他的经理为他榨取更多的剩余价值。其次，关于资本家创造价值的观点，并不是今天出现的新观点，而是庸俗经济学家早就提出了的，他们说资本家的利润是监督劳动和指挥劳动的工资，与工人生产劳动的工资是一样的。马克思早就深刻批判了这种观点。他指出："由于一种辩护的意图，不把利润解释为剩余价值即无酬劳动，而把它解释为资本家自己所做的劳动取得的工资"是一种极大的混淆。马克思还分析了资本主义企业中的股份制公司，他指出，这些股份制公司的董事和监事的所谓"管理工资"，实质上也是一种剥削，"在实际的经理之外并在他们之上，出现了一批董事和监事。对这些董事和监事来说，管理和监督实际上不过是掠夺股东、发财致富的一个借口而已"①。马克思客观地分析了资产阶级"管理的二重性"，指出其经理人员对劳动的组织和协调，属于生产力的范畴，是参与生产过程并创造价值的；而资本家对工人的监督和胁迫，则属于生产关系的范畴，是一种阶级剥削关系的体现。

---

① 《马克思恩格斯全集》第25卷，人民出版社1974年版，第438页。

有的论者从另一个方面提出，商品的价值由劳动决定，是古典经济学家根据简单商品生产的条件提出的，只有在供需平衡，价格均衡的情况下才能成立。随着生产的发展、市场的扩大，特别是市场国际化、全球化，市场供需千变万化，实际上商品的价值并不由劳动决定，而只能由市场决定了。这是一种误解。其实，马克思的劳动价值理论正是在商品生产充分发展从而市场也充分发展的条件下形成的，所以它既适用于简单商品生产，也适应于发达的商品生产和充分发达的市场。我们知道，资产阶级经济学家的供求理论与均衡价格理论，都认为商品的价值由市场供需状况决定，而不是由劳动决定。马克思一方面深刻批判了他们的错误观点，指出他们混淆了价格与价值的关系，强调了商品的价值只能由凝结在商品中的无差别的人类劳动决定；同时，马克思又系统阐明了供给与需求的关系及其在市场条件下的作用。首先，马克思的供给与需求理论说明，由于资本主义的基本规律与市场的复杂性，商品的供给与需求总是不平衡的，市场供大于需时，价格就会降到价值以下，反之，供小于需，价格就会涨至价值以上。通过这种因供需变化引起的价格变化，可以调节生产的变化。正是这种变化的反复，使价格围绕价值波动，总体上还是价格接近价值，只是单个资本所获得的剩余价值会因单个商品所包含的价值量不同而不同，价值量低的商品就会获得超额利润，因为商品的价值只能由社会必要劳动时间决定。但随着资本的竞争，资本家都想追求利润最大化，这就会导致利润转化为平均利润，市场价格就会由成本价格加平均利润决定，即商品的价值转化为生产价格。这时，随着市场供需的变化，商品的市场价格就会以生产价格为中心上下波动。当社会分工成为国际性分工，市场成了世界市场时，按照利润平均化的规律，商品交换中就会形成国际价格。因为既然生产和市场都是国际性的，商品的价值不再取决于一国的社会必要劳动时间，如马克思所说的，"而是由世界市场上的平均必要劳动时间来决定"。马克思的供需理论、平均利润理论、生产价格理论及国际价格理论都说明，利润转化为平均利润，价值转化为生产价格，都是以商品按价值交换为基础的，说明了商品的价值是由劳动创造的，它的价值量就是社会必要劳动时间。

我们今天来研究商品的价值，就是要大力提高生产资料的品质，加强管理提高社会生产力的水平，极大地增加社会财富。特别是要提高劳动生产率，减少个别商品的劳动量，增加商品数量和提高商品质量，降低生产成本，提高我国在国际市场的竞争能力。

三、关于生产要素的作用

马克思研究生产要素是从诸要素在劳动过程中的结合关系来考察的。他在《资本论》中说："不论生产的社会形式如何，劳动者和生产资料始终是生产的因素"，并特别强调劳动是生产的主要因素。但是，"二者在彼此分离的情况下只在可能性上是生产的因素。凡要进行生产，就必须使它们结合起来。实行这种结合的特殊方式和方法，使社会结构区分为各个不同的经济时期"。马克思深入分析了生产要素的状况与劳动生产力的关系。他指出，对劳动生产力具有决定意义的因素，包括劳动者的技术熟练程度、科学技术的发展及其在生产中的应用、生产装备的先进程度和生产规模、生产过程组织管理的有效性以及生产的自然条件。而且强调科学技术的发展及其应用具有特别重要的意义。但同时马克思严格区分了决定劳动生产力的因素和决定价值的因素，也就是从性质上区分不变资本和可变资本。所有生产资料的改善和扩大，只是提高劳动生产力的因素，而决定价值的因素是无差别的人类劳动。马克思说："生产资料价值的变动……只改变总资本分为不变资本和可变资本的比例，而不影响不变资本和可变资本的区别。"

今天，随着科学技术的飞速发展，知识经济的出现，新的科学技术、信息技术、管理创新对提高生产力具有决定性意义，资本的规模和资本的有机构成也是提高生产力的重要因素。特别是随着经济全球化的发展，先进的生产力是国际市场竞争的基本条件。基于这些情况，对生产要素的认识就出现不同的意见，确切地说，就是对生产中的劳动力要素与非劳动力要素的关系有了不同认识。有的论者提出，"在现代化、知识化、信息化时代，不能再坚持劳动创造价值"，"在我国资本和技术成为稀缺资源的今天，不能再坚持劳动创造价值"，而应当是"知识、技术、资本、信息、管理等各种生产要素与劳动共同创造价值"，而且"主要应强调劳动以外的其他要素在价值创造中的重要作用"等。从一些文章和表述来看，重点是强调技术和资本的作用。我们应当如何来认识这些问题呢？

马克思对生产要素的作用有系统的论述，他在《工资、价格和利润》中说：

"除了各个人的先天的能力和后天获得的生产技能的区别，劳动生产力主要应当取决于：

首先，劳动的自然条件，如土地的肥沃程度、矿山的丰富程度等；

其次，劳动的社会力的日益改进，引起这种改进的是：大规模的生产，资本的积聚，劳动的联合，分工，机器，改良的方法，化学力和其他自然力的应用，利用交通和运输工具而达到时间和空间的缩短，以及其他各种发明，科学就是靠这些发明来驱使自然力为劳动服务，劳动的社会性质或协作性质也由于这些发明而得以发展。"

马克思对生产要素的论述虽然已经很详细了，但是他紧接着又指出："劳动生产力越高，消耗在一定量产品上的劳动就越少，因而产品的价值也越小。劳动生产力越低，消耗在同量产品上的劳动就越多，因而产品的价值也越高。因此，作为一般的规律，我们可以这样说：商品的价值与生产这些商品所耗费的劳动时间成正比，而与所耗费的劳动的生产力成反比。"① 这就说明，商品的价值由劳动时间决定，而生产的效益取决于劳动生产力。

---

① 《马克思恩格斯选集》第 2 卷，人民出版社 1995 年版，第 71—72 页。

马克思对生产要素的作用和性质作了科学的论述。我们可以根据今天的情况，来研究生产要素。这里主要谈谈科学技术和资本要素。

应当说，今天科学技术的飞速发展，在生产中的作用越来越重要，如信息技术、航天技术、纳米技术、生物工程、新材料、新能源开发，还有新经济和新的管理等，这就是人们说的"新的科学技术革命"，使科学技术成为第一生产力。它使整个社会生产力空前提高，社会物质财富更快地丰富起来。更重要的是会造就一支具有更高教育程度、更高科技创新能力、更高技术操作水平的熟练劳动者队伍，包括高水平的技术工人、工程师、管理人员和科学家。科学技术的作用，不仅今天理应给予极高的评价，而且随着科学技术的发展，今后的作用会更加难以估量。但是，我们对科学技术必须有几点基本认识：第一，科学技术本身是劳动者整体（包括科学家、工程师、管理人员、工人）劳动成果的积累，是劳动者整体为社会的持续发展创造的基础和条件。第二，科学技术的存在形态有两种，一是外在形态即物质形态，如科学理论著作、技术设计方案、科学管理理论和规程、新设备、新材料、新工具、新工艺规程等；二是内在形态（严格地说，内在形态也是物质形态），即劳动者所掌握的科学技术知识，表现为劳动者的脑能和体能。第三，科学技术作为"外在形态"存在时，只是一种可能性上的要素，正如马克思所说："它在与劳动者彼此分离的情况下，只在可能性上是生产因素。凡要进行生产，就必须使它们（与劳动者）

结合起来。"以上说明，科学技术虽然对生产力的提高极为重要，但它只能是通过与劳动者结合，由劳动者掌握和使用，在劳动过程中发挥重要作用。而在价值形成过程中，它仍和一般的生产资料一样，只是通过逐步磨损、消耗形成新的科技产品而改变自己的形态，转移自己的价值。新的科学技术和新管理方式的运用，是一种更复杂的劳动，要求劳动者有相应的高技术和高熟练程度，即相应的高素质的劳动者。正是这种高素质的劳动者的劳动，既转移倍增生产资料的价值，又创造倍增的新价值。所以，培养高素质的劳动者，始终是最关键的问题。综合国力的竞争，归根到底，是人才的竞争，也就是高素质的劳动者的竞争。

至于有些论者提出的"资本、土地、信息等要素都创造价值"的观点，除信息可以纳入管理和科技要素以外，有关资本和土地创造价值的观点，马克思早在批判萨伊的"三位一体"公式时已经论述得很透彻了。

四、关于收入分配

收入分配是关系到调动全体社会成员积极性的重大问题，恩格斯在《反杜林论》中说："只要分配为纯粹的经济考虑所支配，它就将由生产的利益来调节，而最能促进生产的是能使一切社会成员尽可能全面地发展、保持和施展自己能力的那种分配方式。"这就说明，合理的分配制度会对社会生产的发展起重要的推动作用。分配关系，本质上是一种生产关系。马克思说："分配关系本质上和生产关系是同一的，是生产关系的背面……一定的分配形式是以生产条件的一定的社会性质和生产当事人之间的一定的社会关系为前提的。因此，一定的分配关系只是历史规定的生产关系的表现。"在资本主义的现实中，资本获得利润，土地获得地租，劳动获得工资，这种拜物教性质的形式，造成一种假象：土地是地租的源泉，资本是利润的源泉，劳动是工资的源泉。于是法国的庸俗经济学家萨伊就最早提出了资本、土地、劳动"三要素共同创造价值"的三位一体公式。事实上，地租、利润、利息等都是当事人倚仗自己的所有权对劳动所创造的剩余价值的分割。"地租、利息和产业利润不过是商品剩余价值或商品中所包含的无偿劳动各个部分的不同名称。"

　　我们研究劳动价值理论与收入分配问题有什么关系呢？可以说，从马克思的研究来看，并没有直接的关系，但又有一定的关系。说没有直接的关系，是因为马克思的劳动价值论根本不是研究收入分配问题，而是主要从理论上说明商品的价格是怎样形成的，剩余价值是怎样"合理地"形成的。说有一定的关系，是因为资本主义社会能够用来分配的只能是剩余价值。而在社会主义条件下，研究劳动价值论，却对收入分配有重要意义：第一，社会能够用来进行分配的，只能是剩余劳动，所以就要研究提高劳动者的素质、提高生产资料的质量和提高经营管理水平，以最大限度地提高劳动生产率，使社会生产有更多的剩余；第二，在科学技术高度发达的今天，创造价值的

"劳动者整体"，在外延和素质上都有很大的发展，科技劳动、管理劳动等高级脑力劳动的重要性越来越明显，为了提高社会生产效率，在初次分配中必须克服平均主义，重视效率。

关于分配制度，坚持按劳分配为主体，多种分配方式并存，坚持效率与公平并重，各种生产要素按贡献参与分配的原则，这是与我国社会主义初级阶段的基本经济制度相适应的。马克思在《哥达纲领批判》中，研究了社会主义的按劳分配和提出了共产主义的按需分配，那是未来的事情，因为"权利决不能超出社会的经济结构以及由经济结构制约的社会的文化发展"。我国社会主义初级阶段，提出按劳分配与按生产要素分配相结合，是与现实的"社会的经济结构与社会的文化发展"相适应的。按劳分配的前提，是以公有制为主体与劳动者对自身劳动力的所有权；按生产要素分配，则是基于所有制多元化，是依据各种要素所有者的所有权，即对所有权的投入的回报，而不是如有的文章说的"是依要素创造的价值分配"。实际上，我们要坚持的分配原则是把市场机制引入收入分配领域，形成市场对收入分配的调节。按劳分配与按生产要素分配相结合，是公有制与市场经济相结合在分配领域的实现。

按生产要素分配所遵循的是效率原则。包括劳动力在内的各种生产要素，凭借其自身的所有权，都要追求高回报以塑造产权清晰的利益主体。同时，社会则强调各要素贡献与收益的对称，以激励要素效率的提高。对熟练劳动者、科学技术、经营管理、稀缺资源、突出贡献者，给予高报酬。允许一部分人通过诚实劳动、合法经营、创新开拓，获得高回报，先富起来，正是从整个社会效率出发的。同时，社会主义社会必须肯定公平，重视公平。从经济领域讲公平，有两个最基本的方面：一是公平竞争，多劳多得，多贡献多获取。当然，竞争的起点要公平，要使社会成员有同等的发展权利和机会。二是对社会的弱势群体要有必要的福利和社会保障，从总体上保证绝大多数人民群众的根本利益，体现社会主义的优越性。

马克思的劳动价值论，是剩余价值学说的基础。马克思正是以历史唯物主义和剩余价值理论为支柱，创立了科学社会主义。不坚持劳动价值论，不仅在理论上是错误的，在政治上还将引入否定社会主义的歧途。同时，马克思主义的理论品格，是与时俱进的。100多年的新发展，出现了很多马克思未曾见到的新情况，实践中也出现了很多新问题，对这个理论要结合新的实践，进行深入研究，要有新的认识。

建立与完善社会主义市场经济体制

JIANLI YU WANSHAN

SHEHUIZHUYI SHICHANG JINGJI TIZHI

建立与完善社会
主义市场经济体制

JIANLI YU WANSHAN
SHEHUIZHUYI SHICHANG JINGJI TIZHI

谈驾驭社会主义市场经济[*]

社会主义市场经济，从理论上说是邓小平经济理论的主干，从实践上说是社会主义初级阶段经济制度的基本实现形式。它在理论上具有划时代的意义，在实践上则关系到社会主义的前途命运。必须从理论与实际的结合上深入而系统地研究社会主义市场经济的主要特征和基本规律，不断完善社会主义市场经济体制，推动我国社会主义经济快速而健康地发展。

一、全面理解社会主义市场经济的基本特征

在社会主义条件下发展市场经济，这是中国共产党人的伟大创举。现在的任务是要更好地把社会主义制度与市场经济真正结合起来，完善社会主义市场经济体制。为此，我们首先必须明确社会主义市场经济的基本特征。

* 本文发表于《中共中央党校学报》2005 年第 4 期。

（一）市场经济与"社会主义本质论"相结合，是根本方向

邓小平提出了"解放生产力，发展生产力，消灭剥削，消除两极分化，最终达到共同富裕"[①] 的社会主义本质论，其要义有三：一是解放和发展生产力，是社会主义发展的物质基础；二是消灭剥削，消除两极分化，是社会主义发展的方向；三是最终实现共同富裕，是社会主义发展的目的。在这里，我们就可以找到市场经济与社会主义的结合点。

以往的马克思主义经典作家将社会主义基本经济规律表述为"在高度科学技术基础上大力发展生产，以满足全体人民不断增长的物质和文化需要"，以此区别于资本主义的基本经济规律——剩余价值规律。"社会主义本质论"，从根本上说，与上述社会主义基本经济规律的内涵是一致的。社会主义的物质基础靠发展生产力，所以邓小平指出："我国综合国力达到世界前列，社会主义的优越性就真正体现出来了。"[②] "最终实现共同富裕"，用"最终"来说明"共同富裕"的时段性与目的性，也说明社会主义是一个发展过程，只有经过这个相当长的发展过程，有了丰富的物质基础，才能实现共同富裕。所以，"发展才是硬道理"[③]。

---

① 《邓小平文选》第 3 卷，人民出版社 1993 年版，第 373 页。
② 同上书，第 364 页。
③ 同上书，第 377 页。

如何发展？根据邓小平理论，计划和市场都是发展的手段，利用什么手段发展，要以现实的生产力发展水平为依据。根据我国当前的生产力发展水平，利用市场的竞争机制，形成优胜劣汰，运用价值规律优化资源配置，提高资源效率，更有利于推动经济的发展。

但市场机制的自发性，容易造成两极分化，所以，在这个发展过程中，要"消灭剥削，消除两极分化"，这又是社会主义与资本主义的根本区别点。政治经济学讲的剥削，是由一定的剥削现象逐步形成的阶级剥削。阶级剥削发展到一定程度，就会和阶级压迫结合起来，社会性质就会发生变化。所以，邓小平强调，我们不允许出现一个新的资产阶级。他将消灭剥削与消除两极分化，放在共同富裕前面，作为共同富裕的前提条件。

（二）市场经济与社会主义基本经济制度相结合，是制度基础

市场经济作为一种经济机制，它的基本要求，就是通过运行的自主性、平等性和有效性来配置资源，是不受社会制度规定的，可以为资本主义经济服务，也可以为社会主义经济服务。

市场经济作为一种经济体制，除了具体运行机制的一般要求以外，还有与社会经济制度相结合的特殊性质，即在市场基础、经济目标、运行结果等方面，与不同的社会经济制度相联系，就具有不同的性质。我国社会主义初级阶段的基本经济制度，从所有制结构来说是"以公有制为主体，多种所有制经济共同发展"。这是社会主义市场经济的制度基础。

坚持公有制的主体地位，是社会主义方向的根本保证。生产资料为谁所有，谁就可以支配财富为谁的利益生产。恩格斯说：在阶级对立的社会里，"如果说财富包含了对人的支配，那它主要地、几乎完全地是依靠和通过对物的支配来进行对人的支配的"。① 可见，生产资料所有制是社会生产关系的重要基础。当然，在现阶段，"公有制为主体"要摒弃越大越公越纯就越好的观念。公有制经济不仅包括国有经济、集体经济，还包括混合经济中的公有成分等；公有制经济的主体地位，不仅体现在数量上，而更重要的是质量上具有竞争力、控制力和影响力。

在公有制为主体的前提下，非公有制经济也是社会主义市场经济的重要组成部分。在社会主义初级阶段，生产力发展水平低，发展又很不平衡，客观上要求多种所有制经济共同发展。而且非公有制经济与市场经济有着天然的联系，如产权清晰、机制灵活、适应性强，能在经济发展中发挥重要作用。因此，必须鼓励支持和引导非公经济有更大更健康的发展，使非公经济在社会主义建设中发挥更大的作用。当然也不能因此淡化公有制经济。如果没有了公有制为基础，非公经济就与社会主义没有关系。

与以公有制为主体、多种所有制经济共同发展相适应，分配关系方面，实行以按劳分配为主，多种分配形式相结合，即各种生产要素都参与收入分配。分配的依据是

---

① 《马克思恩格斯选集》第3卷，人民出版社1995年版，第529页。

各种要素的实际贡献，但劳动力（包括体力劳动、科技劳动和管理劳动）是决定性的生产要素。

（三）市场经济与科学发展观相结合，是运行规律

党的十六届三中全会提出了坚持以人为本，树立全面、协调、可持续发展，促进经济社会和人的全面发展的科学发展观，在实践中要坚持"按照统筹城乡发展、统筹区域发展、统筹经济社会发展、统筹人与自然和谐发展、统筹国内发展与对外开放的要求，更大程度地发挥市场在资源配置中的基础性作用，增强企业活力和竞争力，健全国家宏观调控，完善政府社会管理和公共服务职能，为全面建设小康社会提供强有力的体制保障"。① 这是我们党在认真总结历史经验的基础上，对社会主义建设指导思想的新认识和新发展。科学发展观内涵极为丰富，从与市场经济相结合的意义来说，有两点是特别突出的：第一，从坚持"以人为本"出发，落实到"促进经济社会和人的全面发展"。马克思主义在论述社会生产方式的本质时，主要是以人与物的关系作判断。马克思指出在资本主义生产方式中，人的关系被物的关系所掩盖，人从属于物，劳动者从属于资本，劳动力从属于剩余价值。我们的科学发展观，就是将那种被颠倒的关系正过来，体现了在社会主义条件下，发展可以利用市场机制，但人是社会的主体，人民是社会的主人，"建设中国特色社会主义的根本目的是不断实现好、维护好、发展好最广大人民的根本

---

① 《十六大以来重要文献选编》（上），中央文献出版社 2005 年版，第 465 页。

利益"。第二，科学发展观所要求的社会主义市场经济，是"更大程度地发挥市场在资源配置中的基础性作用，增强企业活力和竞争力"与"健全国家宏观调控，完善政府社会管理"同时并行、相互结合的；而不是西方资产阶级所传播的、并在国际经济交往中对发展中国家作为要挟武器的、而他们自己又并不实行的"完全的自由市场经济"。我们坚持市场机制与宏观调控相结合，是将市场机制的效率功能引入社会发展的目标轨道，即以认识和把握经济规律为前提的发展自觉性，来疏导市场机制的自发性，使市场机制的作用充分而有效地发挥，以保证社会主义现代化建设的全面、协调、可持续发展。

（四）市场经济与党的领导相结合，是政治保证

我们党作为执政党，其领导地位是全方位的。社会主义市场经济与一般市场经济的区别，就在于市场机制与社会主义制度相结合。邓小平说："社会主义市场经济的优越性在哪里？就在四个坚持"①，即坚持社会主义道路，坚持人民民主专政，坚持共产党的领导，坚持马克思主义。他还把"四个坚持"比喻为"成套设备"，说明"四个坚持"是一个有机的整体，并特别强调："四个坚持，集中表现在党的领导"，"没有党的领导，什么事情也搞不好"。邓小平将社会主义市场经济的优越性归结为"四个坚持"，并视为"成套设备"，因为这个"成套设备"是包含了经济制度、政治制度和主导意识形态的有机整

---

① 《邓小平年谱》，中央文献出版社 2004 年版，第 1363 页。

体，体现着经济关系的本质内涵，规定着这个市场经济的社会主义方向，而党的领导正是"四个坚持"的集中表现。在这里，党既要从把握方向，谋划全局，提出战略，制定政策，推动立法，社会协调等方面营造良好的市场运行环境，又要引导市场机制服务于社会主义这个根本目的。从这个意义上说，党的领导是包含在社会主义市场经济体制之内的。

二、积极应对市场经济运行的国际竞争环境

我国的社会主义市场经济是在激烈的国际竞争环境下，以经济技术相对落后的条件参与国际市场竞争的，因此，必须采取积极有效的应对之策。

（一）正确判断经济全球化的形势

经济全球化，是发达的资本主义国家经济技术不断发展的产物，是当今世界一种不可逆转的趋势。它在客观上有联通世界市场、扩大资源配置范围、提升产业结构、推动科技进步、促进文化交流等作用。但是，从本质上说，它是资本主义基本矛盾的新发展，是国际资本主义在新的历史条件下的新扩张。它们依仗其经济、科技等方面的强势，利用由它们主导的市场体系和游戏规则，在全球范围抢占市场、掠夺资源、转嫁风险、输出垃圾，并伴随着意识形态渗透和武力讹诈，企图在攫取经济暴利的同时，对发展中国家进行经济、政治的全面控制。关于经济全球化的本质，连"有良心的"资产阶级经济学家也不否认。

2001 年的诺贝尔经济学奖得主、先后担任克林顿政府经济顾问委员会主席、世界银行高级副行长和首席经济学家的约瑟夫·斯蒂格利茨在他新出的《全球化及其不满》一书中自白："这样的经济和金融全球化，背后隐藏着见不得人的动机，它完全是为美国的金融利益集团和寡头集团服务的。"

（二）全面分析国际市场的机遇与风险

我国是发展中国家，却是发展中的大国，有社会主义制度为保证，又有了改革开放 20 多年所取得的巨大成就和进入世界市场的初步经验，加入 WTO，直接参与经济全球化的进程，是一种明智的选择。我们的社会主义市场经济，只有全面开放，进入国际大市场，积极抓住发达国家的科技进步、管理创新与世界范围的产业结构调整及市场大发展、大变动的机遇，扩大资源利用范围与市场空间，充分利用两种资源、两个市场才能更好地发展自己。但是，另一方面，我们对来自西方发达国家依仗其强势的经济实力，滥用或违反 WTO 条款的市场冲击，在思想认识、相关法规特别是专业人才和政府管理能力等方面都准备不足。

现在，加入世贸组织三年期满，从 2005 年开始，已进入后过渡期。在这期间，关税将接近最终减让水平，非关税措施将全部取消，要结束对敏感领域的保护，并逐步取消外资进入的领域、数量、股权等的限制，也就是总体开放压力增大。而再过两年，进入 2007 年，则是真正的全面开放，包括银行、保险、证券、分销以及基础电信等敏感部门，都要取消限制，至此，国际跨国公司大军全面抢滩中国市场的时候就将来临。而我国在一些重要领域都处于守势：农业和部分制造业，都由于结构不合理而缺乏抵御进口产品冲击的能力；服务业因经营机制和管理水平滞后而处于明显弱势；特别是金融业风险最为突出，国有银行资本金充足率不足，不良贷款居高不下，内部管理问题很多；证券业资产质量不高，且经营不善；保险业更是面对国外保险公司争夺客户、争夺人才的严重挑战。对此，我们必须有清醒的判断和积极的准备。

（三）努力提高对外开放水平

针对上述形势，应当冷静分析，沉着应对。全面开放以后，既给我们增加了市场冲击力和经济风险，也给我们带来了新的机遇，关键在于扎扎实实地做好工作，尽快把履行承诺、开放市场带来的影响，由负面引向正面，进行国内产业结构调整优化，由"经济入世"提升到"产业入世"，正确把握市场经济规律，努力发挥我国的后发优势。

首先要努力提高自主创新能力。发展科学技术是当今国际经济竞争的核心，也是综合国力的根基。发达国家凭借其科学技术优势主导市场，获取高额利润；而我国则因科学技术上的差距，虽然贸易数量大，但产品技术含量低，资源消耗大，实际效益差，缺乏市场竞争力。因此，必须把加快科技创新，增强科技实力，作为应对国际竞争最根本的举措。要立足于自主创新能力的提高，特别要重视原始性创新。引进国外先进技术必须强调消化吸收，把引进作为自主创新的条件之一。同时要建立自主创新的新体制和新机制。政府应做好科技发展规划，指导协调科技资源的优化配置，并组织重点攻关。

其次要熟悉并有效运用世界贸易规则以合法保护我国的权益。WTO 的运作规则是由西方发达国家主导制订、主要反映发达国家利益的。它宣称"公平贸易"，实际上不公平，当然要通过今后的谈判、斗争，不断修改。但在修改以前是必须共同执行的。如果不能熟练地把握这些规则，就会在市场竞争中受到蒙骗和挤压。

还要不断完善应对国际市场竞争的国内法律法规和政策措施，增强市场竞争的主动性。西方发达国家一方面凭借跨国公司的资本、技术等方面的优势，企图冲击和垄断发展中国家的市场，同时又不断设置新的贸易壁垒，破坏世界自由贸易与市场公平竞争。我们必须尽快制定和完善相应的法律法规和政策措施，一方面抓住机遇承接国际产业转移，提升我国产业结构，同时有效地维护产业安全和经济安全，如制定和完善防止国外跨国公司垄断国内市场的法规、保护和促进我国产业在对外开放中掌握主动权的法规、引导外资投向的行业规划和目录等。还要用法规、制度规范我国进入国际市场的企业和经济体的行为，增强对外竞争的协调性。

做好这些工作，必须实施国际竞争的人才战略。当代的国际竞争，说到底是人才竞争。培养一批对国际市场态势全局在胸的政治家、经济专家和世界级的企业家，以及加强各类专业人才队伍的建设，是竞争制胜的根本。

三、在理论与实践的结合中不断完善
社会主义市场经济体制

我们的经济运行虽然基本上进入了市场化的轨道，但作为完善的社会主义市场经济体制的建构，还有很长的路要走，必须在理论与实践的结合上积极推进。

（一）切实坚持市场经济的社会主义方向

社会主义市场经济，是以邓小平理论为指导进行建构的。它的基本内涵，一是经济运行遵循市场经济规律，二是经济性质属于社会主义，是市场机制与社会主义制度的有机结合，是市场机制服从并服务于社会主义建设。

我国由计划经济体制向市场经济体制转型的历史表明，改革是渐进式的，认识也同样是渐进式的，而且都有过起伏。当十几年前全党的认识统一到中央关于建立社会主义市场经济体制的决定精神以后，改革实践出现快速的推进，国民经济也赢得持续高速的发展，人民生活水平得到明显提高，证明了市场机制的高效率与社会主义制度的优越性相结合是可以创造奇迹的。但是在这个过程中，某些不利于社会主义市场经济健康发展的倾向也一直存在：例如，在理论上宣扬或变相宣扬新自由主义，多年来几乎成了某些舆论载体（媒体和讲坛）的主流。新自由主义在西方也有若干流派，但它们的共同点是，宣扬资本主义私有制和市场自由的普遍性，反对社会主义。新自由主义在我国的泛滥，有三个问题造成的影响最大、最深。一个是关于所有制结构问题，中央提出"国有经济有退有进"，本意在优化和做强国有经济。他们就提出"国退民进"，范围是"从一切竞争性领域退出"，顺序是"靓女先嫁"，结果是造成大量的国有资产流失。按照这样的逻辑，就是国有经济全部退出，那么社会主义基本经济制度又如何坚持？再一个是经济运行的问题，只强调市场机制的功能，不承认市场缺失。即使出现了重大失衡，国家进行必要的宏观经济调控，又总是遇到"要反对计划经济的思维定式"的阻力。三是关于收入分配问题。中央提出按要素贡献分配，是为了调动各种资源投入社会主义建设，鼓励全体人民奋发有为，为社会主义建设多做贡献。有些同志却片面夸大、甚至无根据地夸大某一部分人的贡献，造成收入分配过分悬殊，损害了一些普通劳动者的利益，影响了群众的积极性，也给社会稳定带来了不利因素。

社会主义市场经济体制，是一个庞大的系统，具有很丰富的内涵，其中有三条是最根本的：坚持公有制经济的主体地位，多种所有制经济共同发展；坚持以按劳分配为主，各种生产要素按贡献参加分配；在国家以科学发展观为指导的宏观调控下，由市场对资源配置起基础性作用。

（二）建立完善的市场体系

建立起统一、开放、竞争、有序的市场体系，是市场经济的本质要求，也是市场机制有效性的前提条件。建立完善的市场体系，是一个由计划经济体制向市场经济体制全面转型的系统工程。按照中央的部署，要在 21 世纪前十年实现这个目标。为此，当前必须突出研究解决以下几个方面的问题：

1. 首要的问题是激活市场主体。市场经济活动的主体主要是企业，认真贯彻中央关于"归属清晰、权责明确、保护严格、流转顺畅"① 的方针，使一切企业在市场竞争中充满活力，是市场体系完善的基础。

在我国公有制为主体的条件下，国有企业的市场活力对市场体系的建构具有特别重要的意义。国有企业真正成为自主经营、自负盈亏、自担风险、自我发展的经济主体，直接到市场去自主竞争，才有望真正显现效率，使市场对资源配置发挥基础性作用。所以，必须深化国有企业的改革。从国有企业内部体制来说，一是产权制度改革，除部分必须由国有独资经营以外，一般应实行产权多元化的股份制形式。现在一些股权分置的国有控股企业，已出现弊端，须进一步深化改革，以真正做到"归属清晰"和"流转顺畅"；二是建立合乎企业实际需要的治理结构和管理机制，做到"权责明确"，监管有力，关键是健全的董事会制度和外派监事会制度要真正建立起来；三是建立合理的人事制度、收入分配办法和可行的奖惩制度，做到激励有力，监督有效；四是保障员工权益，调动广大员工参与改革和发展的积极性，让广大员工共享成果、共担风险、共谋发展。我国以往改革的一个重大失误，就是完全忽视了广大员工的积极性，应予纠正。从国企外部体制

---

① 《十六大以来重要文献选编》（上），中央文献出版社2005年版，第467页。

来说，一是"政企分开"，政府不要直接干预企业的生产经营活动。在国有资产监管体制进行改革以后，解决了原来一群婆婆齐管企业"多龙治水"的弊端，是一个进步。但新体制下的国资监管部门也要明确定位，界定监管职责。要避免由婆婆群改为婆婆王。二是创造并逐步健全产权交易的市场环境，严格规范交易规程，防止国有资产流失，促进国有经济的合理流动，优化资源配置。三是建立切实有效的激励和重大决策问责机制，保证国有资产保值增值。

发展和搞活农村经济，是完善社会主义市场经济体制的一个十分重要的方面。激活农村市场主体，关键是完善农村土地制度，促进农业产业化经营，提高农业综合生产能力，完善农产品市场体系。农村集体经济，要坚持制度创新，发展壮大；同时保护和鼓励农村私营企业的发展，提高农村经济的市场化水平。

非公有制经济，是市场主体的一个重要组成部分，已成为国民经济的半壁江山，在我国经济持续发展中作出了重要贡献。要鼓励、支持、引导非公有制经济继续发展壮大，不仅在国内市场竞争，而且要进入国际市场。国家已经制定了关于非公有制经济发展的政策意见，各地应当清理与中央精神不符的相关政策规定，消除非公有制经济发展的障碍，确保非公有制经济在市场竞争中发挥更大的作用。政府还应在市场环境、经济信息、发展预测等方面给予支持、提供服务。政府要对经营者广开渠道，了解情况，听取意见，满足合理要求，解决实际困难。同时，要帮助和引导非公有制经济合法经营，规范管理，健康发展，将其逐步引入社会主义市场经济的正确轨道。

银行在市场主体中处于重要地位。企业自主权的核心是投资自主权，使投资、决策、收益、风险承担相统一。而企业项目投资大部分来自银行贷款，可见银行是最大的项目投资者。商业银行要通过提高自主审贷和投资决策的能力，一方面以优化结构为导向支持和推动经济发展；另一方面，要避免投资风险，提高投资效益，使整个市场主体健康发展。

2. 建立起按市场规律办事的机制。在社会主义市场经济条件下，支配经济运行的客观经济规律仍然是价值规律。各生产部门和企业，根据反映市场供需变化的价格变动来调整自己的生产经营，才能提高效益，适应社会需求，客观上维持社会供需总量的平衡和推动社会经济的正常发展。假如对市场经济运行进行不恰当的行政干预和行政限制，就会影响公平竞争，使市场信息失真，妨碍资源的优化配置，最终降低社会经济效益。有些地方以"政府调控"的名义对一些重要领域的市场进行行政垄断、以审批手段抬高市场准入门槛、直接干预信贷资金分配、进行地区封锁保护地方落后企业等，所有这些，都会给市场运行带来消极影响，造成国家的资源浪费和效益损失。应当通过深化改革，转变政府职能，建立问责制等有效机制加以克服。

3. 规范市场经济秩序。规范市场经济秩序，是完善市场经济体制的内在要求。市场经济在规范的轨道上依公平的竞争规则有序运行，就能有效地发挥市场功能，减少其自发性的消极作用，提高经济的运行效益，保证经济的健康发展。反之，就会破坏经济关系，阻碍经济的发展。

　　我国的社会主义市场经济体制已经初步建立起来，市场秩序也在逐步向规范化推进。但是，由于体制转轨尚在进行，人员素质、思想认识和市场管理等方面都有较大差距，致使市场秩序方面存在的问题还比较多，严重破坏了市场的正常运行，也严重侵害了人民群众的利益，动摇了人民群众对市场经济的信心。为此，必须采取"标本兼治，着力治本"的方针，切实整顿和规范市场秩序。一是健全法治。尽快进一步完善法治体系，包括制定规制市场主体、规制市场运行、规制市场调控与监督以及劳动和社会保障等方面的法规，并要制订和完善保证司法公正的法律程序。二是建立诚信体系。当前市场信用缺失，其原因是多方面的，从制度方面讲，主要是缺乏市场信息公平制度、失信惩戒制度、信用风险管理制度；从文化环境方面讲，主要是缺乏守信理念和信用道德的彰扬，没有建立起守信与背信的道德评价标准；从实践方面讲，往往是守信者利益受损，背信者频频得手。为此，必须尽快建立信用信息共享机制，疏通信用信息市场开放的渠道，并用法律保障，减少和避免因缺乏信息而受骗上当。同时，建立失信严惩机制，包括对信息中介机构的责任追究制度。企业和一切经济主体，则应加强信用管理和诚信自律，并防范信用风险。工作上则必须舆论宣传与法制惩戒并重，逐步建立一个诚信的市场环境。三是依法加强市场监管。明确相关监管部门的职责并建立职务问责制，提高失信预警和处置能力，将市场监管措施落到实处。

（三） 建立效率与公平相协调的和谐发展机制

在社会主义市场经济体制中，就是要将公平与效率统一起来，既要利用市场经济的竞争机制提高效率，又要维护社会主义的公平，让改革和发展的成果惠及全体人民。从现实情况来看，在改革和发展都取得了很大的成绩的同时，不公平的问题也已经突出地存在。主要是：收入分配差距过大，贫富分化比较明显。城乡之间、地区之间、行业之间和不同群体之间收入差距都拉得过大。机会不公平。最突出的是受教育的机会不公平，优良教育资源集中在城市，城市优良教育资源又集中在名校、"重点学校"，富人可以交纳高昂的费用进入名校，穷人则只能望校兴叹。市场交易不公平。包括垄断、恶性竞争、市场欺诈等带来的不公平交易。为了在社会主义市场经济体制中统筹协调公平与效率的关系，应重点研究解决以下几个问题：

1. 调整收入分配，防止两极分化。在改革初期，针对当时平均主义、效率不高的实际情况，提出效率优先兼顾公平的改革目标，应当说是正确的、必要的。但是，在实践中，有时没有真正兼顾公平。具体表现为，在市场很不成熟的情况下，按市场竞争原则进行初次分配，因条件不平等，竞争过程也不平等，结果造成初次分配不公平。政府的再分配政策又不配套，税负不公平，对高收入调节乏力，对低收入群体缺乏有效保障，再加上对腐败和经济犯罪未能扼制住，等等，以致差距越来越大。显示收入差距的基尼系数，我国已接近 0.45，远远超过了警戒线。邓小平说过，如果出现了两极分化，就证明我们的改革失败了。差距过大，在经济上的直接反映是破坏了 GDP 支出结构的比例关系，最终消费需求在 GDP 支出中比例下降（富人不需再买一般商品、穷人无钱买），这就阻碍了国民经济的良性循环；二是引起人民群众不满，挫伤劳动热情和工作积极性，会从宏观上抵消由提高效率产生的成果。为此，第一，要建立和完善体现公平的收入分配制度。坚持按要素贡献进行分配的原则，要有科学的要素贡献评估体系，而且要确定劳动力（包括体力劳动、科技劳动和管理劳动）要素在收入分配中的重要地位，坚持按劳分配为主的原则。这里要特别提到对体力劳动的认识。改革开放以来，在收入分配方面出现了三大误区：一是对广大体力劳动者的作用有所忽视，未能很好保障他们在改革中的权益，企业领导自定高身价，普通职工无法过问企业经营状况，停薪下岗不知所由；二是过分低估了劳动力的价值，把工资（特别是农民工的工资）压到了仅够维持劳动者本人基本生存开支的水平。而现在的劳动力价值应当既包括本人及子女的生活需要和医疗保健需要，本人为适应技术发展需要的培训费用，还要包括子女所需的昂贵的学费开支，以维持劳动力的再生产；三是未考虑劳动者必须拥有的对剩余劳动的分配权。应当走出这些误区。第二，政府要完善再分配制度，包括对农村特别是落后地区的财政支持与政策支持；实行公平税赋，对高收入者进行有效的税收调节；要限制一些垄断行业和垄断收入。一些利用国家资源获得的超常利益，应收归国有，用于扶济贫困群体；对一些低收入人群的收入标准应有所提高，如城镇职工最低工资标准、低保人员的低保标准，特困户的救助标准等，均应以不低于物价指数的比例提高；要健全法制，特别是要从严执法，扼制非法收入。第三，健全社会保障体系，保障困难群众的基本生活需求。

2. 创新改革思路，保障劳动群众的权益。第一，国有企业改革应走出误区。近些年流行的"减员增效"、"不良资产拍卖"（将企业以很低的价格卖给个人）、"管理层收购"等改革形式，由于实践中的不规范，造成了诸多负面效果。从理论上说，减员和增效并非绝对因果关系。在企业封闭的情况下，减少冗员可降低劳动成本；在市场开放的情况下，完全可以通过开拓市场、发展生产来把富余人员变成增效的力量。"不良资产拍卖"与"管理层收购"，有相当一部分操作混乱，结果是造成大量国有资产流失，大批职工失业。所以，国有企业改革要有新的思路和办法。一是"有进有退"，要从宏观的结构优化来考虑。对国有企业的实际情况要有客观评价，看到国企在规模、设备、人员、技术方面的优势。对效益不好的国有企业，也要深入调查、具体分析。国有企业可以有退，但一定要有利于整体资产结构优化。二要听取广大职工意见，保障职工利益。三要信息透明，操作规范。如大中型国企就不应向管理层转让。小国企转让时，要切实公开资产评估信息，管理层收购要具体说明资金来源，并允许职工集体按同等条件收购。第二，发展以股份制为主要形式的混合所有制经济。现在一些地方的公有制经济与私营经济竞争很激烈，这本来应当有利于提高效益，但在实践中却产生了恶性竞争，对此，在条件成熟的情况下，可以引导不同所有制企业联营，或以股份制形式重组，并鼓励职工参股，使之真正成为多元主体的混合经济。这既可以将竞争变为合作，整合优势；又可以使劳动者变为有产者，调动职工的积极性。第三，建立平等和谐的劳动关系，保护和发挥劳动群众的积极性，是提高效率的基础。现在有些企业，特别是在一些私营企业和外资企业，劳资矛盾突出，对职工的劳动保护、工资、待遇、安全卫生、社会保险及人格尊严维护等方面，问题较多。因此，要使工会具有充分维护职工权益的权力和手段，并要帮助职工提高维权意识。

3. 着力解决好"三农"问题。我国 70% 以上的人口在农村，城乡差距是最明显的差距，要将"三农"问题作为实现社会公平、建设和谐社会的重大工程来抓。首先在整个国民收入分配格局方面要进行合理调整，实行工业反哺农业，城市支持农村的方针。同时要积极推进农业产业化，稳步推进城镇化建设，扩大农村劳动力就业，并为农民进城务工、创业提供良好的政策环境。要大力发展农村教育、科技和文化事业，使农村人口有受教育、参加科技培训、享受文化生活的平等机会。发展工业和各项事业，都不能侵犯农民的切身利益，对在建设项目开发中失去土地的农民，要给予足够的补偿。对侵害农民利益的事件，要认真查处。总之，要使农民公平地享受到国家发展的实惠。

当我们全党特别是各级干部，真正掌握了社会主义市场经济的规律，提高了驾驭社会主义市场经济的能力，找到了完善社会主义市场经济体制的办法，中国的社会主义现代化事业，就将以更快的速度向前推进。

在社会主义经济中，计划调节
必须充分发挥市场的作用[*]

一

社会主义作为取代资本主义而向共产主义过渡的经济制度，同时具有计划经济和商品经济两个方面的基本特点。

社会主义经济是以生产资料公有制为基础的，各部门、各地区和各企业组成一个根本利益一致的整体，劳动者与生产资料直接结合起来，一切生产和经营活动都是为了一个共同的目的，即满足社会和全体劳动人民的需要，因此，国民经济能够有计划按比例地发展。正如恩格斯指出的："当人们按照今天的生产力终于被认识了的本性来对待这种生产力的时候，社会的生产无政府状态就让位于

---

* 本文发表于 1979 年 6 月 10 日《理论动态》。

按照全社会和每个成员的需要对生产进行的社会的有计划的调节。"① 国民经济有计划按比例发展，是社会主义所固有的客观经济规律。这个规律要求国民经济的基本比例关系经常保持相对的平衡，从根本上调节着国民经济发展中的全局性和长远性的利益。所以，计划经济是社会主义经济制度的一个基本特点。

但是，社会主义经济内部的各部门、各地区、各企业之间，除了统一性和一致性的一面，还具有经济条件的差别性和经济利益的矛盾性的一面。这就使社会主义的劳动产品仍然保留着商品的性质。因此，社会主义经济制度又具有商品经济的特点。否认这个特点，在理论上是错误的，在实践上是有害的。

社会主义存在着全民的（或国家的）同集体的两种公有制，同时还存在着公社社员的自留地和家庭副业等类似个体的所有制。对于它们之间的经济关系是商品关系，似无异议。问题在于全民所有制内部各个企业生产的产品，还是不是商品？它们之间的经济关系，还是不是商品关系？在这个问题上，长期以来，存在一种流行的观点，认为全民所有制内部各企业生产和交换的产品，特别是生产资料，已经不具有商品的性质；它们之间的经济关系，也不是商品关系。实践证明，这种观点不符合社会主义全民所有制内部经济关系的实际情况。社会主义的全民所有制和共产主义的全民所有制存在着质的差别，它还是一种

① 《马克思恩格斯选集》第3卷，人民出版社1972年版，第319页。

不完全的全民所有制，它内部的各企业之间的经济关系，虽然与资本主义私有制基础上的商品关系有了本质的区别，但仍然具有商品关系的特点，是社会主义公有制基础上没有资本家参加的特种商品关系。

在社会主义条件下，全民所有制经济是由各个企业组成的，这里存在着生产资料所有权同占有权、经营权的分离。不同企业分别使用属于国家所有的生产资料进行经营时，由于主观条件不同，取得的经营成果是不相同的，在一定的意义上说，它们对各自的经营成果，具有一定程度的所有权。因此，它们在根本利益一致的基础上，又存在不同的经济利益。这种经济利益的差别，其根本原因就在于，企业的劳动者的劳动还是谋生的手段，劳动能力还存在着差别，社会还要默认这种不同的劳动能力是"天赋特权"。为了承认这种差别，就必须承认各个企业是具有相对独立性的经济组织，它们必须进行经济核算，以其生产成果补偿劳动消耗。同时，各个企业的劳动又是局部劳动，不能直接表现为无差别的社会劳动。要使这种局部劳动表现为无差别的社会劳动，以衡量各自的劳动成果和体现各自的经济利益，就必须将各企业的劳动产品当做商品，通过等价交换这种迂回的办法，才能实现。

此外，在全民所有制与集体所有制之间，由于经济条件和经济利益上的差别，它们的经济联系，只有通过商品的等价交换才能实现。这两种公有制之间的商品交换关系，又必然要影响到全民所有制内部的经济关系。

既然在社会主义条件下，不仅全民所有制和集体所有制之间的经济联系是一种商品关系，而且，全民所有制经济内部各企业相互间的经济联系也还是一种商品关系，可见，商品经济也是社会主义经济的一个基本特点。

商品经济的存在，价值规律也必然存在并发生调节作用。因此，在社会主义经济中，绝不能忽视价值规律的作用。有一种流行的观点，认为商品生产和价值规律同社会主义很不协调，似乎它们的存在使社会主义很不光彩，因此，总是千方百计去限制它们，甚至强制地取消它们。殊不知在历史上，商品生产和价值规律在促进社会生产力的发展，扩大社会的需求范围，建立全球性的经济交往等方面，起过大作用，立过大功劳。它们为封建经济特别是资本主义经济的发展服过务。在一定意义上讲，没有商品经济的发展，就不会有资本主义经济的高度发展，当然也就不会出现只能在帝国主义历史时代才能（通过革命）产生的社会主义制度。在社会主义条件下，它们仍然可以发挥重要的作用。特别是在我国现阶段，生产力和生产社会化的水平还比较低，运用价值规律，发展商品生产，尤其具有重要的意义。而且，在社会主义制度下，商品生产和价值规律，已经为全体劳动人民所认识和利用，它们为什么不能为社会主义经济的发展服务得更好呢？毛泽东同志说："算账才能实现那个客观存在的价值法则，这个法则是一个伟大的学校，只有利用它，才有可能教会我们几千万干部和几万万人民，才有可能建设我们的社会主义和共产主义。否则一切都不可能。"我国30年来经济建设的实践也证明这个论断是完全正确的。为什么在我国严重的惊人的浪费现象是如此普遍而又如此难于克服呢？一个极重要的原因就是不充分发挥价值规律和市场的积极作用。

二

根据社会主义经济制度的基本特点和它的客观规律的要求，对国民经济必须坚持计划调节为主，同时，要充分发挥市场的积极作用。

计划调节，就其本质来说，是对有计划按比例发展规律的作用的直接运用。计划调节的基本任务，是根据生产力发展水平，确定社会生产和社会需要之间的联系，正确安排各种基本比例关系，把人民群众的当前需要与不断增长的长远需要密切结合起来，制定出反映全局的整体利益的国民经济发展计划。各部门、各企业必须遵循国家计划规定的方向进行经济活动，共同保证国家计划的完成。

计划调节在整个国民经济发展中，起着主导的作用。它通过中期计划和长远规划指导着国民经济发展的方向；通过综合平衡指导着国民经济基本比例关系的协调发展；通过集中全国能够统一使用的人力、物力和财力保证国民经济发展中的重点，从而加快社会主义经济建设的速度。

但是由于社会主义经济具有计划经济和商品经济两个方面的特点，除了有计划按比例发展规律的调节作用以外，价值规律在国民经济中也发生调节作用，二者是矛盾统一，相辅相成，都是由社会主义基本经济规律所制约，并共同为这个规律服务。因此，在社会主义经济中，必须把有计划按比例发展规律的作用与价值规律的作用结合起来，正确处理计划调节与市场的关系，在对国民经济进行计划调节时，充分发挥市场的作用。

我们在研究这种关系时，首先是从客观规律的一致性出发的。直接反映有计划按比例发展规律的计划调节的根本要求，就是将社会现有的生产资料和劳动力（消费资料）按照客观要求的比例关系，分配到各部门、各企业，以建立社会生产和社会需要之间相对的平衡。而要达到这种平衡，价值规律是一个重要的依据。马克思指出："商品的价值规律决定社会在它所支配的全部劳动时间中能够用多少时间去生产每一种特殊商品。"① 在社会主义商品经济条件下，在制定计划时，还不能用直接的形式把劳动时间分配到每一种特殊商品生产上去，而必须通过价值规律和市场这种迂回的方式来进行。在实际经济活动中，我们这样的大国，门类繁多，企业几十万个，产品品种数以万计，各方面的需要千差万别而又变化频繁，因此，国家制定计划必须根据市场情况，通过正确的价格政策，使产销直接见面，根据等价交换原则，签订合同，建立产供销联系，在此基础上进行综合平衡，才能制定出比较符合实际的国民经济计划，从而建立起社会生产和社会需要之间的相对平衡。所以说，价值规律通过市场发挥的这种作用，是计划调节的重要依据。

国民经济计划即使是比较符合实际情况的，要使计划

---

① 《马克思恩格斯全集》第23卷，人民出版社1972年版，第394页。

成为现实，不充分发挥价值规律、市场的积极作用，同样是不行的。因为国民经济计划是从全局和总体上确定国民经济发展的基本任务，而具体执行和实现国民经济计划的基本单位则是企业。国民经济计划能否完成，最终取决于基层经济单位完成计划的情况。企业完成计划的好坏，主要在于能否以最少的劳动消耗取得最大的经济效果。这就必须充分发挥价值规律、市场的积极作用。既然在社会主义商品生产的条件下，只有社会必要劳动时间决定的价值量才是客观地评价企业经营效果的基础，在同一部门中，不论每个企业的个别劳动是多是少，价值规律只承认社会必要劳动决定的价值，并通过市场交换来实现这个价值。因此，每个企业必须努力使它的个别劳动低于至少相当于社会必要劳动，才能使其价值在交换中实现，并取得较多的赢利。价值规律的这种作用，通过市场交换而形成的竞赛，推动企业不断改进技术，改善经营管理，提高劳动生产率，保证国家计划的完成和超额完成，以满足整个社会日益增长的物质和文化需要。可见，价值规律、市场的这种积极作用，不仅和计划调节相一致，而且是实现计划调节的重要保证。

计划调节是人们对客观经济规律的认识和运用。人们对任何客观事物的认识都要经过一个多次反复的过程，计划调节对有计划按比例发展规律的反映也不可能是绝对正确的，特别是在我国社会主义的现阶段，科学技术还不发达，生产力水平还比较低，生产资料公有制也不完善，国家安排的计划，还很难准确地反映客观经济规律的要求，往往存在主观计划与客观实际的矛盾。这种矛盾必然通过市场的供求关系反映出来。例如市场出现了某些商品的长期脱销或另一些商品大量积压的现象，就反映出了国民经济的比例失调。产生这种情况可能有两方面的原因：或是计划本身安排不当，或是在经济活动的过程中，各部门、各企业的发展出现了不平衡。不论属于何种原因，都应根据客观经济规律的要求，修订计划，克服不平衡，建立新的平衡。当然，在社会主义条件下，利用国家的权力，也可以在一定时间内通过行政的或经济的措施，强行维持某种失常的现状，但其后果将是严重的，必定受到客观经济规律的惩罚，最后还是要痛苦地屈服于经济规律的要求。所以，当市场反映出不平衡时，只有立即遵循客观规律的要求，因势利导，积极调整计划，不断进行新的综合平衡，使计划调节成为一种正确反映并能动地运用客观规律的力量，才能促进国民经济持续地按比例地高速度发展。由此说明，市场对计划调节有十分重要的检验和校正的作用。

以上我们分析了价值规律和市场对计划调节具有提供依据和保证、进行检验和校正的积极作用，强调了充分发挥市场作用的重要性，但这并不是否定计划调节的主导作用。在社会主义公有制的条件下，价值规律和有计划按比例发展规律能够在相互一致的方向上发挥重要的积极作用，为社会主义基本经济规律服务。但价值规律的作用，往往是直接体现着局部的和眼前的利益，因此，不可避免地会具有一定程度的自发性。所以，发挥市场作用，必须坚持以计划调节为主导。只有认真实行计划调节，才能更好地充分发挥市场的积极作用。

三

为了把计划调节建立在充分发挥市场作用的基础上，加速社会主义现代化建设的进程，必须对我国现行的权力过分集中和偏重行政方法管理经济的体制进行全面改革。改革的根本方向，必须是坚持社会主义道路，使社会主义生产关系和上层建筑有利于生产力的发展，使社会主义制度的优越性充分发挥出来。改革的原则，是根据社会主义基本经济规律的要求，在运用有计划按比例发展规律的同时，充分发挥价值规律的作用，改变单纯用行政命令管理经济的办法，坚持按照客观经济规律办事，运用经济手段管理经济。改革的重点，是确定企业在国家计划指导下作为相对独立的商品生产者的地位，正确处理中央、地方、企业和个人经济利益的关系，以调动一切积极因素，有计划地发展社会主义的商品生产。

企业是在国家计划指导下从事活动的基本经济单位。企业经济活动的效果决定着国民经济的发展速度。目前，企业的突出问题是：统得太死，权限太小，英雄无用武之地。因此，在国家统一领导下扩大企业的经营自主权，把企业的经营成果同职工的物质利益联系起来，以调动企业和职工的积极性，是经济体制改革的中心环节。

企业的权限究竟扩大到何种程度？首先取决于社会主

义经济的两个基本特点——计划经济和商品经济。全民所有制企业，既是统一计划中的基本经济单位，又是相对独立的商品生产者。作为前者，它必须服从国家统一计划规定的目标和方向，根据国家的要求完成应该完成的任务；作为后者，它必须有相对独立的经营自主权，必须以自己的生产成果补偿劳动消耗，必须维护自己应有的经济利益。这二者是矛盾的也是统一的。在这个矛盾统一体中，经济责任是前提，经济利益是动力，经济权力是基础。我们所说的企业经营自主权，就是这三者的有机结合。

　　企业作为国家计划指导下的相对独立的商品生产者，它要完成国家交给的任务，但必须通过经济合同的形式与国家发生关系。企业与企业之间，也要以合同形式发生联系。企业还可以经过向国家备案独立地与国外厂商发生贸易或信贷关系。企业的经营活动，要按照价值规律的要求，严格实行经济核算，力争赢利。国家要保护企业的权益，支持企业的发展。

　　企业既然是相对独立的商品生产者，在产、供、销与人、财、物等方面必须有相应的权力。从生产上说，企业可以根据国家的要求与市场情况，结合自己的具体条件制定自己的生产计划，同时，根据市场的变化情况，及时调整计划。生产资料，除少数暂时短缺的或特殊的物资由物资部门与供需单位协商分配外，一般的均应进入商品流通，可由产需双方签订定期定质定量供应合同，由经济立法保证执行。消费资料，根据不同情况，由商业部门分别实行少量的统购包销，大量的选购经销，与企业自销相结合的办法，以促进企业关心市场情况，不断改进生产，满足群众需要。

在财务方面，要让企业有偿占用资金并有权支配资金。目前实行的财政上统收统支的供给制办法，使企业的经营成果不能与本企业及全体职工的物质利益联系起来，不利于调动企业和职工的积极性。企业应该逐步实行财务自理和自负盈亏或半自负盈亏。当然要以合理调整价格、税收（包括资金占用税）为前提。应当实行全额利润留成的制度。留成部分，完全由企业支配，分别用于设备的改造更新、改建扩建以及举办集体福利事业和发放奖金。企业的基本建设投资，首先由利润留成中提取的生产发展基金解决，不足部分，由银行发放贷款。企业对于闲置或多余的固定资产，报请上级批准后，有权出租或转让，以充分发挥固定资产的作用。企业的流动资金，应实行全额信贷的办法，使企业主动加强经济核算，加速资金周转，关心资金使用效果。

企业在劳动工资方面的权限，是一个比较复杂的问题。我国人口多，劳动力资源丰富；我们是社会主义国家，必须充分就业，以发挥所有有劳动能力的人的社会主义积极性。所以，劳动工资问题，应主要由国家统筹安排。但企业要实行经济核算，提高经营效果，必须不断提高劳动生产率。因此，应当允许企业在国家规定的劳动指标下对某些技术工种实行择优招聘的原则，或实行国家分配与企业招聘相结合的原则。多余的劳动力，应允许企业组织培训或交劳动部门另行分配。对表现特别不好，不利于企业生产和工作的职工，企业有权给予适当的处分，直至报请备案后予以开除。工资必须坚持按劳分配的原则。各企业在国家统一规定的工资制度范围内，根据生产发展的情况，工资增加的面可以有些差别。

总之，要承认企业作为国家统一计划指导下的相对独立的商品生产者的地位，使它"依自己经济的盈亏以为事业的消长"。负起经济责任，关心经营效果，在国家、集体与劳动者个人利益协调一致的情况下加速国民经济的发展。

企业的经营自主权扩大之后，必须相应地改革计划管理的体制和计划方法。多年来，我们的计划管理基本上是以指令性计划为主，没有很好发挥市场的作用，违反了价值规律的要求，出现了不少主观主义和官僚主义的毛病，造成了不良后果。这种情况必须改变。

在计划管理上，要充分利用市场的作用为计划调节服务。国家计划主要是从全局上安排重大的比例关系，如积累和消费、农轻重、生产和建设、社会购买力和商品供应量的比例等。但由于社会需要千差万别，必须充分利用价值规律和市场以及有关经济杠杆，才能协调社会生产和社会需要的联系，实现国家计划的要求。所以，国家计划必须区别不同情况，分为：（1）直接计划。即关系到国计民生的重要生产、流通和分配指标，应列入国家统一计划，由国家通过合同或指令向企业直接下达；（2）间接计划。即对大量的一般产品，国家计划只提出总的要求，由企业与商业部门之间以及企业与企业之间签订合同，国家综合这些合同，纳入间接计划，并将这类间接计划与直接计划衔接起来；（3）参考计划。对诸如企业在计划外的自产自销活动、地产地销的经营、某些长线的非生活必需品以及农村集市的经营活动，国家只进行参考性的估算，给予方向性的指导。国家统一计划的重点应放在长远规划（10 年至 15 年）和中期计划（5 年至 8 年）上，从战略方向、主要目标方面，进行综合平衡，解决按比例高速度发展国民经济的问题。年度计划只是在此基础上根据市场变化情况，不断调整比例，提出实现计划的措施。

与上述三类计划相联系，市场和价格也可以分为三类：第一类为计划市场，它的范围包括直接计划部分的流通，这类市场的价格基本上是计划价格；第二类为半计划市场，它的范围包括间接计划部分的流通。在这里，一方面产销是有合同的，另一方面，这种合同又是相对地"自由结合"的，彼此都有严格按照价值规律的要求根据市场供求变化情况择优交换的权利。这种市场，价格也可区别不同情况，一部分实行计划价格，大部分采用"弹性价格"，在国家规定的幅度内，根据市场情况允许自由波动；第三类为"自由市场"，其范围包括参考计划部分的流通，实行自由买卖，自由议价，由价值规律自发调节。但这种"自由市场"也不是完全自由的，国家要通过经济政策、经济立法、群众监督和必要的行政措施进行引导和管理，限制投机活动，使它作为社会主义经济的补充，为有计划发展国民经济和改善人民生活服务。

进行经济体制改革，是一项十分艰巨复杂的工作。它将触及到国民经济的各个部门和一切方面，是一场经济管理方面的革命，必须采取十分积极而又极为慎重的态度。我国生产力水平比较低，特别是由于林彪、"四人帮"对我国社会主义经济进行了长期的、严重的破坏，造成了极为严重的后果。有些后果的严重性可能尚未充分暴露，在改革经济体制的过程中，将会陆续暴露出来，需要我们采取有效措施，消除这些后果，变消极因素为积极因素。改革工作必须从我国实际情况出发，要广泛而深入地进行调查研究，认真总结国内外的经验，采取管理机关与基层相结合、领导与群众相结合、实际工作者与理论工作者相结合的办法，反复讨论，提出方案，通过试点，取得经验，然后逐步推行。通过改革，逐步建立一套比较科学的经济管理体制和管理方法，使我国的经济管理水平有一个质的飞跃，以加快社会主义四个现代化建设的步伐。

正确把握改革的理论和方法[*]

1992 年，社会主义的中国进入了一个深化改革的新高潮。这个新高潮的到来绝不是偶然的，作为思想理论指导和推动力，当然是邓小平同志的南方谈话；但从客观实践来说，则是社会经济发展的必然趋势。因此，这个新的改革高潮是不可阻挡的。半年多的实践已经证明，这个改革高潮已经冲破并正在继续冲破各种旧的思想、旧的体制、旧的习惯势力的束缚，使我国社会、经济、科学、文化的发展呈现出一个更加充满生机和活力的新局面。但是，同时也应当看到，改革的深化，必然要触及深层的经济关系。我们虽然有了 10 多年改革的可贵经验，但从总体来讲，我们在进一步深化改革方面，可以说理论准备还不足，又无现成的模式和章法可以遵循，从一定意义上说，这场改革也是机遇和风险并存。这就需要我们积极地

　　* 本文是1992 年3 月作者在研讨会上的发言，后编入《深化改革的难点和对策》，中央党校出版社1992 年版。

解放思想，客观地分析形势，认真地研究难点，科学地提出对策，使改革少走一点弯路，尽可能比较顺利地将有中国特色的社会主义建设推向一个新的阶段。

一、深化改革,首先要积极地解放思想

所谓积极解放思想，一是要认识到解放思想、积极进取，是一切革命者毕生不可稍懈的事。客观事物总是不断发展变化的，人们认识客观是没有穷尽的，只有积极开动脑筋，适应并把握不断发展的新事物，了解和分析不断变化的新情况和新问题，并探求适应新情况、解决新问题的办法，然后主动地去驾驭形势、处理问题、积极推动事物的发展，才能成为有所作为、有所创造的革命者。邓小平同志的南方谈话，核心问题就是要求全党解放思想，坚定而全面地贯彻党的基本路线，大胆迈步，加速发展。正如江泽民同志在中央党校的讲话中所指出的："谈话贯穿了一个鲜明的中心思想，这就是：必须坚定不移地全面贯彻执行党的'一个中心、两个基本点'的基本路线，解放思想、实事求是、放开手脚、大胆试验，排除各种干扰，抓住有利时机，加快改革开放步伐，集中精力把经济建设搞上去。"二是，解放思想，必须坚持实事求是的原则。实事求是，是马列主义毛泽东思想的精髓。解放思想的目的，在于正确把握客观事物的规律，科学而有效地推动事物的发展。因此，首先必须以现实存在的客观事物为依据，深入地了解和分析客观事物的本质及其相互关系和联

系，科学地判断其发展趋势和进程，在此基础上，再提出推动其发展的途径和办法。就社会和经济发展来说，人们的主观需要是一回事，而客观的实际可能是另一回事，前者永远不能超越后者。"主观"越欲超越"客观"，"客观"就越是会惩罚"主观"。解放思想的任务，在于全面而深刻地认识客观世界，把客观的实际可能最充分地调动起来、发挥出来，使社会经济的发展达到客观实际可能的最大限度。

当前，解放思想关键在于消除某些不利的思想障碍，使人们的思想面对新的实际。例如"左"就是思想解放的障碍之一。"左"，或是对经典的理论作教条式的理解，或是用传统的思想观念来对待发展了的新事物，并且往往带着革命的色彩，易于被人接受。因此，在我们党内流行时间长，出现次数多，根深蒂固，影响很深。可见，消除"左"的干扰，是一项十分艰巨的任务。如果不下大力气清除"左"的影响，改革开放的事业，就有可能被葬送。通过最近半年多的学习、讨论和深化改革的实践，全党对清除"左"的影响的重要性，可以说有了共识，并且在各个领域为此而进行努力。由于"左"是根深蒂固的东西，其存在和影响就必然具有顽固性，而且在新的条件下，又可能以新的形式出现。例如，对待改革开放中可能出现的挫折和失误，若站在"左"的方面，就必然提出诘难和指责，甚至据以作为否定改革的理由。可见要真正从根本上消除"左"的影响，是一项长期而艰巨的任务。但是，从辩证唯物主义的观点来看，右也是必须警惕的，如不警惕，右也可能葬送改革开放事业。邓小平同志讲："在整个改革开放的过程中，必须始终注意坚持四项基本原则。……资产阶级自由化泛滥，后果极其严重。……垮起来可是一夜之间啊。"因此，必须指出，忽视四项基本原则的右，也是积极解放思想的障碍，因为右违背了只有社会主义才能救中国、只有共产党才能领导中国的革命和建设等这样一些经过实践检验了的客观规律。可见，右也是离开了实事求是的原则。右有时候还可以用对四项基本原则进行抽象肯定、具体否定的方式，最终从根本上动摇基本路线。全党同志，必须在右的苗头出现的时候，就高度重视，绝不可掉以轻心。

二、要推动改革前进，必须认真研究
改革的情况和问题

要瞄准改革深化过程中的难点进行研究，一是做到对情况心中有数，二是探求和把握正确推进改革的理论和方法。

深化改革的形势和条件，是首先要研究的问题。邓小平同志的南方谈话，对形势和条件从国际到国内作了精辟的论述。应当说，我国深化改革，加快经济发展，当前时机很好，有不少有利条件：从国际形势看，世界格局正处于新旧交替，强权政治的势力范围划分需要一个过程，我们有可能争取一个较长时间的和平环境；世界新的科技革命进程的加快，正促使主要发达国家的产业进行调整，我

们既可以利用高新技术，又可以引进一些适合我国水平和条件的产业，推动改革和发展；亚太地区有一个较为稳定的政治环境，而且经济形势看好，对我国的改革和发展十分有利；由于我们实行反对霸权主义、坚持独立自主的和平外交政策，在国际上赢得了广泛的支持，与世界上绝大多数国家有越来越紧密的经济贸易联系和经济合作；我国10多年来的改革开放方针，尤其是近期的改革，得到了国际上的普遍赞许和支持。从国内来说，我们已经找到了一条基本路线，而且实践已经证明了它的正确性；人民群众在10多年的改革中得到了实惠，普遍拥护和支持改革的进一步深化；3年治理整顿，在经济环境和经济秩序方面为改革的深化打下了良好的基础；由于我们全面坚持和执行了党的基本路线，又使改革和发展有了一个稳定的政治环境。以上说明，无论从国际和国内来看，我们深化改革的条件都比较有利。但是，也应当清楚，西方资本主义国家和其他国际敌对势力，绝不会真正希望我国社会主义的改革和发展获得成功，只要他们腾出了手脚，必将不遗余力地扼杀我们的社会主义事业，即使在前些年他们自顾不暇的时候，也从未放弃对我国的渗透、颠覆和推行和平演变的活动。从国内来说，建设有中国特色的社会主义，是前无古人的伟大创举，理论上很多问题尚未研究清楚，实践上没有可资借鉴的成功经验，而且，改革越是深化，越是要触及到千百万人的传统观念和利益关系。因此，深化改革的难度是显而易见的。改革者对这些不利的形势和条件，同样要有充分的估计。

　　改革是一个系统工程，必须统筹规划，分析相关因素，全面安排，彼此配套地推行。所谓配套推行，并非在各个领域、各个方面平行着力，齐头并进。改革的深化，当然要有重点，要抓主要矛盾。用重点去带动一般，用解决主要矛盾来化解其他矛盾，正是系统的要求。深化改革的总目标，是解放生产力，发展生产力，加速有中国特色的社会主义的建设步伐。为此，主要任务有三个方面：一是加快经济体制改革和经济发展；二是相应地改革政治体制和加强党的建设，以保证经济的改革和发展；三是争取一个好的国际环境来保证国内的各项改革和建设。在这三方面的任务中，重点又是第一项，后两项都应当适应并围绕经济改革和经济发展的要求来进行。就第一项任务即经济本身来说，牵涉的面、存在的矛盾又是很大很多的，但其中的重点或主要矛盾又可以抓住两个：就经济体制改革而言，主要是解决好计划和市场的关系；就经济发展而言，主要是解决好高速度与高效益的关系。关于计划与市场的关系，我们经过了多年的研究和实践，在认识上也有了很大的发展，现在看来，关键又是搞活企业，使企业真正进入市场。当然，企业进入市场，并非轻而易举。"把企业推向市场"的提法，就值得斟酌。企业不可能一推就进了市场。首先，企业要有真正的自主权才可以无羁地向市场走去；其次，必须把市场体系构建起来，企业才有地方去；再次，企业必须转换机制，才能在市场施展身手；最后，政府必须转变职能，才能使企业既无羁绊，又有依靠。以上是保证和激励企业搞活的条件。另外，在社会化大生产条件下的社会主义企业，还须有必要的约束机制，才能使所有企业单个搞活，相互协调，整体高效。从宏观经济来说，产业结构优化，地区布局合理，又是两个重要问题。企业进入市场以后，由于其必然追求自身利益最大化而产生的自发性与盲目性，就难以达到宏观资源配置的最优化，例如规模大、周期长、见效慢甚至风险也大的农业投资、基础设施和公益事业投资、高新产业投资，以及管理难度大的第三产业的投资等，企业往往缺乏积极性。这就需要通过宏观调控，或集中资金，或运用经济杠杆进行调节，使诸如农业、基础设施，高新技术及其产业、社会公益事业、第三产业等得到相应的发展，使全社会的产业经济结构达到最优化。地区经济布局优化问题，则在于从宏观上协调好局部与全局的关系，在宏观指导下，因地制宜、合理分工、扬长避短、优势互补、相互促进、共同发展，实现全国布局的整体优化。此外，为了保证改革的全面成功和经济的顺利发展，还要健全民主和法制、加强精神文明建设，克服官僚主义、提高管理效能。关于速度与效益的关系，首先要有加速发展的勇气和决心，在周边国家迅速发展的形势下，我们没有必要的高速度，就等于后退。但是，这个高速度必须是符合客观实际而切实可行的，即经过最大的努力能够实现的速度。这样确定的速度，加上切实的宏观管理，就能保证高效益。近来，经过国家有关部门的测算，今后 10 年，就全国来说，年增长 9% 左右的速度是可行的，如果实现这个速度，翻两番的目标约可提前 2 年实现。下一步的更快发展就有了更好的基础。假如确定这个速度，各有关方面应将各个环节的问题研究清楚，提出确保这个发展速度的措施，才能最终保证这个速度的效益。

三、改革要真抓实干，关键在于针对
难点问题提出科学的对策和方案，
并积极付诸实施

在对情况和问题进行了认真的研究之后，就深化改革提出对策时，至关重要的是，指导思想必须积极而又冷静，即要把革命干劲与科学精神结合起来，既有明确的目标，又有周密的部署与有效的措施。改革越是深化，难度就越大。如果说，前12年的改革，是在一些相对来说属于浅层改革，如放权让利等比较简单易行的方面取得了成功，那么，当前深化改革所面临的问题，则要复杂得多。如转换企业经营机制，培育市场体系，转变政府职能，都需要创造诸多的内部的和外部的条件，涉及政府管理部门和企业、企业内部领导和职工以及社会有关各个方面的观念转变和利益关系调整。这就要求对改革所涉及的各种相关因素进行周密的考虑。例如，从总体上讲，对原有的体制，要冲破其束缚生产力发展的消极面，破掉那些不合理的框框，但也要进行全面客观的分析，肯定其积极合理的部分，特别是要重视前一阶段改革的成果，注意承前启后，继往开来；改革的目标，要定得恰当，因为改革的目的是解放生产力，即要通过调整经济关系，革除那些不利于生产力发展的因素，理顺体制，促进生产力的发展，但从根本上来说，生产力是决定的因素，改革的目标不能超越生产力发展的水平；改革力度要合适。社会主义改革是全国人民的共同事业，人民群众既是改革的主体，又都要直接受到改革的影响，因此，一切改革举措，都要考虑人民群众的承受能力，特别是利益关系的调整，既要打破原有不合理的利益格局，又不能超越改革对象的可能承受度，以避免社会的震荡；改革的要求，要从实际出发。通过改革，提高效率，以增加社会财富，这当然是改革的一个基本要求。对那些产生低效率的平庸涣散、平均主义等，必须通过改革加以破除，但在实施方案中也要考虑到实际的可行性，特别是对平均主义，固然不能以牺牲效率为代价来保护平均主义，但也要考虑到社会主义条件下必要的公平，因为必要的公平，又是保证社会整体效率的基础。以上说明，深化改革所涉及的诸多重大问题，都十分复杂，特别是政治体制的改革，是涉及上层建筑的一场革命，既会有内部的障碍，还会有外部的干扰，问题尤为复杂，如若不慎，还可能影响大局的稳定。这样的改革，必然要有一个长期的艰巨的过程，试图凭借热情和勇气一蹴而就是办不到的，用习惯的方法，比干劲、打擂台，大轰大嗡，甚至虚报浮夸，更将要自食苦果。因此，提出的改革对策或方案，应力求冷静客观、切实可行，既有科学性，又有可操作性，尽量减少消极影响，保证改革的最佳效果。

改革对策或方案，必须在实施中检验、校正、完善、发展。实践是检验真理的唯一标准。改革要真抓实干，不尚空谈,有了对策和方案,就要付诸实施,去试验,去闯,让实践来回答问题。人们提出的对策或设计的方案,往往有三种情况:基本正确的、部分正确的、不正确的,(绝对正确的不会多见。)每个方案属于哪一类,要由实施过程或实施结果来评判。凡是对客观情况作了全面客观的分析、目标确定既明确又具体、相关因素考虑得比较周到、操作程序规定得比较合理的方案,一般来说是比较正确的。这类方案,在实施过程中,只要符合社会主义方向,符合既定的目标,就不要怕困难、怕阻力,不要动摇,要坚决贯彻。有些方案,在实践中证明只是部分的正确,则应按照实践的要求,进行部分的修改。有些对策或方案,如到实践中证明是不正确的,则应坚决摒弃。有些对策或方案,本身可能是正确的或基本正确的,但由于改革的客体是社会,而社会是不断发展变化的,社会的各种事物也是动态的,那么,在改革实施过程中,就要根据变化了的客体,修改或部分修改原有的方案。总的说来,人们不可能"料事如神",不可能事先把一切事情都看得很准确,想得很周密。特别是我国目前改革面临的问题如此复杂,任何对策或方案,都不免要在改革的实践中修正、补充、完善。而这个过程,正是我们对改革的认识不断深化的过程。

　　根据我国当前深化改革所面临的一些重要问题,中央党校科研部约请部分知名学者和有关部门、地区的领导同志撰写文章,分别就有关问题进行论述,分析改革的难点,并提出对策。这些文章,我想一定会得到积极投身改革并关心改革理论研究的广大同志的关注。

明确市场经济改革目标，
坚持中国特色社会主义发展道路[*]

我们党的第十四次全国代表大会，以邓小平同志建设有中国特色社会主义的理论为指导，全面而客观地总结了历史经验，科学而明确地规划了 20 世纪 90 年代的航程及迈向 21 世纪的行动纲领。大会胜利结束以后，我们的任务，就是认真学习、宣传和落实十四大的精神，使代表大会的成果，真正变为广大干部和群众的自觉行动，变为全面推进有中国特色社会主义事业的强大动力。

十四大报告的内容非常丰富，必须系统学习，全面理解，全面贯彻。大会提出了以社会主义市场经济体制作为改革目标，这在社会主义理论上是一个带根本性的突破和重要创新，对我国社会主义事业的发展将产生极为重要而深远的影响。全党的思想必须统一到社会主义市场经济这

* 本文选自《著名专家学者谈：十四大报告重大理论问题》，中国大百科全书出版社 1993 年版。

个目标上来。而要实现这个目标，真正建立起一个既充分发挥市场机制的作用，又坚持社会主义基本性质的充满活力的经济体制，则要求我们全面贯彻大会精神，认真坚持中国特色社会主义发展道路，把社会主义现代化事业推向前进。

一、高举有中国特色社会主义理论的旗帜

（一）建设有中国特色社会主义理论是改革开放和现代化建设的历史产物

十四大报告在总结十一届三中全会以来14年伟大实践时指出："我们党所以能够取得这样的胜利，根本原因是在十四年的伟大实践中，坚持把马克思主义基本原理同中国具体实际相结合，逐步形成和发展了建设有中国特色社会主义的理论。……这个理论，第一次比较系统地初步回答了中国这样的经济文化比较落后的国家如何建设社会主义、如何巩固和发展社会主义的一系列基本问题，用新的思想、观点，继承和发展了马克思主义。"

中国改革开放的14年，应当说是取得辉煌成就的14年，也是建设有中国特色社会主义理论胜利的14年。

任何一种理论的产生和形成，都是有其时代背景和历史条件的；而理论在一个社会或一个国家的实现程度，又由它对这个社会或国家满足的程度来决定。建设有中国特色社会主义的理论，正是我国改革开放和社会主义现代化建设这个重要的历史时期的产物，它满足了这个历史时期

的需要，指导着历史向前发展。

（二）深刻领会建设有中国特色社会主义理论的主要内容

关于建设有中国特色社会主义理论的主要内容，十四大报告概括为 9 个方面，即社会主义的发展道路、发展阶段、根本任务、发展动力、外部条件、政治保证、战略步骤、领导力量和依靠力量，以及实现祖国和平统一的战略构想。这 9 个方面构成了该理论的完整体系。其中关于发展道路、发展阶段两个方面，主要是根据实践是检验真理的唯一标准的唯物辩证法，在总结国际、国内的经验基础上，正确判断了中国正处在社会主义初级阶段，并承认这是一个很长的历史阶段。

关于根本任务、发展动力、外部条件、政治保证四个方面，则是"一个中心、两个基本点"的基本路线的全面阐述。发展道路选定了，发展阶段明确了，路怎么走，怎么前进？就是沿着基本路线走。概括地说，社会主义的根本任务，是解放生产力，发展生产力，消灭剥削，消除两极分化，最后实现共同富裕。要发展生产力，最重要的动力就是改革。从改革所涉及的范围之广、层次之深这个意义来说，从改革是生产力发展的动力、必须冲破一切不适应生产力发展的生产关系和上层建筑这个意义来说，改革也是一场革命。否认这种革命，就是僵化停滞，就没有出路。这种革命有其特殊性，它是由共产党领导，在社会主义这个根本制度内部进行，是要更好地完善社会主义制度，以利于真正发挥这个制度的优越性。围绕发展生产力即经济建设这个中心，必须解决好外部条件和政治保证这两个基本问题：外部条件，主要是争取一个有利于经济发展的国际环境，有利于吸收和利用世界上一切先进的文明成果；政治保证，就是必须坚持四项基本原则。建设有中国特色社会主义理论是基本路线的理论指导，基本路线又体现为这个理论的重要内容。

关于战略步骤，在理论上，阐明了社会主义建设要脚踏实地地、有步骤地发展，阐明了速度和效益的关系，强调的是力争上台阶，在发展中求效益；在人民生活方面，指出了社会主义必须摆脱贫穷，但在步骤上，只能是先富带后富，共同富裕只能逐步实现。在实际工作方面，提出了分三步走，即对基本实现现代化作三步安排，相互衔接，步步落到实处。这既是一种战略步骤，又是一种具有战略意义的具体安排。

关于领导力量和依靠力量，坚持并发展了我们党一贯坚持的方针和政策。在领导问题上指出，共产党作为社会主义事业的领导核心不能动摇，但作为执政党，共产党必须加强自身的建设。在依靠力量问题上，阐明了依靠全体社会主义劳动者、拥护社会主义的爱国者和拥护祖国统一的爱国者的最广泛的统一战线，以及人民军队。

关于祖国统一问题，提出了"一国两制"的创造性构想。这一构想，既包含了完成祖国和平统一大业的重要原则，又包含了一种适合当前客观形势的可行性方案，可以说是战略和策略的高度统一。

建设有中国特色社会主义理论，是马克思主义基本原理与当代中国实际相结合的产物，是毛泽东思想在当代的发展，因而具有理论上的科学性；它旗帜鲜明地强调坚持社会主义道路，坚持人民民主专政，坚持共产党的领导，坚持马克思列宁主义、毛泽东思想，因而具有政治上的坚定性；它强调长期坚持基本路线，要求制定一切方针政策都要以基本国情为依据，在战略步骤、提高人民生活水平以及依靠力量等方面，充分肯定了以往的经验，坚持一贯的原则，因而具有方针、政策方面的连续性；它强调尊重群众的首创精神，特别是在经济体制改革方面，有着根本性的突破，提出建立社会主义市场经济体制，以及提出"一国两制"的战略构想等，因而具有实践上的创造性。

建设有中国特色社会主义的理论，是在总结我国社会主义的胜利和挫折的历史经验，并借鉴其他国家社会主义兴衰成败历史经验的基础上，逐步形成和发展起来的。我们虽然强调它是指导中国建设的理论，但它实际上具有普遍的意义。同时，随着中国社会主义建设实践的发展，还将有许多其他的内容。因此，这个理论也需在继续研究新情况、解决新问题的过程中，不断接受实践的检验，并在实践中不断丰富和发展。

二、认真贯彻解放思想、实事求是的思想路线

解放思想、实事求是，是马克思列宁主义、毛泽东思想的精髓，也是建设有中国特色社会主义理论的精髓。同时，建设有中国特色社会主义理论在实践中的实现和发

展，又必须以解放思想、实事求是的思想路线作保证。解放思想、实事求是，就是不对书本作教条式的理解，不受书本条条的拘束，不套固定模式的框框，敢于冲破旧思想、旧观念，从客观事物中、从实际的发展变化中探求规律，寻找真理。马克思、恩格斯创立的无产阶级革命的理论，列宁创立的无产阶级夺取政权在一国或数国首先胜利的理论，以毛泽东为代表的中国共产党人创立的中国新民主主义革命理论及社会主义改造和建设的理论，都是解放思想、实事求是的光辉典范。

（一）解放思想、实事求是的思想路线，既是建设有中国特色社会主义理论创立和发展的起点，又是这个理论所包含的重要内容

邓小平同志首先提出的建设有中国特色社会主义理论，是在新的历史条件下，以无产阶级革命家的宏伟气魄，解放思想，实事求是，针对新的实际，将马克思主义基本原理与当前社会实践紧密结合起来，把前人的理论发展到一个新的阶段。这个理论的创立，是从1978年的十一届三中全会开始的，最主要的有以下几件大事：①在邓小平同志的支持和领导下，开展了一场全国性的真理标准大讨论。这一讨论冲破了长期存在的个人崇拜和"两个凡是"的束缚，明确了实践是检验真理的唯一标准，实现了思想路线的拨乱反正。②党中央正式作出决定，毅然抛弃了"以阶级斗争为纲"的"左"的方针，把党和国家的工作中心转移到经济建设上来，实现了政治路线的拨乱反正，同时抵制了拨乱反正过程中出现的错误思潮，提出了坚持四项基本原则。③党中央作出了干部"四化"的决定，从组织路线上保证了正确的思想路线和政治路线的贯彻落实。④十一届六中全会作出了《关于建国以来党的若干历史问题的决议》，对一些重大历史是非进行了认真清理，从根本上否定了"文化大革命"和"无产阶级专政下继续革命"的理论，平反了冤假错案，落实了党的知识分子政策、民族政策、宗教政策、侨务政策等，调动了各阶层人士的积极性。⑤邓小平同志在党的十二大正式提出了"把马克思主义的普遍真理同我国的具体实际相结合，走自己的路，建设有中国特色的社会主义"的思想。这一过程，就是一个解放思想，冲破旧观念，实事求是，面对新的实际的过程。

解放思想、实事求是的思想路线，既是建设有中国特色社会主义理论创立和发展的起点，又是这一理论所包含的重要内容，从而使这一理论在 14 年的社会主义现代化建设实践中得到了贯彻，指导实践向前发展。首先是从 8 亿农民的实际要求出发，在农村推行家庭联产承包责任制，使广大农民获得了土地经营自主权，大大调动了农民的积极性，推动了农业生产的大发展，大大提高了农民的生活水平。接着又从农村人多地少的实际出发，鼓励农民发展工副贸等，使乡镇企业异军突起，为我国农业现代化开辟了一条新路。随着农村改革形势的发展，党的十二届三中全会及时地作出了关于经济体制改革的决定，冲破了将计划经济与商品经济对立起来的传统观念，推动了商品经济的发展。同时，从沿海地区的实际情况出发，相继兴办了经济特区和经济开放区，不断扩大对外开放，在利用国外资金、技术、管理经验来发展社会主义方面，进行了大胆的探索，并取得了很大的成就。随着经济体制改革的发展，对科技体制、教育体制也进行了相应的改革，并提出了政治体制改革的目标和任务。党的十四大，在全面总结历史经验、认真分析现实情况的基础上，系统地提出了继续扩大改革开放、加快社会主义事业发展的一系列重大理论和方针政策，体现了我们党进一步解放思想，根据新的实际积极进取的胆略和步骤。十四大确立的理论和方针政策，将引导我们全党和全国人民团结一心，解放思想，实事求是，开拓进取。

（二）解放思想，实事求是，必须认识马克思主义是一个开放系统，是要在实践中不断检验、不断丰富和发展的

毛泽东同志说过，马列主义不是教条，而是行动的指南。当前，我们必须切实清理某些思想理论上的不正确的观点：一是对马克思主义理论的教条式的理解，认为马克思主义的一切具体结论都是一成不变的，用革命导师在几十年、一百多年前根据当时情况得出的某些结论来套今天的实际；二是根据传统的观念强加于马克思主义的某些观点，其中有些是对马克思主义断章取义的观点，有些是并未理解马克思主义的真谛而根据自己的取舍强加于马克思主义的，实际是非马克思主义的观点；三是对马克思主义、对社会主义进行了扭曲的观点。只有对这些不正确的观点进行认真清理，才能全面地理解和正确地掌握、运用马克思主义，才能真正理解建设有中国特色社会主义理论是马列主义、毛泽东思想在当代的发展。

（三）解放思想，实事求是，在思想上要冲破传统的旧的观念的束缚

从中国社会的历史特点来说，首先要冲破小生产的习惯势力。从党内来说，要冲破教条主义和本本主义的禁锢，特别要冲破"左"的思想的束缚。右可以葬送社会主义，"左"也可以葬送社会主义。要警惕右，但主要是防止"左"。"左"的思想在我们党内影响范围广，危害时间长，当前应当把清除"左"的影响作为解放思想的一项重要任务。在现代化建设的实践中，则应当认识社会主义也是一个开放系统：第一，社会主义无固定的现成的模式，必须从实际出发，运用马克思主义的基本原理，紧密结合客观实际，创造性地进行建设。社会主义的本质，就是解放生产力，发展生产力，消灭剥削，消除两极分化，最终达到共同富裕。社会主义的具体道路和具体模式，则要在实践中创造。第二，社会主义建设，必须吸收整个人类的文明成果，包括吸收、学习、借鉴和利用发达资本主义国家的先进技术和管理经验。要敢于和善于利用资本主义经济发展的一切有益成果，来建设一个优于资本主义的崭新社会。

（四）解放思想，实事求是，是辩证的统一

解放思想，就是要敢于冲破旧的、落后的思想观念，敢于摒弃原有的、被实践证明是不合理的体制和模式，不安于现状，不因循守旧，根据事物的发展，树立新观念，开创新途径，敢试、敢闯、敢实践。实事求是，就是要以客观实际为依据，尊重客观规律，把握事物的发展趋势，从客观事物的发展规律中探求真理，把主观需要和客观可能结合起来，凡是客观条件允许，经过主观上的最大努力能够做到的，就积极地去做、去创造，使客观可能成为现实。可以说，解放思想是实事求是的前提。只有解放思想，承认一切事物都是不断发展、不断变化的，人们的思想也必须不断前进、不断提高，才能避免僵化，才能做到实事求是。同时，实事求是又是解放思想的基础。只有以客观实际为依据来解放思想，尊重客观规律，制订方案才能避免脱离实际，防止放空炮，才能做到脚踏实地稳步前进。十四大报告，从总结历史经验的角度，对此作了深刻的阐述。

三、长期坚持党的基本路线不动摇

以经济建设为中心，坚持四项基本原则，坚持改革开放，自力更生，艰苦创业，为把我国建设成为富强、民主、文明的社会主义现代化国家而奋斗。这是我国社会主义初级阶段的基本路线，简单概括为"一个中心、两个基本点"。这条基本路线，是在建设有中国特色社会主义理论的指导下形成的。基本路线的贯彻执行，要以建设有中国特色社会主义理论为指导，而这个理论在实践中需要依托基本路线的贯彻来实现。十四大报告在总结14年的伟大实践时说，集中到一点，就是要毫不动摇地坚持以建设有中国特色社会主义理论为指导的党的基本路线。报告强调"这是我们事业能够经受风险考验，顺利达到目标的最可靠的保证"。

（一）基本路线确定以经济建设为中心，这是根据马克思主义的基本原理与中国的具体实际相结合提出来的

按照马克思当年的论述，社会主义是从发达的资本主义脱胎而来的，社会主义的物质前提是由资本主义创造的。但是，中国的社会主义，是在半封建半殖民地的基础上建立起来的，经济十分落后，旧社会没有造成社会主义的物质前提，而要靠新建立起来的社会主义自己来创造这个前提。列宁曾不止一次地论述过，在落后国家中进行革命虽然有时比较容易，"但要把革命继续下去，把它完成，就十分困难"。他认为由资本主义社会到社会主义社会有一个漫长而复杂的过渡时期，并且指出，资本主义愈不发达的社会，所需要的过渡时期就愈长。我国就正是需要一个"漫长而复杂的过渡时期"的国家。邓小平同志提出，基本路线要坚持一百年，要用一百年的时间来发展经济，摆脱贫穷落后，赶上发达国家，体现出社会主义的优越性。这是对马列主义、毛泽东思想的继承和发展。

（二）社会主义建设的发展动力是改革开放，政治保证是坚持四项基本原则

十四大报告指出："在社会主义的发展动力问题上，强调改革也是一场革命，也是解放生产力，是中国现代化的必由之路，僵化停滞是没有出路的。"报告还指出："在社会主义建设的外部条件问题上……强调实行对外开放是改革和建设必不可少的，应当吸收和利用世界各国包括资本主义发达国家所创造的一切先进文明成果来发展社会主义，封闭只能导致落后。"可见，要真正坚持好"一个中心"，大力发展经济，就必须坚持改革开放，充分认识改革开放是摆脱落后状态、实现社会主义现代化的强国之路。首先，坚持改革开放，可以使人们在新旧对比和中外对比中产生紧迫感和危机感，增强进取心，激起奋发图强、开拓进取的决心和勇气，努力提高劳动生产率，加快经济建设步伐。第二，坚持改革开放，才能冲破旧的经济体制中那些束缚或不适应生产力发展的各种因素，逐步建立一种新的充满生机和活力的体制，使社会主义生产关系真正为生产力的发展提供最充分的条件和最广阔的场所，为经济的发展提供强大的推动力，使社会主义的优越性充分发挥出来。第三，坚持改革开放，才能在经济发展的过程中不断清除"左"的思想影响，使社会主义现代化建设在建设有中国特色社会主义理论的指导下顺利发展。

基本路线的另一个基本点就是坚持四项基本原则。十四大报告指出："在社会主义建设的政治保证问题上，强调坚持社会主义道路、坚持人民民主专政、坚持中国共产党的领导、坚持马克思列宁主义毛泽东思想。"这四项基本原则是立国之本，这是因为：第一，只有坚持四项基本原则，才能保证我国建设和发展的社会主义方向，使经济的发展真正成为巩固社会主义制度的物质基础；第二，只有坚持四项基本原则，才能防止和克服资产阶级自由化及其他右的思想的干扰，保持一个安定团结的政治局面，为社会主义建设和发展创造一个良好的政治环境；第三，只有坚持四项基本原则，才能使全国各族人民在正确的思想理论指导下，在中国共产党的统一领导下，团结战斗，齐心协力地进行社会主义现代化建设。同时，很重要的一点是，应结合改革开放和现代化建设，给四项基本原则注入新的时代内容。例如，"坚持社会主义道路"，就要坚持不是书本上抄来的、不是外国搬来的，而是从本国实际出发的、具有中国特色的社会主义道路，并且在当前和今后一个很长的历史时期，社会主义还处在初级阶段，建设社会主义的一切方针政策，都必须符合初级阶段这个实际情况；"坚持马克思列宁主义毛泽东思想"，也不是坚持过去那种存在某些教条式的、不准确的甚至扭曲的理解，而是坚持对马克思列宁主义毛泽东思想的继承和发展，坚持邓小平的建设有中国特色社会主义理论，并在实践中继续丰富和发展。

（三）基本路线是一个统一的整体

一个中心，可以说是社会主义的根本任务，两个基本点，则是保证根本任务完成的必要条件。两个基本点相辅相成，缺一不可，它们共同保证经济建设既能加快发展，又能坚持正确的方向；既能调动各方面的积极性，又能保持正确的思想指导和各族人民的凝聚力；既能改革一切不适应社会主义生产力发展的消极因素，又能保持经济建设所需要的安定团结的政治局面；既能大胆吸收发达国家的先进技术和管理经验，又能抵制国外敌对势力的渗透、颠覆与和平演变。可见，两个基本点同样重要，二者不可偏废。当然，在实际工作中，并不是时时事事二者并重，而是要将"两点论"和"重点论"结合起来，根据国际国内情况的变化，在不同时间，突出不同的重点，才是积极地坚持基本路线。这是辩证唯物主义的基本方法。

四、紧紧抓住经济建设不放松

（一）坚持党的基本路线不动摇，关键是坚持以经济建设为中心不动摇

从历史唯物主义观点来说，社会发展最终的决定力量就是社会生产力。生产力的发展最终引起生产关系的变革，最终引起一切社会关系的变革。因此，就生产力与生产关系的相互关系来说，生产力是主导方面。马克思、恩格斯、列宁、毛泽东等革命导师都论述过社会主义必须大力发展生产力，必须有超过资本主义的生产力。马克思在《共产党宣言》中曾指出，夺取了政权的无产阶级将运用自己的政治统治一步一步地夺取资产阶级所有的全部资本，把一切生产工具集中在国家手里，即集中在已经组成统治阶级的无产阶级手里，并且尽可能地更快地增加生产力的总量。列宁也指出，无产阶级夺取政权以后，它的最主要、最根本的需要就是增加产品数量，大大提高社会生产力。从传统的马克思主义理论来讲，社会主义应该建立在资本主义内部已经形成的物质基础之上，但是，在实践中无产阶级取得胜利的国家都是资本主义不发达、商品经济不发达、整个经济文化比较落后的国家。这些国家的无

产阶级夺取了政权，但并不具备建立社会主义经济制度所需要的物质基础、物质条件。因此，就出现了两个问题：一是这些国家必须从头建设自己所需要的物质前提；二是出现了资本主义和社会主义在经济实力上的基础极为悬殊的较量。由于这些国家经济技术落后，在与资本主义的较量中处在非常不利的地位。因此，发展生产力显得更为紧迫，只有用双倍的努力来争取尽快赶上和超过资本主义国家的生产力，社会主义才能够站得住，才能够体现其优越性，才能够有强大的吸引力和凝聚力，才能够彻底粉碎敌对势力的颠覆与和平演变的阴谋。可见，进行经济建设，发展生产力是我们非常重要的任务。邓小平同志在许多讲话和文章中都反复阐述和宣传这个观点。他在1992年南方谈话中又指出：社会主义的本质是解放生产力，发展生产力，消灭剥削，消除两极分化，最终达到共同富裕。要做到"共同富裕"，条件是"消灭剥削"。因为如果不消灭剥削，就会贫富悬殊，不能"共同富裕"，而基础或最根本的问题则是"解放生产力，发展生产力"，只有生产力发展了，才有共同富裕的物质前提。所以，最核心的问题，就是抓住经济建设、发展生产力。现在国际上的斗争，实际上就是科学、技术、经济、综合国力的竞争。要加强综合国力，首先要搞好经济建设，发展生产力。现在我们在经济发展方面，不仅有来自周边国家的压力，尤其有来自国际强权政治和其他敌对势力的挑战。我们要看到形势的严峻性。十四大报告指出：经济落后就会非常被动，就会受制于人。如果我国经济发展慢了，社会主义制度的巩固和国家的长治久安就会遇到极大的困难，这不仅是重大的经济问题，而且是重大的政治问题。

从积极方面来看，我们也存在加快经济发展的条件。我们所处的国际环境既有挑战也有机遇，既有困难也有希望，总的看来机遇大于挑战，希望多于困难。和平与发展仍然是世界的主题，我们可以力争一个和平发展的环境；我国丰富的劳动力资源和广阔的市场在国际上具有很大的吸引力；世界上经济结构正在进行大调整，利用这一机会，我们可以吸收资金和技术。从国内情况来说，加快经济发展也有很多有利因素。我们14年的改革开放已经打下了一定基础，形成了一定的物质条件和加速发展的潜力；经过3年的治理整顿，国民经济总体上基本实现了供需平衡，宏观经济环境比较宽松，经济活力比较强；我们党的方针政策比较符合人民的利益，因此社会比较安定，人民比较安宁，处于政通人和的局面，这就为我们集中精力抓好经济提供了社会政治上的保证；我们党的基本路线已经或正在深入人心，改革开放的潮流已经形成，不可逆转，特别是邓小平同志南方谈话以后，经济发展势头正旺，人心向上，观念在更新，工作更注重实效。

（二）进一步改革开放，加快经济建设步伐

我们面临的任务是如何采取有效措施，加快经济建设，推动经济建设上新台阶。最重要的一条就是要不断深化改革，这是发展的动力。只有深化改革，才能理顺关系，消除不利于生产力发展的因素，推动经济的发展。但是应当看到，改革是一篇大文章，十四大报告强调改革也

是一场革命，因为改革要涉及很广阔的领域和很深的层次。经济体制改革的目标模式是建立社会主义市场经济体制，而社会主义市场经济体制是一个系统工程，需要一个发展过程。首先，国有企业特别是大中型企业要转换经营机制，要进入市场，要提高素质，增强竞争能力，可以说这是社会主义市场经济体制的中心环节；其次，要加快建立市场体系，即要促进商品市场、金融市场、技术市场、劳务市场、信息市场以及房地产市场等全面发展，真正形成市场体系并建立起市场机制；第三，要适应社会主义市场经济的要求，改革分配制度和社会保障制度，协调利益关系；第四，要相应地转变政府职能，使上层建筑与经济基础相适应，以促进社会主义市场经济体制的形成，推动经济的发展。所有这些，都需要通过艰苦细致的工作，需要一个发展的过程，绝不可能一蹴而就。此外，由于市场经济既有在资源配置中起积极作用的一面，又有其自身的弱点和消极的方面，还必须建立和完善国家的宏观经济调控体系，以引导市场健康发展。所以，这是一场艰巨而复杂的改革，就经济领域来说，是一场深刻的革命。当然，这场革命是在社会主义内部进行的，是由中国共产党领导全国人民进行的一次社会主义自我完善的革命。在深化改革的同时，必须进一步扩大对外开放，形成从沿海、沿江、沿边到内陆省份的多层次、多渠道的开放格局，广泛地、最大可能地吸收国外的技术、资金来发展我们自己。在实际工作中，最重要的措施，也是最紧迫的任务，就是要调整和优化我们的经济结构；加速科技进步，大力加强教育，更好地发挥知识分子的作用，尽快地、尽可能地把科学技术转化为生产力。此外，还必须切实把大力提高经济效益放到全部经济工作的中心位置，把粗放经营转变为集约经营，使微观经济效益和宏观经济效益都有一个明显的提高。

　　总的来说，十四大报告的内容非常丰富，非常深刻，我们要全面理解，全面贯彻。在学习当中应把重点放在上述四个方面，最主要的是学习好建设有中国特色社会主义理论。只有这样，才能全面贯彻落实好十四大的精神。

勇于创新　坚持务实[*]
——关于经济体制改革的两点思考

当前，我们的改革已进入攻坚阶段，要作好经济体制改革这篇大文章，内容很多，我想，最主要的，应从两个方面下笔：一是完善所有制结构，二是深化国有企业改革。

一、关于完善所有制结构

生产资料所有制，形式上是一种法律表现，即生产资料法定为谁所有，实质上是生产关系的基础。生产关系必须与生产力发展水平相适应，这是客观要求。因此，我国社会主义初级阶段的所有制结构，应当是以公有制为主体，多种所有制经济共同发展。现在，这种格局正在逐步形成，但是远未完善，改革有待深化，目的是更好地解放

＊　本文发表于 1997 年 9 月 13 日《中国市场经济报》。

和发展生产力。

在所有制改革中，首先要转变一种观念：即简单地追求公有经济比例大化的观念，认为公有经济比例数越大，主体地位就越牢固。当然，在社会主义条件下，公有制经济必须有一定的数量，但是，在市场经济体制下，数量的优势不是绝对的。各种所有制的经济单位，都是进行平等竞争的市场主体，它们依靠各自的产品优劣、消耗高低而在市场优胜劣汰。因此，公有经济的主体地位，要从数量与质量的结合上来考虑问题，关键依靠自己的竞争能力，也就是要有高的经济质量。没有高的质量，再大的数量，也会在竞争中萎缩；有了高的质量，就会在竞争中发展壮大。从我国目前的情况来看，尽管非公有制经济有了很大的发展，但公有经济从数量上看，其主体地位尚无动摇之虞，根本问题在于深化改革，探寻有效的企业公有制组织形式，切实加强管理，提高公有经济的效益，促进它的发展。

改革开放以来，特别是最近5年，非公有制经济发展很快，在国民经济中的比重迅速扩大。我认为这是一件好事，正好说明了中央方针的正确，说明了改革开放的可喜成绩。因为非公有制经济是公有制经济的有益补充，非公有制经济的发展，从总体上壮大了社会主义经济的实力。我们应当鼓励和推动非公有制经济有更大的发展。

但是，我们也反对那种否定公有经济主体地位的观点。认为公有经济、特别是国有经济效益连年下降，是公有制本身造成的，解决的办法，就是改变所有制，将企业拍卖给私人或外商，就能搞活了，简单地提出"靓女先嫁"，因为不靓的嫁不出去。我认为这种观点也是糊涂的。应当认识，国有企业目前出现的困难和问题，并不都是所有制本身带来的，而是由历史的沉淀、政策的调整、环境的变化等多种原因造成的。随着改革的深化，经济发展已进入结构优化升级、企业在竞争中优胜劣汰的新阶段，国有企业长期积累起来的深层次问题，必然逐步地暴露出来。这些问题通过进一步的改革和发展，是能够解决的。这正好说明改革尚未到位。深化改革的过程，也正是解决问题的过程。当然，不排除在优化资本结构的过程中，既有兼并、破产，也可以拍卖某些企业，但那是为了从总体上搞活国有经济，一般地提出"靓女先嫁"是会产生误导的。假如简单地把"靓女"都嫁掉，留下一屋"丑女"，何来公有经济为主体？应当明确，公有制的主体地位不能否定，这是社会主义经济制度的根本。因为生产资料所有制，作为生产关系，不仅从经济上决定人们在生产中的地位和相互关系，决定产品的交换和分配关系，还是如马克思所指出的，"有法律的和政治的上层建筑竖立其上并有一定的社会意识形式与之相适应的现实基础"。因此，邓小平同志曾多次强调："社会主义有两个非常重要的方面，一是以公有制为主体，二是不搞两极分化。"公有制为主体，正是不搞两极分化的经济基础。

　　所有制结构的完善，并不是要规定一个具体的比例数字，但也要根据以公有制为主体，多种所有制经济共同发展的要求有一个原则的界定，主要是：（1）公有经济要能够控制国民经济命脉，这就要求公有资产在社会总资产中保持优势，并在一些主导行业和重要部门占支配地位；（2）公有经济要能保证国家的经济安全，即对外保持国家的独立自主；（3）所有制总体结构要能够引导和组织整个社会资本的优化组合；（4）非公有经济要有平等竞争的条件，随着整个国民经济的发展而健康发展。

二、关于深化国有企业改革

国有经济是我国社会主义经济的支柱，因此，国有企业的改革，是整个经济体制改革的中心环节。中央关于国有企业改革的指导思想和基本思路已经明确，我们应当按照建立现代企业制度的方向，深化改革，更新体制和机制；通过技术改造，更新设备、开发新产品，扩大市场占有份额；通过战略改组，优化结构，特别是要组建大型企业集团，提高国际竞争能力；切实加强企业内部管理，从经济、文化等方面全面提高企业素质；方法上要抓大放小，立足于搞好整个国有经济。要做好这些工作，必须全心全意依靠工人阶级，并建设一支高素质的经营者队伍，特别是要加强和改善党对经济工作的领导。这里有两个问题需要认真研究。

第一，关于改革的力度、发展的速度和社会承受程度的关系。对这个问题，首先要认识改革力度的主导作用。总的说来，是要使上述三个方面达到统一。在实际工作中，人们往往最先考虑社会承受程度。这当然是有道理的。但是，一定要运用辩证唯物主义的思想方法。社会承受程度，既是一个客观现实，又是一个可变量，改革和发展离开这个现实，超越它的实际承受能力，会欲速不达，最终从负面影响改革和发展；但是，反过来，如果消极地看待社会承受程度，甚至过低地估计社会承受能力，夸大困难，惧怕风险，畏首畏尾，踟蹰不前，则会丧失机遇，给改革、发展和社会主义事业造成不可估量的损失。因此，我们的思路应当是，在分析社会承受能力的同时，着重考虑抓住机遇，深化改革，加快发展。通过改革和发展来解决历史遗留的问题和克服前进中的困难，依靠发展来增强国家的综合实力，同时也就提高了社会承受能力，反过来又能促进和推动改革和发展。这样在一种良性循环中达到三者的辩证统一。

第二，国有企业改革，要重视制度创新。这里也有一个思想方法问题。现在我们的理论阵地不必再花很多的笔墨去描绘计划体制的弊端，因为那是历史，历史的必然和偶然都是由"历史"形成的；我们也不要花很多的笔墨去试图设计一种划一的、一步到位的、完美的企业制度模式，因为我国的企业千差万别，千足难适一履；我们更不要在理论论争中都根据自己的需要和理解，摘引马克思的语录来论证自己的观点，因为马克思并未看到也没有具体预测到中国社会主义初级阶段国有企业的种种情况。我们的正确方法应当是运用马克思主义的立场观点和方法，解放思想，实事求是，根据企业的共性来认真贯彻中央的指导方针，又根据企业的特性来分类指导，科学确定企业的组织形式。

例如股份制，我们在理论上争论了几年，也在改革中实践（试验）了好几年，实践中有成绩也有问题，这里存而不论。在理论上争论的焦点，是姓公还是姓私。简单地说（恕我概括太简单，可能表达不全面），说姓私者，认为股份制是把资产量化给个人，个人持有股票是私人占有的典型形式，因此姓私；说姓公者，认为股份制是把个别资本转化为联合资本，把私人资本转化为社会资本，因此姓公，双方都有马克思的论述为据。我认为，我们应当把注意力放到我国社会主义初级阶段这个实际上来，再认真研究一下国外企业制度的新情况，针对我国企业的具体实际来确定各类企业的组织形式。从这个思路来分析，我们就会知道，股份制公司有姓公的，也有姓私的，更有公私兼容的，不能作出姓公或姓私的全称判断。在一个股份公司里，往往既有公股，又有私股，它能把各种资本联合起来，融为一体。我们的国有企业实行股份制，既有利于产权关系更加具体清晰，又有利于拓展融资渠道加速社会化进程，应当是我们企业制度改革一种可供选择的组织形式。当然，在股份制改革过程中，不能一刀切，不要认为一"股"就灵，而要视企业的主客观条件而定，并要注意规范操作，特别要不断完善股份公司的法人治理结构。

又如股份合作制，应当说是我国工人阶级在改革过程中找到的一种企业公有制组织形式。对股份合作制也有姓公姓私的争论。事实上，真正的股份合作制是体现企业职工劳动联合与资本联合相结合、按劳分配与按资分配相结合的生产关系，作为所有制形式，应当是典型的集体经济，是公有制关系，是适应我国初级阶段生产力发展水平的实际情况的，应当鼓励发展。当然，这种形式，从生产关系要与生产力相适应的要求来看，比较适合于劳动密集型的、规模不很大的企业。同时也要规范操作。当前已经出现了一些操作不甚规范的情况，有关部门可以在总结经验的基础上，建章立制，逐步规范。在改革的实践中，也还有一些企业，开始是按股份合作制组建，但后来在体制上已离开了资本联合与劳动联合原则，如由少数人控股甚至个人控股，分配上已不体现按劳分配原则，生产过程也不再体现劳动联合的关系，对这类企业形式，只要符合三个有利于的标准，在改革中也可以试行，允许存在和发展，但名称上不要再附会为"股份合作制"，可根据实际情况确定它的性质和名称。

热话题与冷思考[*]
——关于新时期资本和劳动的若干问题

　　学术界掀起了一股讨论"深化对劳动和劳动价值论认识"的热潮，各种观点异彩纷呈。不同的观点通过交会和碰撞，会使理论愈辩愈明。那么，目前主要有哪几类观点？

　　劳动价值论是剩余价值学说的基础，是马克思主义政治经济学的理论基石。它和历史唯物主义共同构成了科学社会主义的两大支柱，正是在这样的基础上空想社会主义才变为科学社会主义。所以，在面临许多新情况和新问题的今天，对这一理论进行深入学习和探讨具有重要意义。党中央在关于制定"十五"计划的《建议》中也提出："随着生产力的发展，科学技术工作和经营管理作为劳动的重要形式，在社会生产中起着越来越重要的作用。在新

　　* 本文系《当代世界与社会主义》杂志记者对作者的采访，发表于该刊2001年第4期。

的历史条件下，要深化对劳动和劳动价值理论的认识。"
目前国内理论界对劳动价值理论的讨论，主要有三种不同
的意见。

第一种意见认为，从整个社会再生产过程来分析，一
切社会劳动都是有效用的劳动，因此是所有社会劳动共同
创造价值。过去认为商品价值的创造主要是通过生产劳动
实现的，而现在一些文章则提出，一切劳动都创造价值，
包括第三产业的劳动和生产精神产品的劳动等。此种意见
称为"一切劳动共同创造价值说"。

第二种意见认为，在知识和信息的作用日益突出、金
融对经济活动的影响越来越大的条件下，马克思讲的那个
劳动虽然也还存在，但它已经不是价值的主要源泉，而是
各种生产要素共同创造价值，甚至非劳动的要素更为重
要。比如，资本、信息在价值创造过程中的贡献更大。这
种意见可以称之为"生产要素创造价值说"。

第三种意见则认为，要坚持马克思的劳动价值学说，
但要根据新的实践，深化认识，丰富发展，并主张将价值
创造与价值分配分别进行研究。

总之，我们应当为不同观点的相互切磋而喝彩，因为
这有利于学术繁荣，有利于我们全面领会中央关于"深
化认识"的精神，从理论上拓宽劳动价值论的研究视野，
在实践中研究价值分配的政策思路。

目前之所以形成不同的意见，首先应该与人们对一些
重要概念如资本、价值、劳动等的不同理解有关。

我们要深化对劳动价值论的认识，首先要搞清楚相关

的一些概念，包括劳动、价值、生产要素、价值分配等。首先看劳动的概念。马克思在阐述劳动价值论时认为，劳动是生产商品的劳动，是创造商品价值的劳动，这种劳动是具体劳动和抽象劳动的结合。前者在各种特殊的有用的形式上创造使用价值；后者则通过一般体力与脑力的消耗创造价值（包括转移生产资料的价值和创造一个价值增殖）。也就是说，劳动以其具体的形式改变生产资料的原有形态，生产出一个新的有用物；同时从抽象的意义上转移生产资料的价值而形成一个价值更大的新商品。如果没有这种劳动，没有这个劳动过程，这个新的有用物即价值量更大的新商品，就不可能产生。而且马克思在《资本论》中特别指出，正确认识"商品中包含的劳动的这种二重性，是理解政治经济学的枢纽"。

与劳动的观念相关，价值的观念是否发生了变化了呢？恩格斯在《反杜林论》中说："经济学所知道的唯一的价值就是商品的价值。"商品具有价值，因为它是社会劳动的结晶；这个价值被认可，因为它体现在一个对他人有用的使用价值上面。这就是商品的使用价值和价值的统一。马恩认为在交换中实现商品的价值。比如一个杯子，只有别人需要并购买时，才能体现其使用价值从而实现其价值。那么，价值究竟是谁创造的呢？马克思认为是劳动创造价值，而工作条件的改善、设备的改良以及投入的增多会使规模扩大，这样虽然会使劳动生产率提高，单位时间内产量增多，但那也只是在转移更大的价值。归根结底增加的价值量还是人的活劳动创造的。资本的作用虽然重要，比如可以添加设备、改进工作等，但如果不投入劳动，它还是在存量形态上的价值，不能创造价值。商品的价值包括三个部分：生产资料消耗的价值、劳动力的价值、剩余价值。商品价值的这三个部分，不是一种数量的简单组合，而是一种生产关系的体现，劳动者和生产资料结合的劳动过程，就是商品价值的增殖过程。生产资料，包括劳动对象和劳动资料。生产资料的价值，由劳动者通过生产过程转移到新的商品当中，它的量不会发生变化，因此马克思称为不变资本；劳动力的价值则完全是另一种性质，劳动者在生产过程中创造的价值，要大于（以工资支付的）劳动力的价值，即生产一个价值增量，也就是剩余价值，因此马克思称之为可变资本；很显然，剩余价值就是资产阶级无偿占有的工人的剩余劳动。

随着科技的飞速发展，机器等现代工具和技术在生产中的作用越来越大，于是有人提出机器已经代替了劳动者的劳动，也创造价值。这一观点表面看来似乎是正确的，但实质不然。我曾经参观过国外当前最先进的机器人工厂，那里确实是有一排排的机器人在紧张有序地生产，而不是工人在操作机床那种传统的生产场面。我们不能否认机器人的重要作用，但同时我们也不能对工人的存在视而不见，因为车间里还是有工人在检测、调控机器人的程序。所以机器人的劳动仍然是人的劳动的延伸，是为人服务的。况且机器人本身还是人创造的，受人控制的。而且，马克思也从来没有忽视科学技术的进步作用。他在《工资、价格和利润》中曾明确地指出，除劳动者的技能之外，劳动生产力的提高主要取决于两个方面，一是劳动的自然条件，二是劳动的社会力的改进。他讲的劳动的社会力，包括劳动组织的改良、资本的积聚和科学技术的发展，并特别强调了科学技术的作用，但同时他仍然认为劳动是主体，"科学就是靠这些发明来驱使自然力为劳动服务"。

马克思的基本观点是劳动创造财富。但是，随着科学技术的发展，知识和信息作用的凸现，新的科学技术和新的管理方式使生产力倍增，当然也使价值量倍增，于是有人提出对生产要素应当有新的理解，认为非劳动要素的重要性超过劳动的作用，能够创造更大的价值。我们应该如何看待这一说法呢？

马克思主义认为，生产使用价值的劳动过程有三个要素，即人的劳动、劳动对象和劳动资料。作为使用价值的财富，它的源泉不仅仅是劳动，而是三个要素都是财富的源泉。而作为价值的"财富"即商品的价值，它的源泉就只能是劳动。马克思曾经说过："不论生产的社会形式如何，劳动者和生产资料始终是生产的因素"，而"劳动是生产的主要因素"。他曾深入分析过生产要素的状况与劳动生产力的关系，指出对劳动生产力具有决定意义的因素，包括劳动者的技术熟练程度、科学技术的发展及其在生产中的应用、生产设备的先进程度和生产规模、生产过程组织管理的有效性以及生产的自然条件。而且他还强调科学技术的发展及其应用具有特别的重要意义。但同时马克思严格区分了决定劳动生产力的因素和决定价值的因素。所有生产资料的改善和扩大，只是提高劳动生产力的因素，而决定价值的因素是无差别的人类劳动。我觉得在现阶段这一区分仍然是正确的。生产要素是多元的，如果细分，可谓是一个大系统。但归结起来，最基本的还是生产资料和劳动力。技术体现在设备、工具、工艺上；资本体现在生产规模的扩展上；信息体现在经营管理上，所以归根结底还是生产资料和劳动力。其他的也是通过生产过程实现的。

而前面提到的那些非劳动要素的作用，可以这样来分析：第一，新的科学技术（包括新装备、新材料、新工艺）和新的管理方式，从根本上讲，是劳动者整体（包括工人、科技人员、管理人员）的长期积累形成的。第二，新的科学技术，从物质形态的角度来说，只是一种可能性上的要素。马克思说：它在与劳动者"彼此分离的情况下只在可能性上是生产因素。凡要进行生产，就必须使它们（与劳动者）结合起来"。只有由劳动者在生产中使用，才会成为现实的生产要素。从价值形态来讲，尽管它的价值含量很高，但也只是一种潜在存量价值，必须由劳动者通过生产过程，才能转移成新的现实价值。第三，新的科学技术和新的管理方式的运用，仍然要在劳动者的劳动过程中进行。这是一种更复杂的劳动，要求劳动者有相应的高技能和高熟练程度，即它需要相应的高素质的劳动者。正是这种高素质的劳动者的劳动，既转移倍增生产资料的价值，又创造倍增的新价值。

当前，对财富来源的不同解释，导致价值分配理论方面也存在一些混乱现象，我们应该对此有清醒的认识。分配关系，本质上是一种生产关系，是生产关系的一个方面，也可以说是生产关系的表现。马克思就曾说过："分配关系本质上和生产关系是同一的，是生产关系的反面……一定的分配形式是以生产条件的一定的社会性质和生产当事人之间的一定的社会关系为前提的。因此，一定的分配关系只是历史规定的生产关系的表现。"在资本主义条件下，价值分配是以生产要素为依据的，资本获得利润，土地获得地租，劳动获得工资，这种拜物教性质的形式，造成一种假象：土地是地租的源泉，资本是利润的源泉，劳动是工资的源泉。于是法国的庸俗经济学家萨伊就最早提出了资本、土地、劳动"三要素共同创造价值"的三位一体公式，通俗地称"三马分肥"。事实上，地租、利润、利息等都是当事人依仗自己的所有权对劳动所创造的剩余价值的分割。

有些人提出，我们当前按生产要素进行分配，违背了马克思的劳动价值论。我们对这种观点应该怎样看呢？

当前按生产要素分配不违背马克思的分配理论，实质上的价值创造与现实中的价值分配是不同的。马克思时代的分配也是按生产要素进行分配的，不过那时是由资本主导的分配，是一种不合理的分配。我们今天搞社会主义市场经济，按生产要素分配包含三层含义：（1）首先劳动力也是生产要素，并且是其中最重要、最具决定性的要素。它要求在劳动力市场上进行资源配置，通过劳动力市场的资源配置，使其得到报酬，这也是按生产要素分配的表现之一。（2）今天我们讲的特定意义的资本有公有财产、私有财产之分。它们作为商品进入市场，也要求其应得的报酬，这是资本所有权的体现，也是对所有权的回报。（3）如果生产要素不能得到回报，它们就会丧失积极性，生产要素就会闲置，从而造成社会财富的浪费。所以按生产要素分配是合理的、必要的，它对社会生产起积极的推动作用。在我国社会主义初级阶段，提出按劳分配与按生产要素分配相结合的原则，是与"社会的经济结构与社会的文化发展"相适应的。

那么，马克思关于分配理论的基本点是什么？我认为马克思分配理论的基本点有四条：（1）分配关系和分配方式只是表现为生产关系的反面，也就是说它只是生产关系的一种表现形式。有什么样的生产关系，就有什么样的分配关系，能够分配的只是生产劳动的成果。从分配的形式来看，只是参与生产的生产方式决定分配形式，分配只是生产关系的表现形式。（2）任何一种消费资料的分配都是生产条件分配本身的一种结果。资本主义的分配方式与社会主义的分配方式是不同的。（3）要在社会主义社会实行按劳分配，在作了各种社会扣除之后，按劳动者劳动的数量和质量分配，等量劳动获取等量报酬。（4）在马克思的设想中，社会主义已经没有商品货币关系，劳动力不再是商品，工资也不存在了，人们实行"各尽所能，按劳分配"。而今天社会主义的具体实践和马克思的设想不太一样，这主要表现在以下几个方面：首先，商品货币关系仍然存在；第二，由于商品货币关系的存在，分配不能直接分配劳动产品，仍需要在市场中进行。

今天历史已经进入了一个新时代，科技、知识、信息发挥着日益重要的作用。许多情况与资本主义条件下已经完全不同了，所以现阶段仍然完全按照马克思的定义来界定出现的新问题、新情况已经远远不够。劳动的范围该扩大，创造价值的劳动范围也要扩大，但马克思的基本观点仍要坚持。尽管今天情况有很大变化，但不能否定马克思劳动价值理论的基本原理，如果否认，就是全盘否定了社会主义革命。推倒了马克思主义的两大基石之一，科学社会主义理论也就不复存在了。所以，我们必须既要坚持马克思主义，又要发展马克思主义。

在社会主义初级阶段，我们实行以按劳分配为主的分配方式，在生产上又鼓励个体经济、私营经济等非公有制经济的发展。这在调动人们的工作积极性方面发挥了重要作用，但同时我们也不能忽视，当前人们的收入差距存在拉大的趋势。目前我国收入分配的差距已经比较突出。这主要表现在：（1）城乡之间收入差距拉大。据统计，我国城乡居民年均收入之比 1985 年为 1.72:1，1997 年增为 2.47:1。如果考虑到城市居民的福利补贴和农民所承担的摊派、白条现象等因素，城乡居民年均收入差距可能还要大得多。党中央在关于制定"十五"计划的《建议》中也指出，农村的人均收入是 2000 多元，城市则达 6000 多元。（2）地区间收入差距拉大。尤其是沿海和内地之间表现更为突出。1998 年城镇居民收入最高的东部城市与收入最低的西部城市人均可支配收入之比为 4.8:1。

（3）行业间收入差距明显拉大。一方面一些垄断性行业控制大量资源，享有高额的利润；另一方面许多国有企业的工人却面临下岗失业的问题。而有些高收入行业，并不是因其对社会的贡献大，也不完全是因经营有方，而是因其占有较多的公有投资和占据垄断地位而获得较大的利益。（4）行业内部的差距。普通工人和经理层之间的收入存在很大的差距。应该说这种局面的形成既有经济方面的原因，也有政治体制方面的制约因素。为保证社会公平和效率协调，我觉得这一问题应该引起我们的高度重视。

那么，我们应当怎样认识这种收入差距呢？

首先，要认识到这种收入差距的扩大具有必然性。我国目前处于体制转型期，在全体人民物质文化生活水平得以普遍提高的同时，一部分人通过诚实劳动、合法经营获得了较高或很高的收入，成为全国率先富裕起来的群体，这是迈向共同富裕过程中必然出现的现象，是社会进步的一种标志。邓小平同志强调，要允许收入分配拉开差距，允许一部分地区、一部分企业、一部分个人先富起来，这是发展社会生产力的必然要求。同时国家也要在各方面加强对后进地区的大力支持，使全国人民都较快地富裕起来，"这是一个大政策，一个能影响和带动整个国民经济的政策"。沿海地区要加快对外开放，使这个拥有两亿人口的广大地带较快地发展起来，从而带动内地更好地发展，这是一个事关大局的问题。内地要顾全这个大局。反过来，发展到一定的时候，又要求沿海拿出更多力量来帮助内地发展，这也是大局，那时沿海也要服从这个大局。

邓小平同志先富、后富、共富的致富思想，为我们正确认识收入差距问题指明了方向。目前我们的市场经济是一种差别经济、竞争经济，收入差距的存在符合市场经济效率原则的要求。它可以提高社会生产率，同时又是对平均主义大锅饭的批判。既体现了分配制度改革所要遵循的效率优先、兼顾公平的原则，也符合"部分先富"的政策，有利于激励人们的劳动积极性和主动性。

但是我们还应该考虑社会的承受力，包括人们的经济承受能力和心理承受能力。因为目前我们整个社会都不富裕，少数人的过高收入会在经济上造成无公平可言的状况。而且多年来人们已经习惯了平均主义，"不患寡而患不均"的观念影响很深，所以收入差距过大会导致各种社会问题。只有考虑了社会的承受能力，才能保证社会的稳定，保护劳动者的劳动积极性。尤其是现在的分配不公并不是完全按照规范的市场原则形成的，许多事情是在不规范的情况下出现的。在致富手段、致富领域、致富程度方面存在不合理性，少数人利用投机等不正当手段非法暴富，商界利用关系网获得额外收入，某些企业领导人瓜分国有资产，甚至少数人搞"权力寻租"。各种违法经营或非法致富导致分配领域的严重不公，使相当一部分社会成员萌发了一种强烈的被剥夺感和不满情绪，导致社会性的价值取向失衡，给社会发展埋下了不稳定的因素。这一切都需要加强社会管理。

时下流行一句关于垄断行业的顺口溜："银行证券保，两电两石草；只要进了门，扫地的也不少。"据国内一家研究机构的报告：电力业的垄断每年的租金（经济学意义上的）损失在 560 亿元至 1120 亿元之间，而民航业的垄断租金每年也在 75 亿元至 100 亿元之间。垄断把消费者收益转给了垄断者，创造出超额利润，造成社会福利损失，估计这类损失每年达 1300 亿元至 2020 亿元。这样垄断把消费者收益转给了垄断者，创造出超额利润，从而造成社会福利的损失，并容易导致腐败的滋生。实际上，目前人们收入差距的拉大是由多种因素造成的。首先，我国总体的社会生产力发展水平低，多层次生产力并存，从而导致了人们的收入差距拉大；地区间经济发展不平衡和某些经济倾斜的政策，使得地区间、个人间收入差距不断扩大；行业间不合理的利润率及价格体系不合理，垄断经营，对生产要素占有的初始不平等因素使行业间和企业间的职工收入差距更突出。另外，非法收入来源渠道的存在也是造成收入差距拉大的因素之一。

　　由于种种原因，使得收入差距拉大的趋势将在今后较长一段时期内存在。我们要正视这一现实，既不能过于紧张，也不能放任自流；既要激励人们的积极主动性，又要将这种差距控制在一个合理的范围之内。在收入分配中，国家应该从宏观上进行整体规范，制定政策，使收入分配规范化，从而既承认差距，又要合理合法，按市场原则要求规范化、制度化。针对地区收入差距拉大的趋势，国家要采取措施减缓区域间收入差距的扩大，使地区经济协调发展。在具体的分配方面，要通过规范初次分配和调节再分配体现社会主义的分配原则。初次分配体现"效率优先"的原则，然后通过"税收调节"的二次分配体现社会公平原则，从而处理好效率优先与兼顾公平的关系，事实上，如果没有公平，伤害了多数人的积极性，效率优先也是空话。要通过国家的宏观分配调节，正确处理积累和消费的关系，防止和纠正国民收入过分向个人倾斜和个人收入差距不合理的扩大，消除两极分化。另外要通过政府和社会的力量，加快建立社会保障体系。同时要坚持反腐败斗争，反对一切非法、违法收入的存在。

随着改革开放的深入，外资和私营等经济成分发展较快，从而出现了一些新情况，如外企的劳资关系、私营企业主要求入党、一些党员下海经商成了老板、外企的党建工作和工会工作等，这些问题也值得我们关注。

"理论是灰色的，生活之树常青"。现在我国正处于社会发展和变革较快的时期，不断涌现的各种新情况、新问题、新现象需要我们理论工作者用马列主义、毛泽东思想、邓小平理论以及江泽民同志"三个代表"的思想为指导，进行深入而全面地分析，我们必须清醒地认识到，社会主义是一种新的实践，要在实践中明确指导思想、完善体制、健全机制、严格规范、科学管理，逐步地使收入分配在正确的轨道上进行，从而更好地为有中国特色的社会主义现代化建设服务。

加快改革 推进再就业工程 *

一、要充分认识再就业问题的严峻形势

1997 年中央提出减员增效，下岗分流，主要是为了深化改革，进一步提高企业的经济效益。到 1997 年底为止，下岗的人数已超过了 1100 万。这 1100 万人中，95%以上都是国有企业和集体所有制企业的职工。1998 年以来，下岗失业的人数有增加的趋势，有些地方增加的还比较多。当然，一方面有下岗，一方面有安置再就业，具体人数也没有一个准确的统计。总的看，人数很多，而且有增加的趋势。这在某种程度上影响了社会的稳定，一方面下岗职工心态普遍受到影响，不仅影响本人，而且亲属、子女都受到影响。没有下岗的职工也有一种不安定感。另一方面，有些地方下岗职工出现一些集体上访，集体找政

---

* 本文发表于《理论前沿》1998 年第 18 期。

府，集体找党委的现象，对党和政府的工作也有一定影响。有些地方甚至出现影响交通，影响社会治安的问题。从我们当前的形势看，再就业这个问题一时很难解决。从理论上说，如果生产不能相应扩大，则失业人数的增加，一般受两种因素的影响，一是随着生产技术的进步，有机构成的提高，机器会排挤工人，增加失业人口；二是人口的过度增长也会增加失业的人数。人口已是我国的一个非常明显的问题。现在统计数字是12亿，实际上农村的一些统计也不准确。我国人口增长过快，而且随着生育高峰迭起，有继续发展的趋势。由这种趋势造成的每年新增达到就业年龄的城镇人口数百万，如果再加上农村新增人口和农业生产力的提高所排放出的劳动人口，则是一个非常惊人的数字。这就决定了我国劳动力供大于求的矛盾将长期存在。我国还有一个特殊的原因，就是劳动体制的积弊。过去我们的劳动就业是统包统配，学校毕业的学生、社会达到年龄的青年和部队转业的干部和士兵，都要统一安排在公有制的企事业单位或党政机关就业。我们过去叫高就业低效益，不根据工作岗位的需要来安排就业，而是根据就业的需要来安排就业。结果几乎是所有的企业，所有的部门都有大量冗员。所以，当前95%的下岗职工都是出自于国有企业或集体企业。另外，随着改革的深化，结构的调整，长期造成的重复建设、盲目建设的后果已经显现出来，一些企业已难以维持；即使是不属于重复建设的企业，也不管是大企业、中企业、小企业都是大而全、小而全，造成大量的岗位重复，职能重复，效益低下。矛盾和问题是长期积累形成的，由于经济运行的惯性，结构调整的运作到调整目标的合理到位，将是一个长期的过程，所以下岗人员增加的趋势还要持续很长的时间。预计今后三年，每年可能增加下岗人员 400 万左右。这是一个很大的数字。要解决就业的问题，最根本的，当然是靠增加投入，扩大生产，增加岗位。但根据我国当前的财力，仅依靠国家财政投入来解决包括新增劳动人口就业和下岗再就业在内的整个就业问题，还有一定的困难。所以，我们要充分认识到再就业问题的形势是严峻的，要在深化改革的过程中，经过政治、经济、组织等多方面的工作才能逐步地解决好再就业问题。

二、要提高对再就业问题的认识

再就业问题，是我们所面临的一个跨世纪的重大问题。无论从劳动者本身，还是从领导者、社会舆论来看，当前都有一个转变观念、转变认识、转变导向的问题。首先从领导者来说，包括党政领导者、企业的领导人，都应该端正认识，把再就业问题不仅看成经济问题，而且看成是政治问题。我国是工人阶级为领导的、以工农联盟为基础的社会主义国家。工人阶级是我们的领导阶级，是我们国家政权的主体、主导力量。工人阶级的工作安定，生活安定，不是简单的经济问题，而是政治问题，党和政府的领导应该有这种认识。对下岗分流的职工，应该有一些相应的政策举措来维护他们的利益。我们现在提出下岗分流，减员增效，应当正确理解。下岗以分流为条件，减员以增效为目的。现在有些人一说下岗分流，就只讲下岗，不讲分流；一讲减员增效，就只讲减员，不讲增效。这虽然是个别现象，但问题是存在的，有些地方还比较严重。在下岗分流、减员增效方面，应该有一定的维护工人阶级利益的政策或举措。从企业来讲，要把下岗分流和减员增效统一起来考虑，在考虑下岗的同时必须研究如何分流；在研究减员的同时，应考虑能不能增效。简单地把人推到社会，企业又不能增效，只会增加新的矛盾。企业首先要立足于深化改革，开发新产品，开拓新市场，搞活机制，发展生产，把原岗位的冗员减下来，安置到新开辟的岗位。在这个基础上，再考虑把多余的人送出企业，另找门路。这些问题是党政领导者和企业领导应该考虑的，不能就事论事，单从就业谈就业。其次，劳动者本身也有一个转变认识的问题。过去，劳动体制统包统配，只要达到年龄一辈子都由国家包下来，劳动者不担心失业，也无择业的自主权。服从安排，依赖国家。这种观念是长期形成的。现在随着经济体制改革的深化，经济结构的调整，随着社会主义市场经济体制的建构，劳动者也应有一种自主、自强的意识，由那种躺在国家身上的观念转变成自立自强的观念。要认识到随着改革的深入，经济结构的调整，结构性和阶段性失业的存在是一种必然现象。劳动者自己应有一种竞争意识，自谋职业、自救自强的意识。从实际情况看，现在有些地方采取了很多的办法、举措来解决就业问题，但有些劳动者下岗后，在择业时有过高的或不切合实际的要求。劳动者应该有适应形势的意识。第三，当前的社会舆论也应有点转变。最近一年多以来，随着下岗人员的增加，理论宣传界做了大量的工作，讲了很多的道理，是应当肯定的。但理论宣传要实事求是，入情入理，积极全面。我们讲改革深化，结构调整，原有企业减员有它的必然性，但同时必须指出，失业人员的增加并不是改革的初衷，改革不是要增加失业人口，改革本身是为了解放生产力，提高经济效益，提高劳动者的生活水平。不要仅仅强调失业的增加是改革一种必然现象，要同时强调改革的最终目的和前景。指出当前给职工带来的实际困难。中央提出用五年时间解决国有企业下岗职工安置问题，必须认真落实。要引导社会各界共同关心、积极解决就业问题，提出解决就业问题的指导思想、原则、方针、方法，引导社会各界包括劳动者自身共同克服当前的困难，解决就业问题。舆论上要少讲"无情调整"，多讲"有情操作"。

三、要把解决再就业的问题同改革的深化统一起来

再就业问题，本身并不是孤立的，是与经济社会的发展密切相关的。就业问题的根本解决取决于改革的成功，经济社会的协调发展。多少年来我们一讲深化改革，总是讲要加大改革的力度，这当然没有错。但我想改革不能仅仅是简单地加大力度。中央早就提出，把改革的力度、发

展的速度和社会的承受程度有机结合起来，这样才能相辅相成，事半功倍。当然，从总体上看，改革是发展的动力，发展是提高承受程度的物质保证，但同时三者又是相互依存、相互制约的辩证关系。如果只讲改革的力度，不考虑社会的承受程度，反过来会影响改革的推进。比如说国有企业职工下岗，首先要保证他们的基本生活费用，这就要考虑国家财政、社会保障、企业财务以及职工本人的承受能力。特别是下岗分流，减员增效，核心要强调增效。现在转变机制、精减职工，本身是改革的举措，但通过改革能不能增效？至少在一个地区、一个部门应有一个统筹的考虑，不能不经过认真论证一味地减员、下岗，而要考虑企业能不能增效，从社会宏观上讲能不能增效。地区和部门均应有相应的政策规章，使下岗分流、减员增效目的明确，运作规范。比如根据什么条件、什么要求来减员、下岗。现在有些地方、有些企业随意规定下岗年龄，随意提高劳动定额来迫使一些人下岗。甚至有些企业采取不正当的手段，钻改革的空子，套取政策优惠，损害国家和工人的利益。对这些现象应当引起严重的注意。我们要把下岗分流与再就业工程提到关系改革成败的高度来认识。化解矛盾，理顺关系，调动工人阶级的积极性，提高经济效益，改革才能成功；反之，改革的目标就不能实现。从改革本身来讲，现在企业的承包、租赁、改组、联合、兼并、破产、出售等都要和再就业结合起来。小企业的改制，要根据党的十五大的精神，立足于搞活国有经济这个总要求，采取多种形式，优化资产结构。现在一些地方刮起了拍卖风，一卖了之。这股风的原因很复杂，有些还与腐败问题相联系，应当认真研究。甚至有这样的怪事：有的地方领导者，企业资产"评估"后，执意要卖给私人，本企业职工出同样的价格集体购买，则百般刁难。一些企业，卖给私人、三资企业后，大量减员，减下来的人怎么办？要有相应的对策。我们现在发生个别这样的情况，一个企业资产600万，拍卖给个人或外商300万就卖掉了，买者并没有在这个企业发展生产、提高效益，而是倒手350万又卖给了个人。倒来倒去，是个人赚了钱，国家赔了本，工人丢了饭碗，企业还是垮了。企业拍卖不要有随意性，要认真论证，不卖也能搞好的，为何一定要卖？即使该卖的也要认真进行资产评估，要考虑好企业的前景再改制。否则，改制后既损害了国家，又损害了职工利益。同时随着改革的深化，要加强劳动力市场的建设，朝着就业市场化、劳动有保护、失业有保障的目标努力。尽快形成与社会主义市场经济体制相适应的就业机制，逐步建立一个公平、公正、有序竞争的劳动力市场。通过改革使我们劳动力结构优化，劳动力整体素质有一个大的提高。

四、要把扩大就业与加强培训结合起来

扩大就业的根本途径是创造劳动岗位。对扩大就业要有一个战略思考，不要为解决当前的就业问题，不久的将来又形成更大的失业问题。产业结构的调整，是要使资本

优化。资源配置不合理，就是社会再生产不能实现，产业结构调整，就是使资本结构优化，打通资本运行的各个环节，保证再生产过程的实现。这种调整既有短线的加强（资本向短线流动），又有长线的收缩（资源由长线部门转移到短线部门），这是一种资本的转移。这种资本转移，也伴随劳动力的转换，即减少长线的劳动力，增加短线的劳动就业。如果是扩大的再生产过程，则可以仅仅是短线劳动力的增加，而不必同时有长线劳动力的减少，也可以是不等额的全面增加就业。那么在我国随着产业结构的调整为什么又会出现失业增加呢？主要还是国有企业和集体企业长期的高就业、冗员多、效益不高造成的。改革的深化只有部分企业的收缩而没有其他企业的更大发展。所以改革的关键还是提高企业效益，通过资源优化配置，通过结构调整来真正提高经济效益。我国现在正在加强铁路、公路、码头等基础设施建设，这无疑是一种结构调整的重大措施。但同时必须考虑整个经济发展的规划、步骤，考虑地区布局。特别是各个地区和部门在加强基础设施建设时，要纳入全国宏观体系，认真论证。现在有些地方已经发生了高速公路、铁路、航运、公路争客源、货源的现象，发生了效益问题。如果我们不看地区、行业布局，简单地加强某一产业，一哄而上，中央上、地方上、部门也上，又会造成新的重复建设。当前可能解决了一批人的就业问题，过一段后又可能会产生更大的失业问题。所以大型基础设施的建设，一定要统筹兼顾，科学安排，务求效益。根据我国资金不很充裕、劳动力资源丰富的特点，各个地方应更多地发展投资少、市场容量大、见效快的劳动密集型产业。这和我们发展高新技术产业并不矛盾。现在我们在利用高新技术方面有一定的成绩，但要把高新技术作为一个产业来发展，还需要加大力度。使高新技术形成产业、规模，才能带动相关行业，吸纳更多的劳动力。比如美国的汽车业，形成了 100 万员工的大产业，同时为汽车推销、维修及其他服务的员工却达到 200 万。要扩大就业，同时也要加强职工培训。我们的经济结构调整，下岗人员增多，也正是改善人力资源结构，提高劳动者素质的机会。培训是劳动力内涵扩大再生产，是社会生产力快速发展的根本保证。现在全社会都在关注培训，政府在关注，企业也在抓培训，甚至很多民办机构也在搞培训。培训有三个问题必须解决好：一是规划。培训是一种劳动力队伍优化、劳动队伍素质提高的措施，劳动力培训计划和组织工作必须同经济结构的调整、经济发展的规划结合起来。二是质量。培训要讲质量，要有规范要求，有应知应会的考试、考核，要有质量保证。三是收费标准。有些民办的、地区办的、部门办的培训，定很高的收费标准。本来下岗职工就没有工资，所以收费标准应规范，政府应拿出一定的资金作为劳动者再教育的费用投入，加大培训力度。

收入分配问题必须认真
研究解决好[*]

　　我国在收入分配上出现的两极分化问题，成为此次政协会议关注的重要问题之一。目前，这一问题已引起了中央的重视。朱总理在"十五计划纲要"报告中，在肯定"九五"成绩的同时，清醒地指出了"经济和社会生活中还存在不少问题"，其中就专门指出了"农民和城镇部分居民收入增长缓慢，收入差距扩大"的问题，报告中还专门论述了要把提高人民生活水平作为根本出发点。为此强调了要"深化收入分配制度的改革"。可见，这个问题必须引起高度重视，认真研究解决。

　　首先，关于收入差距扩大的程度。现在如果用两极分化这个词，可能过重。但是，这个问题很值得引起严重注意了。现在时兴用"基尼系数"作为测算居民收入差距

　　[*] 本文系《中国市场经济报》记者高山平对作者的采访，发表于该报2001年3月12日。

的定量指标。国际上一般认为基尼系数在 0.3—0.4 为较合理的程度，0.2 以下为平均主义，0.4 以上为差距过大。在我国，改革开放以前的 1978 年为 0.16，可谓绝对平均，而现在达到 0.45，有的学者研究认为，已达到 0.46。除了世界上收入分配极不公平的拉美国家和黑非洲地区外，我国基尼系数是最高的了。另外一些研究资料显示，我国现有私人财产的状况是：居民储蓄存款 6 万亿元，私人持有股票、债券、保险等金融性资产及（估计的）手持现金约 8 万亿元。这两项共 14 万亿元的 90% 计 12.6 万亿元，为占总人口 10% 的人所有。全国有私人经营性房产（厂房、店铺、公司写字楼）和交通工具（车辆、船舶、畜类）总值约 6 万亿元，全国约 150 万户的私营、个体企业经营性流动资本约 1.5 万亿元，这两项共 7.5 万亿元。这就是说，约占总人口 10% 的富有居民已拥有财产 20.1 万亿元，超过了国有资产 9.5 万亿元的 2 倍。极少数的富有居民情况十分突出，据美国一家杂志去年刊登的中国 50 名首富（当然会有不准确之处），他们拥有的财富，最低的 12 亿元，最高的达 160 亿元。与富有居民形成对照的是，全国农村尚有近 3000 万贫困人口，现在又出现了城市贫困人口近 1000 万人。在很小的范围内是否可以说出现了这样的现象：一方面是少数富者衣有轻裘，食有珍馐，住有花园别墅，行有宝马奔驰；另一方面是少数贫者为就业奔忙，为温饱卖力，子女上学难，生病更着急。

收入差距存在的几个具体方面：一是不同所有制经济之间的差距。最近 3 年，国有企业职工工资年均增长约

6%，如扣除部分企业的欠发工资，实际增长比例更小；而非公有制经济职工工资，年均增长约15%；三资企业和外资企业员工工资水平是国有企业工资的3倍以上。二是城乡居民收入差距。据此次朱镕基总理报告数字，2000年，农村居民人均纯收入2253元，城镇居民人均可支配收入6280元，城镇居民为农村居民的2.8倍。而且农民的纯收入，在某些地方还是有水分的。三是地区之间的收入差距。据有关资料反映，1999年，西部地区的居民收入约为东部地区的45%。如机关事业单位人均年工资，高地区的深圳为18600元，上海为15500元，而低地区的江西为5600元，贵州为5300元，相差约3倍。至于农村的人年均收入，东部高收入省份约为西部低收入省份的4.4倍。四是行业之间的差距。这种差距是大家感觉最明显的。突出的高收入行业，如金融保险、房地产、邮电、影视，5年来收入增长约5倍，而制造业、采掘业及部分社会服务业则普遍收入很低，且增长缓慢。至于国家公务员工资低，更是这次政协会的一个热门话题。五是企业经营管理者与普通员工的收入差距。从国有企业来看，未实行年薪制的企业，经理人员与普通职工的收入差距一般是1.5∶1—2.5∶1；实行年薪制的一般是前者为后者的5—20倍。私营企业和三资企业的经营者与民工的收入差距，雇工10—30人的，为15—40倍；雇工31—50人的，为40—70倍；雇工51—100人的，为65—130倍。

如何认识这种收入差距呢？在市场经济体制建构的过程中，要克服平均主义大锅饭，收入差距的出现具有客观必然性。

从积极的方面看，随着国民经济的发展，总的社会财富增加了，如20.1万亿元的富有居民的私有财产，是过去没有的；而且在城市实行住房制度改革以后，城市普通居民也购了约40亿平方米房产，以单价2000元计算，就值8万亿元。这是民富的一种表现。同时，中央提出了"效率优先，兼顾公平"的原则，体现在分配制度上，就是要按劳动者的实际贡献和劳动效果不同，获取不同的报酬。拉开差距，才能更好地激励劳动者的高度热情和社会主义积极性，更好地提高全社会的效率。在实践中，也起到了这方面的作用。但是，另一方面也要看到，我们处在社会主义初级阶段，分配制度要适应社会主义初级阶段的要求。马克思曾经说过，一定的分配结构，是由一定的生产结构决定的。当前的分配制度，必须与社会主义市场经济体制的建构和运行相协调，才能推动改革，促进发展，保持社会稳定。这就是既要拉开差距，又要合理适度。

收入差距拉大的原因，首先恐怕是思想理论上有点混乱。近几年来，有两个比较大的问题在理论宣传方面出现偏差。一个问题是，一些理论工作者写文章，宣传我国国有企业长期实行低工资制，职工没有拿到他们应得的报酬，现在应当扩大分配部分，甚至把国企的积累部分量化给职工。这种宣传对流失国有资产的消极作用是不言而喻的。另一个问题是，近年来或明或隐地否定马克思主义的劳动价值学说。劳动价值学说，作为剩余价值论的基础，是揭示资本的来源和资本主义的本质的。有些理论工作者以科学技术的进步和对知识经济的自我理解，否定劳动价值学说，并且把"按生产要素分配"（马克思早有深刻论述）等同于"生产要素创造价值"。这种混乱的影响，就是造成一些分配不公。二是缺乏一个科学的分配政策体系。过去计划体制下，干部工资25级制，工人工资8级制，地区按经济情况和物价水平等确定级差等，有一套比较完整统一的政策与规章。改革开放以后，随着市场经济的发展，分配政策虽有一些改革，但未形成系统。三是管理体制和管理机制不健全。没有规范透明的财务会计和审计制度，是收入分配严格管理的最大障碍。各经济单位的财务状况多为黑箱操作，不论公、私、外企，都搞两本账、三本账，经济单位、事业单位都搞小金库，宏观上未能审计、调控，各单位随意分配。再就是很多单位主管独揽财务大权，造成分配上的随意性。再加上有关法律和税制不健全，未能有效地扼制非法收入、调节过高收入。四是心理上的相互攀比，产生超分配的现象比较普遍。五是社会保障体系不健全，尚不能充分有效地保障低收入群体生活水平的相应提高。

认真解决好收入分配，是事关改革发展稳定的重大问题，必须切实解决好。第一，要以马克思主义分配理论为指导，结合社会主义初级阶段的实践，进行认真研究，提出正确的收入分配指导思想；第二，工作方针上，不是消极地解决差距问题，而是要按照社会主义市场经济的客观规律，遵循效率优先、兼顾公平的原则，进行引导和调节；第三，要建立系统的分配政策体系和法规制度，并要按部门、行业等予以细化，进行分配领域的有效指导和调节，特别是要严厉打击非法收入，切实保护低收入群体；第四，解决收入分配问题的关键，还是在加速经济发展，从总体上增加社会财富；深化改革，营造一个公平竞争的环境；整顿市场秩序和分配领域的秩序。最终实现居民收入不断增加，分配逐趋合理，民殷实，国富强。

建立合理的分配制度[*]

分 配 的 原 则

分配问题是长期影响经济发展的"因子",对于十六大报告提出的"确立劳动、资本、技术和管理等生产要素按贡献参与分配的原则",我们应该怎么理解呢?

我认为十六大提出了一个非常重要的理论观点,也可以说是一个重要的政策导向。对于按什么分配的问题,过去(十二大及以前)我们讲按劳分配,后来,十三大提出"按劳分配为主,多种分配形式并存"。十四大延续了十三大的提法,但回避了非劳动要素参与分配的问题。十五大把"按劳分配与按生产要素分配相结合"确定为社会主义初级阶段的一项基本经济制度,但并未明确按什么

---

   * 本文系《人才市场报》记者王虎、严峻嵘对作者的采访,发表于该报 2002 年 2 月 14 日。

要素进行分配。十六大报告明确了"按要素分配",这是一个很大的进步。

分配制度实际上是生产关系的一部分,是所有制的反映,也是所有制决定的。过去,我们讲按劳分配,基本按照马克思所设想的价值理论框架,根据马克思的观点,商品的价值是由生产商品的活劳动(社会必要劳动量)决定的,所以,商品的价值是由劳动创造的,因此分配应该按照劳动贡献的数量和质量,这种分配方式的前提条件是生产资料公有制,而且生产的社会扣除是统一的。

为什么要提出按要素分配?第一,这是按照生产要素内容在发展中逐步扩大和分别提出的历史事实而将其并列的;第二,是现代生产和社会经济发展中,技术与管理的地位与作用越来越重要,将其作为独立的要素予以凸显,具有现实意义;第三,十六大报告提出"工人、农民、知识分子以及其他社会阶层都是中国特色社会主义建设者"。今天,各种生产要素都是社会主义经济建设所必须的要素,面临经济全球化的环境,我国的生产要以很高的效率形成很强的竞争力。根据这三方面的前提,我们要鼓励各种生产要素做出最大的贡献,鼓励各种生产要素投入生产,充分发挥他们的效率,而且强调了以前所忽视的技术和资本。

公 平 与 效 率

对于政府,或者是对于企业,收入分配的公平与效率的问题一直是一个世界性的难题，也可以称为经济学的哥德巴赫猜想。过去我们说，资本主义讲效率，社会主义讲公平。现在来看，公平与效率这对矛盾是相辅相成的，公平不是平均主义，按劳分配本身也不是完全公平的，你身体好，我身体差，你劳动所得要比我多，所以，绝对公平是没有的。

公平与效率两者之间的结合点，就是克服平均主义，同时防止两极分化。可从几方面来看这个问题：第一，在企业内部，平均主义还很盛行。例如，老总的工资最高不能高于工人的几倍，大学里，资深教授和年轻教师的工资差不多。第二，地区差距。例如，上海公务员的工资没有深圳高，北京公务员的工资没有广东高。第三，行业差距。过去有句话叫"两行加一保，两信加一电，进门就不差，扫地也不少。"尤其是垄断行业，这个问题更加突出。

我们应该看到，人们具有追求公平的心态。社会主义应该充分重视公平。追求公平的制度，这是社会主义与生俱来的，也是中国文化的传统。当然，这种公平不是靠贫穷的平均主义，应该加快经济发展。对于公平的问题应该正确评价，在当前，按要素分配本身就是最大的公平，使得做出贡献的要素得到应有的回报。我们要鼓励各种生产要素都来做贡献，克服部分人的惰性。

那么，要实现公平与效率之间的动态平衡，具体的做法有哪些呢？我认为第一，制定分配政策，如建立公务员、技术人员和工人序列，真正体现劳动力的价格，并加以规范，同时考虑行业的特点，按照产业政策，将分配政策灵活运用。例如，鼓励发展的行业可以引导人才和资本流入。第二，调节税收，将税收项目细化，同时对高收入征税。第三，会计制度透明化，这是调节分配制度的最好办法。第四，适当加大对贫困地区的财政转移支付力度。第五，用发展生产的办法，做大蛋糕，提高低收入者的水平，同时完善社会保障制度，使之落实到每个低收入者身上。

企业家的价值

根据西方的经济学理论，企业家的价值应该通过市场来发现，通过市场来决定；但是我们国家，特别是国有企业，很多企业家的任命还是由政府来决定，对于目前企业家的收入问题，我们应该怎么看？应该如何解决这个问题？

目前企业家的收入没有完全与企业的经营业绩挂钩，例如，有的企业效益年年下降老总的工资年年上升。国有企业在主流方面还没有完全打破平均主义，2003 年对2000 多家上市公司老总的年薪调查，老总们的年薪大体在 16 万元左右，如果按照这个平均值来计算的话，还是一个很低的数，不超过员工收入 2.5 到 3 倍的大有人在，这也反映了国有企业的概况。

有几点要说明：第一，企业经营者的收入本质上也是一种劳动收入，但他的劳动是简单劳动的倍乘，是高级的复杂劳动，应该得到高水平的报酬，这样才能体现劳动的价值，反映按要素贡献分配的原则。第二，高报酬必须和企业的效益挂钩，随着企业效益的变化而变化，企业经营的好坏（绩效）反映在他的收入上。企业经营者的收入只能小涨，不能大涨是不对的，要与企业的经营联动，企业经营的绩效上升得快，（企业经营者）收入应该涨得快，企业经营的绩效上升得慢，收入应该涨得慢，企业经营的绩效持平，收入就不能涨，企业经营的绩效下降，收入就应该调低。只有这样，才能调动企业经营者的积极性。第三，企业经营者的收入应该全部货币化，把一些日常的职务消费打入工资，不再是看不见的"灰色"收入。第四，企业经营者的收入透明化。让员工知道你的收入是透明的、合法的。我想，加强对企业领导在分配领域的监督也是很重要的。要防止他们得到不该得的部分。

企业领导的收入应该克服平均收入，真正体现复杂劳动的价值。应该考虑当前的社会文化背景，使企业领导有一种奉献精神。另外，我们的企业家不要拿美国或者其他发达国家的去作比较。首先，这些国家的工作效率是很高的。其次，要考虑到我们实际的国情和国人的心理承受能力。

近10年来，我国职工货币平均工资年均增长14.8%，这已经超过了GDP增长，这种全民性的"加薪"有没有可能继续保持？以往，职工工资增长略快于GDP，一方面是基于"生产长一点，工资长一点"的思想，另一方面，是对过去职工长期低工资的还债。当然，今后几年提高职工工资，要有两个前提条件：第一，CDP 的增长必须是实打实的，不能有水分；第二，工资增长必须透明化，减少不透明化带来的统计误差。

要不断深入研究
农村与农业问题[*]

　　当前我国农村改革与农业发展所面临的重大理论和现实问题，需要在今后不断地加强研究，加深理解，提高认识，推进工作。

一、要始终强调农业的基础地位

　　"农业是国民经济的基础"，这是经过长期的实践证明不能动摇的正确方针。我们要进行社会主义现代化建设，如果没有一个现代化的农业作为基础，将是不可想象的。

　　从当前的实际情况来看，我们的农业显得比较脆弱，或者说发展滞后，这实质上是农业的基础地位没有得到保证，与社会主义现代化的要求不相适应。所以，党中央提

---

　　* 本文发表于《理论前沿》1996 年第 8 期。

出"要切实把加强农业放在发展国民经济的首位"作为今后 15 年经济和社会发展的重要方针。党中央、国务院制订的"九五"及 2010 年农业和农村经济发展计划所提出的任务、目标、政策和措施,具体体现了农业作为国民经济基础的地位,反映了广大农民的愿望,是符合农村实际和农业发展要求的,也是切实可行的。但是,要真正贯彻这个方针,落实农业的基础地位,真正按中央的要求推进农业的发展,并不是一件很容易的事,有很多问题,需要研究解决。简单地说,就是如何充分认识和利用有利条件,如何充分认识和克服制约农业发展的不利因素。

关于制约农业发展的因素,我想最主要的,可以归结为三个方面:一是思想制约,二是资源制约,三是体制制约。

我所以把思想制约放在第一位,是因为农业和农村工作中许多问题,往往是思想认识不到位,即没有真正自觉地把农业视为国民经济的基础造成的。诸如投入比例不断下降,不抓农田基本建设,缺乏保护耕地的有效措施,长期存在价格剪刀差,不断加重农民负担,不注意保护农民积极性等,可以说都是与以农业为基础的认识不到位有关。要克服思想认识上的制约因素,理论研究要深化,理论宣传要强化,特别是各级领导干部要从理论的高度,从战略的高度真正理解农业的重要性。"农业是国民经济的基础",应当成为各级领导干部岗前培训的必修课。

二是资源制约。资源包括财力、物力和人力资源,当然还有科技资源和信息资源,但科技和信息要转化为生产力，最终要与物力和人力结合。财力制约当然是由整个国家资金短缺造成的，即整个国家财力不足。但是作为理论研究，不能一般地讲资金短缺。就农业发展来说，一般存在两种思路：一种是以挤压农业，高速发展重工业，试图通过加速工业的发展，来促进农业的机械化和自动化，这种思路有一定道理，但不实际；另一种思路是在保证农业基础地位的前提下，农轻重协调发展。新中国成立以后，多数时期都选择前者，20 世纪 70 年代以后，提出了农轻重协调发展，但在实践中常走弯路，致使农业越来越脆弱。所以，在当前要强调加大对农业的投入，对农业作一点反哺是必要的。国家财政要加大投入的力度，同时要强调扩大投入的渠道。国家、地方、部门、社会都要重视对农业的投入，特别是引导广大农民的投资积极性。当然，投入也不能仅仅靠资金，还应当重视人力、科技的投入。第二方面是物力资源制约，最基本的物力资源就是土地，确切地说是耕地。我们讲 7% 的耕地养活 23% 的人口，是1993 年的数据。最近 3 年，耕地又减少了多少，人口又增加了多少？至多到 2000 年，我们应当再算出另一个新的说明情况更严重的数字。耕地减少的渠道很多，盲目圈地为开发区，已为大家所指责，工业交通发展、城市建设、农民建房，都要用地，还有沙化、碱化、洪水破坏，都造成耕地大量减少。耕地不断减少的严重后果，大家都很清楚，问题是，要真正把保护耕地作为一个系统工程来认识、来把握，如严格立法、司法管理耕地，改造中低产田，培植和保护森林，开发和保护水资源、保护环境，保证化肥农药质量等，都是确保良田的条件。第三方面是人力资源制约。人是生产力最活跃的因素。我国人口很多，农村劳动力大量富余，本是一种资源优势，何以说人力资源约束？这是因为我国农村劳动力处在剩余与不足的矛盾之中：根据现有耕地面积和现行耕作方式，农村尚有富余劳动力 1.5 亿左右，他们没有土地无法从事生产，但他们却要维护自身的再生产，即要消费，从而就会影响其他劳动者的消费水平，并由于心理等方面的原因，将会在某种程度影响社会的稳定；我国农业现代化进程所需要的高素质的劳动力十分缺乏，难以进行劳动力优化配置，也严重妨碍着农业科学技术的推广应用和农业经营管理的科学性。这种低素质劳动力的大量剩余和高素质劳动力的严重不足同时并存，就成了提高农业劳动生产率、提高农业比较效益，实现农业市场化和农业现代化的重大约束。出路在于坚持"科教兴农"，引导农业生产向深度和广度进军，拓宽生产经营门路。一方面普及教育和科技，提高劳动力素质；另一方面通过农村经济发展自行消化剩余劳动力。此外，还可以通过建设小城镇，引导地区间的劳动力合理流动来解决劳动力剩余与不足的矛盾。

　　三是体制制约。农业与国有企业比较，体制应当说是比较活、比较顺了。但生产经营体制、流通体制等方面，仍存在若干制约因素。只有深化改革，才能促进农业和农村经济的发展。改革的目标应当是建立农村社会主义市场经济体制。要在稳定和完善以家庭联产承包为主的责任制、统分结合的双层经营体制的基础上，培育和搞活市场主体，健全市场体系，发育中介组织，加强政府的宏观调控，逐步将农村社会主义市场经济体制建立起来。

二、推进农业与农村经济的"两个根本性转变"，实现农业产业化

　　中央提出整个国民经济实现"两个根本性转变"，这对农业和农村工作尤为重要。我国人多地少，人均耕地面积只相当于世界平均水平的1/3，而且人口还在逐步增加，耕地在不断地减少；人均占有水资源只有世界平均水平的1/4，分布也不均衡。因此，资源紧缺是我国农业和农村经济发展的长期制约因素。同时，我国正处在经济转型时期，市场体系不健全，政府对农业的宏观调控和保护跟不上，弱质的农业在竞争中往往处于不利地位，致使本来有限的资源又过多地流向相对高效益的非农产业，加上农业生产经营规模较小，分散的农户要承担很大的市场风险，而且在农产品供应偏紧以致影响整个国民经济稳定时，还必须依靠行政手段来进行干预。因此，市场还无法对资源的配置起基础性作用，资源配置效益低下。解决上述问题的根本途径就在于实现"两个根本性转变"。一是通过深化改革转变农村经济体制，实现市场在政府的宏观调控下对资源配置起基础性作用，从而提高资源的配置效益；二是通过转变农业经济增长方式，实现农业的集约化经营，从而提高资源的使用效益。所以，实现农业和农村经济的"两个根本性转变"是解决我国农业问题的关键

所在，是实现邓小平同志提出的农业实现第二次飞跃的重要途径。

经济体制转变的重点在于抓住几个关键环节。一是要在稳定家庭联产承包制的基础上开展多种形式的联合、合作和发展股份合作制，推进农业产业化，从而搞活农村市场主体；二是大力发展农村商品市场、生产要素市场，培育中介组织，形成完整统一的市场体系；三是建立健全政府对农村经济的宏观调控体系和农业保护体系；四是完善农村社会化服务体系，建立农村社会保障体系。同时，农村改革必须从实际出发、不能搞"一刀切"，必须依靠共产党领导下的农民群众的积极性和创造精神，必须教育和帮助农民处理好眼前利益与长远利益的关系。

实现农业经济增长方式的转变，是加速农村经济发展的关键。一是要按照现代农业和市场农业的要求调整农村产业结构，在保证基本农产品生产的基础上大力发展多种经营和乡镇企业，在农产品生产方面要研究制定引导农民向生产深度和广度进军的有效政策措施，在发展乡镇工业方面，要强调发展与提高并重；二是狠抓科教兴农，提高科技在农业增长中的贡献率和农民的素质；三是加强耕地、水资源和农业生产资料的管理，合理开发利用土地资源，改善农业生产环境和条件，实现农业的可持续发展；四是扩大农业的对外开放，利用国外的资源和市场。通过采取以上四项措施，改变农业粗放经营的局面，实现集约化经营。

要实现农业和农村经济的"两个根本性转变"，还必须转换思想观念。一是要破除计划经济观念的束缚，树立市场经济观念；二是破除传统农业观念，树立现代农业观念；三是破除封闭观念，树立开放的观念；四是破除粗放经营的思想，树立集约化经营的思想；五是破除传统耕作习惯，树立科学种田观念；六是破除眼前观念，树立可持续发展观念。

三、要重视粮食问题的研究

民以食为天。粮食问题的极端重要性，是大家都认同的，对粮食问题的严重性则有多种意见。对世界来说，粮食问题很严重；对中国来说，有人说问题不大，有人说，现在问题不大，将来则很严重。外国人已著文提出了"谁来养活中国"的问题。将来我们的耕地更少了，而人口增加数以亿计，还能吃饱饭吗？对这个问题，我们不能不认真研究。当然，总的说来，我认为，我们能解决中国的吃饭问题，但是并不容易，必须拿出有效的办法来，简单地说，一是增产，二是节约。解决粮食问题至少需要明确以下几点：

第一点是，必须充分重视粮食问题。我国以占世界7％的耕地，养育着世界23％的人口，粮食生产有特殊的重要性。党中央和国务院始终强调，必须充分认识粮食问题的重要性，采取得力措施，确保粮食稳定增长。一方面，12亿人口的吃饭问题始终是农村经济发展乃至国民经济发展的头等大事，无论是到20世纪末基本解决6500万贫困人口的温饱问题，实现小康目标，还是满足全国人民生活水平，提高对肉、蛋、奶、水产品需求的增长，都离不开粮食的增加；另一方面，在人口日益增多、耕地不断减少的情况下，保证农产品有效供给的难度越来越大，其中难度最大的就是粮食供给。因此，必须把保证粮食供给作为今后农业发展和农村经济工作的重中之重。

第二点是，既要坚定信心，又要分析存在的问题，认识解决粮食问题的艰巨性。中国尚有3535万公顷宜农荒地、6000万公顷左右的中低产田，复种指数尚可提高，科技成果推广潜力巨大。据预测，"九五"期间将新开垦宜农荒地170万公顷，改造中低产田2400万公顷，提高复种指数5%，科技对农业的贡献率提高15%，这些措施足以实现2000年粮食总产量5亿吨的目标，而且，中国还有大量的非耕地资源尚可开发，有广泛的市场空间为农业发展提供动力和机遇，还有改革开放以来形成的一整套调动农民积极性的基本制度。这些都决定了中国人民不仅能够通过自己的力量解决吃饭问题，而且能吃得很好。那种"21世纪由谁来养活中国"的论调是没有依据的。当然，我国的粮食生产也面临不少制约因素：一是耕地减少，水资源缺乏；二是农业投入不足，基础设施脆弱，造成农业抗灾能力差；三是种粮比较效益低，影响农民积极性；四是科技滞后，发展后劲不足。这些制约因素决定了实现我国粮食增产目标困难很大，我们必须增强发展粮食生产的紧迫感。

第三点是，采取切实可行的措施，促进粮食生产稳定增长。一是要依法保护耕地，开垦宜农荒地，提高复种指数，保证粮食播种面积长期稳定；二是强化科教兴粮，如抓好"种子工程"，加快中低产田改造，挖掘提高单产的潜力；三是增加农业投入，特别是要引导农民增加投入的积极性，加强以农田水利为重点的农业基础设施建设，提高农业的抗灾能力；四是搞活粮食流通，加大政府对粮食生产的支持和保护力度，认真研究价格剪刀差，切实从经济利益上保护农民种粮积极性；五是坚持"开源"和"节流"并举的方针，建立适度消费模式，保持粮食供需总量与结构平衡，制定有效的政策法令，抑制不正当消费与各种浪费，节约用粮，减少粮食损失。

四、关于农村精神文明建设问题

党的十四届五中全会和八届人大四次会议都强调，必须把社会主义精神文明建设提到更加突出的地位，把物质文明和精神文明作为统一的奋斗目标，始终不渝地坚持两手抓，两手都要硬。我国12亿人口，9亿在农村。农村如何贯彻好这一重大指导方针，不仅关系到农村发展的方向和前景，而且关系到整个国民经济的发展和社会稳定，关系到我们把一个什么样的中国带入21世纪。

从现实情况看，几年来农村社会主义精神文明建设取得了成绩，但仍然面临不少问题，一些腐朽思想滋生蔓延，有些丑恶的东西死灰复燃，有些地方社会风气败坏，社会治安混乱，群众没有安全感。农村的思想阵地社会主义不去占领，消极落后的东西必然去占领。我们必须按照党中央和国务院的要求，坚定不移地贯彻两手抓、两手都要硬的方针，在集中精力抓经济建设的同时，下工夫抓精神文明建设。在农民群众中深入开展邓小平建设有中国特色社会主义理论和党的基本路线教育；开展爱国主义、集体主义、社会主义教育；开展勤俭持家、艰苦奋斗和为国家为社会多做贡献的教育，用强有力的思想政治教育和健康向上的文化娱乐活动，占领农村的思想文化阵地；开展创建文明村、文明户活动，引导农民移风易俗；坚持计划生育，自觉抵制封建迷信，破除陈规陋习，树立良好的社会风气。同时，采取必要的行政、法制手段，制止和纠正社会不良风气；采取坚决有力的措施打击各种犯罪活动，使农村治安状况逐步好转。

坚持两手抓，关键是加强农村基层组织建设。从农村的实际情况来看，凡是党支部战斗力、凝聚力强的村，不但经济发展快，农民收入高，而且社会秩序、社会风气也好，两个文明建设都取得显著成效。相反，有些党支部软弱涣散的村，两个文明建设都很落后，什么工作都干不上去。我们必须按照党的十四届四中全会和全国农村基层组织建设工作会议的要求，下大工夫，花大力气，抓好农村基层组织建设。围绕奔小康的目标，以经济建设为中心，着力抓好以党支部为核心的村组织建设，使党支部能够真正发挥战斗堡垒作用，村委会能够管好本村事务，其他村级组织都能有效地开展工作。在农村基层组织建设中，不仅要抓好组织建设，包括必要的组织调整，更要抓好思想建设、作风建设，提高广大党员的政治素质，改进干部作风。现在有些基层干部丢掉了党的优良传统作风，不善于走群众路线，热衷于强迫命令；有的以权谋私，腐化堕落；有的无视法纪，动手打人扣人；有的甚至同当地恶势力勾结，横行乡里，欺压群众。对此，群众强烈不满。当前必须在党员干部中深入进行党的宗旨教育和作风教育，使大家懂得，群众是我们的衣食父母，我们是群众的公仆，绝不可以颠倒主人和公仆的关系。处理人民内部矛盾，只能采取讨论、说服教育的办法，不能采取压制的方法，要坚持走群众路线，遇事多和群众商量，全心全意为群众谋利益，赢得群众的拥护。俗话说，"上梁不正下梁歪"，建设精神文明，首先是干部和党员的精神、行为要文明，只要我们的干部、党员，严格要求自己，以身作则，真正以建设社会主义新农村为己任，广大农民，就一定会团结在我们党的周围，齐心协力地实现党中央提出的奋斗目标。

五、关于我国农业发展的方向与道路问题

邓小平同志指出："中国社会主义农业的改革和发展，从长远的观点看，要有两个飞跃。第一个飞跃，是废除人民公社，实行家庭联产承包为主的责任制。这是一个很大的前进，要长期坚持不变。第二个飞跃，是适应科学种田和生产社会化的需要，发展适度规模经营，发展集体

经济。这是又一个很大的前进，当然这是很长的过程。"①
邓小平同志"两个飞跃"的观点，具有重大理论意义和
现实意义，指明了我国农村改革与发展的总方向。实现
"两个飞跃"，很重要的是要实现农业的现代化，农业现
代化与农村工业化、城镇化又是相辅相成、互相促进的，
应同步发展。结合我国的实际，我觉得未来我国农村改革
与农业发展必须注意研究以下三点：

第一，实现农业现代化必须以科技为先导。人口多、
耕地少，人均资源缺乏，是我国农业发展面临的一对基本
矛盾。在这种情况下，要满足全社会日益增长的农产品需
要，只能靠发展集约化农业。发展集约农业的关键就在于
加速科技进步，加快实施科教兴农战略，提高科技在农业
增长中的贡献率。同时，增强农业的自身发展能力，解决
比较效益低、小规模生产与大市场的矛盾，也需要用先进
的科学技术来武装农业，提高农业的机械化水平，推进农
业产业化。而且，要想提高农业的劳动生产率、投入产出
率和农产品商品率，还必须将科学的管理方式和先进的管
理手段应用于农村经济管理。因此，我们必须走以科技为
先导的农业现代化道路。

第二，农村工业化必须以乡镇企业为依托，主要依靠
农民自己去实现。工业化是实现经济发展的必然趋势，尽
管发达国家实现现代化的具体道路不同，但有一个共同点，
就是走工业化道路，通过发展城市大工业，吸纳农村劳动

---

① 《邓小平文选》第 3 卷，人民出版社 1993 年版，第 355 页。

力，进而改变二元经济结构。我国有近80%的人口在农村，农民不进入工业化进程，整个国家的工业化就无法实现。而我国这么多的农村富余劳动力要依靠国家、依靠城市工业吸纳，既不现实，也不可能。20世纪80年代以来农村乡镇企业的异军突起，使我国的工业化道路发生了一个历史性转折。乡镇企业在短短十几年间，不用国家投资，农民用自己的钱搞工业化建设，创造了数万亿元的产值，创出了一条具有中国特色的工业化道路。按近年来乡镇企业发展速度推算，到20世纪末，乡镇企业产值将占农村社会总产值的80%以上，其中工业产值将占全国工业总产值的50%以上。这样，相当大的一部分农民将变为农村工人。因此，农村工业化是我国农民的伟大创造，我们必须继续走以乡镇企业为依托，主要依靠农民自己实现农村工业化的道路。

第三，农村城市化必须以发展小城镇、小城市为主体。城市化是世界各国社会经济发展的共同趋势。从我国国情出发，尽管大中城市对工业企业具有良好的聚集效益，整体经济效益较高，但我国的国情特殊，农村人口太多，财力有限，大中城市难以容纳如此庞大数量的农村富余劳动力。这就决定了我国城市化道路不可能走一般发达国家发展大中城市的道路，而是走具有中国特色的农村城镇化道路，有计划地将一批县城、镇建设成中心小城市，即在乡镇企业发展的基础上，发展和建设中小城镇，让转移出来的农民进入这些城镇，逐步增加城镇人口的比重，减少农村人口的比重。因此，我们必须走以发展小城镇、小城市为主体的农村城镇化道路。

加强对"三农"问题的研究[*]

　　农业、农村和农民问题是关系改革开放和现代化建设全局的重大问题。农业和农村经济的发展，是整个国民经济全面发展的基础保证。没有农村的稳定就没有全国的稳定，没有农民的小康就没有全国人民的小康，没有农业的现代化就没有整个国民经济的现代化。贯彻落实党的十五大提出的战略部署，实现我国跨世纪发展的宏伟目标，必须保持农业和农村经济的持续稳定发展。

　　从毛泽东、邓小平到江泽民同志，党的三代领导集体始终把农业和农村经济的稳定与发展放在经济工作的首位。从1949年党的七届二中全会到1998年党的十五届三中全会，中共中央召开的55次全会中，就有13次专门研究农业和农村问题。改革开放以来，着重研究农业和农村问题并作出重要决定的中央全会就有4次，而且几乎每年中央都要召开一次农村工作会议。建国以来，特别是改革

＊　本文发表于2000年1月6日《中国市场经济报》。

开放以来，我国农业和农村经济，发生了历史性的变革，取得了举世瞩目的成就。我国农村正经历着由温饱到建设小康，进而实现现代化的伟大历史进程。

面对当前农业和农村工作的好形势，我们还要清醒地看到，制约我国农业长期稳定发展的因素还不少。很多问题，要求我们认真研究解决：

农业相对落后，是最突出的问题之一。农业对整个国民经济发展具有十分重要的意义。四中全会从战略的高度提出了结构调整。这可以说是抓住了当前的主要矛盾。结构问题最大的是"二元经济"结构，即工农业两种生产方式、城市和乡村两种生活方式的差别或矛盾。结构方面的其他矛盾，如地区发展不平衡即区域经济结构的矛盾、工业内部的结构矛盾、产品结构矛盾等，从一定意义上说，都是起因于"二元经济"结构的矛盾。因此，我们就要研究，如何在生产方式上将结构的调整结合产业升级，以带动农业由小生产方式向现代化生产方式转变；在交换方式上带动农业由自然经济向市场经济转变。在当前贯彻中央提出的西部大开发方针的过程中，如何从宏观上把握好调整"二元经济"结构的总体战略，并重视改变经济增长方式，以及克服行政区划间要素流通的限制，既避免新的不平衡发展，又避免区域同构，就是一个极端重要的问题。同时，还要相应地研究农业内部的产业结构、区域结构和产品结构的调整，以及将农业生产经营体制与流通体制改革的研究结合起来。

从农业自身的发展来说，根本出路在于农业现代化。

那么，我们就要认真研究农业现代化这个鼓舞人心的课题。农业要现代化，首先要从总体上推进工业化。当然，面对当今的国际经济环境，我们不是将工业化与现代化截然分开的。我们正在实现工业化与现代化的双重使命，把工业化与现代化结合起来共同推进。但工业化总归是现代化的基础。从18世纪英国产业革命开始，一些发达国家实现工业化用了约200年的时间。我国的经济发展从总体上说，尚处于工业化的初级阶段。农村的工业化水平差距更大。工业化最基本的标志，一是生产的机械化、自动化，二是经营的产业化、社会化。要实现这两条，首先是靠科学的发展，技术的进步。目前，我国的科技水平总体上是不高的，1998年GDP7.9万亿元，高技术产品仅1.4万亿元，约占18%；出口1800亿美元，高科技产品约占10%，农业经济的科技含量更低。要提高农业的科技水平，提高农民的文化科学素质，即贯彻中央提出的"科教兴农"，真正发展效益农业，以适应国内国际市场竞争的形势，这个过程是需要时间的。我们就要实事求是地研究如何加速这个过程，尽快地推进农业的社会主义现代化。

作为在实践中推进农业现代化的具体措施之一，就是发展乡镇企业。在这一方面，也需要在新的形势下进行新的研究。乡镇企业的发展，是实现城市化的有效途径，对引导农村的生产方式、交换方式和生活方式向现代化过渡，具有十分重要的战略意义。改革开放以来，我国乡镇企业异军突起，至1997年，全国乡镇企业总数达2000万个，吸纳农村剩余劳动力1.3亿人，经济增加值2万亿元，已占国内生产总值的 27%，对整个国民经济的发展发挥了重要的作用。但随着国内经济改革发展的新形势，与对外经济关系的新变化，乡镇企业也遇到了不少新的矛盾和困难，需要我们认真研究如何帮助、支持乡镇企业理顺体制、优化结构、提升水平。而理顺体制与优化结构，都要支付成本，优化结构最直接的成本就是将造成数以百万计的人员下岗，影响农村新的剩余劳动力就业出路，进而影响农民的收入，又会关乎农村的政治和社会稳定。提升水平，又遇到资源投入条件的矛盾，特别是科学技术资源的投入矛盾更为突出。这些问题的解决，归结起来是两个字：发展，在深化改革、调整结构的过程中加速发展。只有发展才能创造就业岗位、增加农民收入、增加科技投入以及保持政治稳定。这种发展，有两条特别重要，一是与实现城市化、市场化结合起来，因为城市化，从根本上来讲，就是使农民产生分化，减少数量，提高素质。二是要坚持可持续发展与保护生态环境，只有这样，才能保持乡镇企业的生命力。

实现农业现代化，从根本上讲，要调动农民的积极性。减轻农民负担，是一个带有紧迫性的问题。农民负担过重，积极性是发挥不出来的。从经济上说，农民负担重，生活水平不能提高，便无法扩大再生产，于是就会使农村市场萎缩，生产力下降，从而影响整个国民经济的发展。从政治上说，劳动者的合法经济利益得不到保障，就有悖于我们党的群众路线和全心全意为人民服务的宗旨，就会损害党和政府在农民心目中的形象，加剧农民和基层干部之间的矛盾，从而影响农村的社会安定，乃至动摇农村政权的基础。对此我们要有充分的认识。要认真研究如何把中央制定的减轻农民负担的政策落到实处。一方面要结合各地的实际情况采取为农民减负的有效措施，如规范提留政策，严禁追加限额外的负担，减轻隐性负担等；另一方面要研究如何从源头上解决农民负担重的成因。

此外，还有很多重要问题需要研究，如：我国人多地少这个基本国情是难以改变的。随着人口增加和经济社会的发展，人口与资源的矛盾，对我国农业发展所构成的挑战将会越来越严峻；现在举国上下都关注增加农民收入，我国历史上几次较大幅度的增加农民收入，主要（70%）是靠提高农产品价格实现的，而当前在对外开放的形势下，我国粮食及部分农产品价格已高于世界平均水平，再难以用提价来为农民增收，这就产生了为农民增收的主观要求与客观形势的矛盾；加强我国农业基础设施，建设农业生态环境，与资金、技术、社会文化条件不适应的矛盾等，也是一些很紧迫的问题。

农村工作中也存在着一些值得重视的问题：党的农村政策在一些地方没有得到很好落实，农民的权益没有得到很好的维护；一些农产品销售不畅，影响了积极性的充分发挥；一些农村基层组织软弱涣散，有些基层干部的政策和法制观念淡薄；一些地方社会风气和治安状况不好，封建迷信和一些丑恶现象沉渣泛起等。

以上各种问题，都需要从理论和实践的结合上进行深入的调查研究。

家庭法人代表制是一个
伟大的创举[*]

郑州市上街区人民创造了许多好的经验。2000 年 1—2 月中央党校《理论前沿》的同志们,以新时期农村思想政治工作为主题,先后进行了两次调查研究,河南省委领导非常重视,省委书记马忠臣同志专程去看望调研组的同志。2000 年 4 月,中央党校与河南省委在北京联合召开了"新时期农村思想政治工作理论研讨会",邀请中央国家有关部门领导和著名专家学者研究和探讨了他们的经验。11 月 18 日,利用在郑州开会的机会,我们专门去上街区考察,感触颇深,尤其是他们新近创造的家庭法人代表制,我认为是一个伟大的创举。

---

* 本文发表于《理论前沿》2001 年第 4 期。

一、家庭法人代表制,是把依法治国方略落实到农村基层民主政治建设中的实践创新

第一,如何把依法治国落实到农村基层,实施家庭法人代表制度是一种有益的探索和创造。社会主义民主政治的实质是通过法制来保证人民当家做主。在这方面,理论讲得很多。问题是如何把依法治国方略落到实处,特别是落实到农村基层,确实需要细化和具体化。家庭法人代表制是一个伟大的创新,是把社会主义市场经济理论与农村政策法规结合起来的一种有益探索,对于如何发扬新时期农村基层民主是一个积极的创造。

社会主义民主政治,内容非常丰富,但根本的一条就是调动人民群众的积极性。基础不牢,地动山摇。巩固社会主义制度,要依靠人民群众广泛的积极参与。中国几千年历史,社会制度几经变迁,但有一条长期不变;普通居民主要是以家庭为单位参与社会活动的。年长的家长不论其文化程度和文明素质是高还是低,不论全家人拥护不拥护,他天然地就是全家人观点和利益的发言人与代表者,这可以说是一种世袭制度的自然法人,其本质是人治,对社会进步有极大的消极影响。而家庭法人代表,是经全家人根据一定的标准民主推选和经一定程序审核而得到社会公认的,不论其年轻还是年长,不论是男性还是女性,只要其文化和文明素质相对较高,能够代表全家人的利益,能够带领全家人合法经营、勤劳致富,就是家庭法人代

表。这种法人代表制将家庭每个成员的积极性调动起来了，将社会每个家庭的主动性整合起来了。它以一种契约的形式明确和理顺农村基层组织与农户之间的责任、权利和利益关系。一方面，这种形式使政府的方针政策和措施贯彻落实，把政策的可行性与人民群众的积极性结合起来了。另一方面，又通过契约关系，把人民群众的政治权利和经济利益加以明确规范和保护起来，使人民群众的积极性和政策的贯彻执行融为一体，解决了基层组织的活力。微观细胞搞活了，基层政权的巩固就有了扎实可靠的基础。

第二，家庭法人代表制是对传统家庭制度的革新，有利于促进社会生产力的发展。传统的家庭制度是家长世袭制，年轻有为的晚辈基于对"尽孝"和"尊老"的消极理解，必须绝对服从年长辈大的，哪怕是愚昧无知的家长，这就严重束缚了新一代人的活力和积极性。在这种家庭制度下，我国农村基层政府要贯彻改革发展的大计，找作为世袭家长的老大爷老大妈，往往昏昏然不知所以；找有文化，想作为的后生，则无父命而不能当家。家庭法人代表制是对传统家长制的冲击和革命，实现了传统家庭的自然法人向现代家庭文明法人的转型，是社会文明的一大进步，也为党和政府的方针政策的顺利贯彻执行消除了障碍，奠定了基础。家庭法人代表制消除了传统家长制对经济文化发展的束缚和桎梏，释放了下一代人的能量和活力，实现了从人治向法治的转变，解放了新生的生产力，必然促进社会的发展。

第三，激活了社会主义民主政治建设的资源基础。经济发展需要资源基础，政治建设也是这样。政治资源包括文化知识、民主意识和对传统的革命性批判。中国封建社会历史很长，经济文化发展比较落后，文盲半文盲仍占总人口的20%多，政治资源基础比较薄弱，加上传统家长制的影响，使得一些优秀的政治资源和人才白白浪费了。家庭法人代表制的实施，使那些文化水平高、民主意识和批判能力强的年轻人脱颖而出，参与民主、行使权利、施展才华。他们才真正能综合地代表全家人的观点和利益。这就激发了广大农民群众的自我教育、自我约束、争先创优的积极性和主动性，大大提高了农民的思想觉悟、政策水平、法治观念、道德修养和整体文明程度，有效地激活了政治资源，有力地推动着社会主义民主政治建设。

二、家庭法人代表制是农村经济体制改革和政治体制改革有效结合的创新形式

从改革角度看，家庭法人代表制是我国新时期农村经济体制改革和政治体制改革有效结合的创新形式。改革开放以来，经济体制改革不断推进和深化，有力地推动了生产力的发展。相应地经济体制改革的发展在为政治体制改革创造物质条件和社会环境的同时，既推动着政治体制改革的深化，也对政治体制改革提出了新的更高的要求。社会主义现代化发展目标不仅是经济发展和物质文明建设，

而且包括政治制度和精神文明建设。经济体制改革和政治体制改革相辅相成，互为因果。中央对政治体制改革十分重视，但从一定意义上说，我们的政治体制改革相对滞后，原因是多方面的，在实践中，经济体制改革和政治体制改革如何有效结合、形成相互包容、融为一体，始终是一大难题。尤其在农村基层如何操作，更不容易。家庭法人代表制则是一个伟大的实践创造。它通过契约关系，从政治体制上明确了家庭法人和基层政权双方的权利和义务，特别是规范了村组干部和村民的行为关系，提高了村民的民主意识和基层干部的自律意识，也形成了在农村家庭和基层政府相互沟通的桥梁，密切了党群干群关系，使基层政权有了牢固的群众基础。同时，家庭法人代表制又通过契约形成经济上的纽带关系，使经济决策的形成和贯彻执行有了思想沟通、行动协调一致的良好渠道。政府集中精力解决宏观决策问题，农民家庭法人解决局部决策和具体操作问题，保证了决策科学化、民主化，行为规范化和程序化，明确了各自的权利和义务、风险和收益的关系，有利于解放生产力，发展生产力，调动了农民群众的积极性和创造性。家庭法人代表制，使社区以充满活力的文明家庭为基础，形成了经济政治统一协调系统，能够有效地组织新时期广大农民的经济和政治活动，使家庭、社区的经济和政治运行质量大大提高。

三、家庭法人代表制也是对新农村
思想政治工作的创新形式

新时期思想政治工作要增强针对性和实效性，需要进一步解决两个问题。一是如何区分不同层次的工作对象，有的放矢，把思想政治工作做到群众的心坎上，贯穿于群众的实际行动。对不同层次的人有不同的要求。同样，对同一个人的不同阶段也有不同的要求。思想政治教育在教材、教育方法和内容上要区分不同对象、不同层次的人，才能提高实效，不能搞"一刀切"。实施家庭法人代表制，推选出来的法人代表文化层次高、思想觉悟高、民主观念强，在社会活动中能较快地接受新思想和新理论，理解中央的方针路线和各级的具体政策；回到家里，能用适用本家庭自己的语言，仔细沟通和具体落实。这样，党和政府的政策，通过微观渗透和层次升华而增强了可行性和实效性。二是家庭法人代表制把思想政治原则和物质利益原则有机地结合起来，明确了激励约束机制，把党的富民政策和法规贯彻到农村基层，把依法治国方略落实到农村基层。

加强财税理论研究
深化税制改革[*]

税收在社会再生产过程中处于分配环节，体现国家与社会各集团和成员之间的分配关系。它最直接的经济意义，一是作为财政的一个有机组成部分，是政府有效运转的经济基础；二是宏观调控的重要工具，反映并监督着经济的健康发展，在国家的政治经济和社会生活中起着重要的作用。在 2000 年 1 月份中央举办的省部级主要领导干部财税专题研讨班上，江泽民同志指出：建立稳固、平衡、强大的财政，制定和实施正确有效的财税政策，努力做好财税工作，是我们全面推进改革开放和现代化建设，实现跨世纪发展宏伟目标和中华民族全面振兴的必然要求。

我们党历来重视财税工作。早在战争年代，毛泽东同志就指出，财政和粮食问题，对于反"围剿"是有重大

* 本文发表于《理论视野》2000 年第 3 期。

意义的。他认为，有足够给养的经济力，是工农武装割据存在和发展的重要条件之一。在社会主义改造时期，党充分利用税收手段对资本主义工商业进行限制、利用、改造，有力地促进了社会主义公有制为基础的生产方式的形成，奠定了工业化的雄厚基础。

党的十一届三中全会确立了以经济建设为中心的基本路线，全面拉开了经济体制改革的序幕，财税体制改革成为经济体制改革的重要内容。党的十四大确立了建立社会主义市场经济新体制的目标，为整个经济体制改革包括税制改革指明了方向。1994年，我国在实行分税制财政体制的基础上，对税制进行了全面改革，实施了以增值税为核心并辅以消费税和营业税的流转税制，统一了内资企业所得税，改革了个人所得税，撤并和开征了一些地方税，从而使税制结构逐步趋于合理，初步实现了"统一税法，简化税制，合理分权，理顺分配关系，保障财政收入，建立符合社会主义市场经济要求的税制体系"的改革目标。

新财税体制实施6年多以来，成效是好的，不仅奠定了我国在社会变化过程中的经济发展、社会稳定的基础，而且在增强政府的宏观调控能力，发挥税收调节收入作用，体现公平税负，促进公平竞争，体现国家产业政策，促进结构调整，规范收入分配关系，促进国有企业改革和对外开放等方面发挥了不可替代的作用。

目前，我国经济进入了一个新的发展阶段，经济结构要进行战略性调整，经济体制改革进入攻坚阶段，同时宏观经济形势出现了许多新情况新问题，比如产业结构中第三产业发展加速，所有制结构中非公有制经济比重上升，收入分配的多渠道特征更加明显，科技进步因素在国民经济持续稳定增长中的作用也越来越突出，通货紧缩趋势无明显转机和有效需求不足，"两个比重"依然偏低，财税秩序比较混乱，费税关系问题虽然有待进一步研究，但从一定意义来说，"费挤税"现象比较严重等，所有这些，既给税制改革和税收工作带来了机遇，也带来了挑战。因此，我们要抓紧研究和解决的问题很多，例如，按照建立社会主义市场经济体制的要求，如何基于现行税制体系，深化改革，建立一个能适应经济波动并对经济进行有效调节，体现国家产业政策，促进国民经济持续快速健康发展，满足国家财政正常需求的税制体系。又如，适应新形势的要求，在应对通货紧缩趋势，推进国企改革，促进西部开发，实施可持续发展战略和科教兴国战略，促进高新技术产业发展等方面，如何发挥税收的宏观调控作用。又如，适应经济结构调整、企业组织形式改革以及税制变化的要求，如何继续深化税收征管改革，全面提高征管效率，努力建立适应社会主义市场经济要求的税收征管运行体制。又如，按照依法治国，建立社会主义法治国家以及建设社会主义精神文明的要求，如何加强税收的司法保护体系、社会护税体系和行政协调机制，以形成社会良好的税收法治环境。又如，按照讲政治的要求，从全党工作大局的高度，各级党政机关及领导干部如何依法行政并积极支持税务部门依法征税，如何从观念上、制度上、机制上保障严格遵守中央的各项方针政策，自觉维护中央的经济权威与政治权威等。总之，经过 20 多年的改革历程，尤其是党的十四大以来，一个适应社会主义市场经济体制要求的财税制度、体制框架已初步确立，但是财税改革的理论研究和改革实践依然是任重道远。

研究国际经济关系
提高对外开放水平[*]

　　随着国际分工、社会生产力和商品经济的发展，世界各国的经济联系日益密切，已从单纯的买进卖出发展成为多面化的经济联系，即从商品买卖关系演变到技术转让、资金借贷、劳务交流，从提供满足人类物质享受的产品到发展满足人类精神享受的旅游等。这种各国间突破了单纯的商品买卖，扩大到技术、资金、劳务、信息、旅游等多面交往的经济联系，就增强了我国发展对外经济关系的必要性。

一、国际经济联系的历史必然性

　　早在一百多年前，马克思和恩格斯在《共产党宣言》中指出："资产阶级，由于开拓了世界市场，使一切国家

---

　　* 本文是《对外经济管理学》的导言，中央党校出版社 1995 年版。

的生产和消费都成为世界性的了。……旧的、靠本国产品来满足的需要，被新的、要靠极其遥远的国家和地带的产品来满足的需要所代替了。过去那种地方的和民族的自给自足和闭关自守状态，被各民族的各方面的互相往来和各方面的互相依赖所代替了"。①

从自给自足的自然经济变为社会化大生产经济，是一种很大的进步。一方面，生产规模和能力的不断扩大，要求提供日益扩大的销售市场和原材料；另一方面，越来越大的市场需求和原料供应，也要求生产能力的扩大和社会分工的发展。分工的加深和市场的扩展，瓦解了自给自足的自然经济，破坏了闭关锁国的封建割据。加深国际经济联系，成为世界经济发展的一种趋势，是历史的必然。任何一个国家，无论社会制度如何，国家的大小，过去的发展基础怎样，要想取得经济的发展，使人民生活得到提高，国际地位不断上升，都必然要利用国际分工，参与国际交换，这是社会化大生产必不可少的条件和发展的必然趋势。

在这种趋势面前，如果实行锁国政策，闭关自守，就必然会落后、贫困。反之，如果顺乎历史潮流，善于从国际交换中换取各国之长、弥补己国之短，那就能使本国经济得到迅速地发展，就有可能富强起来。当代世界上绝大多数的国家都把发展对外经济关系放在极其重要的位置。最近几十年来，特别是自第二次世界大战以来，这种国际

---

① 《马克思恩格斯选集》第1卷，人民出版社1995年版，第275—276页。

经济联系的必然趋势，已经被许多经济发达的国家及一些
发展中国家的实践所证明。如日本和联邦德国，它们从战
败的废墟上重建自己的国家，一方面发挥自己的技术特
长，另一方面充分利用国际经济关系的有利条件，最终建
成一个经济大国。瑞士在地理上也是一块弹丸之地，靠旅
游、金融市场和出口精密仪器成为小康之国。南美的巴
西，由于大胆地利用外资，一度曾出现经济高速增长的
"奇迹"，靠着国际的投资与外债，成为世界第八位的工
业国。亚洲的新加坡、韩国等国家经济上的飞跃，都与它
们把对外经济关系问题放在生死攸关的地位有关。总之，
现在世界上没有一个国家能够生产自己所需要的一切，历
史上的那种自给自足，万事不求人的时代已一去不复返
了。

二、扩大开放的必要性

　　我国是社会主义国家，新中国成立以来，政府就把恢
复和发展对外经济关系作为一项重要政策，并在"自力
更生为主、争取外援为辅"，"平等互利"、"洋为中用"
等方针的指导下，在发展对外经济关系方面取得了一定的
成绩。但是，总的来看，在一个相当长的时间内，我国经
济发展未能从根本上摆脱闭关自守、自给自足框框的束
缚，对外经济关系范围很窄。

　　在当代任何一个国家都不可能置身于国际经济环境之
外孤立地发展。特别是我国是在"底子薄、人口多"这

个特定的社会经济条件下搞现代化建设，面临着建设资金匮乏，技术和管理水平落后，自然资源和人力资源的优势难以发挥等诸多不利条件，如果我们关门搞建设，我们的长处就不能得到发挥，短处得不到弥补。1978 年 9 月，邓小平同志指出："毛泽东同志在世的时候，我们也想扩大中外经济技术交流，包括同一些资本主义国家发展经济贸易关系，甚至引进外资、合资经营等等。但是那时候没有条件，人家封锁我们。后来'四人帮'搞得什么都是'崇洋媚外'、'卖国主义'，把我们同世界隔绝了。……世界天天发生变化，新的事物不断出现，新的问题不断出现，我们关起门来不行"。[①] 因此，在 1978 年 12 月召开的党的十一届三中全会上，党中央制定了对外开放政策，明确地向全党提出了要大力发展对外经济关系问题。1984 年 12 月党的十二届三中全会通过的《中共中央关于经济体制改革的决定》又一次提出了"一定要充分利用国内和国外两种资源，开拓国内和国外两个市场，学会组织国内建设和发展对外关系两套本领"。这是党中央在新的历史条件下，总结国内外的经验，为加速我国现代化建设提出的一项很有远见的战略决策。1992 年 10 月 12 日，党的十四大确立了建立社会主义市场经济体制的目标，并在 20 世纪 90 年代改革和建设的主要任务中提出，进一步扩大对外开放，更多更好地利用国外资金、资源、技术和管理经验，形成多层次、多渠道、全方位开放的格局。1993

---

① 《邓小平文选》第 2 卷，人民出版社 1994 年版，第 127—128 页。

年 11 月 14 日党的十四届三中全会通过的《中共中央关于建立社会主义市场经济体制若干问题的决定》再一次强调："坚定不移地实行对外开放政策，加快对外开放步伐，充分利用国际国内两个市场、两种资源，优化资源配置。积极参加国际竞争与国际经济合作，发挥我国经济的比较优势，发展开放型经济，使国内经济与国际经济实现互接互补"。党的十五大再次重申"对外开放是一项长期的基本国策……要努力提高对外开放水平"。我们必须进一步增强对对外开放这一基本国策重要性和紧迫性的认识，抓住有利时机，大力发展对外经济关系。当前在我国积极发展对外经济关系是很有必要的，其必要性主要表现在以下五个方面：

有利于我国资源得到充分利用，生产力得到尽快发展，经济效益得到尽快提高，尽快缩小与发达国家的差距。

有利于利用国际交换来互通有无，取长补短。用我国相对多的产品来换取本国暂时缺乏或不能生产的产品，以改善生产条件和消费品的供应，并获得必要的建设资金，加速经济的全面发展。

有利于引进国外的先进技术和先进管理经验，提高我国的科学技术和管理水平。

有利于旅游、服务业的发展，增加就业机会，扩大与国外的经济、文化、科技的合作与交流，全面扩大对外开放。

有利于国内经济与国际经济接轨，使国内经济与国际经济互接互补，促进我国经济向世界先进水平发展。

为了适应对外经济关系发展的需要，必须使广大经济管理干部和实际工作者对发展对外经济关系的必要性及一些基本理论和管理问题有系统的、深刻的理解和认识。

三、加强对外经济管理的研究，提高对外开放水平

对外经济管理所研究的并不是一般的管理规律，而是具体研究国家各级政府为了促进对外经济关系协调稳定地发展，以取得较好的社会经济效益。

1. 对外贸易活动。由于对外贸易是对外经济关系中最基本的内容，特别在我国，当前有 80% 的外汇收入都来自对外贸易，加之对外贸易活动涉及的内容较多，因此必须研究对外贸易活动的有关问题。如对外贸易管理，主要阐述对外贸易的一般程序与方式，分析我国对外贸易的发展与管理的必要性，研究对外贸易管理的各项政策措施；技术贸易管理，主要阐述技术贸易的内容、特点、方式及我国技术进出口管理的有关问题；服务贸易管理，主要阐述服务贸易的内容与方式，国际服务贸易的发展及我国服务贸易的发展与管理问题；外贸经营管理体制，主要阐述我国的外贸经营管理体制的内容，外贸经营管理体制的改革情况，以及新一轮外贸体制改革的目标和内容；世界贸易组织与中国，主要是根据我国在对外贸易活动中争取恢复关贸总协定缔约国地位，研究关贸总协定和世界贸易组织的宗旨、原则及作用，以及我国为什么要加入世界

贸易组织，加入这一组织面临哪些挑战等。

2. 利用外资与对外投资。随着对外开放的不断深入，利用外资和对外投资在对外经济关系中的作用越来越重要。为了全面了解我国利用外资与对外投资，更系统地研究利用外资与对外投资的管理问题，必须研究诸如利用外资概况与形式。主要从总体上阐述我国利用外资的概况与形式；外商投资企业管理，主要阐述外商投资企业的管理体制，以及对外商投资企业的工商行政管理、进出口与技术引进管理、劳动管理、企业内部管理等内容；借用外资的管理，主要研究我国借用国际金融组织贷款、外国政府贷款、国际商业贷款等的基本概况、贷款程序及管理内容；外债管理，主要研究外债管理目标与管理体制，外债规模和结构管理，以及外债效益与偿还管理等问题；跨国公司与管理，研究当代国际跨国公司的发展及其作用，跨国公司的管理模式，然后介绍跨国公司来华投资的管理情况，重点研究我国企业的对外投资、跨国经营等问题。

3. 经济特区、沿海经济开放区及浦东开发开放区。我国举办经济特区是社会主义国家的一个创举，开放沿海城市并把长江三角洲、珠江三角洲、厦门、漳州、泉州三角地区划为对外开放经济区，以及把上海浦东作为开发开放区，是我国对外开放的战略部署，为此，必须研究经济特区、沿海经济开放区及浦东开发开放区的管理问题，如经济特区、沿海开放区及浦东开发开放区的发展概况、作用、必要性，以及要搞好管理当前应抓的工作等问题。

4. 对外金融与外汇管理。对外贸易活动，利用外资和对外投资，以及举办经济特区等都涉及外汇、汇率、国际收支、国际结算、外汇信贷、外汇管理等问题，因此，必须研究对外金融与外汇管理，如外汇与外汇汇率的形势，国际收支平衡表，我国国际收支的调节，国际结算的主要工具与形式，外汇贷款的特点、使用范围，我国外汇管理制度的沿革，存在的问题与展望，以及如何深化我国外汇管理体制改革等。

对外经济管理，要以马克思主义对外经济贸易理论和辩证唯物主义为指导，树立对外开放作为我国的基本国策的观点。我国建立社会主义市场经济体制需坚定不移地实行对外开放政策，加快对外开放步伐，充分利用国际国内两个市场、两种资源，优化资源配置，以不断提高我国的对外开放水平。

加入世贸组织与政府改革[*]

加入 WTO（世界贸易组织），我们如何积极应对，关键在于政府职能的转变，真正按市场经济的要求转变政府管理经济的方式。现在越来越清楚，"入世"首先是政府"入世"，加入 WTO 最大的挑战是对政府的挑战，最积极的应对就是加快政府改革。为此，政府必须按 WTO 规则要求，顺利实现职能转变和政府转型，由高度集权向合理分权转变，由行政命令向市场主导转变，由审批经济向监管服务转变。

中国加入 WTO，政府的不适应表现比较突出，这是因为我们的政府体制是在计划经济条件下形成的，其基本架构是适应于高度集中的计划经济体制需要的，虽然经过改革，情况有较大变化，但在很多方面还不适应市场经济的要求，特别是不适应"入世"后进一步开放和经济市场化的要求。一是现行体制结构仍不能完全适应经济市场

* 本文是作者为《WTO 与政府改革》所作的序言，经济日报出版社 2001 年版。

化的要求，机构重叠，职能交叉，管理层次过多，政出多门的现象仍然存在，机构运行缺乏应有的效率。体制结构的现状与市场经济特别是国际市场规范距离较大，加入WTO将面临严重挑战。二是政府职能没有根本转变。不少政府部门还习惯于直接干预企业的经济活动，行政管制过多，审批制还在经济生活中起主要作用。有些地方上一个项目，要盖近100枚公章。在社会主义市场经济条件下，政府的宏观管理是必要的，但在现实经济运作过程中，存在的是政府对市场的过度替代，一些应该由市场起作用的仍由政府包办，而一些应该由政府职能到位的却没有真正管起来。三是政府行为不规范。一方面表现在一些政府行政方式仍然没有摆脱靠"红头文件"、靠内部运转这样的运作模式；另一方面是行政垄断色彩依然存在。主要是通过制定具有强制力的行政规章、行业规章、地方性规章、决定等来维护垄断利益，使公平竞争难以实现。显然，这些都是不符合世界贸易规则要求的，很难适应经济全球化和发展市场经济的需要。

要加快政府职能转变，必须首先解决这样几个问题：

1. 加快政企分开，科学定位政府。中国的市场经济是在计划经济基础上建立起来的，所以我们的政府既突出了市场经济的角色，也保留了计划经济的部分角色，集保护者、管理者与市场经济主体于一身。加入WTO就要真正与国际接轨，就要区分不同角色，属于市场的要还予市场，属于政府的要进一步强化起来。当前突出问题是解决政企分开，在这个问题上中央强调了许多年，但并没有真正解决，问题的关键在政府，因为在政企关系中，政府处在主动方。在市场经济条件下政府作用是必要的，也是必须的。问题是政府的作用如何发挥、怎样发挥。这里有一个很重要的问题是划清政府的积极作用与政府介入的界限问题。我们要利用"入世"这一新的机遇，加快实现政企分开。

2. 转变政府管理经济的方式，放松管制，加强监管。党的十五届五中全会和"十五"计划纲要都强调指出，要按照发展社会主义市场经济的要求，进一步转变政府职能，转变政府管理经济的方式。如何转变？关键是强化政府的监管职能，弱化直接管制职能。社会主义市场经济条件下政府管理经济的重要职能是监管市场运行，维护市场秩序，为经济发展创造良好的市场环境。为此，政府首先要加快审批制度改革，大幅度减少行政性审批，规范审批行为；强化监督机制。要按世界贸易组织规则和我国的对外承诺，抓紧清理、修订和完善有关法律法规，建立符合国际惯例的涉外法律体系；构建统一、规范的外商投资管理体制，提高依法行政的水平。政府就是要在宏观经济发展中掌好舵，而不是去划桨，要鼓励和调动企业在市场竞争中划桨的积极性；掌好舵，不划桨的政府才是明智的政府。

3. 要健全社会保障体系，为经济发展提供安全保障。建立和完善社会保障体系，为企业和社会提供服务，这是市场经济条件下政府的重要职能之一，也是市场经济发展的重要条件。面临全球经济一体化的趋势和中国加入世界贸易组织进程的加快，健全社会保障体系，强化社会保障功能是政府的突出任务。中国正处在向市场经济体制转变过程中，在社会保障体系建设方面正在经历由过去的企业福利制向保障社会化方向的转变。社会保障体系建设的相对滞后，对改革开放影响很大，一方面，攻坚阶段的改革要求社会保障建设的跟进，现在一些改革往往受阻于社会保障能力不足；另一方面，进一步扩大开放必须要有完善的社会保障体系相适应，因为市场经济的进一步发展、开放的进一步扩大，意味着社会风险的进一步增大，如果没有社会保障作为安全网，就难以消除后顾之忧，这势必会对开放与市场经济发展形成逆向效应。因此，要求政府适应加入 WTO 的需要，加快建立社会保障体系的进程，这是经济持续发展与社会稳定的基础。

4. 加快人才培养，提高竞争能力。加入 WTO 将使我们从双边经贸体制框架转变为多边经贸体制框架；权力导向的运作，将过渡为规则导向的运作方式。企业不但要懂得原有的双边经贸常识，更要懂得 WTO 体系下的多边规则；不但要懂得规则的基本内容，还要知道哪些是可以被我们利用的，哪些是可能被别人利用的；市场的范围更广阔，市场的环境更复杂。这就要求企业有一大批知识更丰富、头脑更精明、应变能力更强的优秀人才。同时，政府也要适应加入 WTO 后的经济运行的要求，政府要加强自身并引导企业与社会重视对有关专业及各种知识的学习。通过学习，真正对 WTO 的各项规则和将要面临的新环境有所了解并在实践中正确运用，学会用规则保护和发展自己。对政府来说，当前最紧迫的培训重点是要解决应对问题，要争取在国际市场竞争中的主动。减少被动争取主动，从长远来看，根本的还是要系统培养一大批在 WTO 体系中运作自如的专门人才，只有这样，才能保证我们的政府是创新的政府、开放的政府、高效的政府。

政府形象是经济社会
发展的支持力量[*]

在今天，政府与市场成为影响人类社会生活的两支最大的力量，以致有的学者认为，抛开其他因素不论，国家与国家的区别在于政府取代市场或市场取代政府的程度不同。17 世纪的英国思想家霍布斯曾经讲过，缺乏一个能保证秩序的、有效的政府，一个社会的个人生活将是孤独、贫困、卑污、残忍和短寿的。他向人们揭示了良好政府存在的必要性和重要性。的确，自从国家产生以后，政府便成为人类社会活动的中心之一，并对社会生活的各个方面发生着直接或间接的影响。

关于政府在经济和社会发展中的作用，从古到今，无论在理论还是在实践上都存在争论。但可以肯定的是：政府在创造和提升国家的竞争优势方面具有不可替代的作用。越来越多的证据表明，在提高国家竞争力的过程中，

＊ 本文是作者为《中国政府形象战略》所作的序言，中央党校出版社 1998 年版。

有赖于市场和政府的共同作用，但市场是否健全和有效，仍有赖政府的有效作用。政府在提升国家竞争力的过程中，起着法律与秩序的维护者，国家发展战略的制定者，具有竞争力的环境的创造者，社会公共服务的提供者，社会问题的管制者和社会变革的发动者与推动者等多种角色。总之，一个有能力和效率的政府，无论是对于经济的发展还是对整个社会的可持续发展都是不可缺少的。对于欠发达国家或正处在转型时期的国家而言，政府的作用显得尤为重要。正因为如此，现如今全世界都在重新思考政府及其自身的改革与发展问题。建立一个与变化着的时代相适应的政府管理体制，使之更具有较高的能力和有效性，从而使政府成为推动发展的力量，成为各国政府的共同挑战。

政府治理的过程不仅仅是政府自主性的扩张和能力的展现过程，更重要的是，它是政府与社会、政府与公民之间的互动的过程。正是在这个互动的过程中，一方面政府的职能和目标得以实现；另一方面社会及其公民形成对政府的态度、情感和评价，即政府形象。当社会公众对政府的期望与政府的实际作为相一致时，当政府机构真正回应了公民的要求并有效地满足社会的合理要求时，政府无疑便拥有了良好的形象。

良好的政府形象是一个政府所拥有的重大资源和无形财富，也是政府作用有效发挥的一个重要前提条件。如同货币是经济市场上的硬通货一样，良好的政府形象是政治市场的硬通货。良好的政府形象是政府合法性和政府权威的重要来源；是政治共识和政治稳定的基础；是政府推行政策并发生效果的关键因素；是经济发展不可缺少的支持力量；也是整个社会道德水平提高和社会精神文明建设的推动力。反之，一个缺乏良好形象的政府必然会在国际和国内社会丧失其公信力和支持。

中国共产党和中国政府历来重视自身的形象建设。在中国革命过程中，中国共产党将马克思主义的普遍真理和中国的具体实践相结合，建立了中华人民共和国，并在此过程中向世人展现了实事求是，勇于开拓和进取；不畏强暴，维护民族独立和尊严；为人民利益和意志服务，不谋私利；艰苦奋斗和创业等良好的形象。正如邓小平同志所讲的那样，是中国共产党和中华人民共和国，改变了旧中国的形象。改革开放以后，在邓小平同志建设有中国特色社会主义理论指引下，中国政府和人民在党中央领导下，积极致力于改革开放的伟大事业，积极致力于经济发展和社会主义现代化建设，上下一致，同心同德，艰苦创业，我国的综合国力和人民群众的物质、文化生活水平有了很大的提高。在此过程中，中国政府向国内外社会展现了一个锐意改革与创新的政府，一个开放的政府，一个致力于社会生产力发展的政府，一个服务于人民利益需要的政府，一个维护地区和国际和平与发展的政府形象，并在国内外赢得了良好的声誉。

应该看到，在政府管理领域我们同时也面临着巨大的挑战，如：如何进一步深化经济和社会管理体制改革以促进经济不断的、可持续的发展；在经济改革与发展的同时，如何实现效率和公平的协调；如何解决日趋严峻的劳动力就业和社会保障问题；如何在促进经济发展的同时，促进社会主义精神文明的健康发展；如何在促进经济和社会发展的同时，实现人与自然的和谐发展问题；如何进一步推动国际和平与发展事业……诸如此类，都是我们政府管理面临的现实问题。这些问题的解决既关系我们的现代化事业，也关系政府自身的形象问题。另一方面，我国政府管理中存在的机构臃肿、人浮于事、官僚主义、不负责任、办事拖拉、缺乏效率等不良行政行为，以及滥用职权和腐败现象，也的确损害和诋毁着我们党和政府的形象。这些问题已经引起我们充分重视，并正在通过政治体制改革采取切实有效的措施加以解决。

政府形象从表面来看是一个社会公众对政府的评价和态度，但其本质上涉及政府的实际作为，即它与政府的精神状态和价值取向，政府的行为以及政府行为的效果和绩效相联系。因此，政府形象建设的过程也就是不断改善政府行为，提高政府效率的过程，是政府为社会提供优质服务和产品的过程。我们的政府是人民的政府，人民满意不满意，人民高兴不高兴，人民答应不答应是判断政府工作的标准，也是衡量政府形象好与不好的标准。

政府形象建设既是一个实践问题，也是一个理论问题。政府形象建设需要理论的指导。中国政府形象战略工作委员会组织国内教授、专家就此问题开展理论研究，我认为这是必要而且有益的工作。我相信这本著作的出版必将有益于我国国家政权建设和政府管理工作的改善。同时，我希望各级领导干部都关心政府形象建设问题，为把我国建设成为富强、民主、繁荣的社会主义现代化国家而努力奋斗。

机构改革要立足创新[*]

政府机构改革，是行政管理体制改革的具体实施。行政管理体制，包括政府机构设置、管理职权划分、管理制度制定三个方面，也可以分作行政组织、人事行政、决策体系三个方面。必须使三者协调一致，才能构成一个完整的体制，才能有效运行。我国以往几次机构改革，虽然取得了一些进展，积累了一些经验，但效果不甚理想，主要原因是只侧重从行政组织方面思考，就机构调整机构，对人事行政和决策体系统筹考虑不够。这次改革的成败，关系到我们能否走出以往那种"消——胀——消——再胀"的循环，真正建立起一个办事高效、运转协调、行为规范的行政管理体系。为此，我们应当根据中央的方针，在总结以往经验的基础上，适应构建社会主义市场经济体制的新形势，以创新精神，全面推进。

第一，要有新的行政管理观念。共产党的根本宗旨，

---

* 本文发表于《湖湘论坛》1998 年第 4 期。

是全心全意为人民服务，人民政府行政管理的最终目的是为人民谋利益，这是大家所熟知和公认的。但在实践中不尽如人意，从认识上说有几个观念问题需要解决。

1. 变自我中心观念为以市场为中心的观念。过去的体制，是政府直接管理经济，直接负责企业的生产经营，直接配置社会经济资源。将"以经济建设为中心"理解为政府是直接组织和运营经济活动的中心。在这种观念支配下，使政府的机构设置与职能的行使，客观上成了市场发育的对立面。根据中央关于建立和完善社会主义市场经济体制的要求，必须树立以市场为中心的观念，把资源配置由政府为主转为市场配置为主，即发挥市场在资源配置中的基础性作用。将企业看成是政府服务的对象，而不是直接经营的对象，将政府直接经营企业转为由企业自主经营，对国有企业，由政府的直接行政管理，转为以出资者的身份进行间接管理。并相应地改变企业按行政级别与政府机构套级挂钩的隶属关系。政府要围绕市场这个中心来设置机构和行使职能。为市场经济的运行和发展建造环境和条件。按社会主义的方向和原则规范市场的行为。

2. 变统包统管观念为适度管理观念。过去的体制是政府几乎统管整个社会的一切活动，结果远不能实施有效的管理。社会是一个非常巨大而庞杂的系统，任何社会，都不可能由政府将社会生存和发展的一切活动全部纳入行政管理的范围。从客观上说，政府的行政管理和社会的自行调节，是社会进步的两个必不可少的方面，由于社会的发展，有其内在的规律性。社会自行调节对社会的发展最终具有决定意义，政府的行政行为只能遵循社会发展的内在规律进行必要的引导、调控和推动。比如在市场经济条件下，资源配置就不必由政府负责，而应发挥市场的基础性作用。就是把市场能做的事交给市场，政府行政的职能，主要是宏观调控，制定产业政策，建设市场环境，提供社会公共产品和服务，又如对基层群众的具体生产生活，对一些社会性、群众性、公益性、自我服务性事物，只要有了法律规章，可以交给相应的事业单位和中介组织去管理，政府行政无须去包办一切事务。从主观上说，政府行政也不可能是万能的。我们原有的政府行政管理体制，使政府具有投资主体、经营管理主体的职能，直接承担债务、融资、产供销管理等具体事务，对政府本应执行的许多职能，却无力执行。因此，政府行政只管那些必须管并且能管好的事务。相应地，在行政机构、职能配置上就可以防止大、宽、泛。

3. 变管治观念为服务观念。行政管理的宗旨是为人民服务，要真正认识到管理过程是一个服务过程。邓小平同志说："领导就是服务"，必须有服务意识、服务精神、好的服务态度和服务方法。行政管理，从阶级关系的意义上来说，主要是解决阶级矛盾，维护社会秩序；在和平建设的环境中，行政管理主要是规划、引导、调控和推动经济建设和社会发展，以提高人民的物质和文化生活。从根本上说政府公务人员应当是人民的勤务员，都是为人民谋利益。那么，不论职位高低，从观念上说，主要有一个以谁为中心的问题，是"为民做主"还是由民做主的问题，如果以管理者为中心，则在管理体制与管理方法上，都以便于管理者的管治为前提，甚至滥用权力，强迫命令；如果以人民群众为中心，则在管理体制和方法上，都要以利民便民为原则，真正贯彻全心全意为人民服务。

4. 变"政绩"观念为给人民实惠的观念。我们的行政管理人员，尤其是领导者，都有一种"为官一任，造福一方"的良好愿望，并以此作为自己的崇高使命，这无疑是正确的。但具体如何实现真正造福，则有两个问题要解决。一是主观上要认真把握中央的方针，切实了解人民群众的需要，并使二者有机地结合起来。如邓小平同志指出的，要"深入群众，了解群众，依靠群众"，特别是对投入大、影响大、效果能见度低的事项，要反复论证，务求必成必胜，并要处理好局部利益与全局利益、当前利益与长远利益的关系。符合这种要求能保证实效，使人民得实惠的，便要敢作敢为，敢顶潮流，敢冒风险。不符合这种要求的事项，则不能做，不要图不切实际的虚名，造无效益的"政绩"。二是客观上要有一个科学的政绩评估体制。不能简单地用经济指标、数量统计、项目规模甚至宣传声势来评估政绩，而要更多地从经济效益、社会效果、发展的持续性和后劲、人民获益情况等来评估政绩。特别是要重视群众的评估和离任后的评估。

第二，以新的思路调整关系。机构改革是政治体制改革的具体实施步骤，也是政治体制改革进一步深化的组织基础。因此，这次机构改革，不是简单的机构撤并，而必须适应市场经济体制的要求，理顺关系，贯彻精简、统

一、效能的原则，真正建立起一个办事高效、运转协调、行为规范的行政管理新体系。

　　1. 政府与企业的关系。政企关系的核心是政资分开。这次机构改革，实际上是在构建社会主义市场经济体制的推动下，特别是在国有企业改革进入攻坚阶段的压力下进行的。国有企业要走出困境，根本的问题是真正走向市场。政企不分，政府包揽企业经营管理的具体事务，却放松了政府自身应当承担的诸如建设市场环境、加强宏观调控、提供公共产品等的职责；企业躺在政府怀抱里，放松了面对市场、经营决策、科学管理等自身应有的职责，又不得不承担本应由政府和社会承担的诸如教育、医疗、住房、社会保障等方面的职能。政企不分，实际上造成了政企职能替代，以致职责混乱，效益低下，邓小平同志说："用多种形式把所有权和经营权分开，以调动企业积极性，这是改革的一个很重要的方面。"① 调动企业积极性，关键是把企业推向市场，促使其参与竞争，科学决策，严格管理，从总体上形成优胜劣汰的局面，真正发挥市场在资源配置中的基础性作用。改革的方法，就是精简直接管理企业的专业经济管理部门，克服职能重叠、政出多门、相互扯皮、效率低下的弊病。机构改革，关键是转变职能。精简后的专业经济管理部门，主要是制定行业规划和行业政策，引导行业产品结构调整，维护公平竞争的环境和秩序。政府与企业的关系是：政府按向企业的投入享受

---

　　① 《邓小平文选》第 3 卷，人民出版社 1993 年版，第 192 页。

所有者权益，监督企业资本运营情况，用新的机制管理主要领导干部；企业负责国有资产保值增值，遵守国家方针政策，并照章纳税。政府的主要经济职责是，完善经济、法律手段，加强宏观调控，保持经济总量平衡，抑制通货膨胀，优化经济结构，使国民经济持续、快速、健康发展。

2. 政府与社会的关系。社会的发展，依赖于经济、政治、文化各个方面的推动，而这些领域的活动，是一个纷繁复杂的系统，需要各方面的力量来管理，不是政府所能包揽得了的。仅就经济领域来说，在市场经济条件下，整个社会的生产、分配、交换、消费过程的管理，属于社会的职能，政府只需进行宏观调控，无须管理具体事务。否则，主观上不可能管好，并容易产生官僚主义、独断专行等消极现象，客观上则会造成人民对政府过高期望，要求政府是全能的、完美的，从而产生对政府的依赖，影响人民和社会的积极性，降低对政府进行监督的意识。政府也会由于高度集权，形成某些特权，而减低或失去自律机制。正如邓小平同志所说的："权力过分集中，妨碍社会主义民主制度和党的民主集中制的实行，妨碍社会主义建设的发展，妨碍集体智慧的发挥，容易造成个人专断，破坏集体领导，也是在新的条件下产生官僚主义的一个重要原因。"① 处理好政府与社会的关系，就是政府机构要从全能全包中解脱出来，将一些社会性、群众性、公益性、

---

① 《邓小平文选》第2卷，人民出版社1994年版，第321页。

自我服务性的事务，交由相应的事业单位和社会中介组织
管理，并引入市场机制，用市场原则推行公共服务社会
化，包括引入私人资源，以降低管理成本，提高管理效
率。特别是我国的社会中介组织，应当大力提倡和推动发
展。社会中介组织是介于政府与企业、社团之间的机构，
是微观与宏观的桥梁。中介组织的发展，有利于政府宏观
调控与间接管理功能的发挥。当然，对社会中介组织必须
严格规范，依法运行，加强监督。

　　3. 中央与地方的关系。也就是中央政府与地方政府
的权力结构关系。改革开放以来，我们在权力结构上进行
了积极的调整，总的思路是，中央政府向地方政府放权，
地方政府向企业和社会放权。从实践情况看，发展很不平
衡，有些放权尚未到位，有些放权又几经反复，特别是权
力与责任、利益统筹协调的问题，有待进一步解决。例如
中央与地方的权力结构，假如权责利没有很好协调统一，
在利益驱动下，地方对中央的宏观调控的施行，可以进行
变相的反调控，如截留或放大中央的宏观调控政策，截留
下放给企业和社会的权利等。所以，处理中央与地方的关
系，必须权责利相结合，在这个前提下，中央要改变计划
体制下形成的高度集权的格局，把该下放的权力放给地
方。邓小平同志在 1978 年 12 月就指出，我国有这么多
省、市、自治区，一个中等的省相当于欧洲一个大国，有
必要在统一认识、统一政策的前提下，给予更多的权力。
1986 年在《关于政治体制改革问题》一文中，他又说：
"权力要下放，解决中央和地方的关系，同时地方各级也

都有一个权力下放问题。"① 1987 年在《改革的步子要加快》一文中，他强调："调动积极性，权力下放是最主要的内容。"② 中央给地方下放权力，是经济和社会发展的客观要求，也是提高政府效能的重要举措。但是，同时也须保证中央必要的集中统一，保证中央的权威。下放权力与保证中央权威是一致的。邓小平同志说："宏观管理要体现在中央说话能够算数。……如果不放，经济发展能搞出今天这样一个规模来吗？我们讲中央权威，宏观控制，深化综合改革，都是在这样的新的条件下提出来的。"③总之，讲中央与地方的关系，一是要在权责利相统一的前提下，充分下放权力；二是保持必要的集中统一，中央要有权威。

4. 机构改革与人事制度改革的关系。机构是体制的组织结构；运作这个组织，还要靠人，靠人的积极性。以往的几次机构改革，均未能收到预期的效果，一个重要原因是没有相应地进行人事制度改革。正如邓小平同志说的：没有"逐步制定完善的干部制度来加以保证"，"干部缺少正常的录用、奖惩、退休、退职、淘汰办法，反正工作好坏都是铁饭碗，能进不能出，能上不能下。这些情况，必然造成机构臃肿，层次多，副职多，闲职多，而机构臃肿又必然促成官僚主义的发展。因此，必须从根本上

---

① 《邓小平文选》第 3 卷，人民出版社 1993 年版，第 177 页。
② 同上书，第 242 页。
③ 同上书，第 278 页。

改变这些制度"。① 在机构改革中，精简机构、转变职能
的同时，必须因事定编定员，依职定权定责，按"四化"
标准选人用人，强化竞争和激励机制，严格考核，赏罚严
明，优胜劣汰，能者上平者下，使公务员队伍充满活力，
保证政府行政管理的高效率。

第三，实现机构改革的新局面。这次机构改革，是在
十五大精神的鼓舞和推动下进行的。中央政府各部门的
"三定"方案在今年底实施完成，各省级政府的"三定"
方案明年完成，然后逐级进行改革。拿历次机构改革比
较，这次改革任务重，时间紧，要求高。在这种新的形势
面前，应遵循既要积极，又要稳妥的方针，精心组织，积
极推进，实现改革的新局面。

1. 解放思想，积极推进。我们的经济体制改革已进
入攻坚阶段，政府职能能否适应市场经济体制的要求，已
经成为推进整个经济体制改革的关键。政府机构到了非改
不可的时候。这次改革，政府机关工作人员，既是改革的
主体，又是改革的客体，涉及许多人的利害关系，必然有
一定难度。但要相信机关工作人员都具有较高的文化素质
和思想政治素质，都是顾大局识大体的，只要引导大家增
强市场意识和竞争风险意识，相信自己可以在多个岗位上
发挥聪明才智，充分认识机构改革实际上是一场革命，改
革就能得到广泛的支持。因此，应当解放思想，相信和依
靠全体机关工作人员，精心部署，积极推进，形成一个政

---

① 《邓小平文选》第2卷，人民出版社1994年版，第328页。

府官员自我革命的新风尚。这将是对"官本位"的一种很有意义的挑战，对政府形象的积极改观，有利于密切干群关系，对企业职工下岗分流和再就业也会产生积极的影响；同时还有利于人才合理流动，推动经济和社会事业的新发展。

2. 稳步前进，妥善安排。这次机构改革，虽然有政治形势稳定，经济环境宽松，改革当事人的素质高等有利条件，但也有经济体制处于未定型的转轨时期，政府新职能尚未规范运行；人员分流数量大的难题。面对这些难题，必须加强领导，精心安排。首先，对政府职能，要新旧衔接，新职能要及时运作，保证经济的稳定健康发展。其次，对人员分流，要周密研究，妥善安排。一要充分重视机关干部是国家的宝贵财富，要防止人才流失；二要为他们提供生活保障和提供在新的岗位上发挥作用的条件，帮助他们消除生活忧患和就业忧患；三要把最优秀的人才选留在改革后的政府机关。使新的政府机关集中最优秀的人才，真正实现机构精简、职能精要、人员精干、办事高效。

3. 以新的姿态推进改革。机构改革，几乎涉及每位当事人的切身利益和权力，对政府机关干部特别是领导干部是一次最实际的考验，人人都以改革大局为重，态度端正，严守纪律，特别是在人员分流和人事安排上，公开、公平、公正，那么，通过这次机构改革，将出现一个廉政勤政建设的新局面。

加速政府职能转换[*]

一、转换政府职能的时机

十四大确立建立社会主义市场经济体制已经 6 年多了。政治体制改革，尤其是转换政府职能以适应市场经济发展需要的任务还远没有完成。从改革时间和力度来看，无疑，政治体制改革落后于经济体制改革。政治体制改革滞后有其规律性，从资本主义发展过程来看，是先有资本主义经济的充分发展，然后才进行政治体制改革。也就是说，资本主义经济发展到一定程度，与原有的政治体制发生尖锐矛盾时，政治体制改革才被提到日程上来。从我国改革过程来看，也是先进行经济体制改革，后进行政治体制改革。实践证明，这种改革战略是符合国情的，更是经济文化比较落后国家走上社会主义道路，如何通过改革巩

---

* 本文发表于《理论前沿》1999 年第 1 期。

固和完善社会主义制度的科学道路。作为政治体制改革的一部分，我国改革开放以来机构改革比较大的有过三次：1983年、1988年、1993年。这几次改革在当时的条件下难度是很大的，可以说成效甚微，出现了改革——精简——膨胀的局面，尤其是转换政府职能的力度不大。政府职能不转换必然在改革——精简——膨胀的怪圈中恶性循环。这有三方面原因，其一，改革之初从根本上说是在计划经济的总框架内进行渐进式调整，政府机构或政府职能对经济发展的阻力还不大，政治体制与经济体制，政府与企业矛盾还不尖锐。虽然企业与政府存在着一些矛盾，但企业还离不开政府，因此政治体制改革的态势不强劲。其二，理论上还没成熟，理论上处于探索阶段，对政治体制和经济体制改革规律性认识还不足。我们中央党校在20世纪80年代中期成立了政治体制改革研究所，并办了一个刊物，后来有所变动，但研究没有停止。现在时机成熟了，需要我们认真总结以往经验，加大研究和改革的力度。其三，政府需要有权威，但由于长期受计划体制的影响，政府难以放权，按新体制要求，该管的未能管好，不该管的管起来不放，这实质上是政府职能错位。1993年改革力度大一些，主要是小平同志南方谈话推动，但这次改革也没有从根本上转换政府职能。由于体制转轨过程中，权责关系暂不规范，以致在一些领域政府权力无限大，责任可以无限小，加之受利益驱动导致了一些腐败现象的出现。90年代中期，随着改革的全面推进，政治体制与经济体制、政府与企业的协调性问题成了最紧迫的课题，特别是一些领域的政府官员、企业领导与人民群众的矛盾日益尖锐起来。于是有了十五大提出的政治体制改革和九届人大通过的《关于国务院机构改革的方案》，以及1998年下半年开始的机构和人事体制的改革。这说明了两点，一是政治体制改革已到了非改不可的时候，也就是说，改革的时机已经成熟，条件已经具备。二是政治体制改革滞后有其规律性，可以说是各国改革的共同规律。社会主义条件下可以通过改革来很好地解决个问题，使两种体制改革协调起来。

二、转换政府职能的原则

转换政府职能，必须有几条原则，讨论起来才能形成共识。第一条原则，转换政府职能要符合社会主义发展方向。一要有利于巩固社会主义制度，二要有利于发挥社会主义制度的优越性。这是最重要的一个原则。苏东剧变，亡党亡国的一个根本教训就是改革受"新思维"的误导，尤其是政治体制改革偏离了社会主义方向。政治体制改革也好，转换政府职能也好，必须体现社会主义原则。邓小平同志讲我们政治体制改革就不能搞西方的三权分立，不能搞多党制。第二条原则，要有利于社会主义生产力发展，这是邓小平同志多次强调的一个重要内容。政治体制改革是上层建筑的改革，是生产关系的调整，改革、调整的目的是要促进生产力的发展，有利于发展经济。如果达不到这一点，我们的政治体制改革或转换政府职能就是失败的。第三条原则，我们改革必须为人民群众所理解和拥护，要有利于调动人民群众的积极性。归根到底，人民群众是改革的主体，人民群众理解和拥护了，才能参与和支持改革，我们的改革才有群众基础，才能顺利进行。政治体制改革的目的是要扩大民主，转换政府职能的实质就是要消除官僚主义，提高工作效率，为人民群众办实事，这也是邓小平同志讲的改革要符合人民的利益。第四条原则，要有利于社会的稳定。稳定是改革的前提，政治稳定了，社会安定了，没有其他干扰，上下齐心协力，才能搞好改革。没有一个稳定的环境，根本不可能进行改革。政治体制改革是很复杂，很敏感的问题，搞不好会出乱子，这方面我们是有教训的。第五条原则，必须坚持党的领导。整个改革以及改革的全过程都必须坚持党的领导，这是在任何时候都不能动摇的一个根本原则。因此转换政府职能的过程和政府新职能的确立，要充分体现党的领导，贯彻党的路线，体现党的监督和领导。决不能以转换政府职能为名削弱或损害党的领导。党的领导不仅要体现在路线上、思想上，而且要体现在组织上，要把党的领导落到实处。

三、转换政府职能的条件和要求

条件主要有两个：一要解决政企分开。二要解决党政分开。也就是说对下要解决政企分开的问题，对上要解决党政分开的问题。政企分开已经讲了好多年，理论界也作了很多探讨，我想这个问题主要解决政府从作为直接投资者和直接经营管理企业者这个地位撤出来。企业自己管自己的事情，全权全责地把企业自身的经营管理搞好；政府为企业发展提供有利的环境和条件。具体说，政府要为经济发展提供三种环境：一个是市场环境，政府要为企业营造一个公平竞争，优胜劣汰的市场环境；另一个是市场体系，政府要通过宏观政策的引导，推进改革的深化，逐步完善市场体系，使企业的生产要素与经营活动，都能在市场条件下有效运行；再一个是市场规则，市场经济条件下，政府的一项主要职能就是要建立公正合理的市场规则。当然政府还要大力发展教育、科技，为企业发展创造良好的人才、技术环境。党政分开。邓小平同志多次讲过政治体制改革要解决党政分开。我认为党政分开主要是党委要主动理顺党政职能，不要以党代政，党委不要直接干预政府的日常工作。执政党主要是为巩固社会主义制度和促进社会主义发展制定路线、方针、政策，并采取措施监督和保证方针政策的贯彻实行。只有这样，才能改善和加强党的领导。政府则要遵循党的路线、方针，认真履行职责。这两个问题解决了，政府职能的转换方能到位。

转换政府职能的要求，主要是中央提出的精简高效。精简首先是简政，其次是减机构，然后减人，这样以最必要的人办最必需的事，才能达到高效。前几次出现的"精简——膨胀——再精简——再膨胀"的问题主要是没有简政。政府职能没改变，而且有扩大趋势。这次是简政减机构减人，抓住了要害。机构多，人多必然是没事找事，结果为下边造成危害。精简是高效的基础，也是结果。高效，我想主要是减少环节，办事质量高速度快，服务周到。精简高效有个中间环节，中间环节就是克服官僚主义。官僚主义危害很大，机构精简了如果仍然是官僚主义，精简了也不能高效。克服官僚主义党委要作两方面的事情。首先制定正确的路线方针政策，各级党委根据中央的精神也可以制定符合本地的政策，这样可以规范政府职能的有效发挥，从政策和制度上防止官僚主义。其次是组织建设。着重做好培养、选拔、监督干部的工作，严格组织纪律，健全决策和办事程序，从根本上铲除官僚主义的产生。

四、转换政府职能的措施和途径

转换政府职能是政治体制改革的一个重要组成部分，也是实现跨世纪战略目标的重要条件。加快政府职能转换的步伐，建立与市场经济相适应的政府管理体制，要根据十五大提出的，从我国实际出发，在党的领导下有步骤、有秩序地推进。当前应从以下几方面着手。第一，按照社会主义市场经济的要求，加大政府对宏观经济管理的职能，缩小或撤销具体管理企业的职能，把企业生产经营管理的权力切实交给企业。第二，根据精简、统一、效能的原则进行机构改革，建立办事高效、运转协调、行为规范的行政管理体系，提高为人民服务水平。第三，把综合经济部门改组为宏观调控部门，调整和减少专业经济部门，加强执法监管部门，培育和发展社会中介组织。对社会中介组织，既要积极培育发展，也要严格规范，严格管理。第四，深化行政体制改革，实现国家机构组织、职能、编制、工作程序的法定化，严格控制机构膨胀，坚决裁减冗员。第五，深化人事制度改革，引入竞争激励机制，逐步完善公务员制度。人事制度改革，要和反腐倡廉结合起来，真正建设一支高素质的专业化国家行政管理干部队伍。

　　总之，我们要在增强党和国家活力，保持和发挥社会主义制度的特点和优势，维护国家统一、民族团结和社会稳定，充分发挥人民群众的积极性，促进生产力发展和社会进步的基础上，勇于探索和创造一种适应并切实促进市场发展的政府职能的实现形式。

经济体制改革要由"利益调整" 变为"互利双赢"*

国际经济竞争，说到底是抢占市场的竞争。外运代理业务当然也是市场竞争的一个重要方面。大力推进外运代理业务的发展，把它做强做大，对于我国积极应对全面开放的新形势，具有十分重要的意义。从这个问题出发，我想谈三点认识：

1. 要联合对外，应对国际市场挑战。我国已经加入世贸组织。这就是说，中央已经做出使中国融入以市场经济和国际规范为基础的贸易体系的决策。举国上下应当从国家民族的根本利益出发，结合 WTO 协议的要求，创造条件，去把握机遇，联合对外，利国利民。随着经济体制改革的深化，一些部门的机构或业务分工进行了调整，经营权限、经营范围发生变化，当然会带来部门利益的变

---

* 本文是 2002 年 4 月 13 日作者在"外运代理业务体制改革研讨会"上的发言提纲。

化，运行初期会出现一些矛盾，各方都应跳出本部门的圈子，立足全局。在内部关系上，要相互协调，相互支持，形成合力，共同发展，加强国家的整体竞争力。

2. 要克服行政垄断。我们面临的形势，发生了极大的变化。在加入 WTO 之前，虽然在不断扩大对外开放，但从总体上讲，还是一种半开放，也就是一种在有限范围、有限领域的开放，政府可以通过行政手段，根据本国的特殊的、具体的情况，安排自己对外开放的时间表。我国在过去的体制下，存在若干垄断行业，当然是有其历史合理性的。即使在现在，有些行业和部门，在一定时间、一定范围内实行垄断，也还是必要的，但总的说来是要逐步减少和打破垄断。像外运代理这样的领域更没有必要长期垄断。因为现在是一种全面开放，即多层次、全方位的对外开放，一切经贸活动，都要按国际规范的要求办事，不能再以行政手段设置市场运行的障碍。

3. 深化改革已无回旋余地。在加入 WTO 以前，我们可以说是改革促开放。以往的经济体制改革，虽然也有国际环境的压力，但基本上是由我们自己安排和推动，进程快慢，基本上由我们自己决定。而现在，情况正好是倒过来，即由开放促改革，全面开放，就是全方位面对国际市场。在全面开放的压力面前，主动改革，就能占领先机，赢得市场，立于不败之地；被动拖延，就会失去主动权，败下阵来。市场充满风险，经济体制必须具有抵制和规范市场竞争风险的能力；经济政策、法律法规，必须具有透明性和对国际市场的适应性；不符合国际市场游戏规则的政策壁垒，必须逐步调整和取消。

　　对经济体制来说，改革的任务还十分繁重。要使改革更快更顺利地向前推进，有必要树立新的改革理念，寻求新的改革路径。过去我们说，改革是一种利益调整。所谓调整，是说在利益方面，有得者、有失者。如果我们将这种思路改变一下，即由"利益调整"改为"利益协调"。因为"利益调整"产生的局面是，"得者"追求利益最大化，"失者"则不相与让，于是改革难以推进。如按"利益协调"的思路，则是"双赢"，即主体各方都能获利。经济关系，只有"双赢"才能产生整体效益。所以，我希望外运代理行业的体制改革，以"利益协调"的双赢方式向前推进。

国有企业改革必须坚持社会主义方向

GUOYOUQIYE GAIGE BIXU JIANCHI

SHEHUIZHUYI FANGXIANG

深化国有企业改革
要坚持社会主义方向[*]

国有企业特别是国有大中型企业是我国社会主义制度赖以存在和发展的最主要、最重要的经济基础，是国家进行宏观调控，保证国民经济持续、快速、健康发展的中坚力量。搞好国有企业特别是国有大中型企业，既是关系到我国整个国民经济发展的重大经济问题，也是关系到社会主义命运的重大政治问题。

一、客观分析当前国有企业的基本状况

我国的国有企业，起初是通过没收官僚资本和对资本主义工商业进行社会主义改造后建立起来的。"一五"时期我们投资兴建了一批国有大中型企业，后来又陆续建设了一批国有骨干企业，特别是改革开放的 18 年里，我国

---

* 本文发表于 1996 年 11 月 14 日《人民日报》。

的国有经济获得了巨大的发展。目前，我国已经建成了门类齐全、规模宏大的国有工业体系，国有企业特别是国有大中型企业在我国经济发展中发挥着极其重要的作用，做出了巨大的贡献。改革开放以来，国有企业为非国有经济的发展创造了有利条件。非国有经济尤其是乡镇企业和三资企业的快速发展，在很大程度上得益于国有企业为它们提供的各种支持。没有国有企业提供的电力、煤炭、石油等能源，以及铁路、公路、港口、邮电通信等公共设施和非国有经济赖以发展的各种技术装备和技术人才，非国有经济的快速发展是根本不可能实现的。

当然，我们应该看到，目前国有企业困难较多。企业活力不足，效益低下，负担沉重等问题不仅远远没有解决，而且有日益加重之势，相当多的国有企业出现了亏损，一些国有企业甚至处于停产、半停产状态。1996 年头 5 个月，国有工业企业销售收入出现近几年少见的低增长，而费用和产成品资金占用量却出现高增长，费用增幅达到销售收入增幅的 2 倍，整个国有工业企业出现新中国成立以来第一次净亏损。

对国有企业出现日益严重的亏损问题，如何进行评价、如何加以解决？有人认为，国有企业的亏损是由企业的国有性质造成的，国有制造成了企业领导者的官僚主义和劳动者的"大锅饭"；国有企业无约束机制，经济低效率是不可避免的。这一观点是错误的，也是十分有害的。当前，相当一部分国有企业确实亏损严重，但其原因是非常复杂的：从深层次看，首先有体制方面的问题，如国有企业产权属全民所有，却无具体的人格化所有者代表；理论上人人有责，机制上无人负责，造成机制不活，管理水平低。此外，还有其历史和政策方面的特殊原因。

从历史看，首先是长期造成的国有企业产业结构不合理，有不少盲目建设和重复建设的国有企业，从建成之日起，就运转不灵，效益低下。其次是长期忽视国有企业的技术更新改造，大部分国有老企业技术装备老化，这是国有企业效率不高的一个重要原因。如上海市国有企业的技术装备达到 20 世纪 70 年代以后水平的仅占 1/3，有 2/3 还处于五六十年代的水平。有关部门对我国老工业基地辽宁省的近千家国有大中型企业作了调查，发现 62% 的国有企业是 50 年代及 50 年代以前建造的，全省预算内工业企业固定资产净值率现在只有 65% 左右，而 70 年代以前制造的陈旧设备已占到 36.2%。用落后技术生产成本高质量差的产品，企业就难免出现严重亏损。

从政策方面看，国有企业亏损还有以下几个具体原因：第一，为担负维持社会稳定的政治职能，国有企业要支付大量的社会成本。据统计，国有企业在职工住房、医疗、学校、食堂等福利设施的投资约占国有企业总资产的 15%—20%，离退休职工占职工总数的 25% 左右，冗员占 30% 左右，仅后两部分人的养老金和工资即占职工工资总额的 50% 以上。这样做，一方面加重了国有企业负担，另一方面也影响了国有企业生产效率。有些国有企业单就剥离企业冗员一项，就可实现扭亏变盈。第二，国家投资政策变化，致使一些国有企业的债务包袱越背越重。

1983 年实行拨改贷之后，由于国家不再为国有企业注入资本金，国有企业投资完全靠银行贷款；1985 年又改税前还贷为税后还贷，这样就使国有企业处在十分被动的境地：一方面要向银行还本付息，另一方面又要同时向国家财政上缴利润。国有企业由于压力过大，造血功能受阻，偿债能力越来越弱，负债率则越来越高。第三，财政负担重。据统计，从 1980 年到 1993 年，全国预算内工业企业上缴的利税和两金（预算调节基金和能源效能基金），平均占其实现利税的 86%；剩下的留利，有的国有企业甚至连支付职工的医疗费都不够，根本谈不上技术改造和后续发展。第四，由于改革初始阶段缺乏整体配套的政策和措施，国有企业人才流失相当严重，不少优秀的技术人才和管理人才被三资企业和民营企业挖走，致使一些国有企业一方面是人员过剩，另一方面是人才短缺。特别是不少技术人员和管理人员离开国有企业以后，还把原本属于国有企业的技术、客户和市场都带往三资企业和民营企业，给国有企业造成了很大的困难和难以估量的损失。

可见，国有企业的低效益，在相当程度上是长期的历史原因和改革过程中的政策一时难以完善造成的。同时，还必须看到，如果不是简单地评价国有企业的盈亏现状，而是客观具体地按"当期效益"进行分析，结论就大不一样。1996 年头 4 个月国有盈利企业的总盈利额 242.6 亿元，国有亏损企业的总亏损额 276.6 亿元。国有亏损企业的费用支出比上年有较大幅度增长，最突出的是产品销售费增长 28.3%，财务费用提高 21.5%。作为财务费的利息支出达 411.5 亿元，是整个盈利额 242.6 亿元的 1.7 倍。而这些付出高额利息的贷款，都是多年积累下来的，有些还是不正常的高利贷。也就是说，只要没有这些长期历史造成的债务，1996 年头几个月的国有工业企业，就不是净亏损 34 亿元，而是净盈利 337.5 亿元！

特别应当提到的是，由于政策法规不完善，国有企业应收资金收不回来。至 1996 年 3 月底，国有工业企业应收账净额高达 7967 亿元，这不能不是国有企业被迫增加贷款的一个重要因素。此外，如果在管理费用中再剔除与"当期盈亏"无直接关系的社会统筹和离退休职工医疗费用等，国有企业盈亏报告会发生更大的变化。因此，我们不能把国有企业当前出现的亏损现象归结于国有制，更不能对搞活国有企业失去信心。近年来，许多国有企业扭亏为盈的事实已经证明，只要我们不断深化改革，积极推动企业技术进步，加强企业内部管理，国有企业是完全可以搞好的。

二、切实建立以公有制为主体的现代企业制度

国有企业改革是我国经济体制改革的重点，建立现代企业制度是国有企业改革的方向。党的十四届三中全会《决定》概括的关于现代企业制度的四句话，是相互联系的统一整体，必须全面、准确地领会和贯彻。

前一时期，有些同志认为国有企业亏损的"一切根子在产权问题上"，从而提出"国家所有制非改不可，改

革的办法就是把集中的国家资金分散化、多元化、股份化"。另一些同志单纯强调管理，认为我国的国有企业产权明晰，全民所有制企业当前存在的问题是管理问题。实践证明，中央提出的十六个字、四个要点是不可分割的，只强调一点或忽略其中任何一点，都是不利的。同时，对每一个要点都应有正确的理解。按照马克思主义产权理论和我国的宪法，国有企业的产权关系可以说是明确的，即国有企业资产归全体人民所有，国家代表全民拥有企业资产的所有权。但是，在实践中国家并不能直接去经营归其所有的资产，而把国有资产交给一个具体的国有企业去占有、支配和使用，国有企业依法对国有资产拥有独立的支配权，即国家拥有所有权，国有企业拥有法人财产权。如果从这个意义上讲，传统国有企业的产权关系确实存在一些不清楚的地方。从一方面看，国家是国有企业资产的所有者，但由谁来代表国家行使这个所有权呢？是财政部门、其他专业经济部门，还是地方政府？不清楚。在进行投资决策时，诸多的部门都有一份权力（审批盖章）；在分配利益时，又有诸多部门想代表国家行使所有权，即获得所有者权益；但当要承担风险，特别是承担决策失误的责任时，却无法落实到一个具体部门或具体人。从另一方面看，国有企业也并没有真正意义上的经营自主权，也谈不上通过经营获取自己独立的经济利益。党的十四届三中全会的《决定》，深刻地阐述了现代企业制度的基本特征，对国有企业的产权关系作了明确的界定。根据十四届三中全会《决定》的要求，产权清晰的关键是要解决三个问题，即建立所有权与经营权相分离的体制；建立经营权对所有权的自主机制；建立所有权对经营权的约束机制。具体地说，第一，国家作为所有者，在经济上依靠投资享受资产收益权，并负有限责任；企业作为经营者，拥有全部法人财产，有权依法自主经营。第二，企业的生产经营以营利为目的，以效益为中心，以市场为依据，脱离政府对企业生产经营的直接指挥和干预；在给政府照章纳税和保证国家投资收益的条件下，企业有权依法获得自身的经营利益，促进企业的自我发展。第三，对国家所投入的资金，企业要依法有效运用，并要保值增值，所以，国家必须通过选派企业领导人、审批重大决策以及其他宏观调控方式，约束和引导企业的行为；还要通过改革，引导企业建立和强化自我约束机制，把企业追求盈利最大化的目标与切实保证国家投资收益和坚持企业的正确发展方向结合起来，使企业的发展符合巩固和发展社会主义经济基础和上层建筑的要求。

从逻辑上说，产权清晰是权责明确和政企分开的前提，权责明确与政企分开，又可以说是一个问题的两个方面。产权清晰的核心，是界定投资者的所有权和经营者的法人财产权，由各自的权利来确定相应的责任，就可以具体地划分政府和企业的职责。所有者与经营者分清权益和职责，是为了使经济运行机制更具活力，全面提高经济效益，保证国有经济的发展壮大。在这里，产权问题也可以说是首要问题。产权清晰了，就能更好地解决权责明确、政企分开和管理科学的问题。但并不能由此推论，只要产权清晰了，其他问题也就不存在了。果真如此的话，西方私有产权可谓再清晰不过了，为什么一些私有制为主的国家还存在大批企业破产、大量工人失业呢？就当前我国的情况来说，产权改革固然不可忽视，但国有企业管理水平低是尤为突出的问题。有相当多的亏损企业，都存在管理严重混乱的问题。我们看到为什么一些情况基本相同的国有企业，有的严重亏损，有的又能盈利？为什么不少企业在切实加强管理以后，就能扭亏为盈呢？可见"管理科学"的重要性。管理贯穿于整个经济活动过程，广义的管理，包括管理体制、管理机制、管理过程、管理方法和手段。从一定意义上讲，产权清晰、权责明确、政企分开都可以纳入宏观管理之中。但如果从微观上看，前面三句话又成为企业内部科学管理的前提，离开了这些前提，仅仅抓管理，企业的许多问题也不可能解决。如企业的外部环境、长期积累的企业包袱、企业过度负债等问题，必须深化改革，综合治理。可见，现代企业制度的四个特征是缺一不可的有机统一体。

三、国有企业改革需要澄清的几种认识

我们要建立的现代企业制度，必须是符合中国的国情和具有中国特色社会主义的现代企业制度。毫无疑问，西方发达国家企业制度中科学合理的部分，我们应当学习和借鉴，但不是照抄照搬别国的模式。一定要根据中国企业的地区特点、行业特点、技术装备程度、效益状况等，创

造出独具中国特色的现代企业制度。在这里，有一些重要问题是必须认真研究和把握的。

比如，有人认为，在建立现代企业制度过程中，最难办的问题是政企分开。"现在仍然是政府不放权，企业难自主，矛盾主要方面在政府。"因此，深化国有企业改革，"必须以政府为对象"。从上层建筑一定要适应经济基础这个意义来说，通过改革转变政府职能，是非常重要的。党中央对转变政府职能提出了明确要求。但如果简单地提出"改革必须以政府为对象"，则容易产生误导。首先，我们的改革，是社会主义制度的自我完善，是在中国共产党和人民政府领导下，全心全意依靠工人阶级，展开的一场社会变革，党和政府是这场改革的组织者和领导者。其次，各地的情况不尽相同，有些地方经过改革，政府和企业的职责划分得比较清楚，经济运行状况良好；有些地方政府对企业经营仍然干预过多，影响或妨碍了企业的积极性；也有一些地方政府不适当地放松了政府的职责，使一些企业未能正确行使自主权，投资决策不科学，内部管理短视化，虚报效益，隐瞒亏损，甚至侵吞国有资产，等等。因此，国有企业改革要因地因企制宜，不能搞"一刀切"，更不能"以政府为对象"。

又如，在企业内部，全心全意依靠工人阶级，发挥党的政治核心作用，保证厂长经理依法行使职权，这三句话是统一而不可分割和偏废的。特别要指出的是，提"政治核心作用"而不提"领导"，是明确行政主管的职责，是党的领导方式的改善，而不是否定党的领导。那种认为党在企业里只管党员、只起监督作用的观点是不全面的。党在企业的政治、思想、组织的全面领导是不能削弱的。党领导整个社会主义经济建设的基础，首先在企业。

再如，对于小型国有企业，中央提出"放活"，而不是放掉。根据不同情况，有的可以通过改组、联合、兼并，由小发展为中或大，使国有经济得到发展；有的可以实行股份合作、租赁、承包，优化经营机制；少量的也可出售。但出售国有企业，必须慎重。那种不论大小企业"卖掉并非私有化"，"卖掉才能搞活"的观点，主张"靓女先嫁"的观点，是不符合改革方向的。出售国有企业作为市场交易行为，并不完全等于国有资产流失，也并不一定就是私有化。但对一度出现的国有企业"卖盈留亏"现象必须予以重视。我们通常讲的所有制，是指生产资料所有制。如果把国家所有的生产资料卖给了私人或外国资本家，尽管国家能收回一个等价，但从生产资料归属上看，原来的国有企业已经变成了私人企业或外资企业，实际上是私有了。较长时期以来，流行一种观点：公有制为主体，是就全国经济的总体而言的，并不是每一个部门、每一个地区都要以公有制为主体。这种观点本身似不错。但把握和运用这个观点，则必须联系实际，全面理解。假如每一个地区和部门都说，公有制主体是就全国而言的，在我这个地区或部门则不要以公有制为主体，这样一来，公有制为主体就成了抽象肯定，具体否定了。国有企业改革是一项系统工程，涉及经济、政

治、社会和党政工作各个方面。我们要按照中央提出的
方针，搞好国有企业，发展壮大公有制经济，建立和完
善社会主义市场经济体制。

国有企业改革的几点思考[*]

当前，我们的改革已进入攻坚阶段，要做好经济体制改革这篇大文章，内容很多，我想，最主要的是在完善所有制结构的同时，进一步深化国有企业改革。

国有经济是我国社会主义经济的支柱，因此，国有企业的改革，是整个经济体制改革的中心环节。中央关于国有企业改革的指导思想和基本思路已经明确，我们应当按照建立现代企业制度的方向，深化改革，更新体制和机制；通过技术改造，更新设备、开发新产品，扩大市场占有份额；通过战略改组，优化结构，特别是要组建大型企业集团，提高国际竞争能力，切实加强企业内部管理，从经济、文化等方面全面提高企业素质。方法上要抓大放小，立足于搞好整个国有经济，要做好这些工作，必须全心全意依靠工人阶级，并建设一支高素质的经营者队伍，特别是要加强和改善党对经济工作的领导。这里有两个问

＊ 本文发表于《瞭望》新闻周刊 1997 年第 36 期。

题需要认真研究。

第一，关于改革的力度、发展的速度和社会承受程度的关系。对这个问题，首先要认识改革力度的主导作用，即要把推进改革放在首位。总的说来，是要使上述三个方面达到统一。在实际工作中，人们往往最先考虑社会承受程度。这当然是有道理的。但是，一定要运用辩证唯物主义的思想方法。社会承受程度，既是一个客观现实，又是一个可变量。改革和发展离开这个现实，超越它的实际承受能力，会欲速不达，最终从负面影响改革和发展；但是，反过来，如果消极地看待社会承受程度，甚至过低地估计社会承受能力，夸大困难，惧怕风险，畏首畏尾，踟蹰不前，则会丧失机遇，给改革、发展和社会主义事业造成不可估量的损失。因此，我们的思路应当是，在分析社会承受能力的同时，着重考虑抓住机遇，深化改革，加快发展。通过改革和发展来解决历史遗留的问题和克服前进中的困难，依靠发展来增强国家的综合实力，同时也就提高了社会承受能力，反过来又能促进和推动改革和发展。这样在一种良性循环中达到三者的辩证统一。

第二，国有企业改革，要重视制度创新。这里也有一个思想方法问题。现在我们的理论阵地不必再花很多的笔墨去描绘计划体制的不足，因为那是历史，历史的必然和偶然都是由"历史"形成的；我们也不要花很多的笔墨去试图设计一种划一的、一步到位的完美的企业制度模式。因为我国的企业千差万别，千足难适一履；我们更不要在理论争论中都摘引马克思的语录来论证自己的观点，因为马克思并未看到也没有具体预测到中国社会主义初级阶段国有企业的实际情况。我们的正确方法应当是运用马克思主义的立场、观点和方法，解放思想，实事求是，根据企业的共性来认真贯彻中央的指导方针，又根据企业的特性来分类指导，科学确定企业的组织形式。用"三个有利于"的标准来衡量改革的正确与否。

例如股份制，我们在理论上争论了几年，也在改革中实践（试验）了好几年，实践中有成绩也有问题，这里存而不论。在理论上争论的焦点，是姓公还是姓私。双方都有理有据。简单地说（恕我概括太简单，可能表达不全面），说姓私者，认为股份制是把资产量化给个人，个人持有股票是私人占有的典型形式，因此姓私；说姓公者，认为股份制是把个别资本转化为联合资本，把私人资本转化为社会资本，因此姓公。双方都有马克思的论述为据。我认为，我们应当把注意力放到我国社会主义初级阶段这个实际上来，再认真研究一下国外企业制度的新情况，针对我国企业的具体情况来确定各类企业的组织形式。从这个思路来分析，我们就会知道，股份制公司有姓公的，也有姓私的，更有公私兼有的，不能作出姓公或姓私的全称判断。在一个股份公司里，往往既有公股，又有私股，它能把各种资本联合起来，融为一体。我们的国有企业实行股份制，不会完全改变公有制性质，而且股份制这种形式既有利于产权关系更加具体清晰，又有利于拓展融资渠道加速社会化进程，应当是我们企业制度改革一种可供选择的组织形式。当然，在股份制改革过程中，不能

"一刀切"，不要简单地一哄而起，要视企业的主客观条件而规范操作，特别要不断完善股份公司的法人治理结构。

又如股份合作制，应当说是我国工人阶级在改革过程中找到的一种企业公有制组织形式，对股份合作制也有姓公姓私的争论。事实上，股份合作制是体现企业职工劳动联合与资本联合相结合、按劳分配与按资分配相结合的生产关系，作为所有制形式，应当是典型的集体经济，是公有制关系，是适应我国初级阶段生产力发展水平的实际情况的，应当鼓励发展。当然，这种形式，从生产关系要与生产力相适应的要求来看，比较适合于劳动密集型的、规模不很大的企业。同时也要规范操作。当前已经出现了一些操作不甚规范的情况，有关部门可以在总结经验的基础上，建章立制，逐步规范。在改革的实践中，也还有一些企业，开始是按股份合作制组建，但后来在体制上已离开了资本联合与劳动联合原则，如由少数人控股甚至个人控股，分配上已不体现按劳分配原则，生产过程也不再体现劳动联合的关系。对这类企业形式，改革中也可以试行，允许存在和发展，但名称上不要再附会为"股份合作制"，可根据实际情况确定它的性质和名称。

破除思想障碍　进一步深化改革[*]

　　改革在不断发展和深化，旧的矛盾解决了，新的问题
又不断涌现。解决新的矛盾和问题，唯有解放思想，深化
对社会主义初级阶段的国情、主要矛盾的理解，防止和克
服那些超越阶段的错误观念和政策，才能富有成效地把经
济体制改革向前推进。

　　中央一再明确，我国社会主义初级阶段的所有制结
构，应当是以公有制为主体，多种所有制经济共同发展。
改革开放以来，特别是近五年，非公有经济发展很快，在
国民经济中的比重迅速扩大，改变了过去单一的公有制模
式，一个多元化的经济格局已经基本形成。开始有人对发
展非公有经济持怀疑态度，担心影响公有经济的主体地
位。现在看来，不但没有影响，相反，大大壮大了社会主
义经济的实力。这一事实说明，中央制定的方针是正确
的。

---

　　* 本文发表于《瞭望》新闻周刊 1997 年第 35 期。

　　生产关系必须与生产力发展水平相适应，这是客观要求，是不以人们意志为转移的规律。要遵循这个规律，进一步深化所有制改革，鼓励和推动非公有经济发展，完善与社会主义初级阶段生产力水平相适应的所有制结构，目前首要的是要转变简单地追求公有经济比例大的观念。公有经济比例数越大，是否主体地位就越牢固呢？其实并非如此。在市场经济体制下，数量的优势不是绝对的，各种所有制的经济单位，都是进行平等竞争的市场主体，它们依靠各自的产品优劣、消耗高低而在市场优胜劣汰。因此，公有经济的主体地位，要从数量与质量的结合上来考虑问题，关键依靠自己的竞争能力，也就是要有高的经济质量。没有高的质量，再大的数量，也会在竞争中萎缩，有了高的质量，就会在竞争中发展壮大。

　　同时也必须明确指出，认为公有经济、特别是国有经济效益连年下降，是公有制条件下的"大锅饭"造成的，解决的办法，就是改变所有制。我们说这种观点也是糊涂的。国有企业目前出现的困难和问题，并不是所有制本身带来的，而是由历史的、社会的和政策的原因造成的，随着改革的深化，经济发展已进入结构优化升级、企业在竞争中优胜劣汰的新阶段，国有企业长期积累起来的深层次的问题，必然逐步地暴露出来。这些问题通过进一步的改革和发展，是能够解决的。深化改革的过程，也正是解决问题的过程。

　　当然，我们也不排除在优化资本结构的过程中，既可以兼并、破产，也可以拍卖某些企业，那是为了从宏观配置资源，从总体上搞活国有经济，但这里有个原则，不是什么企业都可以卖，更要反对"靓女先嫁"的观点。假如把效益好的"靓女"都嫁掉，留下一群效益不好的"丑女"，何来公有经济为主体？应当明确，公有制的主体地位不能否定，这是社会主义经济制度的根本。邓小平同志曾多次强调："社会主义有两个非常重要的方面，一是以公有制为主体，二是不搞两极分化。"公有制为主体，正是不搞两极分化的经济基础。

所有制结构的完善，并不是要在每一个地区规定一个具体的比例数字。而是根据以公有制为主体，多种所有制经济共同发展的要求，有一个原则的界定。这就是：公有经济要能够控制国民经济命脉，这就要求公有资产在社会总资产中保持优势，并在一些主导行业和重要部门占支配地位；公有经济要能保证国家的经济安全，即对外保持国家在经济上的独立自主；所有制总体结构要能够引导和组织整个社会资本的优化组合，并推动非公有经济的健康发展；非公有经济要有平等竞争的条件，随着整个国民经济的发展而健康发展。

深化国有企业改革，重视制度创新。这里还有一个转变思想方法的问题。现在我们的理论阵地不必再花很多的笔墨去描绘计划体制的不是，因为那是历史，历史的必然和偶然都是由"历史"形成的；我们也不要花很多的笔墨去试图设计一种全国划一的、一步到位的完美的企业制度模式。因为我国的企业千差万别，千足难适一履；我们更不要在理论论争中都摘引马克思的语录来论证自己的观点，因为马克思并未看到也没有具体地预测到中国社会主义初级阶段国有企业的实际情况。正确的方法应当是，运用马克思主义的立场观点和方法，解放思想，实事求是，根据企业的共性来认真贯彻中央的指导方针，又根据企业的特性来分类指导，科学确定企业的组织形式，用"三个有利于"的标准来衡量改革的正确与否。

解放思想，实事求是。这是过去推动我国改革取得成功的全部经验所在，这也是我国人民在今后的改革进程中不断突破、不断前进的信心所在。

改革与发展互动[*]

  《中共中央关于国有企业改革和发展若干重大问题的决定》今天公开发表，我们的理论研讨会召开得很及时，也很有意义，现在就几个问题概括地谈一些认识。

  第一个问题，正确认识国有企业改革与发展的关系。中央的决定是《关于国有企业改革和发展若干重大问题的决定》（以下简称《决定》），是关于国有企业"改革与发展"的。《决定》把国有企业的改革和国有企业的发展相联系，中心是强调解放思想，以更大力度把国有企业改革推向深入，进而推动和加快国有企业的发展。国有企业的改革和发展要结合起来，改革是动力，发展是目的，国有企业的发展要以深化改革为前提，而国有企业的改革则必须立足于推进国有企业发展。《决定》提出从战略上调整国有经济布局，有所为有所不为。有所为就是要发展，有所不为不在于收缩国有经济的总量，国有经济的总

---

  * 本文选自《国有企业的改革与发展》，中央党校出版社 1999 年版。

量在发展中还会增加，而是收缩国有经济的面，解决国有经济分布过宽的问题，进一步提高国有经济的整体素质。

第二个问题，必须在战略高度上明确国有经济的地位，认识国有企业改革和发展的重要性与紧迫性。国有经济是国民经济的支柱，也可能成为国民经济发展中的最大问题，给国民经济的发展带来危机。《决定》明确指出，国有企业是我国国民经济的支柱。国有企业的支柱作用表现在：国有企业是国家财政收入的主要来源，国有企事业单位在就业方面安置了 2/3 以上的城镇社会就业人口，国有企业极大地推动了整个国民经济的生产技术进步，国有企业为整个国民经济的发展培养了大批人才包括熟练工人、技术人才、管理人才，等等。从另一方面来看，国有经济对整个国民经济造成的风险性也比较大。内需拉不动和国有企业有关系，国有企业职工下岗使消费需求难以扩大，国民经济的各个环节都受影响，国有企业关乎整个国民经济能否健康运行。国有企业也关乎社会主义的前途命运，如果国有经济垮台，支柱不存在了，我国社会主义也就无从谈起。因此，可以说，国有经济对社会主义是成于斯、败于斯。

第三个问题，对国有企业改革和发展应该坚定信心。在 50 年的经济建设中，国有企业对于推动我国的工业化和现代化发挥了巨大的作用。改革开放 20 年中，国有企业的改革几起几落，虽然有曲折，但国有企业改革总的在不断向前推进，对国有企业改革的认识也在不断发展。现在推进国有企业改革和发展有许多有利条件，20 年的改革开放使我们具备了较为雄厚的综合国力与物质基础，在对国有企业改革和发展的探索中我们积累了丰富的经验，同时对邓小平理论的认识在深化，在邓小平理论的指导下，我们对国有企业改革和发展许多问题逐步取得了共识。这次十五届四中全会通过的《决定》，又为国有企业改革和发展提出了行动纲领，必然会对国有企业改革和国有经济发展产生巨大的推动作用。我们的改革是会不断前进的，我们一定能够实现国有企业改革和发展的目标，取得成功。

第四个问题，从战略上调整国有经济布局和坚持公有制主体地位、坚持社会主义基本经济制度的关系。对国有经济布局进行战略调整是要提高国有经济的整体水平，进而提高整个国民经济的水平。这里，一是对国有企业的困难及其原因要逐个进行具体分析，原因清，才能方向明；二是要正确确定国有经济有进有退、有所为有所不为的依据、标准，我还是赞同以国有企业的职能划分为主要原则来考虑，符合国有企业职能的就进、就有所为，反之则可考虑退、考虑有所不为；三是要坚持以公有制为主体的社会主义基本经济制度。

坚持以公有制为主体的社会主义基本经济制度，也要全面。一个方面是坚持公有制是主体。首先，在关系国计民生、国民经济命脉以及有关的重要行业中，公有制要为主体，需要国有经济进行控制。但哪些行业和产业关系国计民生、是国民经济命脉、具有重要地位，应该是动态的、有变化的、可以调整的。动态、变化与调整的一个依据是在国民经济中既必需而又稀缺；同时，在公有制为主体进行控制时，也有一个通过市场方法、市场原则来控制、来实现公有制主体地位并发挥作用的问题。其次，除了控制国民经济命脉，还要引导整个国民经济的发展方向，在坚持社会主义方向上要发挥主导作用。再次，是保障国家经济安全，坚持以公有制为主体，公有制经济、特别是国有经济必须承担保障国家经济安全的职能，这个是和政治、和国防、和整个国家的安危联系在一起的，国有经济是不能放松的。总而言之，坚持公有制的主体地位，发挥国有经济的控制力作用，关键是提高国有经济的质量，提高国有企业的"三个力"，即科技开发能力、市场竞争能力和抗御风险能力。这是一个方面。另一方面，也要重视和促进非公有制经济、特别是私营经济的发展，这也关系到坚持以公有制为主体的社会主义基本经济制度，关系到国有经济布局的战略调整。对于私营经济的发展，以前比较强调量，强调量的增加，而现在就有了一个面的问题，即私营经济在面的分布上也要进行扩张。随着国有经济在布局上进行战略调整，国有经济有进有退、有所为有所不为，有的行业、产业私营企业必然就要进入、要有所为。这里的一个重要问题，就是要健全监督机制和约束机制。从实践上看，过去我们的许多改革措施出台，往往没有相应的监督与约束机制，或者监督与约束机制不健全，影响了改革措施的实施效果。这次在国有经济布局进行战略调整中，要使私营经济有一个较大的发展，就必须先规范，制定相应的监督机制和约束机制，这样才能促进私营经济健康、快速地发展到一个新的水平。

深化国有企业改革不可忽视的几个问题*

深化国有企业改革是当前的重要工作任务。在这方面，有很多重大问题要研究解决，如优化结构，制度创新，技术改造，科学管理等。我这里从另外一个侧面提出几个问题。

一、要认真总结经验

20 年改革，取得了巨大成就，这是有目共睹的。对国有企业改革，我们抓住了主要矛盾，中央的路线和总的政策是正确的。但是，效益连年下滑，从总体上搞活国有经济的问题长期不能解决，这就很值得回过头来实事求是地总结一下经验，在执行过程中的一些具体政策是不是都合适和配套呢？从整个改革过程来看，我们在改革侧重点

* 本文发表于《理论前沿》1999 年第 5 期。

的选择上，几经变换。我国改革首先从农村突破，农村改革的成功很重要一条，就是目标集中，重点突出。而城市改革却有所不同，在建立社会主义市场经济体制的目标提出来以前，改革的主攻方向还不能说是很明确了，基本上是逢山开路，遇水搭桥。在国有企业改革的具体操作上，先是引入农村家庭联产承包责任制的经验，推行了以落实经营责任制为重点的改革；后又根据地方和企业扩权的需要，进行了税利改革探索；然后又进行以价格为重点的改革、以承包制为重点的改革、以股份制为重点的改革、以产权为重点的改革等。在实践中，曾出现"一包就灵"、"一股就灵"、"一卖了之"的偏差。客观上讲，社会主义改革没有任何现成的经验，只能摸着石头过河，所以因时因地变换改革的方式和重点是在所难免的。但从主观上来分析，我们是不是存在对中央的方针路线缺乏全面理解和准确把握，从而对改革缺乏必要的理论准备和深入的研究，进而缺乏对改革的整体设计呢？

党的十五大以前，我们把机制转换理解为放权让利，实际工作中既有权利无限下放的问题，又有该放的未能真正放下去的问题，政企关系长期没有解决好。中央提出，"产权清晰，权责明确，政企分开，管理科学"，是应当作为一个系统全面贯彻的。可是我们理论界和一些实际部门，开始只抓"产权清晰"四个字，把后面的十二个字撂到一边儿；后来发现管理问题很严重，回过头来强调管理。管理是生产力，管理出效益，重视管理是十分正确的。但从总体上来说，还是应当全面贯彻中央提出的十六个字。产权清晰和政企关系是绕不过去的。又如"抓大放小"，十五大以前提出来，十五大进一步明确了，"抓大放小"的要意在于优化结构，提高经济效益。"抓大"是为了有条件地组建一批实实在在的优强企业集团，提高国际竞争能力。可是，在实际执行中，"抓大"被理解为拼凑"航空母舰"。中央和地方，省里县里，上上下下，都在拼装"航空母舰"，搞"拉郎配"。以为1万块舢板拼起来，就是航空母舰。航空母舰是一个战斗体系，而我们都在拼舢板，而且是用行政手段拼凑，显然效果并不佳。企业大小也是相对而言的，我们的国有资产20世纪90年代初有9.7万亿元，到十五大召开前，国有运营资产有3万多亿元。美国一家航空公司被兼并，总资产就是7万多亿美元。要仅仅论个儿大小，我们当前是无法与人竞争的。"抓大"，组建大公司参与国际竞争，很有必要。但要按市场法则组建，强调真正的竞争能力和效益，不能层层采取行政手段。讲"放小"，中央提出7种办法。到了有些地方，就变成一种办法，那就是"卖"，一卖了之。还由政府和党委下文件规定要在一定时间内全部卖完。而且卖的过程中，名堂也很多，如，某个地方3.7亿元的国有企业资产，卖价1700多万元。这1700万元也并没有收回来。卖给了谁，还没有研究。部分小企业可以卖，卖也是一种方法，但卖必须服从优化结构，提高效益，而不能一卖了之。中央提出"抓大放小"，贵在重组国有资产，以资本为纽带，提高运营效益，实际工作必须按中央的要求推进。

二、要依靠工人阶级

　　我们的改革是社会主义的自我完善，必须有工人阶级关心和参与改革，改革才能取得成功。应当肯定，改革是一场革命，是要打破旧秩序，开拓新局面，总是有一部分人的认识走在前面，成为推进改革的带头人，重视改革带头人的开拓精神是正确的；但是，在整个改革过程中，要始终不渝地坚持以广大人民群众为改革的主体，全心全意依靠工人阶级，切实做到以人民"满意不满意、拥护不拥护、答应不答应"为根本原则。否则，我们的改革就很难取得预期的成果。孙中山先生的遗嘱中说：积四十年之经验，深知欲达到此目的，必须唤起民众，及联合世界上以平等待我之民族，共同奋斗。孙中山先生在这里强调两点，一是唤起民众，二是联合世界上平等待我之民族。我认为，我们的改革也必须唤起民众，切实保障广大人民群众的利益，充分调动和保护他们的积极性。因为，"人民，只有人民，才是创造世界历史的动力"，任何时候都不要发生主体错位。社会主义革命是为大多数人谋利益的革命。同样，社会主义改革也是为大多数人谋利益的改革。如果我们的改革不是让大多数人获得利益，而是只让少数人获得不正当的暴利，那么，这样的改革也就失去了它的本来意义。我们的国有企业改革，如果不维护工人阶级利益，就不可能有工人阶级的理解、支持和参与，也就很难取得成功。

　　我这样讲，不是要恢复大锅饭。改革的原则之一，是提高效率。改革必须强调效率（效率优先，兼顾公平）。但效率来自两个方面：一是通过改革，理顺体制，消除体制上对效率的消极影响；二是发挥工人阶级（包括知识分子）的积极性，这才是高效率的源泉。工人阶级心顺气顺，脑子里出办法，手上出活儿，再加上体制上能将这些智慧和勤劳有效地集中起来，这就有了高效率。所以，归根结底，效率来自工人阶级的积极性。

　　在改革过程中，有一个长远利益和眼前利益的矛盾。有时为了长期利益就要牺牲暂时利益，这是很难避免的。例如现在国有企业实行"下岗分流、减人增效"的改革就是这样。我们讲深化改革，调整结构，原有企业减员是必然现象。但同时必须指出，减员的前提是增效。失业人员增多并不是改革的初衷，改革不是要增加失业人口，改革本身是为了解放和发展生产力，提高经济效益，最终要提高劳动者的生活水平。改革过程中，对下岗职工的切身利益和生活的基本需要必须予以充分考虑和必要保障，帮助和支持他们广开门路，发展生产，繁荣经济，提高生活水平。

三、要有职业企业家

　　我们的企业改革，对一个关键问题有所忽视，就是企业领导队伍的建设。应当说现在的企业领导队伍，从素质到体制，是与形势要求不适应的。企业改革要取得成功，要建立合理的企业制度，要提高企业的效益，必须有一大批真正的职业企业家；并要对职业企业家进行规范管理。现在关于企业家这个概念，用得太泛，领导一个大型企业、开办一个小作坊，都叫企业家。这有点滑稽。我想从个人素质来说，只能按常规组织生产经营的，可称为厂长经理；而要称为企业家，最重要的是应具有随机应变、创新经营、开拓市场的能力，即要突出应变与创新能力。作为职业企业家，除了在素质上要懂得创新性的企业生产、企业经营战略、企业文化，把中央的政策很好地贯彻到企业经营活动中去，在体制上的规范和要求也必须十分明确。职业企业家就是受雇于一个企业的雇员，要对企业的生产经营以及国家、企业和职工三者的利益全权负责。职业企业家的个人利益与企业利益是密切联系在一起的。企业搞好了，是自身人力资本的增值。企业家的经济利益、社会声望和自身价值就相应地提高了。如果把企业搞垮了，就是人力资本贬值，企业家个人的经济利益、社会声望自然也就要受损。这里当然也还有一个利益机制的规范问题。人是利益主体，有自身的利益需求的。职业企业家的贡献，必须有相应的报酬。当前对那些有贡献的企业领导人的报酬显然太低，这是不利于企业家生长的。但是，"君子爱财，取之有道"。这就必须对利益的取舍明确规范。只有保护和满足正当利益，防止和取缔非法牟利，才能保护和调动人的积极性。在股份制企业中，职业企业家一般不应持有本企业或相关企业的股权，在特殊情况下，需要持股的，也不能持有很大比例的股份。否则，他自己所关心的只是他的股权利益，而不是企业的发展和国家、职工的利益。股份合作制企业中，企业家可以根据劳动联合和资本联合相结合的原则，占一定数量的股份，但是不能控股。如果一个股份合作制企业，企业领导控股，那么，企业家与业主的界限就很难划得清楚了。至于私营企业家，随着改革的深化和经济的发展，会大批涌现出来。这是要另外讨论的问题。

四、要有民主监督

近年来，个人专断之风盛行，误事不少。在过去的政治和经济活动中，采用民主集中制原则，效果是好的。我想，国有企业在改革和发展中也应当坚持这种原则，特别是大型国有企业是一个大系统，不同于小作坊、小店铺，不能过高估计领导者个人是万事通，不能要求一个企业领导人对一个大企业系统事事了解全面，判断正确，所以一定要坚持决策民主化。当然，企业领导者要对企业生产经营负责，必须抓住商机，及时决策。但这并不排除集中大家的智慧，贯彻民主集中制原则，包括集中职工和集中智囊的意见。一些企业领导者对此不够重视，基本上是个人说了算，甚至是个人权力无限大。我们的职业企业家队伍尚在逐步形成，真正称得上合格企业家的人还不是很多，在这个特定时期，企业领导人在决策时尤其要注意集中企业职工的智慧。这也有利于企业决策一开始就受到广大职工的关注、参与和监督，形成事前监督，防止独断专行，决策失误。民主的过程就是监督的过程。有些国有企业搞得很好，与这些企业领导、企业家的无私奉献精神分不开。也有少部分国有企业的领导者出现寻租现象甚至腐败问题。如在企业改革中，出现的"小法人"现象。小法人把大法人的财产转移了，拿国有资产去独立经营或出租，小法人获得暴利后，又返回一部分给大法人私分。实际上是将国有财产通过"合法"手段，非法转移到个人腰包。这都是企业领导者私自决定，违章操作的。这里就缺乏监督。因为没有民主讨论，而是个人说了算，一把手说了算。因此，国有企业在重大事项决策中一定要集中广大职工的智慧，切实贯彻民主集中制原则。

国有企业改革关键在人*

　　国有企业干部人事制度改革问题，是当前加快推进国有企业改革一个十分重要的问题，也是我们实现经济体制改革新突破的关键所在。

　　在将近 20 年的改革进程中，我们在国有企业改革的大思路方面，曾做过多种选择，不断变换改革的着力点。最初的判断是认为国有企业在计划体制下长期沉淀的主要问题是缺少自主权，所以，改革中心是围绕扩大企业自主权来展开，主要采取放权让利等措施，从扩大企业自主权试点到减税让利，一直到承包制，国有企业的权力不断扩大。尤其是承包制，可以讲这是在不改变内部体制的情况下，企业经营权的比较完整的实现。经过数年的实践，发现企业自主权的实现，固然有积极作用，但承包制的弊病也开始显露出来。然后，又认为国有企业的根本问题是经营机制没有转换，改革就是要把国有企业真正推向市场。

---

　　* 本文发表于《理论前沿》1998 年第 8 期。

为此，我们进行了以转制为重点的企业改革，同时，还向国有企业下放了 14 项权力。随着改革的深入，又认为国有企业的根本问题是企业制度，核心是产权问题，为此，着力进行了以产权为重点的企业制度改革。中央提出了"产权清晰、权责明确、政企分开、管理科学" 16 字的总体要求，而在舆论和实践中，主要围绕产权问题展开活动，对后面的 12 个字，特别是管理科学，从全局看未能引起必要的重视。随着改革的进一步发展，我们发现，要从总体上搞活整个国有经济，前提是优化结构，于是又着眼于从国有经济结构上来认识国有企业的问题，改革又进一步深入到更广阔的领域。

应当说，改革的阶段侧重点不同，从一个侧面反映了改革逐步深入的进程。但同时也说明，我们还没有正确认识和准确把握国有企业改革这个系统工程的真谛。改革从根本上说，是要解放生产力，为此，要从体制和机制上消除阻碍生产力发展的因素，理顺责权利关系，调动积极性。从这个意义上说，人是改革的主体，也是改革的客体。改革要由人来推动，改革的成果也要通过人的管理活动才能转化为生产力。现在，国有企业改革到了攻坚阶段，其突破口要从解决企业根本问题方面来选择。企业的根本问题是人的问题，选好、用好并发挥好企业领导者的作用，建立一支高素质的企业经营管理者队伍，是企业发展的关键。有一个事实应当引起我们的重视，这就是由于改革，扩大了企业的经营自主权，甚至包括企业改制，使企业经营状况好坏的差别不是缩小了，而是拉大了。这一方面反映了市场竞争的作用；另一方面，反映了企业经营自主权的扩大，企业的决策和企业经营者的素质，直接决定了企业的命运。我们在现实生活中，经常可以看到和听到这样的事例，一个好的企业领导者，可以使经营条件比较差的企业改变面貌；相反，一个不好的企业领导者，也可以把一个好端端的企业搞垮。我们在调查中发现，凡是搞得好的企业，首先是因为有一个好的企业领导者和领导班子；凡是经营状况不好的企业，多数是企业领导不得力造成的。这表明，国有企业的经营状况在很大程度上是由人来决定的，国有企业的根本问题还是人的问题，是企业领导者和领导班子。所以，以企业干部人事制度为重点推进国有企业改革，应当说抓住了问题的根本。

一个时期以来，人们在谈论国际经济一体化，当然也有的论者不同意这种提法。不管怎样提法，国际间经济关系越来越密切，相互影响、相互制约越来越强烈，竞争越来越激烈，是一个客观的也是严峻的事实。而这种竞争，首先是人才的竞争。我们的国有企业如果没有优秀的经营管理人才，没有强有力的领导班子，就会在国际经济关系中处于不利地位。通常在评价我们的干部队伍的时候，总是说大多数是好的和比较好的，这当然有道理。如果单从企业的范围，从国有企业要加入国际竞争这个角度来说，在形势逼人和体制滞后的环境中，却不可过于乐观，似乎应当说，企业干部适应这种形势的只是少数，多数可能不很适应或很不适应。不仅是经营管理能力不适应，有些人尤其是精神状态不适应，如对社会主义的信心，奋发向上的斗志，三老四严的作风，全心全意为工人阶级、为国家谋利益的精神，都属于精神状态。经营管理能力的提高，要靠学习和实践，精神状态的改变，除了学习以外，还要靠改革，以有效的体制和机制为激励来推动。中国石油天然气总公司在全系统推行的"三干法"，就是国有企业干部人事制度改革的一条成功经验。它比较有效地解决了国有企业制度存在的机制僵化、效率低下、缺乏活力等层次问题；解决了干部选任上渠道不多、视野不宽的问题，加大了群众参与的力度，变少数人选人为多数人选人，优化了干部队伍结构；解决了在干部使用上机制不活、缺乏竞争的问题，引入竞争机制，实行优胜劣汰；变干部的能上不能下、能高不能低为能上能下、能高能低，激发了制度的活力；解决了在干部管理上缺乏规范、缺少监督的问题，实行动态考核和全过程监督，使干部"上"有竞争、"干"有压力，始终处于竞争与激励过程中，干部队伍真正活起来了。这种体制的意义，还在于把党管干部的原则与市场配置资源有机地结合起来了，并从一个重要方面把职工的主人翁地位落到了实处，也是我们党全心全意依靠工人阶级的一种具体体现。这些不仅是深化国有企业改革要做到的，也是建立现代企业制度要实现的内容，更是建立社会主义市场经济体制所必需。

在国有企业改革到了攻坚的时刻，我们应当加大力度、加快速度推进国有企业干部人事制度改革，以此为突破口，来开创国有企业改革和发展的新局面。一个企业，如果有一批善于开拓进取，勇于奉献的干部领导；有一批专门人才精心经营，严格管理；有一批公正无私的干部认真监督，广大工人自然会以企业为家，勤奋工作。形成一个优者居上，能者居中，勤者居下，公者居侧的组织格局，企业也就必然充满生机和活力。要实现这个目标，有待于改革的深化，根本问题还是要解决好政企职责分开。在市场经济下，企业作为市场主体，承受着市场竞争的压力和风险，要求企业领导者具有在风险中求生存、求发展的经营观念和经营能力；他不是面对上级，而是要面对市场。传统意义上的干部管理制度是不适应这种要求的。因此，改革要逐步向以下几个方面深化：第一，要进一步解放思想，加快企业家队伍职业化与市场化的进程。通过构建以市场为导向的选拔任用机制、素质能力业绩考评体系，通过优胜劣汰，把优秀管理人才吸收到国有企业，并使他们的才能得到充分发挥。第二，建立经济利益与品格评价相结合的企业家激励机制，以是否依法经营、保证国有资产的保值增值和保护职工合法权益作为考核依据，并将实绩与个人收入及职务变动挂钩。第三，要强化企业家监督机制，形成内部股东（或职工）监督与财务监督，外部组织监督、法规监督与市场监督，以及个人自我约束相结合的监督体系。党管干部，应主要在选拔、有效监督与培养教育三个方面着力体现。

当然，国有企业改革是一个系统工程，不能设想用一计一策解决国有企业的问题，国有企业改革也没有现成的划一模式，真正解决问题还在于一切从实际出发，在实践中去探索和创造。十五大在讲到国有企业改革时特别强调："要坚定信心，勇于探索，大胆实践"。在讲到所有制改革时还强调指出：一切反映社会化生产规律的经营方式和组织形式都可以大胆利用。要努力寻找能够极大促进生产力发展的公有制实现形式。一个"大胆利用"，一个"努力寻找"，给我们以非常广阔的探索空间。现在的问题，一是看我们能不能真正解放思想去大胆实践；二是看我们是否能够从实际出发正确地选择改革的方式和方法。我们多年改革与发展实践总结出来一条宝贵经验是解放思想，实事求是。对此，我们应当认真领会，准确把握。正如江泽民同志指出的："把握了这个精髓，也就把握了马克思主义最本质的东西，也就把握了马克思主义、列宁主义、毛泽东思想、邓小平理论的历史联系和它的统一科学思想体系。"也才能够不断解决新课题、开拓新境界、实现新飞跃。

我们说，企业的干部人事制度是国有企业改革具有关键意义的问题，是就国有企业总的情况而言的，具体到每个企业，问题存在的程度、问题的表现形式都可能是不同的。所以，改革的具体方法也不同，这就需要我们从实际出发去认真探索。而只有这样来自于实践的探索，才能够真正解决实际问题。

市场是检验企业家的唯一标准[*]

　　我国国有企业改革，从 20 世纪 80 年代初开始，经历了扩大企业自主权、实行承包经营责任制到建立现代企业制度等主要阶段，中央的决定都是正确的。尤其是十五大提出战略性改组，可以说抓住了国企改革的根本问题。按理，中央这一系列的正确决策，应该使国有企业的改革和发展顺利推进，获得更显著的成效，但实践中并不理想。一个极为重要的原因，就是缺乏一支合格的企业家队伍。

　　当然，我们有一些优秀企业家，但我们需要的，是一支庞大的企业家队伍。过去的计划经济体制，企业的生产、流通，都是按政府管理部门的计划运行的，企业自身的活动只要按上级的计划组织就可以了，资金、供应、销售等都不必发愁。而今天在市场经济条件下，企业面临激烈的竞争环境，机遇迅速流动，稍纵即逝；风险无时不在，防不胜防，加上国有企业在长期计划体制下积淀的诸

---

　　* 本文发表于 1999 年 10 月 14 日《中国市场经济报》。

多矛盾，可以说企业是在风口浪尖上运行。

因此，对企业家有一种全新的要求。对传统体制下的企业领导人，基本要求是忠实地执行计划，条件可以和党政干部差不多，能领导党政工作的人，也就能领导企业。而对今天的企业家，基本要求是善于抓住机遇，规避风险，开拓创新。今天的企业家，必须具备的能力，最重要的是深入地分析市场形势，准确地判断市场发展，趋利避害，随机应变，科学决策，抓住商机，不断出新招，占领市场，开拓市场。

从这个意义来说，在今天的条件下，不能一般地用党政领导干部的标准来选拔企业领导人，或者说，不能用政治家的标准来选拔企业家。当然，企业家同样要讲政治，特别是对把握理解和执行党的路线方针政策要有高度的自觉性，但同时，必须特别强调市场驾驭能力。只要我们有了一支数以万计的既讲政治，又善于驾驭市场的企业家队伍，我国的经济改革和发展就会有一个新的局面。

我们党领导经济建设，要把企业领导班子建设好，特别要管好重点企业的领导班子，但在体制上要把党管干部与董事会依法任用经营者及经营者依法行使人事权结合起来，并根据德才标准，引入市场机制，平等竞争，公开择优。使企业家队伍成为一个受到社会尊敬的优秀群体，那些不练真本事，专门跑关系找门路的人不能混入企业家队伍。

企业家队伍建设，要靠培养。在实践中涌现，也是一种培养，更要有系统规范的培训。要有专门的培训体系和培训制度。培训企业家的内容和目标，要有自己的特殊性，在学习把握党的路线方针政策的基础上，要重点研究和把握国内与国际市场的特点和规律，掌握驾驭市场的知识和能力。

要建立一种推动企业家队伍建设的机制。首先是评估机制。评价企业家，要看实实在在的效益，特别是持续效益与前景效益，即除了当期效益以外，还要看企业持续发展的前景。不能只看一锤子买卖，更不能寅吃卯粮。最重要的是监督约束机制。任何权力的授予与责任的托付，都应先行规范监督与约束，否则，难免出现权力滥用与腐败，责任落空与越轨。当然，激励机制也是必要的，企业的经营管理是一种复杂劳动，企业家的报酬，要包括复杂劳动的报酬和风险报酬两部分，具体数额则要从经济因素与社会因素相结合的实际情况出发。这里要强调的是监督约束机制，从制度改革来讲，监督比激励更重要。因为监督约束机制的建立，就能使行使权力与承担责任的行为规范化，本身就有激励的作用。反之，无监督约束的激励，势必产生副作用。实践证明，我们的不少大型企业的领导班子，由于有党的领导及各方面监督，其行为就比较规范；而有极少数中小企业的领导人，由于缺乏必要监督，尽管享受着丰厚的经济待遇，给予了人大代表、政协委员、政府津贴、劳模、某某人物等，激励可谓无以复加了，但效果却适得其反。所以，在改革过程中，必须特别强调监督与约束。

那么如何监督呢？

　　首先，最根本是从制度上约束，规范出资人与经营管理者的关系；其次，要建立决策监督和任期经济审计，决策民主化是科学化的重要前提，以往的情况，不少企业出问题往往是"十佳企业"、"全国劳模"等，出了问题才发现是决策随意化，所谓经济效益做的是假账，有的企业甚至有三本账；第三，用人和报酬应该有透明度，否则影响职工积极性；第四，要把职工民主监督、党的监督、监事会的监督、社会监督结合起来。

制度是根本 人是关键[*]
——谈对国企经营管理者的激励与监督

记者： 党的十六届三中全会对经济体制改革作出了重要决定，并再一次强调了"发挥国有经济的主导作用"。请问，我们在贯彻落实三中全会精神的过程中，应当如何认识和把握国有企业的改革？这次改革与过去的改革有什么不同？

刘海藩（以下简称"刘"）： 自从 1984 年党的十二届三中全会作出"关于经济体制改革的决定"以来，国有企业的改革就一直是经济体制改革的中心环节。但以往近 20 年的改革，主要是在管理权限划分与企业内部结构的层面上进行的。虽然 1993 年的十四届三中全会提出了"产权清晰，权责明确，政企分开，管理科学"的理论框架，但改革实践仍然是局限在企业内部治理结构，即局限

---

　　[*] 本文是作者 2004 年 2 月 6 日接受新华社记者采访的讲话稿，后发表于《经济参考报》2004 年 2 月 20 日。

在微观层面。而十六届三中全会的决定，则是从宏观层面、从整个产权制度来研究国有企业，即要建立"归属清晰、权责明确、保护严格、流转顺畅的现代产权制度"。这既是国有企业改革的宏观环境，又是企业内部改革的具体要求。因为产权是所有制的核心和主要内容，只有产权归属清晰，而且流转顺畅了，现代企业制度的建设才有了真正的基础。这也说明，这次改革是更深化的改革。

记者：这种更为深化的改革，您认为要使改革顺利推进，最关键的问题是什么？

刘：关键在人。在有制度为依据的条件下，关键在人。中央的方针已十分明确，关键是作为改革主体的人：企业经营管理者与国有资产监管者处在关键的地位，具有关键的作用。这些具有关键作用的人必须全面理解和准确把握中央决策的精神。一是要解放思想，适应经济市场化不断发展的趋势，加快调整国有经济布局和结构，增强国有经济的活力；二是要有序推进，规范操作。在这个过程中，从历史经验看，特别应当警惕的是对中央的决策断章取义，乱提一些似是而非的口号，例如中央说"有进有退"，他们就提"国退民进"；中央说"有所为有所不为"，他们就提"国有经济重在不为"；中央说"产权明晰"，他们就提"只有产权量化到个人"才算明晰；中央说"大力发展私有经济"，他们就通过暗箱"置换"，把国有资产无偿变为私有，从而造成了国有资产的大量流失。现在又有人提"国有经济要跑步退出"，"排位限令退出"等。对这类既不符合中央决策也不符合市场经济规律的口号，作为改革主体的操作者，要敏锐分析，谨慎对待。

记者：这次改革是明显地更加深化了，是否也更难了呢？

刘：是的。这次改革，从本质上说，可以理解为产权的重组，产权制度改革可能的路径有两种：一种是吃"唐僧肉"的路径，各方分而食之。事实上，想吃唐僧肉者不少。另一种是优化配置的路径，即通过明晰归属，按公正市场原则流动重组，使结构优化。中央要求的路径是后者。按这种路径改革的难度，在于全面协调和依法维护好各方面的权益，包括出资人（即国家）的权益、经营管理者的权益、职工群众的权益、债权人的权益。而且必须依法规范、公开透明地操作，否则就会发生像以往某些地方发生的情况一样：少数人利用非法手段暗箱操作，变相转移、侵吞国有财产，剥夺职工权益，逃避债务损害债权人权益。产权制度改革，实际上触及了改革的根本问题，更容易出现大的漏洞。因此，加大了改革的复杂性与艰巨性，必须靠当事人把中央决定这本"经"念好。

记者：您在 5 年以前说过一个观点："国有企业改革，根本在制度，关键在人"。今天又一次谈"关键在人"，现在国资委发布了《关于规范国有企业改制工作的意见》，对产权改革和人的管理都作出具体的规定，是否在一定程度上同时解决了您所说的制度和人的问题。

刘：《关于规范国有企业改制工作的意见》（以下简

称《意见》）出台，无疑具有很重要的意义。它是在总结过去改革经验教训的基础上制定的，是一个很大的进步。我过去说的"关键在人"，是说企业的成功，要靠经营管理者与广大职工的积极性，特别是经营管理者的积极性是关键。制度当然是根本，有了好的制度，才能规范人的行为。但制度是死的，人是活的，人可以严格地创造性地执行制度，也可以在执行中使制度变味儿。所以，在加强制度建设的同时，配备高素质的经营管理者是关键。如过去颁发的《企业法》、《公司法》等，也都是很好的制度，但在有些地方、有些企业执行得不够好，例如按这些文件进行改制的过程中出现的财务审计不严、国有资产低估贱卖；暗箱操作，损害职工和债权人权益；甚至内外勾结私吞国有财产，使国有资产造成重大损失等。这些问题的出现，除了制度不十分完善（任何制度都不可能是绝对完善的）以外，主要还是执行者的素质问题。现在发布的这个《意见》总体上讲是一个好的制度，但要很好地创造性地落实这个制度，还是"关键在人"。从管理的角度说，关键是管理者要不折不扣、创造性地执行这个制度。

记者：过去在体制上是"五龙治水"，或"多龙治水"，对企业的经营管理者难以监管，现在将权力统一于国资委（办），是否解决了对人的激励与监管问题呢？

刘：由国资委（办）作为国有资产出资人代表，把管资产和管人、管事的职责统一于一身，改变"多龙治水水难治"的局面，做到所有者真正到位，这在体制上是一个很大的推进，或者说为实现十六届三中全会确定的改革目标提供了体制保障。但是，这个新体制的作用要充分发挥出来，还是"关键在人"，关键是要发挥人在改革中的积极性和创造性。首先是企业的经营管理者这一层人。我们的国有及国有控股的企业有数万户，国有资产十几万亿元，必须依靠国有企业的经营管理者的责任感与事业心，同国资管理机构上下配合、共同努力，才能把国有企业搞好。否则，只靠单纯的被动监管，是难以奏效的。过去也有制度，也有监管机制，何以对有些企业、有些人未能管住？原因是你有政策，他有对策，而且常常是对策高于政策。可见企业经营管理者具有关键的作用。其次是国有资产监管机构（国资委、办）的人，也是关键，或者说更关键。这个机构集中了以往多个部委的权限。国家将十几万亿国有资产的国企经营管理者的监管权委托他们代理，其权力极大。国资监管机构人员的素质可以说与国有企业兴衰密切相关。假设国资委（办）的人员素质与其职责不相适应，或是监管能力欠缺，或是出现"权力寻租"、"内部人控制"，那么，造成的后果将是不堪设想。所以，国资委（办）的人员素质更是关键的关键。

记者：是不是说，仅有了国资委（办）这种体制是不够的，还应有对监管机构（国资委、办）人员的监管机制？

刘：是的。有了国资委（办）及其对企业的监管职权，只解决了问题的一半。还有一半，而且是更重要的一半，则是制度的细化与人员的素质。制度必须细化，这里讲的制度细化，既包括国资委（办）对企业的具体监管制度的细化，也包括授权人（政府）对代理人（国资委、办人员）的具体监管制度的细化，还有企业经营管理者及国有资产代理人的具体自律制度的细化。我在"制度"前面加"具体"二字，就是强调制度条文的无歧义性与可操作性。要规定必须干什么、只能干什么、不能干什么；特别要明确规定，没有干好必须干的和干了不该干的如何处置。同样，对企业的监管制度及企业经营管理者的自律制度也必须强调条文的无歧义性与可操作性。人员的素质，包括企业经营管理者的素质与国资监管人员的素质。关于国资监管人员的素质，由于这个机构的特殊重要性，对人员素质应当有很高的要求。最基本的要求是：第一，要了解并熟悉企业，对国有企业要充满感情；第二，要能把握社会主义基本经济制度，把握改革的基本方向和原则；第三，具有责任意识和创新精神。改革的结果，应当使国有经济充满活力，真正体现公有制的主体地位与发挥国有经济的主导作用。

记者：从我们的国有企业改革 20 年的情况来分析，您认为对企业的经营管理者队伍应如何评价。

刘：首先应当肯定。我国的国有企业由于历史造成的包袱、政府管理体制的缺陷以及承担了过多的国企改革以外的改革成本和社会职能等原因，以致困难重重；在整个改革过程中，各种新闻媒体及一些讲坛上又是七嘴八舌，舆论纷纭。但是，我们的国有企业还是按照中央确定的方针推进改革，并通过改革，使国有经济不断发展壮大。这就说明，我国国有企业经营管理者队伍，在改革中克服了困难，顶住了压力，把握了方向，作出了贡献，是一支好的队伍。当然，由于管理体制、分配政策及思想导向等方面尚存在一些缺陷，部分国企领导人员的心理不平衡与责任意识淡薄的问题也还是不同程度地存在。特别是看到一些原国有企业领导人，经过企业改制，轻易地将国企变成了民企，这些领导人也就一下变成了私营大老板，生活享受一步登天，工作权力大而无束，并且一跃成为人民代表、政协委员、劳模、几"佳"几"优"等风云人物；由向政府部门求助甚至遭冷落的角色变成了"税收大户"，显赫上宾。于是，部分国企领导人也就想效仿步趋，通过不规范的改制，使自己也变成大老板，而不能把精力全部集中在搞活做强国有经济的事业上。这种情况，值得严重关注。

记者：您认为这些问题应当靠什么来解决？

刘：靠机制。靠机制调动人的积极性。机制包括激励与约束两个方面。激励又分物质激励与精神、社会激励；约束分为法规约束与道德约束。多年来，我们忽略了精神激励与道德约束，这是一个很大的失误。这次三中全会提出建立信用体系时，特别明确了以道德为支撑。有道德才有支柱，有社会主义道德的人，就会严格地遵守法规，创造性地执行制度。而道德缺失的人，任何制度、法规，他都会藐视，"人无廉耻、百事可为"。当然，物质激励还是很重要的，特别是在生活水平不高的条件下，激励首先要注意物质激励。完善社会主义市场经济体制，就要求对企业经营管理者的物质激励。一是企业经营管理者（包括高管）的薪酬应坚持"按要素贡献分配"的原则。分配关系是生产关系的反面，它应该体现等价交换关系。企业家的薪酬也应该体现这个原则。经营管理者的劳动是复杂劳动，是简单劳动的倍加，所以应该获得比一般人高的报酬。市场经济强调效率第一，就不能搞平均主义，必须提高经营管理者的待遇。在此基础上，再"兼顾公平"。二是企业经营管理者应获得风险收入。在激烈的市场竞争条件下，国有企业要自主经营，自负盈亏，企业的经营决策是存在诸多风险的。企业的成败也直接关系到经营管理者特别是主要领导者的前途。所以，对承担风险的责任人应当给予报酬。从目前的情况来看，年薪制是一种比较好的激励方式。

但是，对于激励不能仅仅局限于物质激励，还应该包括精神激励、社会激励、政治激励等，对这些非物质激励的作用，我们不能否定。社会的认可，职工的认同，政治待遇的相应提高，这也是一种激励。

记者：根据我国目前的情况，您认为在实际工作中应如何建立起有效的激励机制？

刘：我国目前的情况是平均主义与差距过大同时存在。因此，一是要按效率优先的要求，克服平均主义，真正按要素贡献原则，加大激励力度；二是要有合理的分配制度，并规范操作，不能由受激励的人自定激励标准。具体要做好以下几个方面的工作：第一，国家要制订规范企业绩效的指标体系和相应的企业领导人报酬标准，并公开报酬情况；第二，企业要有真实的经营绩效报告和准确的财务信息披露，维护股东职工和社会的知情权；第三，要有切实的检查监督与惩戒制度。从一定意义上说，监督与惩戒也是一种激励，因为监督惩戒违规者，实际上也是激励了守规者。

记者：最后能否请您谈谈国有资产监管（国资委、办）队伍的建设？

刘：国有资产监管队伍处在特别重要的地位：对上受权依法履行出资人职责，监管国有资产，维护所有者权益；对下维护企业作为市场主体依法享有的各项权利，督促企业实现国有资产保值增值，防止国有资产流失。任务繁重，要求很高，我在前面讲到了这支队伍的三个基本条件。按这样的条件来组织队伍，主要应当选拔业务水平高、公道正派、有奉献精神和创新能力的专家进入国资监管部门，并建立严格具体的制度，明确要求，规范行为，使这支队伍成为国有资产的保卫者，企业发展的促进者。现在的队伍，主要是原经贸委的人员，他们对企业的宏观情况熟悉，了解国企改革发展的历史，其中不乏高水平的专家，如果再从各企业选调一批熟悉企业内部的具体情况，了解企业的具体要求的专业人才，就能更好地与企业沟通协调，全面完成对国有资产管理与监督的任务。

切实加强企业科技人才队伍建设[*]

一、充分认识加强企业科技人才队伍
建设的时代意义

科学技术是第一生产力。当今时代科学技术迅猛发展，科技进步日新月异，从这个意义上说，人类社会正在经历一个由自然社会、经济社会向智能社会的转变。随着科学技术的进步和技术创新的加快，在更深层次引发了社会的整体变革，从经济体制和经济结构到政治体制和社会结构，正在进行一场新的革命。其结果必将促进社会的整体进步和现代化水平的提高。同时，也要求人类整体素质的提高和成规模的科技力量的成长。特别是企业的发展越来越呈现高技术化、高智能化。有人提出，20世纪90年代最成功的企业将不再是一个简单的生产经营单位，而应

* 本文发表于《理论前沿》1999年第24期。

当是一个"学习团体"。数以百计的公司正在利用种种新的学习方法，来推动公司的发展，使之成为学习的团体。所谓"学习团体"，就是强调企业科技人才的集聚优势和技术创新能力。

人类即将迈入 21 世纪，新的世纪将是知识经济主导竞争的世纪，随着知识经济的成长和在全社会的渗透，科学技术作为第一生产力在经济增长中的作用越来越突出。这就要求企业适应变化了的新趋势，加快企业科技人才队伍建设。

前不久，中共中央、国务院召开了"全国技术创新大会"，并制定了《中共中央国务院关于加强技术创新发展高科技实现产业化的决定》，对加强技术创新，发展高科技，实现产业化提出了明确的要求。要真正落实《决定》的要求，把科学技术是第一生产力真正落到实处，必须坚持以企业为载体，充分发挥科技人才作用。真正"促进企业成为技术创新的主体，全面提高企业技术创新能力"，这就要求必须大力加强企业科技人才队伍建设。建立起一支宏大的企业科技人才队伍，是实现科技进步，提高现代化水平的关键。企业的生存和发展，必须以市场为导向，加强技术研究开发和科技成果的转化与应用，切实把提高经济效益转到依靠技术进步和产业升级的轨道上来。

从国有企业改革与发展的实际来看，加强企业科技人才队伍建设是深化企业改革的重要任务之一。刚刚召开的十五届四中全会强调指出：进一步推进国有企业改革，必须与加快企业技术进步和结构优化升级结合起来，实现企业的管理创新和技术创新。从企业改革与发展的实际情况来看，国有企业存在的问题，在很大程度上是与企业的结构水平低、技术水平低联系在一起的。现在，我们既要深入进行企业体制改革，进行制度创新，也要注意企业的结构优化和管理创新，要通过发展高新技术促进结构的优化升级，这是当前国有企业改革一项重要而紧迫的任务。在对企业调查中发现，在同样的经济条件下，凡是经营绩效比较好的企业，很重要一条就是有一支规模强大的企业科技人才队伍，科技创新能力比较强。凡是经营绩效比较差的企业，很重要的原因也是由于科技人才队伍薄弱或科技人才的作用没有充分发挥。有一位企业家曾说过，企业有三条死亡线，第一条是在企业经营正常时期，员工流动和淘汰率低于2%就是死亡线；第二条是在企业内部分配上，固定部分与活的部分的比例，活的部分低于15%就是死亡线；第三条是企业中高级技术和管理人才占全体职工的比例，一般地说10%就是死亡线。低于10%以后，工程技术人员难以形成互相支持和良性循环，人才"留不住，招不来"，企业消化新技术能力不强，产品跟不上时代，自然就会被市场淘汰。虽然这样概括未必科学、准确，但确有一定的道理。

二、积极创造条件,加强企业科技人才队伍建设

加强企业科技人才队伍建设，关键还是要从机制上制度上真正建立起有利于企业科技人才成长的环境，真正解

决一些实际问题。

一是成长环境问题。科技人才的成长，环境问题是十分重要的。有了好的环境，没有人才可以吸引人才，有了人才可以更好地发挥他们的作用；环境不好，既不利于人才发挥作用，还会造成人才的外流。现在我们对资产流失往往仅局限于有形资产来认识，这是一个很大的误区。其实，无形资产的流失同样是一种流失，而且是更大的流失。就企业而言，没有什么比科技人才流失更严重的了。所以，我们要千方百计做好保护人才的工作，前提是要创造有利于人才成长的环境。成长环境说到底，一个是经济环境，这是基础，也就是科研工作条件问题，无非是试验设备、内部配合、外部考察与交流等条件的满足。解决经济环境问题的基本点，就是要提供条件，保障有力。另一个是软环境，科技工作特别是研究活动是一种创造性的劳动，应当允许科技人员有大胆创新的自由，不能按行政管理的方式对科研活动进行不必要的约束，要支持建立起科研创新机制；科研具有相对的独立性，应当充分注意科研活动的这一规律和特点，不能过多干预。要减少不利于科研活动的各种行政环节，建立起科研保障机制；同时，还要注意充分尊重科技人员的劳动和成果，组织好科研成果的鉴定与应用，并保证科技人员对其成果的合法权益，保护知识产权，要建立成果的保护与应用机制。

二是要建立有效的激励机制。有效的激励是动力的源泉，是提高科技人才创造力的前提。在市场经济条件下，科技成果要进入市场，创造科技成果的劳动也要通过市场来体现。所以，对科技人员一方面要真正贯彻按劳分配原则。根据马克思主义的观点，科技劳动是一种复杂劳动，要从科技劳动的特点出发，从优分配；根据现行政策，则是要真正落实按要素分配的原则，把科技人员的科技贡献作为一种要素参与分配；同时，还要根据科技成果的贡献情况，加大对科技人员的奖励。在这方面不能搞平均主义，不能缩手缩脚，不能左顾右盼。

三是要加大科技投入，实现科研手段现代化。要加大科技投入，为科研活动和科技人才发挥作用提供机会和条件。科技是以投入为前提的，没有大量的经济投入，科研活动就成了无源之水，再好的课题，也没有办法进行下去。企业要参与国际竞争，就要有高科技含量的新产品推出，这就要不断研究开发新项目，要有科技创新、才有产品创新。要完善科技投入政策，探索建立多形式、多渠道的科技投入机制。同时，要不断提高科研手段现代化的水平，满足科技人员对科研手段的要求。

四是要促进科技与经济的结合。在传统体制下，科技与经济的结合形成一种体制上的障碍，造成科技与经济相互脱节，并且严重地制约我国经济的发展。这不仅表现在科技成果转化率低，更重要的是企业还没有成为技术创新的主体。在科技力量分布方面，我国近70%的研究开发力量仍在企业之外，这一点正好与发达国家相反，发达国家则是企业拥有大约70%的研究开发力量。1997年，我国大中型企业有技术开发机构的不足三分之一，即使是国家512户重点企业，仍有32户没有技术开发机构，166户企业技术开发职能不健全。

要解决这一问题，必须从体制入手，一方面，要通过企业改革及相关的配套改革，使企业除自主开发新产品、新技术外，还积极吸纳和利用外部科技资源；另一方面，要通过深化科技体制改革，使科研院所面向社会，进入市场，积极为企业服务。同时，要推动产学研联合，促进科技与经济结合。

企业科技人才队伍是实现科学技术产业化的主力军，是企业长远发展和兴旺发达的决定力量。特别是在当前，随着知识经济进程的加快，高新技术迅速产业化，经济增长方式转变和产业结构升级成为国有企业改革与发展的重点。这种情况下，加强企业科技人才队伍建设是一项具有战略意义的系统工程。

现代市场竞争实质上是科学技术的竞争，说到底是人才的竞争，谁拥有人才队伍的优势，谁就会赢得发展的主动。江泽民同志指出："要加快知识创新，加快高新技术产业化，关键在人才，必须有一批又一批的优秀年轻人脱颖而出。"

通过对"企业科技人才队伍建设"问题的研究，将会对我国目前企业科技人才队伍建设情况有一个基本了解，摸清问题，找出规律，为进一步加快企业科技人才队伍建设提出发展思路和具体对策，为党和政府决策服务。

战略研究是企业发展的灵魂 *

战略是重大的、带全局性的或决定全局的谋划。它主要是提出解决问题的基本方针、基本途径和基本步骤，具有全局性、长期性和方针性的特点。研究并确定正确的集团战略是使企业集团自觉地有计划地健康发展的重要问题。

企业作为一个社会系统，它的生存和发展受到内部和外部各种因素的影响，特别是在市场经济的条件下，企业处在一个竞争的环境中，它的一切经营活动无不面临着竞争的考验。因此，企业必须从适应这种环境的要求出发，解决其所面临的有关生存和发展的重大问题，这就构成了企业战略的基本内容。

企业集团是以企业为基础而建立起来的，企业集团的战略作为对集团全局性、长远性的生产经营活动和其他各种重大活动所作的一种谋划。企业集团由众多企业以不同

---

* 本文是作者为《企业战略研究》所作的序言，中央党校出版社 2001 年版。

形式的联合而形成的经营性经济组织，它的经济和经营实力是一般单个企业所远远不及的，它所面临的市场和经营环境也比单个企业更为广泛；另一方面，它内部的各种关系和矛盾也更为复杂，外部环境对它所带来的影响也更大，而且它在适应这种环境变化中需要克服的困难也不同于单个企业。这一切都使企业集团的战略在其涉及的内容、制定的程序和方法、执行的要求等方面具有鲜明的集团性特点。

首先，研究企业集团战略是使企业集团保持正确的发展方向的要求。企业集团如果没有明确的总体目标，就不能使集团经营保持正确的方向，而很容易在一些问题上陷入盲目性：如无法处理好全局与局部的关系，或者是在发展过程中出现短期行为。因为在缺乏战略目标的情况下，企业集团很难把握和检验自身行为对其未来发展的影响程度及其结果好坏。当然，如果减少一点急功近利的欲念，问题可能会解决得好一些，短期行为在一定程度上也能避免。但是这对由于目标不明而出现的短期行为，并不会起到根本性的扼制作用。

其次，研究企业集团战略是解决企业集团发展中的重大问题的必要前提。在企业集团发展过程中出现的众多问题，无疑都是需要着力解决的。但是问题有轻重缓急之分，一般来说，那些对集团生存和发展起巨大影响作用的问题可称之为重大问题，重大问题往往是带有全局性的，因此许多重大问题就是战略问题，是企业集团战略所要直接研究的问题。

　　再次，研究企业集团战略还是正确开展竞争的要求。在新的经济形势下，企业集团不但会遇到新的竞争对手的挑战，而且原有的竞争对手也会采用不同于过去的竞争方式和手段来抗争，竞争不仅是不可避免的，而且将是非常复杂的。在这样的环境中谋求生存和发展，企业集团的经营者必须以变应变，同时又在变中保持清醒的头脑，不为复杂纷繁的竞争表象所迷惑。这里既需要有高超的斗争艺术，又需要有统揽全局的竞争纲领。如果满足于过去的竞争经验，故步自封，因循守旧，就会使企业集团在新的竞争形势下，不知所措，败于对手；如果集团成员企业各自为战，集团在竞争中的优势也将名存实亡，不但难以与其他强大的集团抗衡，就连集团外弱小势力的联盟也无法战胜。要正确地开展竞争，企业集团就要透过变动不居的情况，预见竞争的发展趋势，探索新形势下的竞争规律，制定出行之有效的竞争战略和策略。这个过程，实际上也就是战略研究的过程。可见，战略研究是企业集团正确进行竞争的必要前提。

　　正因为企业集团战略对于企业集团的生存和发展有着如此重大的意义，因此，研究战略问题便成为企业集团获得健康发展的关键，而一切希望获得健康发展的企业集团，都对此给予了极大的关注。这一点，甚至可以说是一些企业集团所以能获得成功的一个重要原因。不论是国外的企业集团，还是国内的企业集团，都是如此。日本的一些大企业集团都设有"经理会"作为企业集团最高的决策机构，这些经理会通常定期对集团发展的战略问题进行讨论、协商，定出对策。这样，在日本产业结构发生重大变化的六七十年代，这些大企业集团都纷纷进入了高速增长的新产业领域，使其名副其实地成为日本经济的主角。美国的一些大型企业集团对战略问题的研究也是很重视的，它们总是定期召集海外分支机构的负责人进行重大战略策略的研究，以保持其在国际竞争中的优势地位。

我国企业集团虽然历史不长，但一些比较成功的企业集团，也都是十分重视战略研究的。华中电力集团公司董事长林孔兴同志，对集团的发展提出正确的战略目标和指导方针。从去年以来，提出了六个重大战略研究课题，认真对待集团发展中的战略问题，还专门邀请我国有实力的研究机构开展研究。中央党校也参加了其中一个课题的研究。现在他们这六个课题研究报告在林孔兴同志的主持下结集成册了。应邀我写几句，以表示对他们的祝贺。

积极开发、有效利用经济资源

JIJI KAIFA YOUXIAO

LIYONG JINGJI ZIYUAN

开发人力资源是经济社会
发展的根本条件[*]

建设一个现代化的社会主义强国的伟大任务，必须靠千百万具有社会主义觉悟的、掌握现代科学技术的劳动者来完成。列宁在《全俄社会教育第一次代表大会》上曾经指出，在一个经济遭到破坏的国家里，第一个任务就是拯救劳动者。只有这样，才能"拯救一切，恢复一切"。我们现在的情况当然与苏联 1919 年的情况不尽相同；但是，我们经受了"文化大革命"的十年浩劫，不仅国民经济濒于崩溃边缘，特别是劳动力队伍遭到了全面的破坏和摧残，这与当前"四化"建设的要求形成了比较突出的矛盾。因此，加强人力资源的管理，就具有特别重要的意义。

人力资源的管理，有三个基本环节，即生育、教育、就业。生育是起点，教育是中间环节，就业后发挥劳动能

---

* 本文发表于《中共中央党校校刊》1982 年第 8 期。

力是目的。三个环节是一个相互联系、互为制约的整体。作为中间环节的教育，无疑具有关键的作用；然而，它也必须受制于前后两个环节：教育的规模主要由生育的数量所制约，教育的结构与水平则要由就业的要求来决定。由此说明，管理人力资源的任务，就是要对人口生育、国民教育、劳动就业进行综合研究，统筹安排，并建立一个合理的管理体制，使劳动者的能力得以发挥和发展。

两种生产要协调发展

社会的进步，归根结底是由生产力的发展水平决定的。劳动者是生产力的决定性因素，是生产过程的主体，是首要的生产力。从数量上说，一定的劳动者的来源，首先取决于一定的人口数量。在任何社会形态下，都必须有一定的人口，才会有必要的劳动力来开发物质资源，发展经济。

由此说来，是不是人口越多，劳动者也越多，从而生产力水平也就越高呢？这就是我们要研究的问题。

马克思主义认为，历史发展的决定因素，归根结底只有一个，就是直接生活的生产和再生产；它包括两个基本的方面：即物质资料的生产和人类自身的生产。两个方面是相互联系，互为制约的。二者的协调发展，是直接生活的生产和再生产得以实现的重要保证。

人类自身的生产，就是使人口世代延续和不断发展。人，既是生产者，又是消费者，主要是生产者，因为人类所生产的东西总是多于所消费的东西，以致有财富的不断积累，有后代的繁衍，有社会的发展；但是，首先是消费者，因为人们不仅在生产劳动中，为了劳动力的再生产需要消费，而且在从出生到具备劳动能力以前的阶段以及在失去劳动能力以后的阶段也需要消费。人们消费的时间远远超过从事生产的时间。

　　人作为消费者，是物质资料生产的根本前提。没有人的消费需要，物质资料的生产就失去了存在的意义。没有人类不断出现新的消费需要，物质资料的生产就不可能有发展的动力。"没有消费，也就没有生产。"人作为生产者，首先是劳动力的源泉，是社会生产力的决定因素，是物质资料的创造者。没有劳动的人，也就没有现实的生产力，从而也就没有物质资料的生产。同时，物质资料的生产，总是要在一定的社会生产关系下进行的，人正是这种生产关系的体现者，如果离开了自身的生产和再生产，物质资料的生产就只是一种抽象。

　　但是，人类自身的生产，又绝不能离开物质资料的生产。物质资料的生产是人类自身生产的物质基础和必要条件。人作为消费者，其生存和繁衍，取决于既有的物质资料生产的状况。而且人类自身生产的社会形式——婚姻和家庭关系，也取决于物质资料生产的社会形式。人作为生产者，必须有相应的物质资料作为劳动手段和劳动对象，才能发挥自己的劳动能力，创造出适合自己所需要的使用价值。如果没有相应的物质资料作为劳动手段和劳动对象，能够劳动的人也就失去了生产者的作用。正如马克思说的："生产资料只有通过加到它身上的，用它来进行操作的活劳动，才能转化为新的产品，转化为当年的产品。但是，反过来，如果当年的劳动没有在它之外独立存在的生产资料，没有劳动资料和生产资料，也不可能转化为产品。"[①]

以上说明，物质资料的生产与人类自身的生产这两种生产之间必须保持平衡，才能相互协调地发展。反之，如果破坏了这种平衡关系，或将出现物质资料生产的停滞或延缓发展，或将使人类自身的生产发生阻滞。新中国成立以来，注意了物质资料的生产，也取得了很大的成就；但人口生产方面，由于指导思想的错误，却远远超出了物质资料的发展水平，32 年，使全国人口净增 4.4 亿，相当于解放前 109 年（1840—1949 年）净增人口（1.3 亿）的 3 倍多。人口总数急剧地增加到如此庞大，不仅与物质资料的生产严重失调，并且同自然资源的状况及生态环境形成尖锐的矛盾，致使国家经济文化落后，人民生活水平低，以及劳动力队伍质量低下、结构不合理，就业不足等社会问题大量存在。这种后果，至少在一定的时期内，既使物质资料的生产难以顺利发展，又使人口的生产缺乏必要的物质保障。

以上说明，必须两种生产一起抓。劳动力的再生产与国民经济的发展必须统筹安排。当前，在对国民经济进行调整的同时，必须对人口生产进行切实的调整。中央提出

---

① 《马克思恩格斯全集》第 24 卷，人民出版社 1972 年版，第 478 页。

了在20世纪末国民经济发展目标。基于这个目标，要保证人民生活全面地提高到"小康水平"或中等水平，就必须使全国人口到那时不超过12亿。这是一个严重的战略任务，必须从现在起，在人口生产方面采取积极的措施。在实际工作中，必须把晚婚晚育与一对夫妇只生一个孩子这两件事具体落实。

晚婚晚育，能够有效地控制人口的生产。根据推算，如使整个生育年龄推迟五年，100年时间就可以少生一代人，以我国目前人口总数为基数，100年即可少生1.3亿人。

一对夫妇只生一个孩子，是当前推行计划生育的一项中心措施。只有坚持一对夫妇生一个孩子，才能落实中央关于调整人口的方案，才能使人口的生产逐步适应国民经济的发展。如果贯彻好了中央关于调整人口的方案，到20世纪末，就可以将人口控制在12亿以内，到2040年，人口约为13亿，人口增长可降到零。那时就有可能更好地提高人口质量。而如果突破这个方案，例如一对夫妇生两个孩子，到20世纪末，总人口就会较大地突破12亿，约到2050年，将达到15.3亿左右，到那时才有可能稳定下来，然后要继续调整50年以上，即要延到2100年以后，才有可能达到理想的人口总数。因此，抓好计划生育，是调整人口生产的关键。

发展教育事业，是开发人力资源的基本途径

　　开发人力资源，在适当的人口数量已定时，就是指提高人口质量。要提高人口质量，必须先天、后天一起抓，既要抓好优生，又要抓好培养。而关键又在于培养，即通过幼儿教育、学校教育、在职教育等各个阶段及多种形式的教育，在德、智、体三个方面提高人口的素质，从而提高劳动者的劳动能力。劳动能力包括智力和体力两个方面。如果说，体力表现为个人的素质，智力则表现为人类延续积累的财富。人类智力的积累，具体体现在科学技术的进步。人类要继承已经积累的智力，并得以在社会生产实践中发展这种智力，必须依靠教育。所以，教育是科学技术与生产的中间环节。劳动者的劳动能力，就智力方面来说，主要是通过教育获得的。

　　普及学校教育，是开发人力资源的基础。学校教育的主要任务，一方面，是传授社会积累的文化、科学技术知识，启发学生的聪明才智，培养学生的创造能力；另一方面，是用马列主义毛泽东思想教育学生，为适应和推动经济发展的需要而建设一支又红又专的劳动者队伍打下一个坚实的基础。

　　既然教育要推动经济的发展，而且教育周期又比生产周期长得多，那么，教育的发展，一般地说应当快于经济的发展。但从我国的情况来看，正好相反，试看下面的对比：

	工业生产总值（亿元）	工业固定资产原值（亿元）	国民收入积累额（亿元）	教育费支出（亿元）	每万人口中大学生数（人）
1952 年	349	107.2	130	8.95	5.3
1978 年	4064	3041.5	1033	60.65	8.9
增长倍数	10.7	27.38	7.33	5.77	0.6

上表说明，教育发展是与客观要求极不适应的。当然，教育经费的支出量确有一定的增加，但如果拿其他国家比较，则明显的是很低的。一些主要国家在 20 世纪 70 年代后期教育投资占国家财政支出的比例是：

日　本　20.4%

法　国　18%

美　国　16.7%

苏　联　16%

英　国　14%

中　国　4.5%

1978 年每万人口中的大学生人数，我国在 141 个国家中居 113 位。我们必须正视这种情况。随着科学技术的发展，作为劳动力的智力部分的作用越来越大，教育尤须有更快的发展，否则，就会使民族、国家的智力落后，生产、经济落后。必须根据经济发展的近期计划和长远规划的要求，订出人力资源开发计划。根据客观实际需要和可能，将培养各类人员的账算出来，国家有总账，部门、地区有大账，企业有细账，据此进行综合研究，分别订出 5

年、10 年、20 年的教育目标，提出教育设施、经费等方面的规划，并定出落实措施，保证学校教育事业更快地发展。

职工的在职教育，同样是提高劳动技能、开发智力、培养人才的重要途径。而且，职工在职培训，结合实际更紧密，解决问题更具体，往往能收到更好的教学效果。因此，必须将职工的全员培训纳入各级国民经济计划和教育事业的发展计划。特别是我国的职工队伍，由于"文化大革命"的长期破坏，留下了多方面的严重后果：一方面，在职的劳动者技术业务有所荒废，思想、纪律方面也存在一些问题；另一方面，1977 年至 1980 年，仅全民所有制单位即新招收了职工 1584.7 万人，加上集体经济单位，新就业的劳动者有两千多万人。这些人都是"文化大革命"期间成长起来的青年，大部分缺乏必要的文化技术知识，其中一些人思想作风方面也受害较深。这就说明，对在职人员进行文化技术教育与思想政治教育，是一项十分必要而且是非常迫切的任务。

此外，还必须广开学路，从各个方面来普及教育。除教育部门和企事业单位以外，各经济部门、社会组织、人民团体等，均应尽其可能，以举办专业学习班、业余学校，组织专题讲座、科学报告会、技术交流、开展科研活动、共产主义道德活动等多种形式来普及教育，为开发人力资源作出积极的贡献。

广开就业门路，人尽其才

开发人力资源。有两个密不可分的方面：一方面是通过教育，启智育才，培养提高；另一方面是通过劳动实践，使人的能力得以发挥和不断发展。后者不仅是开发人力资源的重要方面，而且是它的直接目的。因此，在发展教育的同时，还必须使有能力的劳动者充分就业。

保障全体劳动者的工作权利，是社会主义优越性的一个方面。旧中国，在将近5亿农村人口中，80%以上是无地或少地的农民，其中除2/3是雇农、贫农及手工业匠人以外，其余的1/3左右没有正常的生计。在城市也有1/3的劳动者失业。据统计，1949年全国在职职工800多万人，而城镇失业人员为400多万。新中国成立以后，对所有企业职工及国民党政府工作人员实行"包下来"的政策，对社会上的失业人员，通过安排就业、组织生产自救等办法，到1957年即基本上消灭了失业现象。以后又不断扩大了就业面。我国城市人口的就业面，解放前只有20%，解放后的1957年为30%左右，至1980年已扩大到50%以上。（每个职工赡养的人口——包括本人——解放前为5人，1957年为3.2人，1980年为1.8人左右）上述情况，具体体现了社会主义制度的优越性。当然，也不能否认，由于左的指导思想的长期影响，造成人口增长过快与经济增长相对过慢的对立，致使失业或待业现象长时间存在。为了充分开发人力资源，必须广开生产门路，不断扩大就业面。当前要特别抓好以下几个问题：

第一，最重要的是使生产规模不断扩大。扩大再生产是从两个方面进行的：从内涵方面扩大再生产，已经引起了广泛的重视，也确有极为重要的意义，例如我国仅国营企业的固定资产总值就有4000多亿元。按1978年的统计，固定资产总值与它生产出来的总产值的比例是1:1.22，如将我们的比例提高0.1，即可增加产值400亿元，按国营企业的装备水平，即可安排400万人就业。但是，我们也不能忽视外延的扩大再生产。即使在实行国民经济调整时期，也必须保持一定的经济增长速度，而这种增长就意味着生产的扩大，既有内涵的扩大，也有外延的扩大。反之，如果生产规模从外延方面缩小，必然要相应地使部分劳动者从生产中游离出来。

第二，根据生产力发展的实际水平，调整国民经济的所有制结构。多年以来，除了在农业方面大搞"穷过渡"以外，在工业方面也片面强调越大越公越好，很多采用集体所有制形式最适应生产力发展的企业，也忙于向全民所有制过渡。至于其他经济成分与经营方式，则在十年浩劫中被扫荡殆尽，这就严重阻碍了生产力的发展。最近几年，集体所有制、个体所有制等经济成分虽有一定的发展，但至1980年为止，在工业总产值中，全民所有制的比重占将近80%。即使在集体经济中，也大部分采取与全民所有制同等模式的"统包统配"的劳动制度。所有这些，都影响了就业门路的扩大。据1980年的统计，工业部门每安排一名劳动者就业需要增加的固定资产投资，全民所有制单位为 11000 元，集体所有制单位为 4000 多元，街道办的集体经济单位为数百元。还有些自愿组合的小集体经济及个体手工业，无须国家投资即解决了就业，发展了生产。可见，要在国家统一投资能力有限的情况下扩大就业，必须在坚持社会主义公有制占优势的条件下，允许多种经济成分及多种经营方式并存，以调动一切积极因素，广开就业门路。

第三，合理安排产业结构。首先要解决"重轻农"的不合理结构。改变长期以来重工业过重，重工业自我循环的局面。在经过两年调整以后的 1980 年的全国工农业总产值中，重工业占 40%，轻工业占 35.4%，农业占 24.6%，重工业仍居首位。当然，从长远来看，主要生产生产资料的重工业必须优先发展，但是重工业的发展，首先，其根本目的是为农业与轻工业的发展，即为消费资料生产的发展服务；其次，必须与消费资料的发展水平相适应。根据我国现阶段的情况，重工业部门每提供一个就业岗位需要固定资产投资，相当于轻工业的两倍以上。拿农业比，悬殊更大。重工业过重，便不合理地占用国家大量投资，影响其他部门的发展，也就减少了劳动者就业的机会。因此，我们必须将产业结构进行一次根本性的调整，大力发展劳动密集型的轻工业和服务性行业；农业方面，既可以在现有范围内发展多种经营，又可以在 2.3 亿亩林地带及 11 亿多万亩宜农宜牧的荒山荒地上大做文章。这样从多方面来发展经济，我们的就业门路就非常广阔，广大劳动者的能力就可以得到充分发挥和发展。

　　此外，就业则必须使劳动者发挥作用和发展才能。劳动就业的意义，对社会来说是为了创造财富或提供服务，对劳动者本身来说，是为了能力的发挥和发展，二者是密不可分的。如果在客观上并不具备相应的劳动资料和劳动对象，而是主观地按"统包统配"的办法给众多的人安排一个合法取得工资福利的位置，例如，有些地区给本来任务不饱满的企业硬性分配劳动力；有些已经大量超员的企业，仍将大批职工子女"就厂安排工作"，造成3个人的活5个人或10个人干，那就不仅完全失去了就业的意义，而且会使劳动者技术业务荒废，思想松懈，肢体疲怠。这种"就职"不"就业"的安排，绝不是对人力资源的开发，而是一种浪费和摧残。因此，必须把广开生产门路作为扩大就业的前提。对暂时无法安置的劳动者，除鼓励自开生产门路以外，应由社会或有关经济部门组织学习待业；对已经"就职"而未"就业"的，应由部门或企业根据生产发展的需要，有目的地进行集中培训；对关停并转企业暂无工作的职工，要进行"离职"训练；在调整时间任务暂不饱满的企业，要将职工分批脱产轮训。总之，要使每个有劳动能力的人，心有所用，劲有处使，始终保持一种旺盛的劳动热情和积极上进精神。

要有一个能调动劳动者积极性的管理体制

　　我国较长时间以来，存在大批的人无事干与大量的活无人干的矛盾，其原因除了忽视人口控制和经济发展缓慢以外，主要是劳动体制上的不分良莠，不按需要，"统包统配"。因此，应当建立一种有计划有领导但又能发挥劳动者主动性的"管而不包"的体制。各地区要在政府统一领导下，在计划、劳动、教育、民政等部门相互配合的基础上，成立劳动服务公司，负责待业人员的培训、就业介绍及生活救济工作，也可以在政府或有关部门的资助或支持下成立民办劳动服务公司，担任这项工作。劳动就业，应通过业务考核和品行审查、择优录取，并逐步推行由劳动服务公司与接受单位签订合同的形式。一般地说，作为社会主义的劳动者，在一个单位工作，基本上可以是长期稳定的，也应该服从组织的正常调动；但是，一次合同签订的时间则不宜太长，可以多次在期满以后续订合同，这样，既有利于经济单位根据发展情况进行劳动力调整，也有利于劳动者积极性的发挥，或在个人能力有了发展以后，便于变换工作岗位。中小城市的企事业单位及机械化程度较低、生产比较灵活的单位，可考虑结合当地农业生产的特点，合理安排生产，多吸收临时工和季节工，以扩大就业。在一定条件下，企业应有权辞退劳动者，劳动者也有权"辞职"。我国有广大的边区、林区、山区、草原需要开发，应从政策上鼓励劳动者前去就业，例如适当提高经济待遇，安排好物质文化生活，规定一定的年限等。对这些劳动者，除提倡自愿就地安家以外，到期不愿就地安家而返回原城镇的，应允许落户和谋求职业。此外，对城乡待业人员，均应允许并鼓励自谋正当劳动的职业。

在一个合理的管理体制下，必须切实有效地调动劳动者的积极性。首先，要使劳动者拥有积极主动地发挥自己才能的权力。在社会主义条件下，人民是国家的主人，国家的目标就是人民的目标，应当具体落实到每个人的活动中。经济部门的职工，是生产资料的主人，是企业的主人，应当在党的领导下，对经济部门或企业的人、财、物管理，对经济的发展方向，有真正的知情权、决策权、监督权。这种权力，具体通过职工大会或职工代表大会来实现。要有一项确保职工代表大会权力的法律。在每个单位，应订出确保群众权力的具体规定，并使群众参加决策和监督制度化。真正树立人民的主人地位，行使主人的权力，激发主人的自豪感和责任感。其次，要使人们有一种奋发上进的压力。我国经济发展缓慢，一个重要原因，是劳动生产率低，即人们所发挥的劳动能力与社会主义建设的要求远远不相适应。以1952—1978年的工业生产为例：固定资产增加27.3倍，技术构成提高4倍多，而劳动生产率仅提高1.65倍，不仅与发达国家无法比较，而且远远落在很多发展中国家的后面。因此，必须教育全体劳动者要有一种充分发挥并提高自己能力的紧迫感。在这种总的压力下，要让每一个职工在他自己的岗位上，根据四化建设的要求，确定一个必须达到的具体目标，衡量自己与这个目标的距离，并订出达到这个目标的具体措施从而感受到一种具体的思想压力，使之发挥提高劳动技能的自觉性。在管理上还要有一种实际的工作压力。无论是对工人和干部的工作安排，都可能有三种情况：第一种是能力高于职责，这种情况时间长了就会滋长惰性；第二种情况是能力与职责相适应，也不会产生压力；第三种情况是职责要求高于现有能力。这时就有了压力，人在这种压力下就会积极提高自己。造成第三种情况的条件，或是生产规模的扩大而增加装备数量，或是设备的革新而提高了技术要求，或是工作人员升级升职。在这里，劳动者提高自己的能力，具有现实的强制性。另一方面即随着生产、经济的迅速发展，科学技术的不断进步，要有正常的晋级、升职制度，客观形势对全体职工都有掌握更高技术、担负更大职责的要求，任何一个劳动者，为了不被形势所抛弃，不落在别人的后面，必须努力提高自己的能力。对工人、科技人员、管理工作方面的业务人员，都要经过严格的考核才能定级、定岗、定职，基层领导人员，要由群众选举与上级党组织审批相结合，国家高级领导人员的任免，要通过一定的技术、业务考核与上级党委的考核相结合，并通过一定形式的群众评审。经济、生产部门及企业各级干部的职务终身制要逐步废除，一切干部都要根据国民经济发展的需要能上能下。此外，还要有一种鼓舞人们的动力。对社会主义劳动者来说，最首要的、根本的动力是为实现美好的共产主义而奋斗。只要我们正确地用马列主义、毛泽东思想去教育人民，用共产主义的美好理想去激励人民，就一定能够产生一种用之不竭的动力。在经济管理工作中，要解决好物质利益与精神鼓励的关系，将二者正确结合起来。从物质利益来说，在社会主义条件下，它体现按劳分配的原则，按劳分配是以各尽所能为前提的。根据各尽所能、按劳分配原则取得物质利益，虽然有补偿劳动力消耗的性质；但这个物质利益的量，同时体现了劳动者对社会作出贡献的水平。因此，劳动者取得正当的物质利益，本身就是一种荣誉。必须将每个人的劳动与物质利益联系起来。至于精神鼓励，不仅同样体现了对社会主义的贡献，尤其体现了社会主义的风尚，体现了社会主义劳动者不斤斤计较报酬的高尚情操。我们现在正处于艰苦创业的时期，应当大力提倡精神鼓舞。

当然，在实际工作中，还必须建立合理的劳动组织、劳动定员与劳动定额，确定明确的职责分工，建立严格的考勤、考核制度，制定具体的劳动纪律，以切实保证全体劳动者的积极性充分而有效地发挥出来。

合理开发物质资源
保持经济持续发展*

人们进行生产劳动，必须具有劳动资料和劳动对象。这种劳动资料和劳动对象，就是物质资源，包括自然资源和各种物质产品。物质资源中的劳动资料，不仅是衡量人类劳动力发展水平的尺度，而且是划分经济时代的标志。自然资料，则既是劳动对象向深度和广度发展的基础，也是发展劳动资料的物质条件。

任何一个国家，可供开发利用的物质资源，都是相对有限的。我国进行社会主义现代化建设与不断提高人民的生活水平，需要有大量的物质资源。如何积极开发与合理利用有限的物质资源来满足这种需要，则是经济工作一个十分重要的方面。

* 本文选自《中央广播电视大学讲稿选》，中央广播电视大学出版社 1985 年版。

一、物质资源管理的意义

1. 加强物质资源的管理，合理地开发自然资源，是加速实现社会主义现代化建设的物质基础。自然资源是人类生存和进行社会生产的一个经常的必要条件。它的开发利用状况直接影响着经济建设的速度。自然资源开发得越多，可能提供的物质资料规模就越大，社会再生产的物质基础就越雄厚，从而社会主义经济建设的速度也就越快。而且，自然资源及其开发的种类制约着社会生产结构，在一定的生产力发展水平和外贸的条件下，生产资料的生产结构基本上取决于自然资源的结构，因此，一个国家的自然资源状况对生产结构是有制约作用的。因而加强自然资源管理，合理开发自然资源，对于调整和实现国民经济结构合理化有着重要作用。我们还应当看到，由于自然资源在各地区的分布不同，对生产力布局产生着深刻的影响。在一定的经济、技术条件下，生产力布局的地区组合，及企业规模无不受自然资源的分布和条件的影响。所谓因地制宜地发展生产，发挥地区优势，地区自然条件特点是一个主要依据。自然资源对劳动的地域性分工和不同地区的劳动生产率水平，以及对建设投资、生产成本和经济效益等都有着直接影响。可见，正确地了解和掌握各地区的资源状况，合理地开发利用自然资源，对建立合理的地区结构有重要意义。

2. 合理地开发自然资源，不仅意味着保护自然资源，保持生态系统的平衡，提高自然资源的增殖能力，使之长期地为国民经济持续稳定增长提供足够的资源。而且，也意味着对自然环境的保护。保护环境实际上就是保护国民经济发展的自然物质基础和人民的健康。保护环境是社会生产得以正常进行的重要条件，从工业生产来说，它要有一定的物质技术条件，如果不防治环境污染，工业生产条件就会遭到破坏。从农业生产来说，农业生产是同自然的再生产交织在一起的，工业中大量排放未经处理的废水、废气、废渣会严重破坏生态平衡和农业自然资源，危害农业生产的正常进行。所以，保护环境，保护自然资源对国民经济发展具有深刻影响。保护环境，合理有效地利用资源，能够扩大物资的自然来源。人类的劳动过程从来就是生产的消费过程，它从环境中吸取资源，通过生产过程，生产出人们所需要的使用价值，同时，将生产的排泄物返回到环境中去，人们通称这类排泄物为"二次资源"。如果将它丢失不用，既污染环境又是资源的浪费，如果加以有效利用，就扩大了物资的自然来源，增加了社会财富，保护了人类的健康，造福于子孙后代。

3. 加强物质资源管理，有计划地分配物质资料，组织好物质资料流通，是加快生产发展和改善人民生活的重要方面。一切社会生产都要以消耗一定的物质资料为前提，离开物质资料，不仅生产不能进行，人类的生命也会停止。为了连续不断地进行社会生产，首先必须从实物上保证按质按量及时地供应社会再生产所需要的一切物资，保证社会生产的顺利进行。同时社会再生产过程还要求一切生产部门所生产的产品必须及时地销售出去，以实现其价值，补偿生产过程所消耗的社会劳动，如果产品不能及时销售，社会发生积压而不能实现其价值，就直接影响到再生产的补偿和积累。组织好物质资料的分配和流通，能够缩短流通时间，加速周转，把更多的物质资料尽快地投入到生产和生活消费中去，这都是加快生产发展和改善人民的物质文化生活的重要方面。

4. 加强物质资源管理，有效地利用各种资源，对提高全社会的经济效益具有重大的作用。大力开发资源，经常注意节约地有效地利用资源，根据资源的成分、性质、特点、安排最合适的用途，防止"大材小用""优材劣用""劣材不用"等不合理现象，就能以较少的物质耗费为社会生产出更多的物质财富，以最大限度地满足社会的物质需要。

二、自然资源的开发和利用

自然界一切能够为人类所开发利用的自然要素，都属于自然资源。自然资源，按其生成状况，可分为再生资源和不可再生资源；按其经济用途，主要可以分为农业自然资源和工业自然资源。农业自然资源，主要包括土地资源、森林资源、草原资源、水产资源等。它是生产农、林、牧、渔业产品的自然条件。工业自然资源，主要有矿产资源和能源资源。另外，还有水资源，在农业和工业的发展中，都有着重要的地位。

（一）重视对农业自然资源的开发和利用

我国是一个农业大国，80％的人口住在农村，我国国民经济的发展，也是以农业为基础。目前，我国的工业生产原料有40％左右来自农业，其中轻工业生产原料有70％左右来自农业，城乡人民的许多生活资料直接来自农业，因此，加强农业自然资源的管理，在发展生产和提高人民生活方面，都具有十分重要的意义。

土地是人类生产和生活的立足场所。也是农业最基本的生产资料。土地资源的状况，从农业生产来看，它不仅影响农业生产的产量，而且制约着农业生产的构成。土地资源具有数量的有限性和位置的固定性，人们不能任意增加和移动它。土地资源还具有可更新性，它并不因为人们的使用而失去使用价值，相反，使用得当还可以提高土地的生产效率。

我国土地资源类型多样化，各类型土地的地区分布不平衡，而且山地多于平地。土地资源的多样性为农林牧副渔综合发展，及多种经营提供了十分有利条件。各类型土地分布的不平衡性构成了地区农业发展的不同方向。山地多于平地，而且有相当一部分地区属于干旱和半干旱，致使我国耕地面积较小，成为发展耕作业的一个限制性因素。因此，为了合理地、充分地利用土地资源，必须十分珍惜我国的耕地资源。为此必须做到以下几点：

1. 开发利用农业土地资源，必须查清我国各类土地资源的数量和质量，为合理利用提供科学依据。土壤是农业的基础，开展土壤普查，建立土壤档案，这是科学种田，确保农业高产稳产的基础工作。因为有了土壤档案，就可以根据土壤条件和其他自然条件，因地制宜地确定农业发展方向。宜农则农、宜林则林、宜牧则牧。对宜于农业为主的地区，再进一步确定适于种哪种作物，施用哪种肥料，采用哪种耕作制度。做到因地种植、因地施肥，充分合理地利用土地资源。

2. 做好农业区划工作，对不同地区的土壤、气候、雨量、地形等自然条件进行综合考察，在此基础上，正确地制定农业区划和农林牧副渔全面发展的计划，搞好农业生产布局，建立粮食、经济作物和牧业基地，加强集中管理，同时，要根据我国山地多的特点，大力发展林业、牧业，逐步提高林牧业在我国农业结构中的比重。

3. 充分利用人口稠密地区每平方米的土地；开发人口稀少的地区。耕地是最主要的农业生产资料，我国耕地总面积约有15亿亩左右，仅次于苏联和美国，居世界第三位。但人均耕地较少，可开垦的宜农基地有限，随着人口的增加，人均耕地面积还要继续减少。因此，必须十分珍惜耕地资源，注意节约用地。从全国说，我国还有很多待开发地区。如西北地区夏季高温，冬季严寒，降雨稀少，严重干旱，沙漠、戈壁分布较广。又如青藏地区地势很高，气候高寒。这些不利的自然条件是这些地区人口稀少、经济不发达的主要原因。在我国人口稠密地区也存在着土地没有充分发挥作用的情况，例如，山地、水面滩涂、零星土地等利用得很差，存在浪费现象。我们应当使每一块土地都尽量发挥它的作用。一方面大力开发人口稀少，产品少的经济不发达地区；一方面在人口稠密地区，充分利用那些未被利用的土地。土地利用的程度是没有绝对界限的，因为社会需要在发展，科技水平在提高，随着新的社会需要的出现，新的技术和科学水平的提高，土地也就有了新的用途，对土地利用程度会进一步提高。

在对土地资源的开发利用中必须加强管理。开发和利用是在生产中发挥土地的功用。为了有效地、长久地发挥这种功用，必须加强管理，注意做好土地资源的保护和改造工作。

保护是指原有土地资源不发生或者少发生不利于社会主义建设事业的变化，使原有土地得到充分利用，更多地生产农林牧渔副业产品。可见，保护是为了更好的利用，在利用中必须做到保护，不加保护，就会使土地资源向不利于生产建设事业的方向发展，归根到底不利于开发和利用。我国在以往很长一段时间里，对土地资源的保护注意不够，有些地区的自然生态遭到不同程度的破坏。例如：建国30多年来，沙化面积扩大了3亿亩，由解放初的16亿亩增加到19亿亩。草原退化面积接近8亿亩。解放初，水土流失面积为116万平方公里，现在已扩大到150万平方公里。城乡和基本建设占地不断扩大，1957年全国耕地面积为16.7亿亩。现在已减少到14.8亿亩。地力下降，限制了产量的提高。由于复种指数的增加，作物秸秆又大多用作燃料，绿肥和养田作物减少等原因，土壤的有机质含量普遍下降。水资源破坏严重，全国解放以来，天然湖泊的面积减少2000万亩。我国森林资源由于多年过量采伐，以及毁林开荒、滥砍盗伐、火灾等原因，森林覆盖率已下降到 13% 左右，居于世界的 100 位以后。

上述问题说明，必须积极采取切实有效的措施，制止和预防对土地资源及其他农业自然资源的破坏，保护农业自然资源。为了保护和改造土地资源，必须合理利用，加强管理。对耕地的占用要进行有效地控制，严格贯彻统一规划，节约用地、少占耕地、不占好地，合理利用的原则，确定农林牧、工业、城建、交通用地的合理比例，并且要通过土地立法和司法活动，保证土地和其他自然资源的合理开发和利用。

（二）能源的开发和利用

要保证社会主义现代化建设的顺利进行，能源是根本条件之一。从整个世界的生产发展过程来看，每一次重大的技术革命，都是从新的能源和动力装置开始突破的。近代某些国家实现的所谓"经济起飞"，也都是以能源保证为前提的。因此，我们党的十二大把加强能源建设，作为发展我国国民经济的重点之一。加强能源管理，显然是国民经济管理中的一个十分重要的方面。

1. 统一规划，合理开发。随着生产的发展和人民生活水平的提高，能源的需要量将急剧增长。据统计，人类从开始用煤到 1860 年的漫长岁月里，全世界共用煤约 70 亿吨；从 1860—1970 年的 110 年中，却用了 1330 亿吨，相当于以往数百年的 19 倍；而到了 1980 年以后，全世界每年用煤量达到 40 亿吨左右，为 1860—1970 年间平均每年用煤量（12 亿吨）的 3 倍以上，另外，每年还用掉石油约 30 亿吨。地球上的煤和石油是有限的，据目前的地质资料，全世界已探明的石油可采储量将近 1000 亿吨，按照目前的消费水平，大约还能开采使用 30 年。当然，还会再找出一些，但也并非易事，而且总会有个限度。煤的储量，当然比较丰富，全世界的地质储量共有 10 多万亿吨，我国有 7000 亿吨，但以近几年煤的消费水平计算，也只能维持 300 年左右。而且，有的煤层太薄，有的又埋藏太深，从当前的技术水平看，经济上有开采价值的煤，约只占煤的地质总储量的 10%—20%。我国的情况好一些，也只有约 25%—30% 的储量可以建井开采。这是能源资源的有限性与能源需求不断增长的矛盾。

同时，从我国的历史经验来看，由于经济建设事业的发展，对能源需要量不断增大，而某方面的技术能力又跟不上，在能源开发上长期存在"重生产，轻勘探"的偏向，在资源的地质勘探、厂址选择、可行性分析、技术规程等前期工作方面，都十分薄弱。这就难免出现能源的采储比例失调，不易保持能源生产随国民经济的发展而稳定增长的速度。

另外，随着经济体制改革的发展，全民、集体、个体一起上，共同开发能源，如不加强计划指导，也难免造成滥开滥采，浪费和破坏资源的现象。

以上说明，国家必须根据整个国民经济和社会发展计划的要求，对能源开发统一规划，认真指导，以保证工农业生产的发展与人民生活提高对能源的需要。

2. 节约能源，合理利用，提高能源使用效益。根据一般经济发达国家的情况，工农业总产值的增长，要有能源消耗量按同一比例增长；有的国家，能源消耗量的增长比例还大于工农业总产值的增长。而我国，根据党的十二大提出的战略目标，到 2000 年，工农业总产值要翻两番，能源生产，据测算只能翻一番。实现这个目标的办法，就是节约能源和合理利用能源，提高能源的使用效益。为此：

第一，要对节能的方向、潜力和经济效果，对工业结构和产品结构的改革，对节能政策，对节能与能源生产投资的合理分配等问题，进行系统的调查研究与综合分析，然后制定各级、各层次的节能规划，并衔接好各方面、各部门的节能安排与全国能源供需的平衡关系。

第二，加速对耗能高的陈旧设备的更新换代。在此基础上严格管理制度，如制定燃料合理分配和供应的办法，确定产品能耗定额，装设计量仪表与开展热平衡测定等。同时，加强对司机、司炉及热能管理人员的培训，以提高能源的使用效果。

第三，加快煤炭气化、液化的研究和应用。当前，我国的主要能源是煤。煤的气化、液化，可以大大提高煤炭利用效率，并能从根本上解决煤炭燃烧造成的污染问题，同时，还是发展煤炭化工的起点。

3. 积极解决农村能源供应问题。8 亿农民安居乐业，是国家安定和发展的基础。目前，我国农村每年消耗的能源总量，约折合标准煤 3 亿多吨，占全国总能耗的 40% 左右，随着生产的发展与经济体制改革的深入，农业正在由半自给经济向较大规模的商品性生产转化，由传统农业向现代化农业转化，以农副产品加工为中心的乡镇企业也将迅速发展，再加上农民生活方式的根本改变，农村生产、生活所需能源将大幅度增加。必须认真研究农村能源的解决途径。当前，主要是因地制宜地发展薪炭林、灌木及农村沼气，以满足生活用能的需要，同时积极发展小水电及利用风能、水能等补充生产用能。

4. 积极开发新能源。新能源是相对于传统能源而言的。如果将当前正在发展的新能源作为能源领域里的一场变革来看，新能源可以分为以下三个大类：

第一类，利用自然能和再生能。主要有太阳能，生物质能，海洋能，风能，地热能等。

第二类，利用和改造现有化石燃料，如煤的液化和气化；寻找新化石燃料，包括油页岩、油砂、沥青砂、重石油及泥炭等非常规固体燃料。

第三类，受控热核聚变和快中子增殖反应堆。当然，这种能源，在目前的技术条件下，离正式发展还有一定距离，但是，由于它的燃料是由海水中提取的氘，取之不尽，而且成本很低，因此，据认为这可能是 21 世纪的基本能源或主要能源之一。

当然，新能源是在现代科学技术基础上发展起来的。发展新能源，一方面要使新的能源体系成为各种能源形式共存的、多样化的能源综合利用系统，同时，要适合我国的具体情况。从一定的时期来说，能够用来代替常规能源的新能源，必须具备以下基本条件：第一，资源必须丰富，能保证长期开发。第二，经济上必须可行。开发能源的一个重要目的，就是发展经济，那么，只有符合低成本、高效益的原则，才能更好地促进经济的发展。第三，技术上必须可能。就是技术水平必须达到对新能源的合理开发与有效利用。第四，必须安全可靠。即新能源的使用，不致引起事故的发生或严重地污染环境。

（三）其他矿产资源的管理

进行生产活动不但要有能源，还要有原料。生产所需要的原料来源，除了一部分由农业提供以外，主要使用矿产原料及其加工品。这些矿产原料来源于矿业资源。矿产资源是指符合工业生产要求，能直接利用，从中获取金属或非金属矿产原料的各种自然矿物体。矿产原料的种类和数量是随着生产技术条件的发展而改变。过去因为生产条件的限制而不能利用的矿物，现在由于工业生产技术条件的突破而被开发利用。同样，还有一些现在不能利用矿物，将来则可能被利用。矿产原料资源，是工业生产的重要物质基础。它对整个国民经济的发展具有深刻的影响。我国矿产资源丰富，种类齐全。矿产原料资源从总体上说，可以分为两大类，即金属矿产原料和非金属矿产原料。为了更好地使矿产资源适应经济和社会发展的需要，开发矿业要坚持如下原则：

1. 在投资安排上，必须坚持"先采掘后加工"的原则，使加工工业的发展和采掘工业的发展保持适当的比例。使采掘业和加工业协调发展，相互促进。

2. 从采掘工业说，首先必须探明矿产资源的分布和储量，为此，必须强调地质工作先行。根据经验，地质工作在时间上要提早5—10年准备好矿藏资料。这是由储量的探明到矿物的开发所需要的周期决定的。没有这种准备，就容易造成采储比例失调，影响开采的合理性，甚而使矿产资源受到破坏。

3. 还必须坚持"以采促掘，以掘促采，采掘并举，掘进先行"的原则，保持合理的采掘比例。坚持这些原则是使矿物资源的生产与国民经济发展需要相适应的一个重要前提。

三、保护自然环境实现可持续发展

自然环境，既是一切物质资料的源泉，又是人类赖以生存、生活、从事生产劳动及其他各种活动的场所。因此，我们要十分重视自然环境的管理。自然环境能被人类利用并能带来效益的部分，就是资源。另一些暂时还不能利用的部分，也可以视之为潜在资源。因为随着人类对自然认识的不断深化，开发和利用自然的能力将逐步提高。因此，从发展的意义来说，整个自然环境也就是资源。由此说明，在开发自然资源的过程中加强环境保护，是与人类的长远利益息息相关的。

（一）要有明确的环境保护目标

环境问题是当今世界所瞩目的问题。我国的环境污染问题也日趋尖锐。

在人类社会初期，由于生产力水平很低，开发利用自然资源有限，对环境的污染和破坏很少，而且也比较容易恢复和再生，所以，人与自然还是比较协调地发展的。随着人类生产活动不断扩大，特别是现代工农业生产的发展，废水、废气、废渣大量增加，而且人口急剧向城市集中，生活中的废弃物也迅速增多。当生产和生活中的大量废弃物排入环境，超过了自然界生态系统的净化能力，或破坏性地开发资源，或资源的开发速度超过自然的再生能力时，就会打破生态平衡，使自然物质赖以生存的自然环境发生恶化，产生了各种环境问题，危害人民的健康和社会生产，受到自然界的惩罚。

环境保护的工作目标就是要求环境达到的一定标准。环境标准，是衡量环境质量的尺度，进行环境管理的依据。

环境标准主要包括环境质量标准和污染物排放标准。质量标准是先考虑为保护和提高环境的适宜性，而以各种污染物对环境产生危害作用的最低浓度为基数，再考虑一定的安全系数所确定的，在环境中的最高允许浓度指标。排放标准，是为了保证质量标准的实现，对各种污染源规定的、排放污染物质的数量或浓度的最高控制指标。

环境标准实质上是人对环境的要求。这种要求，关系着人们生存需要、发展需要和享受需要等各个方面，同时是随着政治经济、科学技术、美学观点以及伦理道德的发展变化而发生变化的。

（二）要科学管理环境

环境管理就是对自然资源的科学管理，以充分发挥其满足人类需要的效能，并抑制其造成污染、破坏生态的副作用。人类的生产和生活，都离不开自然环境。有一个好的自然环境，就表明自然资源丰富，生产、经济就有可能持续发展，反之，环境恶化，就表明资源减退甚至枯竭，生产就难以为继。从国民经济角度看，包括对尚未开发的自然资源进行探索，加以利用；对正在开发的自然资源进行维护，促其永续；对已经开发的自然资源合理利用、杜绝浪费；对发生退化的自然资源进行改造、恢复生机；从企业角度看，主要是要求生产企业综合利用自然资源和充分发挥燃料、原料的全部效能，防止物料流失污染环境。我国环境保护工作的方针，即："全面规划、合理布局，综合利用，化害为利，依靠群众，大家动手，保护环境，造福人民。"

要切实加强对环境的保护和管理，要制定自然资源的利用和保护规划。制定这个规划，必须注意以下一些方面：（1）制订规划时要把局部和近期的需要与全局和长期需要结合起来。（2）要把自然资源的利用和保护规划同经济和社会发展的远景规划，近期计划衔接起来，把环境保护的目标同其他经济目标进行综合平衡，使生产力合理布局并根据国家财力的可能，落实各种环境保护的投资、项目、设备、材料等。（3）在组织管理方面，为了有效地解决既成事实的环境问题，要积极贯彻"管治结合，以管促治"的方针；为了有效地控制产生新的环境问题，要积极贯彻"防治结合，以防为主"的方针和实行建设项目的《环境质量报告书》报批制度，建设项目的主体工程与环境保护设施同时设计、同时施工、同时投产的"三同时"原则。（4）在防治措施方面，要针对不同的污染源、不同的污染物、不同的污染载体和不同的污染介质，研究和运用多种多样的防治措施。并且逐步从点源防治向区域防治、从单项防治向综合防治和从治标性防治向治本性防治发展。（5）要大力开展综合利用，改进生产工艺，减少和防止新的环境污染。（6）除了进行经常的、广泛的环境保护的宣传教育以外，还要采用经济方法和法律方法来保证自然资源的合理利用和保护。此外，还要开展环境科学研究，解决环境管理机构和体制等问题，将环境保护工作纳入正常的有效的轨道，使我们能在一个较为舒适的环境中愉快地生活。

积极生财　合理聚财　有效用财[*]

在存在商品生产与商品交换的条件下，社会的物质产品，既表现为实物形态，又表现为价值形态。这种价值形态，即体现为社会的财力资源。一个国家，能在多大规模上发展生产，多大程度上改善人民生活，首先是直接通过财力水平来反映的。因此，要发展国民经济，就必须积极开发财力，并合理地分配财力和监督财力的有效使用，通过合理用财来实现更大的生财，也就是要认真研究生财之道，聚财之道，用财之道。

一、积极开发财力

开发财力的根本途径，就是发展生产，提高效益。具体说来，可以分为以下三个方面：

---

[*]　本文选自《中央广播电视大学讲稿选》，中央广播电视大学出版社1985年版。

（一）调动现有企业的积极性，发展生产

从整个社会财力来说，只有发展生产，增加社会财富，才能扩大财源。从国家财政收入来说，关键在于现有企业的盈利水平如何。因为国家财政收入的绝大部分来自企业上缴的税收和利润。所以，使现有企业发挥积极性，提高经济效益，是开发财力的根本途径。

经过30多年的社会主义建设，我们已经建立了一个比较完整的工业体系和国民经济体系，有了一批基础比较扎实的社会主义企业，仅全民所有制的企业，就拥有9000多亿元的资金。从当前的情况来看，这些企业都具有较大的生产潜力。以工业企业为例，整个工业企业的固定资产真正发挥作用的，只有70%左右，流动资金的占有额，也远远超过了历史最好水平。这就说明，现有企业的潜力是很大的，只要我们加强管理，是完全有可能大幅度地增加生产，扩大财源的。从当前的情况来看，首先必须按照十二届三中全会的精神，扩大企业自主权，充分调动企业和职工的积极性。企业既是国民经济的细胞，又是相对独立的商品经济单位。只有每个企业充满活力，整个国民经济才能生机勃勃。为此，企业在国家有关政策、法令的许可范围之内，应当在人财物、供产销等方面具有必要的自主权，使企业能够主动地进行生产经营决策，发展生产，提高效益，增加盈利。

其次，加速技术改造，提高企业的生产能力。要大幅度地增加生产，扩大财源，必须利用新的科学技术，所以，必须对现有企业进行技术改造。我国虽然建立了一批具有现代化科学技术水平的骨干企业，但总的说，对企业的技术改造长期重视不够，设备得不到及时的更新。为了把我国的企业尽快地建立在现代科学基础之上，必须建立新的设备更新制度。要从经济发展的战略高度来认识企业技术改造和设备更新的重大意义。同时，应当在财政管理体制上进行相应的改革，实行鼓励技术进步的政策，如提高企业的折旧率，适当放宽税收政策等，切实支持企业的技术改造。

（二）努力提高流通领域的资金使用效益

流通资金的使用效益低，除了其他原因之外，一个最重要的原因，就是资金周转慢。因此，要提高流通资金的使用效益，首先，在于加快它的周转速度。如果将这种周转速度提高到我国1956年的历史最好水平，那么，就可以将现有流通资金的占用额减少1/4以上。这是一个十分可观的数额。当然，要做到这一点，必须采取有效措施，例如，扩大企业自主权，实行经济责任制，使企业关心流通资金的使用效果。其次，在改革资金管理体制，实行有偿占用制以后，还要通过利率等经济杠杆迫使企业节约流动资金。此外，还要疏通商品流通环节，增加流通渠道，做到物畅其流。减少和避免资金积压的现象，实际上等于增加了资金。

（三）提高基本建设的投资效果

基本建设投资的经济效益最终表现在所形成的固定资产的数量和质量、形成固定资产的时间（即建设周期）以及项目投产后所创造的收益上。相同的投资，所形成的固定资产的数量越多、质量越高、建设周期越短带来的收益越多，则投资效益越好。

当前，我国基本建设的周期较长，迟迟形不成生产能力投入使用，是基本建设投资效果低下的突出表现。第一个五年计划时期施工的大中型项目，年平均竣工率为11.5%，施工周期平均为8.7年。1976—1983年平均竣工率降到7.1%，施工周期延长到12年，比"一五"时期延长1.3倍。有的工程，长达15年以上。大量资金被积压在"胡子工程"和设备材料上。而且，有的工程，因为工期过长，工、料费用价格上涨，不得不一再追加投资，以致出现"工期马拉松，投资无底洞"的情况。所以提高基本建设投资效益的重要环节在于缩短基本建设周期。

那么，如何缩短基本建设周期呢？过去我们的基本建设工作的主要缺陷是没有稳定的、科学的中长期计划，短期计划也常被打断。基本建设项目忽而上马，忽而下马，干干停停，停停干干。可见，缺乏周密计划造成的损失是最大的。加强基本建设的计划管理，是缩短基本建设周期，提高基本建设投资经济效益的关键。任何一个基本建设项目上马之前一定要做好充分的调查研究，反复进行可行性比较，搞好各个方面的平衡，保证以最快的速度形成生产能力。

当然，要全面提高基本建设投资效果，应当积极采取各种有效措施，如全面推行基本建设拨款改贷款的办法，实行资金有偿使用；并积极试行投资包干和工程招标、投标等制度。

二、合理集聚财力

在一定时期内生产的社会总产品，是财力集聚的出发点。一定时期（如一年）所生产的社会总产品的价值可用 $C+V+m$ 来表示。C 表示过去劳动创造的价值的转移部分，其中用以补偿固定资产的折旧基金是逐渐地积累起来，最终用于固定资产更新的。V 是劳动者为自己个人消费创造的价值，形成工资基金。人们消费的计划性决定了其中一部分要形成储蓄。m 是劳动者为社会创造的价值，形成社会积累基金。折旧基金，居民储蓄和社会积累基金就是一定时期内可能积聚的财力的总量。

折旧基金就其性质是用于固定资产更新、维持简单再生产所需要的资金。但固定资产的更新需要一定的时期，折旧基金也要逐渐提取和积累。在固定资产更新之前，逐渐积累起来的折旧基金是可以用于扩大再生产的。对折旧基金的集聚，在实践上几经变化。建国初期实行统收统支的财政制度，折旧基金由财政集聚，统一安排使用。企业需要的更新改造资金，由国家财政拨款。20 世纪 60 年代中期，折旧基金的集聚权下放，全部留给企业和主管部门，作为固定资产更新改造资金使用，国家财政不再拨款。前者统得过死，企业更新改造固定资产的资金往往得不到满足。后者放得过松，又未制定相应的措施，以致有些企业有了较为充裕的财力以后，盲目上项目，拉长了基本建设战线。地区之间、行业之间、新老企业之间也出现了苦乐不均。党的十一届三中全会以后，又采取了"统放结合"，即由财政和企业财务分别集聚。折旧基金的50%随同利润一并上交国库，由国家统一安排使用。50%留给企业，用于固定资产的更新和改造。折旧基金集聚的形式虽然随着经济管理体制的变动而变动，但它本身不应当改变折旧基金必须用于固定资产的更新、改造这一基本性质。

工资基金，是劳动者为自己劳动所创造的价值，也就是用于劳动力再生产的费用。职工拿到工资，用于购买生活消费品。随着生产的发展和人民生活水平的提高，职工工资中必将有一部分暂时地或长期地储蓄下来。储蓄的部分就可以集聚起来，作为财力进行分配，用于生产，使消费基金转化为生产基金，形成新的财力。它的集聚主要是通过银行进行的。我国的城乡居民储蓄呈现逐年增加的趋势：1952年城乡居民储蓄年终余额为8.6亿元，1957年为35.2亿元，1965年为65.2亿元，1975年为149.6亿元，1979年为281亿元，1980年为399.5亿元，1981年为523.7亿元，到1984年，已将近1000亿元。近几年城乡居民储蓄大幅度增加，其中定期储蓄约占80%左右。但是，对这部分财力的使用要特别慎重，因为这部分财力的波动性很大。储蓄的持续增长是以职工的收入水平稳步提高和物价基本稳定为前提的。如果收入水平不能稳步提高或物价上涨，势必造成纷纷提款，潜在的、延期的购买力就会变为现实的购买力。而被提取的储蓄所体现的物质资料已被用于生产，在没有足够的消费品储备的情况下，储蓄就可能变成出笼之虎，就必然严重地冲击市场，加剧物价上涨。使经济的平衡受到破坏。

积累基金，是国民收入中用于扩大再生产、进行非生产性基本建设和建立物资储备的基金，这是国家财政集聚的主要对象。在经过体制改革以后，国家主要以税收形式集聚这部分资金。在社会主义条件下，国家、企业、个人的根本利益是一致的，但是也存在矛盾。一些企业和个人可能不顾国家利益而破坏国家的财政纪律，偷税漏税，就是这种矛盾的反映。为了保证国家的财政收入，必须制定有效的财政制度、财经纪律和财经法规，作为经济工作的行为规范和准则。

三、按效益原则分配财力

财力的分配过程，也就是生产资料补偿基金、工资基金和社会积累基金的使用过程。财力分配包括初次分配和再分配。财力分配通过企业财务、财政和银行三个渠道。财力的初次分配一般是由企业财务进行的，主要表现为支付工资基金和使用生产资料补偿基金。财力的再次分配一般是由财政和银行进行的，主要表现为财政的各项支出和银行贷款。

（一）财力分配，是调节国民经济的重要杠杆

通过财力分配，可以使资金按照合理流向有计划地进行转移，使国民经济协调发展。

首先，可以使财力在部门之间转移。在我国社会主义现阶段，实行以公有制为基础的有计划的商品经济，一般

地说，一切部门和企业，都必须发展生产，增加盈利。但是在某些情况下，哪些部门应当鼓励发展，哪些部门应当限制发展，并不能完全以盈利高低为依据的。有时为了全面实现社会主义的生产目的，在一定时期内，必须限制某些盈利水平高的部门而鼓励和推动某些盈利水平低的部门发展。这就主要靠通过财力分配来进行调节。

其次，可以使财力在地区之间进行转移。由于历史的原因，我国的工业多集中于沿海地区，而少数民族集居的西南、西北边疆工业十分落后。为了平衡工业的布局，巩固国防和民族团结，必须大力发展边疆地区的经济和文化。财力从哪里来呢？仅靠边疆自身的积累是不够的，国家财政必须给予支持，把从内地集聚起来的财力向边疆分配。1980 年国务院关于实行"划分收支、分级包干"的财政管理体制规定：为了帮助边远地区、少数民族自治地区、老革命根据地和经济基础比较差的地区发展生产，中央财政设立支援不发达地区的发展资金，这项资金占国家财政支出总额的比例逐步提高。同时为了照顾民族自治地区发展生产建设和文化教育事业的需要，中央对民族自治地区的财政补助额每年递增 10%，对这些地区经济和社会事业的发展将发挥重要的作用。

此外，通过财力分配，既保证生产建设所需资金，又保证文教卫生等方面建设所需的资金，使国民经济和社会事业协调而高效地全面发展。

（二）财力分配的原则

第一，集中资金，保证重点。社会主义经济，是建立在先进的技术基础之上的。社会主义国家必须有计划地建设一些现代化的大型项目，如现代化的铁路、大型发电设施、大型水利工程、航空事业及其他现代化的大型企业，一个地区或一个企业都是无力兴建的，必须由国家集资兴办。所以国家财政必须集中相应的资金，以保证这些项目的建设。党的十二大提出，农业、能源和交通、科学技术是国民经济发展的三个战略重点，关系到社会主义现代化建设的全局。在财力分配上，必须保证三个战略重点的需要，国家手中必须适当地多集中一些财力。从当前情况来看，预算外资金已占国家预算资金的一半以上，存在着资金使用过于分散的矛盾。国家采取适当的形式，从地方和企业手中集中一定数量的资金，是完全必要的。

第二，量力而行，留有余地。量力而行，就是有多少钱办多少事。在一定时期内能够积聚的财力，其数量总是有一个限度的。分配的财力的数量不能超过集聚的财力的数量。超过了，就将出现财政赤字和通货膨胀，影响国民经济的平衡发展和人民的生活。假如出现长期的、大量的财政赤字和持续的通货膨胀，就可能造成国民经济发展的混乱和政治上的不安定，后果将十分严重。留有余地，就是分配财力时，不仅要充分估计到各种可能出现的非常情况，而且要考虑到某些估计不到的非常情况，留出必要的财力，以应付非常事件。一旦发生不测，仍能应变自如，保持国民经济的顺利发展。

第三，正确处理国家、地方、企业和劳动者个人的经济利益关系。简单地说，就是既要使国家财政的必要收入，使全国人民的共同的长远的根本利益得到保证；又要使地方有一定的资金。根据地区特点，发挥地区优势，使本地区的经济和社会事业得到发展；还要使企业有足够的资金发展生产，搞活经济；最后是要使劳动者的生活在生产发展的基础上得到不断的改善和提高。

要根据以上原则分配财力，还必须在正确的思想指导下，建立与健全财力分配方面的管理制度与措施，以保证这些原则得到贯彻。

四、积极进行财力平衡

国民经济的综合平衡有两个基本的方面，第一是社会总生产与总需求在价值量上要平衡；第二是各个部门的生产与需求在使用价值量上要平衡。财力平衡是上述第一方面的内容。

（一）财力平衡的基本方面

1. 国民收入分配的平衡。我们在研究社会总生产与总需求在价值量上的平衡关系时，"总生产"是指总产值扣除补偿基金以外的国民收入总额，"总需求"则是指由通过国民收入的分配和再分配所形成的消费基金与积累基金之和。因此，社会总生产与总需求的平衡，关键在于控制国民收入分配的平衡。即要严格防止国民收入的超额分配。

当然，国民收入是可以通过发展生产来不断增加的；但是，在一定时间内，国民收入总是一个既定的量。因此，必须以国民收入为前提，合理控制社会总需求的量。社会总需求主要包括：（1）城乡居民个人的货币购买力；（2）各企业单位的货币购买力；（3）各行政单位和事业单位的货币购买力。这些货币购买力，大部分直接取决于财政收支和信贷收支。

如果财政收支和银行收支失去平衡，出现财政赤字和信用膨胀，就会使市场货币量超出流通的正常需要量，货币就要贬值，物价就会上涨。在我国的国民经济中有时出现的某些问题，如固定资产投资规模偏大，消费基金增长过猛，银行货币发行过多，部分市场物价上涨等，归结为一点，就是国民收入出现了超额分配，社会总需求超过了社会总供给。

当前，我国正在进行的经济体制改革，包括物价改革和工资改革，需要一个较为宽裕的经济环境，即社会总购买力相当于或略小于总供应量。只有这样，才能在微观经济放开放活之后，使经济生活有秩序地进行；才能使国家在物价改革中保留相当的余力来应付各种可能出现的问题，防止物价轮番上涨；才能在工资改革中，防止因物价上涨而引起实际工资下降；也才能保持一个安定团结的政治局面。

国民收入的超额分配，一般是不会在初次分配中产生的，往往是由于财政、信贷失去平衡所造成的，因此，在实际的经济管理中，必须特别重视财政收支与信贷收支的平衡。

2. 财政收支平衡。财政预算是国家集中和分配资金的重要渠道。财政收支平衡，是国民经济综合平衡中最重要的平衡。

国家财政预算支出的项目很多，主要有基本建设投资拨款与增拨流动资金；增拨银行信贷资金；科学、文教、卫生、社会福利等事业费；国防、行政费用；支农与支持边远地区发展的支出；对外援助及用于储备的费用等。这些支出，在一定的经济发展水平上，每个项目都客观地要求有一个相应的数额。

国家财政的预算收入，以往是包括企业上缴利润、各项税收与其他收入3个方面。实行利改税第二步以后，企业利润也改由税收形式上缴。总之，国营企业与其他经济组织上缴的税款，是企业纯收入的一个部分，这是国家财政收入最基本最主要的部分。如1984年，国内财政总收入为1430亿元，其中来自各项税收与企业的收入共达1197亿元。占总收入的83%以上。但是，随着经济体制改革的发展，企业自主权的扩大，企业纯收入中留作企业自身发展的部分越来越大，从而国家财政收入占国民收入的比例也就相对地下降了。因此，一方面，要强化税制工作，保证国家收入；另一方面，国家财政必须量入为出，体制上要打破以往那种一切由国家财政统支的办法，原来的有些支出，应当合理地改由地方和企业去负担，以调动地方和企业的积极性。

另外，我们习惯上的做法是将国内债务与国外借款收入与经常性的财政收入加在一起，然后同财政支出进行比较，超支了才算赤字。这是一个需要认真研究的问题。因为凡是借款，都是要还本付息的。目前的债务如果没有相应的债权为后盾，就会给以后的财政平衡带来更多的困难。

要实现财政收支平衡，不是消极地计算，而是要采取措施，积极地进行平衡。主要的方法是：（1）在发展生产，提高经济效益的基础上，增加财政收入。关键是提高经济效益，减少和消除在生产、建设和流通等领域中严重浪费现象，使国家财政收入和工农业生产大体上同步增长。（2）要严格控制各项支出。由于国家财政困难，各项开支都要量力而行。即使必须增加的开支，也要精打细算，少花钱多办事。特别是要控制建设规模，并且要调整投资结构，增加重点建设投资，适当减少用自筹资金和贷款安排的一般性的工业建设。（3）在分配政策上，要兼顾国家、企业和个人的利益，真正做到国家得大头，企业得中头，合理提高个人收入的水平。为了集中必要的资金保证重点建设，必须适当提高财政收入占国民收入的比例。

3. 信贷收支平衡。国家利用银行的职能集中一部分社会上待用资金和闲散资金，再贷放给企业和有关经济单位，以支援生产建设的发展和商品流通扩大的需要，这也是国家集中和分配财力的一条重要渠道。因此，信贷收支平衡也具有十分重要的意义。那么，信贷不平衡是怎样产生的呢？国民收入的超额分配，一般不会在初次分配中出现。但是，当城乡居民个人和各企业、各单位同银行信贷发生关系的时候，如果贷款发放超过客观可能，失去控制，就可能出现超额分配，造成流通中的货币量非正常地增加，从而导致社会总需求大于社会总供给。特别是在目前银行发放定额流动资金贷款和各种投资性贷款的政策都比较宽，就更容易出现这种情况。信贷收支不平衡的情况如果比较严重，就会发生信用膨胀，影响市场物价稳定，进而影响国民经济的比例。实现信贷收支平衡的办法，一方面，是通过加强组织工作与调整利息等措施，增加存款额；另一方面，严格控制贷款总规模，特别是要严格控制各种投资性贷款的总规模。

信贷和财政作为分配社会资金的两条渠道，彼此之间存在着非常密切的联系。财政收支直接影响信贷收支。信贷资金中有一部分来自财政拨款。财政收入状况良好，就可能增加信贷资金拨款，从而扩大信贷资金的支出。反之，如果财政收入状况不好，就可能减少信贷资金拨款，从而使信贷资金的支出缩减。信贷资金的变化也直接影响财政收支。银行信贷的存款和储蓄增加，既可以相应地减少财政对银行的信贷资金拨款，又可以对财政进行必要的支持。

4. 外汇收支平衡。外汇收支平衡是财力平衡的一个重要方面，也是国民经济综合平衡的一个组成部分。它同国内的生产、流通和分配息息相关，对财政收支平衡、信贷收支平衡及市场稳定等方面都有重要的意义。国民经济综合平衡应当反映外汇收入和支出的关系，反映外汇平衡和国家财政、信贷、物资平衡的相互关系。因为它与国内经济活动是直接地密切地联系在一起的。例如我们发展出口贸易，开展旅游事业，以及增加其他非贸易收入，都要从国内拿出一定的商品和劳务。我们进口物资，引进新技术，就能对增加国内物资资源起一定的作用。我们借用国外资金，也是增加建设资金的一个来源，将来用本国人民创造的国民收入还本付息。

为了实现外汇收支平衡，必须坚持以收定支、量入为出、收支平衡、略有结余的方针。当然，如果由于利用外资，在短期内发生一定的逆差，也是允许的。建国以来，我们的外汇收支平衡情况，多数年份是顺差，少数年份是逆差。从党的十一届三中全会以后，进行经济调整以来，外汇有两次比较大的变化。一次是1979年到1980年出现了比较大的逆差，另一次是1981年到1982年又出现了比较大的顺差，有了比较多的外汇结余。最近两年，情况又有了新的发展。这除了经济本身的原因以外，也有管理上的原因。在经济发展的过程中，情况不断变化是很自然的。但是，从总体来看，我们要认真研究扩大外汇收入和节约外汇支出问题，做到外汇收支平衡，略有结余，使我们在对外经济往来中处于主动的有利的地位。

（二）建立综合财政平衡体系

国家财力包括三个基本的部分，即国家财政预算资金、银行信贷资金、预算外资金。三部分资金是一个有机的统一体。财力的平衡，应当包括这三种资金之间的合理分工和相互衔接，包括各项支出之间按比例、分缓急，保证重点，照顾一般；还应当包括各项支出同物资供应之间的平衡。从国家财力综合平衡的要求来看，当前在国家资金管理上还存在着某些分散现象。要做好财力的全面平衡，力争做到生财有道，分配合理，使用得当，必须建立综合财政平衡体系。

国家财政预算资金，是调节各方面分配关系的主导杠杆，是制约分配结构的主导环节。国家集中财力的变化，必然引起各个方面、各个环节收支结构和数量的变化，而为了正确、有效地发挥主导杠杆的作用，调动各方面的积极性，就要同时考虑各个方面、各个层次的分配关系，把视野从国家财政预算资金扩大到全部财力。因此，要真正安排好预算内集中的财力，就必须有综合财政计划，才能统筹地研究和制定分配政策，做到有计划地引导和指导社会主义的资金运动。

信贷资金是由中国银行、工商银行、农业银行、建设银行等专业银行分别掌握和运用的。在当前经济体制改革的过程中，各专业银行在发放流动资金贷款和各种投资性贷款方面，缺乏统一的计划指导与法规的控制，各自都无法了解信贷资金活动的全貌，从总体上很难避免信贷规模的失控。因此，必须通过信贷计划，全面反映信贷资金的来源与使用状况。并将它纳入综合财政体系，使整个信贷资金的投向合理化，以促进国民经济结构向合理化、高效化发展。

预算外资金，主要是地方和企业的自有资金。近几年来，随着经济体制改革的发展，预算外资金增加很快。预算外资金的迅速增加，对于调动地方和企业的积极性，保证某些特殊的专项资金的需要，举办一些地方和企业急需举办的事业，起了积极的作用。但是，由于缺乏统筹安排，在资金的来源和使用方面也出现了一些盲目性。为了了解国民经济和社会发展的资金来源与资金使用的全貌，掌握预算外资金的使用方向，做好财力和物力的全面平衡，必须把预算外资金纳入综合财政平衡体系。

建立综合财政平衡体系，是为了更好地在现有分配政策的基础上，切实贯彻统一计划、分级管理的原则。统一计划，就是要对各种资金的来源及其使用方向进行预测，根据国家的建设方针和物资供应的可能，引导各种资金的使用，使之相互协调，而不致发生冲突和造成比例失调。分级管理，就是坚持现行的资金分配政策，在国家计划的指导下，发挥各地方、各部门和企业的主动性、积极性。既能够保证国家的财政收入，从而保证国家重点建设任务的完成，又能够因地制宜地、合理地使用机动财力，完成各地方、各部门和企业所需要的建设任务。

发展科学技术
是四个现代化的关键[*]

科学技术作为一种重要的生产力，其作用已越来越明显。要使社会主义国民经济获得高速度和高效益的发展，关键在于科学技术要不断向新的水平前进。我们要实现四个现代化，科学技术的现代化是关键。可见，加强对科学技术的管理，在国民经济管理中具有十分重要的意义。

一、现代科学技术在国民经济中的重要作用

现代科学技术作为新的社会生产力中最活跃的和决定性的因素，已日益渗透到社会物质生活和精神生活的各个领域，成为提高劳动生产率的重要的源泉，也是建设现代精神文明的重要基石。可见，现代科学技术在经济和社会发展中有着极其重要的作用。具体表现在：

---

[*] 本文选自《中央广播电视大学讲稿选》，中央广播电视大学 1985 年版。

1. 科学技术促进生产力的高速度发展。历史事实已经证明，依靠科学技术促进社会生产力的迅速发展，是一条普遍规律，例如，从 20 世纪 40 年代开始的以原子能工业、电子计算机和空间技术的出现和运用为主要标志的第三次技术革命，不仅使生产规模和劳动对象发生了更加深刻的变化，使社会生产力有了极大的发展。而且使整个人类文明的发展，出现了一个飞跃。就一个国家来说，科技水平和运用科技的能力，也日益成为衡量这个国家国力的一个重要标志。可以说一个国家要发展生产，首先必须发展科学技术。

2. 科学技术是当代劳动生产率提高的重要因素。据一些发达国家统计，20 世纪初整个劳动生产率提高的多种因素中，科学技术占 5%—20%；到 80 年代，已经达到 60%—80%。从我国情况来看，劳动生产率低的一个极重要的原因，就是科学技术发展不快。

3. 现代科学技术对国家的重大经济和社会决策起着重要的作用。现代科学技术已经渗透到经济、社会的各个领域，因此，要作出任何正确的经济决策，例如，像长期发展的战略设想，资源的开发利用和保护，生产力的合理配置等，都必须考虑科学技术的因素，把科学技术因素与经济因素密切结合起来。同时，现代社会的经济建设，不仅规模日益宏大，而且在经济内部各部门之间，经济建设与社会生活各方面之间，都有着错综复杂的联系和互相制约的关系。还必须运用现代科学理论，利用现代技术手段，才有可能使经济决策具有真正的科学性。

4. 从精神文明的建设来说，随着科学技术的发展，劳动生产率的提高，社会可以分配越来越多的劳动用于生产精神产品与文化服务，使人们有更多的陶冶情操、修养品性的条件和机会，同时，科学知识的增长，技术水平的提高，会使人们摆脱愚昧，开阔视野，增强征服自然的信心和改造社会的责任感。

二、科学技术管理的主要任务

在当代，科学技术工作已经成为跨行业、跨部门、跨地区甚至跨国界的社会化的知识生产劳动。科学技术的发展速度，在很大程度上取决于科学技术管理的水平。这种管理是一个庞大的系统，其任务是非常复杂的。

（一）确定正确的发展方针

党中央和国务院已经明确提出了"经济建设要依靠科学技术，科技工作要面向经济建设"这样一个振兴经济的战略方针。依据这个战略方针，科学技术管理的方针，应当包括以下内容：科学技术的发展与经济和社会的发展相协调，并把促进经济发展作为科技工作的首要任务；着重加强生产技术的研究，还要正确选择技术，建立合理的技术结构；必须加强工农业生产第一线的技术开发和科研成果的推广工作；保证基础研究逐步有所发展；引进新技术，把学习、消化、吸收国外科学技术成就作为发展我国科学技术的途径之一。具体地说，可以分为下述几个方面：

1. 科学技术与经济、社会的发展应当协调，并把促进经济、社会发展作为首要任务。国家制定经济、社会发展的决策和计划，应当包括经济、社会事业和科学技术的全面内容，并要十分重视科学技术的因素。科学技术优先项目的确定和科学技术事业发展的规模，也必须考虑经济、社会发展一定阶段的需要与可能。

2. 根据加速社会主义四化建设的需要，大力加强生产技术的研究，并逐步使技术结构合理化。当前要特别注重改变开发研究薄弱的状况。从我国实际情况出发，今后一个较长时期，将是自动化、机械化、半机械化和手工劳动并存的多层次的技术结构。对于资金密集的技术，虽然要有所发展，但是不可能搞得很多，近期内应当重视发展和提高劳动密集技术，以适应我国资金比较短缺，而劳动力资源却十分丰富的实际情况。

3. 加强厂矿企业的技术开发和推广工作。厂矿企业要广泛开展技术革新，积极采用新技术。要鼓励科研机构和高等学校积极支援厂矿企业的技术研究工作，以便使科学技术成果尽快成为现实的生产力，转化为现实的社会物质资料。

4. 从建设社会主义现代化强国的需要出发，保证基础研究稳步前进。经济发展和技术进步，是需要在科学方面有一定的基础研究储备的。基础研究对于现代科学的整体发展有重要的作用。当然，对于投资过大的大型科学研究工程，我们在近期内还不可能搞得很多，但是，对于与经济建设密切相关的基础研究，应当有计划地逐步发展。

5. 在独立自主、自力更生的基础上，积极学习和吸收国外先进的对我国适用的科学技术，把掌握、吸收、消化国外科学技术成果，作为发展我国科学技术的重要途径之一。

（二）制定切实的发展规划

科技规划是科学技术事业发展的蓝图，它要提出较长期的总方针、总的目标、主要步骤和重大的政策措施，它是一种战略性的方案。制订科技规划要高瞻远瞩，要使科学技术面向经济建设，例如要重视经济、生产、市场、财政、金融、教育等各方面与科学技术的关系。根据党的十二大指出的方向，我们制订 1986 年至 2000 年全国科技发展规划的指导思想是什么呢？紧紧围绕提高经济效益，为实现到 20 世纪末工农业总产值翻两番的战略目标作出应有的贡献。要求解决以下几个方面的问题：

1. 明确 15 年内我国科学技术要达到的基本水平。到 2000 年，我国各主要行业要把发达国家 20 世纪 70 年代、80 年代初已经普遍采用的先进技术移植过来，基本加以普及。

2. 要根据我国经济、社会发展的需要，提出我国在 15 年内需要发展的新兴学科和产业。主要包括微型和中小型电子计算机、核技术、激光技术、遥感技术等。

3. 把国家重点建设项目的前期科研工作、建设中的重大科研课题和重点技术改造项目中的科研课题，纳入规划，技术改造与技术进步方面，主要包括农业、能源、交通运输、矿物资源、材料机械装备、电子技术和通讯技术等。

4. 要提出和解决一批基础性的长期的科研项目，为我国更加长远的科技和经济的发展，作好必要的科学技术的准备，这些项目主要有高能物理、固体物理、分子生物学、细胞生物学、遗传工程、合成化学、结构化学、盛矿机制、地震成因、应用数学、工程力学、工程热物理、神经生理学、系统工程、金属腐蚀、地球动力学、天体物理、大气环流、海洋综合考察等方面的研究工作。

（三）根据科学劳动的特点进行管理

科学劳动是以脑力劳动为主，并和体力劳动在不同程度上的结合；科研劳动既创造精神财富，又创造物质财富。因为，科研劳动的成果既提供新的科学知识，又提供新的生产能力。所以与其他劳动相比，科研劳动是一种更为复杂的、难度较大、要求较高的社会劳动。因此，对科学技术的管理，也就有它自身的规律，具体讲有以下几点：

1. 科学劳动具有探索性和创造性的特点。什么是探索性？科研就是向未知领域进行探索的过程，就是要变未知为有知，要知其然也知其所以然，揭示事物运动的客观规律。什么是创造性？创造性是科研劳动最重要的特点，探索是创造的前提，创造是探索的结果。其具体表现是：发现新现象，揭示新规律，创立新理论，创造新方法，发明新技术等。由于科学劳动的这些特点，这就要求对科学技术的管理，不能采取对一般生产管理的同样方式。首先，创造性的思维活动是在特殊情况下进行的一种艰苦劳动。它需要相对安静的空间和足够长的连续时间。它的实验工作往往随实验的进展而张弛。科学技术管理方面，必须设法提供这些条件。其次，科学劳动的创造性要求科学思想的自由发挥。因此，必须在党的正确领导下贯彻"百家争鸣"的方针。学术上的不同见解与争论，只有通过科学劳动者之间充分讨论，用实践来判别是非，才能促进科学事业的繁荣。最后，科学劳动的过程是在探索中前进的，科学研究要开拓前人没有走过的道路，它的成果难以事先准确地预测，因此，对科学劳动的管理应有不同程度的灵活性，例如不能给研究工作规定期限，要关心计划外的科学发现等。

2. 科学劳动中发挥个人创造性思维的重要性。科学的探索和创造过程，是在集体智慧启发和协作的基础上，首先通过个人的独立思考来进行的，没有个人独立思考形不成集体智慧。现代化的科学研究需要较大规模的协作，但是集体智慧和协作劳动不能完全代替个人独立思考，而要以个人独立思考为前提。基于这种特点，在科学技术的管理上，要创造各种条件，既要充分发挥科学劳动者之间协作的作用，同时要重视在保持整体目标的前提下，尊重个人的志趣与专长，鼓励个人钻研，发挥个人研究的特殊作用。

3. 科学劳动资料的多样性。科学技术的发展，是以人类知识的积累为条件的，科学劳动还必须利用他人劳动或前人劳动的成果、图书档案和科研情报中提供的知识。图书可以说是科学史的缩影，是人类科学知识的综合和贮存；科学技术情报则是体现当代人正在研究的知识和动态，在一定条件下，图书与情报是能互相转化的。同时，也能互相补充。科学技术管理就必须采取有效的措施，保证科技工作人员能够比较快地把前人的劳动成果继承下来，把前人的科学劳动产品变成自己进行科学劳动的劳动资料，这就需要建立统一的图书档案。要把贮存库组织得便于检索和查询，更好地为科学研究服务。这样，不仅可以避免科学研究中的重复劳动，并能使科学技术工作者，在图书和情报资料中得到有益的启示，以更快地取得新的科学成果。

（四） 改革和完善科学技术管理体制

《中共中央关于科学技术体制改革的决定》指出：新中国成立以来，"我国的科学技术事业有了很大的发展，积累了不少成功的经验。但是，应当看到，长期以来逐步形成的科学技术体制存在着严重的弊病，不利于科学技术工作面向经济建设，不利于科学技术成果迅速转化为生产能力，束缚了科学技术人员的智慧和创造才能的发挥，使科学技术的发展难以适应客观形势的需要"。这就说明了改革这种体制的迫切性。

改革和完善科学技术管理体制的基本要求，应当是调动广大科技人员的社会主义积极性，极大地解放科技生产力，使科学技术更好地面向经济建设，与生产紧密结合，更快地提高社会劳动生产率，促进四化建设的迅速发展。具体说来，主要搞好以下几方面的改革：

1. 改善宏观管理，扩大科学技术部门的自主权。我国的科学技术管理体制，经历了一个演变过程。建国初期，中国科学院，既是全国最高的科学研究机构，又行使对全国科学技术的管理职能。1961 年以后，改由国家科学技术委员会统一负责全国科技的管理工作，包括制定科学技术政策、科学技术发展规划，确定国家重点科研项目，协调各部门、各地区的科学技术活动，统一分配和管理新产品试制费、重大科研项目费和中间试验费，为科学技术提供物质条件，鉴定、登记和推广应用科学技术成果，协调对外科学技术交流，以及管理科技队伍等。党的十一届三中全会以后，随着整个经济管理体制的改革，在科技管理方面也进行一些改革，但并没有从根本上改变那种集中统一管理的性质，以致与今天科学技术的发展以及整个四化建设的要求极不适应。因此，必须尊重科学技术发展规律，从我国的实际情况出发，在宏观管理上简政放权，扩大和提高科技单位的自主性。

国家有关管理部门，必须改变科学技术工作的决策程序，着重运用系统方法和其他现代管理手段来从宏观上进行控制和协调。其主要任务是：第一，提出科学技术发展的总体规划，协调科学技术发展与国民经济和社会事业发展的关系；第二，研究、分析科学技术的发展动向与经济、社会的需求，制定有益科学技术发展的政策和措施；第三，确定重大科学技术攻关项目并进行组织协调；第四，挑选好研究所的所长或技术部门的负责人；第五，建立科技情报信息网络，进行信息服务和统计监督工作。除了上述任务以外，不要去过多干预科技单位的具体事务。

科技单位要在国家的统一协调下，充分发挥自己的主动性与积极性。凡是独立的科研单位，都要自主地面向社会，成为研究开发的实体，可以在国家政策法令许可的范围内，自主决定计划和内部人、财、物的管理。人事方面，在实行所长负责制、课题组长负责制以及建立各种责任制的基础上，可以实行聘任或自愿组合的劳动体制，以更好地尊重和发挥科技人员的积极性。当然，必须同时加强党组织的保证和监督作用。经费方面，凡属上级拨给的事业费以外的纯收入，除大部分用于事业发展以外，应有一个适当的部分用于本单位的集体福利和奖励。对于已经做到事业费完全自主的单位，可以按照国家规定，实行自费发放奖金以及进行内部工资改革。科技物资器材方面，在不冲击国家计划的前提下，科研单位可以自主地通过正当渠道购置，或按批准手续在单位之间进行调节。以提高物资使用效益。

此外，还要允许并鼓励集体或个人建立科学研究机构或技术服务机构，并积极发展国际科技合作，以广开渠道，促进科学技术的更快发展。

2. 按经济规律办事，重视科技活动的经济效益。

第一，加强科研经费的管理，提高经费的使用效果。为了加速科学技术的发展，我们应当尽可能增加科学技术的经费，一方面，用于科学技术方面的财政拨款，应当适当高于经常性财政收入增长的速度；另一方面，要鼓励部门、企业、社会集团及个人为发展科学技术投资，从多种渠道增加科技发展经费。然而，增加经费以后，如何提高经费的使用效果，才是加速科学技术发展的关键。为此，最根本的办法，就是尊重价值规律，利用经济杠杆的作用。例如，对列入中央和地方计划的重大科学技术研究、开发项目和重点实验室、试验基地的建设项目，可面向社会公开招标和签订承包合同，以节省投资，缩短建设周期，提前获取科学技术成果。对技术开发工作和近期可望获得实用价值的应用研究工作，应逐步推行技术合同制。对从事科学技术服务和技术基础工作的机构，则可实行经费包干制。对基础研究和部分应用研究工作，已经实行了科学基金制，即拨出资金，面向社会，广泛接受申请，并组织同行审议，择优支持。这种制度应当加以推广和完善。实行科学基金制，关键是要有一个有权威性、有战略眼光的、公正的科学基金会，以便在对科研项目公开招标时，经过同行审议以后，能够作出正确的裁决。这种裁决，既要保证科研成果的可靠性，以适应当前社会主义四化建设的要求，又要坚持"百花齐放"的方针，鼓励不同学派的萌生，以利于我国科学事业的蓬勃发展。

第二，开拓技术市场，促进科技成果更快地在生产领域获得效益。应当看到，随着科学技术的发展，技术在社会商品价值创造中所起的作用越来越大，越来越多的技术已经成为独立存在的知识形态商品，新的知识产业已经出现。技术市场是我国社会主义商品市场的重要组成部分。近几年来，随着科学技术体制改革的试行和发展，我国的技术市场已经开始形成。应当在这个基础上，使技术流通领域发展成为一个以大、中城市为中心的，多层次、多渠道、多种形式的完整的系统，以推动我国科学技术的更快发展。

开拓技术市场，实行科技成果的有偿转让，既可以使这种成果的作用随着它的应用范围的扩展而不断扩大，为国家建设创造出可观的经济效益，又可以使科研单位及科技人员的创造性劳动获得必要的经济利益，将贡献与利益直接地联系起来。由于这样，科研单位和科技人员，必然会更加重视技术的商品化开发，即科技成果在进入市场以前，必须从技术与经济两个方面认真研究，严格要求。一方面，要经过大量的技术开发和中间试验，使技术可以直接用于生产，做到适销对路；另一方面，要把成本降下来，使技术的价格具有竞争能力，能为企业所接受，做到物美价廉。于是，技术市场带来了竞争，这种竞争也给科研选题和成果推广带来了面向经济、与生产紧密结合的压力，使科研单位和科技人员更加自觉地去研究解决生产建设中的各种技术问题。科研单位和科技人员在竞争中发挥自己的优势，以高质量的技术、合理的价格、优质的服务吸引用户，开拓市场。当然，技术市场的发展，从根本上说，取决于用户的需求，所以，必须从政策、体制等方面激励生产企业采用新技术的积极性，提高企业采用新的技术成果的经济和技术方面的实力，以促进科学技术成果更快地转化为现实的生产力。

开拓技术市场，在实际的管理工作中，必须解决好以下几个方面的问题：第一，要加强技术市场的政策研究和渠道的疏导工作，使之沿着正确的方向顺利地向前发展；

第二，要建立和健全技术市场的法规、制度及各种管理办法，例如在知识产权、转让收入、收益分配、税收、保证科研成果质量等方面，对技术市场进行积极指导，一方面使科研单位及科技人员的产权与收益受到保护，另一方面保证购买科技成果的企业收到切实的经济效益；第三，国家有关部门要对技术市场进行计划指导。我国的经济发展与科学技术的发展，都是有计划地进行的，科技成果的供应必须与经济结构合理化及产品结构合理化的要求相适应，所以，应当对技术交易进行有计划的指导和引导。

3. 按照社会化的要求，把各方面的科技力量联合起来，将整个社会的科技活动的各个环节衔接起来，使整个科学技术的组织结构系统化。

首先，中国科学院及各部委、各地区的科研机构，要根据国家科学技术发展规划的要求，统筹协调，分工协作，在确定科研项目、研究课题等方面，成龙配套，并应联合起来开展科学研究。

其次，高等学校应当充分发挥自己知识密集，人才密集的优势，积极开展科学研究和技术服务。重点大学，应当既是教学中心，也是研究中心，又是科技服务单位。科技服务是教学和科研的延伸，也有利于教学内容与教学方法的改进。

再次，生产企业一方面要依靠社会上的科学技术力量，另一方面要调动企业内部的技术人员、熟练工人的积极性，开展群众性的科学研究和技术革新活动。特别是大型骨干企业及有条件的中、小型企业，要逐步建立、健全自己的研究机构，或配备必要的技术开发力量。

　　最后，就是将科研机构、高等学校及企业三个方面的科技活动连接和协调起来，根据具体情况，或者按不同层次承担不同的项目或课题，协同研究和开发；或者将科研单位、设计单位、高等学校、生产企业联合起来；或者将科研单位与企业合并或联营，以强化科技开发和企业吸收科技成果的能力。

　　4. 改进干部管理制度，充分发挥科技人员的潜力。科学技术人员，是新的生产力的开拓者。必须改进管理制度，培养和造就千百万有社会主义觉悟、掌握现代科学技术的科技人员队伍，并充分发挥他们的积极性。邓小平同志在1985年3月7日的全国科技工作会议上说："改革科技体制，我最关心的，还是人才。人才问题，别的不说了，今天就讲两点。第一，能不能每年给知识分子解决一点问题，要切切实实解决，要真见效。第二，要创造一种环境，使拔尖人才能够脱颖而出。改革就是要创造这种环境。"根据邓小平同志的讲话精神，在管理上应当认真落实党的知识分子政策，一方面要积极改善科技人员的工作条件和生活条件，根据按劳分配的原则，解决科技人员的合理报酬；另一方面要避免人才的积压和浪费，允许科技人员合理流动，或提供优惠条件，鼓励科技人员到最需要的地方去工作，或鼓励科技人员在完成本职工作的前提下，兼任职务及业余从事技术工作和咨询服务，收入归己。此外，还必须尊重并保障科技人员在学术上的自由探讨，追求真理，积极建树。只有这样，才能使广大科技人员的聪明才智与创造精神充分发挥出来，并从中涌现出大批的优秀人才。

三、做好技术引进工作

技术引进，主要是通过技术贸易和经济合作，从国外获得新技术，是国际间技术交流与技术转让的一种形式。科学技术是整个人类共同积累的财富，各个国家的科学技术，都是在继承前人成果的基础上，互相借鉴和学习，共同发展起来的。任何一个国家，都不可能创造自己所需要的一切技术。任何一个国家，也都会有所创造，有所发明。因此，一切国家都必须在国际上取长补短来发展自己的科学和技术。由此说明，国际间互相引进技术，乃是各个国家经济和科学技术发展必不可少的重要条件。我国是发展中国家，要赶上世界先进水平，实现社会主义的四化建设，更加需要有计划地引进适用和可靠的先进技术，以取人之长，补我之短，更快地提高科学技术水平，走进世界科学技术的先进行列。

1. 积极慎重，统筹安排。我国人口多、底子薄、技术水平低。在今后相当长的时期里，工农业生产的技术结构，将是自动化、机械化、半机械化以至手工劳动并存的多层次结构。对于那些知识密集而在资金、能源消耗上相对比较少的技术，应当积极发展。同时，在一些生产部门还应当重视发展和提高劳动密集的技术。这就决定了我们技术引进选择的水平。首先要根据不同行业的特点，考虑国内情况和接受能力，结合国内的技术水平。来选择引进的水平。引进技术，应当既是先进的，又是适应我国情况的。就是说，要考虑现有技术力量、工艺装备、动力、原材料、配套件供应等基本条件。不能盲目仿效外国，片面追求大型化和自动化，追求高、精、尖。具体说来，在当前一个相当长的时间内，引进技术的重点是发展国民经济的急需技术。例如，能源和资源开发技术和节能技术、交通运输通讯技术等要首先引进。同时，还要引进一些有利于扩大商品出口的技术，对那些从长远考虑有发展前途的新技术也要适当引进一些。总之，引进技术，既要适应我国的当前需要，又要从长远看，有利于我国科学技术的发展。

2. 坚持"一学、二用、三改、四创"的原则。通过学习、消化和吸收国外科学成就来发展我国自己的科学技术，是当前和今后若干年内的重点。这里包括使用、推广和发展三个阶段。什么叫使用？就是全部掌握引进技术的知识、资料和技能，利用引进的技术进行生产，使生产达到引进技术所规定的各项指标要求。什么叫推广？就是在使用引进技术进行正常生产的前提下，将这种技术推广到类似的企业中使用。什么叫发展？就是取得了应用该项技术的自由，所引进技术可供广泛扩散，生产指标成倍扩大，同时还表现出有改造该项技术的能力和增加产品系列或品种的能力。

引进技术和消化、吸收是不可分割的整体，必须研究和制订适合我国国情的消化、吸收、引进技术的政策，作为加强技术引进管理的一项重要内容。消化、吸收政策应当考虑以下一些方面。例如：为消化、吸收、引进技术开辟资金渠道，给科研、设计部门提供消化、借鉴引进的机会，为已经掌握的国外技术创造推广应用的条件；在消化、吸收、引进技术的过程中，允许和提倡分析，对其中不合理部分，经过技术论证，积极加以改进和提高；对引进技术中的技术生命、经济效益、社会影响等因素进行可行性分析。总之，这种政策应当体现一种积极而又慎重的精神。

3. 要立足于提高经济效益，正确选择引进项目和引进方式，要以提高经济效益为前提，充分调查研究，掌握科学技术情报和市场信息，货比三家，分析论证，择优引进，在实际工作中，应当考虑以下几方面：

首先，引进的技术和进口的设备必须是适用的、先进的、可靠的，适合我国的具体情况，特别是要符合国家技术经济条件和能源条件。

其次，对成套设备的进口，一般地说要严格控制，凡是国内能够提供的设备、国内能够承担的勘探、设计工作，以及采取与外国厂商合作的方式能够解决的问题，必须在国内安排解决，使有限的外汇资金用到最关键的方面。还有，引进必须与国内的产品系列化、标准化相结合，要与建立我国基础元件的生产体系相结合。在引进技术和引进设备时，在产品系列和型号上要统一规划，选好技术先进的型号，注意技术的连续性，配套成龙，以逐渐形成和不断发展我国自己新的产品系列。

最后，从我国当前的实际情况来看，引进技术应当特别注意现有企业的技术改造。我国现有 40 多万个企业，特别是中小企业迫切需要进行技术改造。必须通过引进技术，作为改造现有企业的一条途径，以更快地提高现有企业的生产能力。

积极促进西部大开发[*]

实施西部大开发，是党中央面对新世纪作出的重大战略决策，是全面推进我国社会主义现代化建设的一个重要步骤。要卓有成效地实施西部大开发战略，必须抓好四件大事。

一、解放思想　转变观念

思想是行动的先导。消除思想疑虑，提高对西部开发的认识，并增强必胜的信心，是实施西部大开发首先必须解决的问题。以往人们在西部开发方面存在的主要思想疑虑，一是认为西部自然环境较差，基础设施薄弱，文化教育发展缓慢，人才比较缺乏，开发起来难度大、成本高；二是认为由于全国集中人力、物力、财力建设东部，使东部地区发展势头很好，如同时开发西部，可能影响东部的

＊ 本文发表于 2000 年 1 月 25 日《光明日报》。

发展速度。这些疑虑，似有一定的客观性。但是，只要我们作进一步的分析，就可以说明这些疑虑是完全不必要的：首先是西部地区油气煤等矿产资源与农牧业资源特别是旅游资源丰富；土地成本与劳动力成本低，西部人民有吃苦耐劳的优秀品格。这是西部本身的优势。从东西部发展的关系来说，经济发展本身具有梯度扩散与梯度推动的客观必然性。客观上，东部经济的率先发展、经济实力的增强，技术水平的提高，管理经验的积累，既具备了支持西部开发的能力，又具有对西部发展的激励和推动作用。主观上，发达地区本身由于生产要素密集，某些资源缺乏，劳动力成本、工业成本上升，结构调整压力增大，需要向后发展地区转移生产要素，所以，西部大开发，是全国经济大发展的必然要求。

其次是独占地利。西部地区土地面积占全国的57%，尚未利用的土地8亿多亩，各类资源丰富。工业方面有三线建设形成的较为雄厚的基础，特别是西部各省区与14个国家接壤，由于我国对外开放的成功及周边国家经济的发展，西部省区通过经贸口岸与其他渠道发展国际经济交流与合作的条件十分优势，可以积极地利用"两种关系"和"两个市场"来加速西部的振兴。

再次是深得人和。人民思富，领导思变，是西部地区干部和群众的共同心声。中央关于西部大开发的决策一经发布，立即激发了西部人民极大的社会主义积极性，某些惰性即将消除。在20世纪80年代东部发展时期，西部是"孔雀东南飞"，现在这些孔雀将飞回西部。另外，已经走过 20 年发展历程的东部人民也愿意帮助和支持西部开发。

万事俱备，对西部人民，特别是对干部来说，重在真正的解放思想，坚定信心，充分估计群众的智慧和力量。指导思想上，要抓住机遇，开拓进取；工作上要克服"等靠要"，依靠群众，自己解放自己；机制上要强调竞争，克服平均主义大锅饭，把群众的智能激发出来；精神上要不断进取，立大志、兴大业，求西部大振兴，防止小富即安；作风上要勤俭办事，艰苦奋斗，把延安精神发扬光大。

二、全面规划　统筹安排

西部大开发是一个系统工程，不仅西部各地区的开发是一个统一的大系统，而且西部开发又是包括在全国经济和社会发展这个总系统之中的。即不仅要发展西部，而且要把西部作为新的经济增长点，迅速增强综合国力。所以，必须统筹规划。国家要有大规划，各省要有省规划，各地区各行业也要有自己相应的规划。各级规划统筹安排，协调衔接，以保证西部开发的健康推进。

作好规划，必须遵循以下原则：

1. 立足高远，西部大开发是在面对经济全球化趋势的条件下进行的。我国加入 WTO 以后，整个国民经济运行与世界经济体系的关系将更为密切，市场竞争的程度将更趋激烈。西部大开发的规划，要从战略上面向世界、面向现代化、面向未来，即从总体上要逐步建成一个具有国际竞争力的西部经济体系。这个体系包括优良的经济素质与健全的经济机制，也就是要把工业化与市场化结合起来；并保持社会主义的性质，即把这个经济体系建立在社会主义初级阶段的基本经济制度之中。

2. 实事求是。西部大开发的目标，当然是西部现代化。西部现代化是全国现代化的重要组成部分，只有实现了西部现代化，才有全国的现代化。但西部的发展要有一个过程。拿我国的东部比较，西部发展起步晚了许多年，客观上资金投入能力、人才资源、市场发育、基础设施等条件都较欠缺，发展的环境容量也不如当年的东部地区。要把这些不足转变为积极因素，是需要时间的。因此规划要全面分析主客观条件，实事求是，切实可行。可将发展规划分成若干阶段，循序渐进，逐步落实目标。

3. 统筹全局。西部大开发，是推进全国现代化建设的一个重要战略步骤，西部开发规划必须纳入全国经济发展的大局。当前，实现产业结构的战略调整，优化产业结构，是推进经济发展的关键。西部开发规划，必须纳入全国产业结构调整这个大局。首先，西部发展总体上要重视产业的高起点和区位开发的原则。同时，要认真研究并合理布局西部各省（市、区）及省（市、区）内各地区的经济关联、产业循环转移及产业升级的衔接和条件。

4. 坚持可持续发展。西部地区虽然资源丰富，但多为不可再生资源，且有些已经开发到了一定的程度。所以，对西部开发不可简单视为资源开发，而是要把资源合理有效地开发利用与保护、建设生态环境结合起来，以实现经济效益、生态效益和社会效益的统一。特别重要的是，西部是我国主要大江大河的发源地，改善和建设好西部地区的生态环境，不仅关系到本地区的可持续发展，也关系全国的持续发展条件。

5. 统一规划好两个文明的建设。物质文明建设与精神文明建设相统一，是我国社会主义现代化建设的一条重要原则。在这一方面，我们在东部沿海地区的发展过程中，初始阶段，曾一度有所忽视，产生了某些消极后果；后来重视两个文明一起抓，取得了成功的经验。在西部开发中，从现在起，就应当善于利用这些经验，要在规划中具体体现。

三、发挥优势　重点推进

客观地说，西部当前的总体条件，与东部相比较，有自己的优势，也有劣势，发展过程中，有有利条件，也有制约条件。所以，西部的发展，不要简单地与东部沿海地区比数量、比速度。由于东部地区起步早，发展时间长，已经有了相当雄厚的基础，这是西部一时难以赶上的。而且由于经济发展的惯性，在今后的一定时期里，东西部差距还会在一定程度上有所扩大。但是，在西部进入大开发的轨道以后，东西部会真正形成一种良性互补的关系，东部的发展会成为西部发展的重要推动力，西部要在这种有利的环境中，善于把握和发挥自己的优势。

第一，正确发挥中央给予政策的优势。中央作出西部大开发的决策以后，在产业政策、财政金融、对外经贸关系等方面，都将给予支持。西部地区应当正确执行和有效地利用这些政策。特别要利用政策提供的条件和环境，创造性地推动经济和社会的发展。

第二，充分发挥思想舆论支持的优势。东部开发初期，虽然有邓小平同志为首的党中央支持，但当时总的思想舆论处在"主义之争"，支持者不占多数。而今天西部大开发，举国上下一致赞同并热情支持；西部人民更是人人振奋。我们应当利用这种优势，大力宣传，对内调动群众的社会主义积极性，对外吸引生产要素，有效地推进西部开发事业。

第三，发挥良好经济环境的优势。东部开发之初，我国正处在短缺经济的年代，经济环境相当困难，所以低层次项目与低水平产品，一轰而上。低水平重复建设在广大的县、乡、镇、村遍地开花，造成后来的低质产品过剩，大批企业倒闭的后果。当前西部开发，则处在商品丰富、市场繁荣的宽松经济环境中，我们可以根据市场需求现状和前景，来研究确定西部的产业结构和产品结构，使西部经济建立在一种健康的高素质高效益的基础上。

第四，发挥有所借鉴的优势。东部发展是"第一个吃螃蟹"，难免走一些弯路。西部开发，则可以认真全面地总结借鉴东部20年发展的经验教训。这是一笔推进西部加快发展的极其重要的财富。各地应当把研究借鉴东部的经验，作为一项重要任务。

第五，因地制宜，各扬所长，重点推进。因此，各个地区必须扬己之长，选择自己的优势产业，重点措施。防止搞"一刀切"，一哄而起，是我们要特别予以重视的一条重要经验。

四、抓住根本　科教兴西

实现西部地区的社会主义现代化，从根本上说，必须依靠科学技术的发展，依靠高素质的劳动者，依靠足够数量的人才。西部地区有优良的传统，有吃苦耐劳、朴实善良的人民，但同时教育程度比较低，有约39%的文盲和半文盲。这与现代化建设的要求是很不适应的。要高起点地发展西部经济，第一要素就是高素质的劳动者。因此，首先要发展教育，最紧迫的是现有劳动者的文化知识教育（包括扫盲）和科学技术教育。同时要加强后备劳动者的技术教育，坚决普及法定的义务教育，大力发展中、高等教育，加快人才包括科技人才和管理人才的培养。还要制定有效的政策，解决人才外流的问题。并要采取措施，吸引外界人才西进。同时为各类人才创造相应的工作条件和生活条件，使他们能安下心来，发挥最大的作用。

对于西部地区来说，发展教育还有一种特殊的意义，西部是多民族地区，通过教育，提高人民的文化素养和知识水平，是减少和消除民族矛盾、增强民族团结的基础。各民族团结奋斗，是实现西部现代化最重要的资源和保证。

探索西部大开发的新思路[*]

一、从现代化建设全局的高度充分认识
实施西部大开发战略的重大意义

我国已经经历了 20 多年的改革开放，保持了国民经济持续快速增长，即开始实施现代化建设的第三步战略部署。正是在这样的历史关头，党中央提出实施西部大开发战略，这是关系我国现代化建设全局的重大决策，对于进一步推进西部地区的经济开发和发展，对于推进整个国家的改革和建设步伐，对于保持党和国家的长治久安，不仅具有重大的经济意义，而且具有重大的政治和社会意义，并且对我国整个 21 世纪的经济发展也都将产生深远的影响。

实施西部大开发战略，是实现社会主义共同富裕的本

---

* 本文发表于《探索》2000 年第 6 期。

质要求和贯彻落实邓小平"两个大局"的战略构想的具体行动。改革开放初期，邓小平就提出了让一部分地区和一部分人先富裕起来的大政策。他深刻总结了我国建国后30年发展区域经济的经验教训，就优化区域经济布局、加快现代化建设步伐提出了"两个大局"的战略构想。改革开放20年来，我国各地区的经济都取得了长足的发展。东部地区由于具有较好的经济基础、有利的地理位置和社会资源条件，加上国家政策的支持，现代化建设走在了全国的前列，经济和社会发展突飞猛进，人们普遍过上了小康生活，已经积累了相当规模的经济实力。因而，加快中西部地区经济发展的时机已经成熟。同时西部地区由于受历史、自然和区位等诸多因素的影响，总体发展水平与东部相比，存在着较大的差距，目前这种差距还呈现拉大的趋势，客观上也提出了加快中西部发展的迫切要求。所以，在继续加快东部沿海地区经济发展的同时，不失时机地实施西部大开发战略，是高举邓小平理论伟大旗帜，把建设有中国特色社会主义事业全面推向新世纪的重大战略部署，对于加速实现全国各地的共同繁荣和人民的共同富裕，将发挥重要的作用。

实施西部大开发战略，对于加强民族团结、维护国家统一，巩固边防和保持社会稳定具有重大的政治意义。广大西部省区地处祖国边疆，是少数民族集中聚居的地方。多年来，国内外敌对势力对我国实施"分化"和"西化"，利用西部民族和宗教问题搞颠覆和分裂活动。维护和保持民族地区的稳定，挫败国内外敌对势力分裂我国的阴谋，很关键的一条；就是不断加快这些地区的经济发展和社会进步，进一步巩固和发展平等、团结、互助的社会主义民族关系，增强整个中华民族的凝聚力和向心力，从根本上巩固社会稳定和边疆安宁的大好局面。实施西部大开发战略，必将推动西部少数民族和民族地区的经济社会发展，进一步改善人民生活，从而促进民族团结、边防巩固和社会稳定。

实施西部大开发战略，是扩大国内有效需求，实现经济持续快速增长的重要途径。近年来，国内有效需求不足，是影响我国经济发展的主要制约因素。在这种情况，国内有相当一部分资金、技术和劳动力需要寻求新的生产领域、新的市场、新的发展空间。西部地区幅员辽阔，自然资源丰富，但发展水平较低，还蕴藏着巨大的投资机会、巨大的市场潜力和发展潜力。实施西部大开发战略，加快中西部地区经济发展，通过发展特色经济，提高人民的生活水平，社会购买力就会相应提高，投资需求也会增加，市场容量必然扩大，就会有效地扩大国内投资需求和消费需求。同时，在西部大开发中还将提供大量的就业机会，吸纳众多富余劳动力，从而缓解全国的就业压力。此外，由于西部地区所具有独特的沿边优势，加快西部开发还有利于拓展中亚和东南亚市场，促进全面实施外经贸多元化战略。这些，对于扩大整个国内市场容量、扩大国内市场需求有着重要的作用，有利于促进国民经济增长目标的实现。

实施西部大开发战略，对于促进我国加快结构调整步伐，提高国际竞争力具有重要作用。当今世界经济的一个突出特点是，经济结构调整正在全球范围内广泛而深刻地进行，给各国经济发展带来深刻的影响。我们既面临着新的发展机遇，也面临着严峻的挑战。为了在新世纪抓住机遇，迎接挑战，努力使我们发展得更快、更好，必须加快结构调整的步伐。实施西部大开发战略，充分发挥这些地区市场潜力大、自然资源丰富和劳动力成本低的比较优势，为加快全国经济结构调整和产业优化升级提供广阔的空间，为东部地区发展提供市场和能源、原材料支持，为东部地区的结构调整创造条件，进而实现整个国家产业结构的合理化，增强国际竞争力。

实施西部大开发战略，对于我国在新世纪走可持续发展之路有着极为重要的意义。西部地区为我国长江、黄河的源头，其水资源的开发利用状况对于保证中下游地区水资源供应和防治洪涝灾害具有举足轻重的影响。同时，西部地区又是我国生态环境十分脆弱的地区，千百年来频繁的战乱、自然灾害和各种人为的原因，西部地区的自然环境不断恶化，黄河频繁出现断流现象，荒漠化逐步向东推移的趋势年复一年地加剧，长江上游水土流失对中下游地区防洪的威胁不断加大。这不仅对西部地区，而且也给东部地区的经济社会发展带来了严重的不利影响。因此，不遏制西部地区的生态环境恶化趋势，就没有全国经济社会的可持续发展。通过西部大开发战略的实施，改善西部的生态环境，建设一个山川秀美的新西部，必将加大推动整个国家的可持续发展进程。

总之，正如江泽民总书记1995年12月在陕西、甘肃考察时指出的，没有西部地区的繁荣昌盛，就不可能实现我们整个国家的繁荣富强；没有西部地区的社会稳定和民族团结，就不可能保持我们整个国家的社会稳定和民族团结；没有西部地区的全面振兴，就不可能达到我们整个中华民族的振兴；没有西部地区的基本现代化，就不可能有我们整个社会主义现代化建设的最终成功。

二、正确把握西部大开发面临的国际大局和国内大局的新变动

开发后进地区，已经有一些经验可供我们借鉴，从世界范围看，美国18世纪末到19世纪以及第二次世界大战到20世纪70、80年代两个时期对美国西部的开发。从新中国建立以来的历史看，50年代有以内地为经济布局重点的"一五计划"的大规模的经济建设，60、70年代也有以西北、西南为重点的"三线建设"。改革开放以后，推进东部地区的开放发展，我们更是探索出了一系列有中国特色的成功的经验。但是，必须看到，面向新世纪实施西部大开发战略，所面临的国际环境和国内环境已经发生了新的、重大的变化。为了积极迎接挑战，抓住机遇，更有效地推进西部大开发战略的实施，必须正确把握西部大开发面临的国际国内环境。

首先，与20年来东部地区的开放发展相比较，西部大开发面临的国际环境发生了深刻的变化。从政治方面

看，霸权主义、新干涉主义和强权政治有新的发展。从经济上看，经济全球化、新科技革命和相应的经济结构调整三大趋势迅速发展，日益突出，必将对西部大开发产生重大的影响。20世纪80年代初期，我国东部沿海地区对外开放，正处于亚洲新兴工业化国家向外转移劳动密集型产业和国际市场扩张阶段，东部地区可以利用有利的国际环境，发展外向型经济。同时，东部地区参与国际分工，受到国内市场尚不开放的自然保护以及国家优惠政策的保护。以亚洲金融危机为转折点，世界经济进入新一轮调整时期。世界经济和国际贸易增势趋缓，能源原材料和初级产品价格普遍下跌，西部大开发在起步阶段就可能面对一个竞争更加激烈的国际市场环境。随着经济全球化进程的深入，我国加入世界贸易组织以后，国内市场对外开放的领域将进一步扩大，开放程度进一步提高，在外国资本更加关注市场潜力巨大、劳动力和土地成本低廉、自然资源富集的西部地区的同时，西部地区又将直接面对更加开放环境下的国际资本的竞争压力，而国家实行各种优惠保护政策的空间则会不断缩小。因此，面对深刻变化了的国际环境，经济发展相对滞后的西部经济在大开发中可能受到严峻的考验；把进一步扩大对外开放与适度有效保护相结合，就成为西部大开发中必须重视并加以解决的问题。

其次，经过20多年的改革，我国的经济体制已经发生了深刻的变化，西部大开发战略是在推进社会主义市场经济发展、市场经济体制初步形成的体制环境下启动的。在传统计划经济体制下，由于人财物的高度集中，国家具有超常的资源动员能力和效率,"一五"时期和"三线建设"时期两次大规模的在西部进行经济布局,迅速奠定了西部地区的工业化基础。但是,在向社会主义市场经济转型以后,国家直接掌握的财力很少,资源配置的主体转向市场,在市场机制的调节下,生产要素的流动要受市场价格信号的引导,这就很可能出现在一定时期市场调节相对不利于生产要素西进的情况;同时,由于我国经济体制改革进入攻坚阶段,改革将涉及就业制度、收入分配制度、社会保障制度、政府职能、宏观调控体系、市场体系等一系列领域的深层次问题,西部地区在大开发中不仅要推进开发以促进经济发展,而且要进行改革攻坚实现体制创新。改革也是要付出成本的,通过体制改革来推动经济开发的难度,比改革初期明显增大。因此,面对这样的体制环境,实施西部大开发战略,必须重视如何把国家的区域政策与市场机制的作用更好地结合起来,把开发和改革结合起来。

再次,我国的经济以往长期是短缺型经济,但经过改革开放 20 多年的发展,我国经济在总体上已告别了短缺时代,这是西部大开发所必须面对的市场环境。短缺经济表现为消费品市场的供不应求以及加工工业生产能力的相对不足,因而通过大规模发展消费品工业和加工工业就可实现经济的总量扩张,只要扩大投资,多上项目,就可以获得很高的经济增长速度。随着国内供求关系的变化和买方市场的出现,大多数工业品的生产能力已严重过剩,这种水平扩张模式赖以存在的条件基本消失。目前,西部地区仍处于工业化的初级阶段，西部 12 省区市人均国内生产总值约合 500 多美元，国内生产总值仅占全国的 18% 多，这与西部 12 省区市占 71% 的国土面积和 29% 的人口比例很不相称。但要在西部大开发中推进西部地区的工业化进程，却面对着过剩经济形态、市场需求约束强化的环境。在这种市场环境下，一方面，如何选准大开发的对象和重点，是需要着力解决的一大难题；另一方面，如何通过技术创新、产品创新和管理创新，通过产业和企业素质的不断提高，来获得更强的市场竞争力，也成为大开发中的一个关键环节。

此外，西部大开发还面对着脆弱的生态环境。据有的专家考证，西部地区在中华民族的发展史上曾经有过比较好的生态环境，如在西周时期，西北的黄土高原覆盖率达 50% 以上，其余是一望无际的肥美草原。但由于各种原因，大概自唐朝以后，西部地区的生态环境开始发生劣变。新中国建立以后，虽然为改善西部地区的生态环境，党和国家一直都在采取措施，但由于长期以来实施的资源导向型开发战略，已经使得西部地区生态环境呈恶化态势。近年来黄河出现了超长期断流，下游地区面临沙化和生态环境改变的严重威胁，国家黄河治理委员会不得不强令中上游大比例缩减引黄用水而向下游放水，有中华民族"母亲河"之称的黄河有可能成为一条内陆河的警告已经引起人们的普遍担忧。在西部大开发战略的实施中，保护环境、维护生态平衡，坚持可持续发展必然成为重中之重，一系列的水土整治、退耕还林还草的措施也开始推行。在这样的形势下，西部地区在大开发中的垦荒、伐木、灌溉等方面的开发利用要受到极大的限制，开发和发展农林牧副渔的思路必须进行重大调整。但许多与重要江河治理关系密切的地区，往往是自然条件恶劣的地区、贫困人口聚集的地区、发展经济的途径极为狭窄的地区、地方财政异常困难的地区。因此，如何既有效地保护生态环境，把坚持可持续发展放在十分突出的地位，同时又找到兴地富民有效的途径，是在西部大开发战略的实施中所必须解决的又一个突出问题。

国际环境发生了深刻变化，体制环境发生了深刻变化，市场环境发生了深刻变化，生态环境也发生了深刻变化，对于这些事关大局的变动，我们必须准确地把握，才能实事求是，树立信心，增强历史责任感，坚定不移地贯彻落实党中央的重大决策，不失时机地推进西部大开发。

三、探索实施西部大开发战略的新思路

在发展社会主义市场经济的条件下，加快开发西部地区，要有新的思路。只有探索实施西部大开发战略的新的思路，才能适应建立社会主义市场经济体制的要求，适应转变经济增长方式的要求，适应参与国际竞争的要求。

第一，全面规划，统筹安排，把西部大开发作为我国21世纪经济社会发展总体战略的有机构成部分，纳入现代化建设的第三步战略部署。西部大开发是一个系统工程，不仅西部各地区的开发是一个统一的大系统，而且西

部开发又是包括在全国经济和社会发展这个总系统之中的。即西部开发不仅要发展西部，而且要把西部作为新的经济增长点，迅速增强我国的综合国力。现在舆论上有一种观点值得注意，即"尽快缩小东西部差距"。在当前，简单地提"缩小东西部差距"是很不切合实际的，容易误导出拉东部补西部，扯平了，同慢步的做法。中央关于西部大开发的方针，是要通过财政、政策等方面的支持，充分调动西部自身的积极因素，推进西部经济社会事业的高速健康发展，同时继续保持东部的持续快速发展，以更好地支持西部。只有这样，才能让西部大发展成为更好地实现全国第三步战略目标的推动力。所以，必须全面规划，统筹安排，以保证西部大开发的健康推进。做好西部大开发的规划，首先，要立足高远，要从战略上面向世界、面向现代化、面向未来，把加快西部经济社会发展同保持政治社会稳定、加强民族团结结合起来。把西部发展同实现全国第三步发展战略目标结合起来；其次，要实事求是，在开发内容和时限、步骤等方面，都要认真考虑客观要求和可能，提出实实在在的目标，制定超常而又切实可行的措施，按照有所为、有所不为的方针，有目标、分阶段、循序渐进地推进西部大开发的进程。例如，初期阶段可用 10 年左右，重点建设基础设施和改善生态环境，使经济运行进入良性循环；第二阶段加速发展，用 20 年的时间，缩小与东部的差距；第三阶段，全面推进现代化建设，到 21 世纪中叶，跟上全国的发展目标。在策略选择上，还是要统筹全局，西部大开发要重视产业的高起点和区位布局的增长点，认真研究西部各区域之间的经济关联、产业循环转移及产业升级的衔接与条件。

第二，要形成与完善适应发展社会主义市场经济要求和新的对外开放环境的新型的西部大开发体制。我国前几次对西部的大规模生产力布局可开发建设，基本上是国家集中开发的体制，主要通过国家投资兴办工业和建设基础设施，这种开发体制对于基础差、底子薄的西部地区在当时是必要的，也有着客观必然性。在经过 20 多年的经济体制改革以后，西部大开发也要有体制创新，在开发主体上，不能再以国家为单一的开发主体，而是要有广泛的经济主体参与，不仅要充分调动西部地区各类经济主体投资开发的积极性，而且特别要广泛动员、引导、吸引其他地区，尤其是东部地区的各类经济主体参与西部开发；在开发的所有制结构上，要从西部地区的实际出发，进行所有制结构创新，当然要发展公有制经济，特别是要用正确的态度对待原有公有经济。西部有大量的实力雄厚的国有企业，要积极支持，深化改革，强化管理，使其在西部开发中发挥主导作用。但发展公有经济要注重多种实现形式，更要大力发展非国有经济和非公有制经济，通过多种所有制经济的共同发展给西部大开发注入活力和生机；在开发的动力机制上，虽不能排斥精神动员，但更要适应市场经济运行的经济利益激励、开发投资回报的引导、合作双方的互惠互利；在开发的调节机制上，要强调市场机制与国家的宏观调控、政策引导相结合。培育和优化以生产要素市场为核心的市场体系，通过大开发，实现资源的合理、有效配置；同时，新的开发体制是全方位开放的体制，要面对经济全球化加速发展的趋势，充分利用国内外两个市场、两种资源，以大开放促进大开发。

第三，要立足于西部地区的经济成长，增强西部地区自身的"造血"功能。改革开放以前在西部进行的大规模的生产力布局和建设，都是在传统计划经济体制下，完全依靠国家投资来实施的。随着社会主义市场经济的发展，我国的市场化程度越来越高，国家直接掌握的经济资源在全社会的份额逐步降低，国家预算内的投资在社会总投资中的比重已降至5%—6%，因而，要完全依靠国家大规模投资来进行西部大开发显然是不切实际的。就西部地区而言，要彻底改变"等、靠、要"的依赖思想，把实施西部大开发战略建立在艰苦奋斗、自力更生、发愤图强、开拓进取的基础上；要充分调动和发挥西部地区人民群众投身大开发的创造性、积极性和主动性，要调动和挖掘一切可用的人财物资源投入大开发；在大开发中通过结构调整和产业升级，实现区域自身的结构优化和资源的有效配置；还要营造良好的硬环境与软环境，吸引、稳定国内外的资金、人才、企业进入西部进行开发。当然，就国家作用而言，在西部大开发中主要发挥三方面的功能，即在西部进行大型基础设施建设投资，促进良好的大开发环境的形成；实行政策引导，促进国内外的资金、技术、人才、企业参与西部大开发，服务西部大开发；提供政策支持，在可能的条件下，为西部大开发提供一些优惠政策。从根本上说，只有在西部地区自身经济成长、"造血"功能不断增强的基础上，国家的扶持、东部的支援才能产生更大的作用；而国家的扶持、东部的支援作用归根结底还是要通过西部地区自身的经济成长与"造血"功能的增强来实现。

第四，要把握以市场为主导的开发导向。西部地区资源丰富，因而很长时期以来的开发思路是"立足于资源优势搞开发"。但是，资源总是有限的，而且资源性产业具有成本递增的特点，随着资源的深度开发，低成本的优势会逐渐消失，这在西部地区的一些能矿产业中已经或正在显现出来；同时，我国的经济运行环境已经发生重大变化，大部分领域出现买方市场，从供给约束转向需求约束，加工生产能力的过剩以及大量的低水平重复建设，导致一些资源产业的生产能力严重过剩；此外，随着我国经济开放的深化，资源产品受国际市场价格和汇率变动的影响越来越大。近年来，国际市场原材料和初级产品供过于求，价格大幅度下跌，而东部沿海地区也凭借港口优势加快利用国外的资源，降低了对中西部资源的依赖程度。因此，在西部大开发战略的实施中，再要以资源导向进行开发显然难以为继，必须转向以市场导向进行开发。要从简单地着眼本地资源搞开发转向以市场需求为依据，确定具体的开发内容；要从单纯地开发能矿资源转向根据市场变化，及时调整开发的方向；要从大量消耗资源的粗放型扩张转向结构优化、技术创新、产品创优，培育和提高市场竞争能力。

第五，要坚持可持续发展的开发模式，更加重视资源保护、环境整治和生态建设。西部地区的生态环境十分脆弱，因而实施西部大开发战略，必须以人口、资源、环境、生态和经济发展相协调为硬性约束，在开发中既要考虑西部地区的发展需要，又不能损害其他地区和整个国家的利益；既要考虑到当代人的发展需要，又不能以牺牲后代人发展的能力为代价。只有转向可持续发展的开发模式，才能得到其他地区的支持和全国的支持，也才能造福于子孙后代。要实行重要资源的保护性开发，战略性资源应减少开采强度而留有储备，一般性资源在开发中要提高采收率；要采取切实有效的措施保护环境，在开发中决不能再走"先污染、后治理"的老路，环境评估应成为开发项目的硬性约束；要把再造秀美山川、生态建设作为大开发的重要内容。还要加强人口的计划生育管理，提高人口素质。

第六，要科学确定开发的切入点。近期主要是基础设施建设和生态环境建设，基础设施建设是西部大开发的基础，同时对于拉动内需和经济增长具有重要作用。生态环境建设对于西部地区的持久开发与发展极为重要。目前，全国水土流失面积360多万平方公里，其中西部地区占80%。全国每年新增荒漠化面积约2400平方公里，也大都在西部地区。日益恶化的生态环境，极大地制约着西部地区的经济和社会发展，对中华民族的生存和发展也构成了严重威胁。从长远看，要重视开发人力资源，依靠科教兴西。西部地区从总体来说，教育普及程度较低，这是制约可持续发展的根本因素，因此，必须以新的思路、新的体制发展教育。从局部来说，西部又是人才密集的地区，如重庆、四川、陕西、贵州、甘肃等是"三线建设"的重点省区，科技人才占总人口的比例居全国的前列。如何调动他们的积极性推动科技创新，关键是要建立起新的人才体制和机制，创造一个人才成长和发展的环境。

　　必须指出，实施西部大开发战略的思路创新，还应该包括文化创新。从历史上来看，西部地区有着深厚的文化底蕴。西部文化不但是中华文化的重要组成部分，而且是推动中华文化发展的重要动力。自古以来，外部文化进入中国的主要通道就在西部。在古代，西域文化的传入与中华本土文化的交会，带来了唐代文化的大发展、大繁荣；在现代，苏联无产阶级文化和其他西方进步文化的传入，与中国本土革命文化的交会，带来了延安时期革命文艺运动的空前盛况。这些已经载入史册的文化现象，记录着中国西部文化在中华民族文化格局中的地位、意义和功绩。在西部大开发中，我们一定要高度重视西部文化的影响，发挥西部文化的作用。一方面，我们要发扬西部传统中华文化的优势，并不断融入新时期的文化内容，形成新世纪与西部大开发相适应的新的西部文化，在推进西部地区经济大开发的同时，也推进西部地区精神文明建设的大发展。另一方面，我们也要克服某些封闭意识和惰性文化的影响，要发展西部地区各个民族文化的优势，并推动不同民族文化精华的交流与融合，从而增强整个中华民族的凝聚力，形成各民族团结一致、同心同德推进西部大开发的新局面。

后　记

　　我国改革开放的30年，是全国人民在党的正确路线指引下团结奋斗，推进国民经济和社会事业全面快速发展的30年，也是社会主义经济理论在马克思主义指导下创新发展的30年。我自己有幸于1977年又回到阔别8年的中央党校政治经济学教研室，也就在经济学这个领域又学习研究了30年。

　　感谢学习出版社约编我的文集。我考虑了一下编印的内容：从80年代初我就开始了"双肩担"，由于工作的关系，不得不对本专业以外的学科领域进行学习和研究，包括课堂、社会上的学术研讨和宣传活动，都要涉足若干领域。但是在校内的教学工作，包括迄今指导研究生及博士后研究人员，都还是限定在经济学专业。因此，这里只编印经济学方面的文字。根据出版社规定的字数，选印51篇，大体上按文章内容分成5个部分，各个部分基本上按原发表时间顺序编排。每一部分标一个题目，算是表达自己的观点，即马克思主义政治经济学是社会主义革命和建设的指导思想；用中国特色社会主义理论指导经济建设；建立与完善社会主义市场经济体制；国有企业改革必须坚持社会主义方向；积极开发、有效利用经济资源。所以自拟的书名是《我的经济观》，目的在于向同行及读者请教。

我在经济学的学习和研究中，一直得到我的老师宋涛教授、苏星教授、卫兴华教授、龚士其教授、吴树青教授等的教导，得到了我最敬重的学长王珏教授的指点和帮助。我深感受益于老师和学长的"高山景行"。

我国的改革开放30年，是由计划经济体制向社会主义市场经济体制变革的过程，我对经济问题的认识，也是随着学习和研究而不断转变和提高的。这次编印文章的原发表时间，从1979年至2006年，付印时除某些标题修改外，对文章观点、内容，均不作改动，以如实反映自己的认识过程，衷心希望读者批评指正。

这次编印的51篇文章中，有4篇是与同事合作完成的，即第一部分的第3、4篇是与陈高桐教授、谭乃彰教授、张盛念教授合作，第三部分的第2篇是与王珏教授合作，第四部分的第1篇是与王天义教授合作完成的。谨向他们表示感谢。

我的经济学研究，正处在一个繁荣昌盛的大好时期。在我的有生之年，或者客观一点说，在尚有一定精力之年，我将随着社会主义经济改革和发展的大潮，摇旗呐喊于经济学研究的队列之中，努力蹒跚于各位同行之后。

刘海藩

2007 年 4 月

图书在版编目（CIP）数据

刘海藩自选集/刘海藩著．（"学习"理论文库）

－北京：学习出版社，2007.8

ISBN 978－7－80116－636－4

Ⅰ．刘… Ⅱ．刘… Ⅲ．①刘海藩－文集②经济学－文集

Ⅳ．F0－53

中国版本图书馆 CIP 数据核字（2007）第 075881 号

刘海藩自选集

LIU HAIFAN ZIXUANJI

刘海藩　著

责任编辑：边　极　于　薇

技术编辑：纪　边

出版发行：学习出版社

　　　　　北京市西长安街 5 号（100806）

　　　　　010－66063020　　010－66061634

经　销：新华书店

印　刷：北京新丰印刷厂

开　本：880 毫米×1230 毫米　1/32

印　张：17.5

字　数：349 千字

版次印次：2007 年 8 月第 1 版　2007 年 8 月第 1 次印刷

书　号：ISBN 978－7－80116－636－4

定　价：79.00 元

如有印装错误请与本社联系调换